中国石油组织史资料

第二卷

中国石油天然气总公司时期

（1988.9—1998.7）

中国石油天然气集团有限公司｜编

石油工業出版社

图书在版编目（CIP）数据

中国石油组织史资料 . 第二卷，中国石油天然气总公司时期 1988—1998 / 中国石油天然气集团有限公司编 . —北京：石油工业出版社，2020.7

ISBN 978-7-5183-4024-8

Ⅰ . ①中… Ⅱ . ①中… Ⅲ . ①石油企业－工业企业管理－史料－中国－ 1988-1998 Ⅳ . ① F426.22

中国版本图书馆 CIP 数据核字（2020）第 087101 号

中国石油组织史资料　第二卷　中国石油天然气总公司时期（1988.9—1998.7）
中国石油天然气集团有限公司　编

责任编辑：李廷璐　熊寅铭　秦　雯　鲁　恒
责任校对：刘晓雪
出版发行：石油工业出版社
（北京市朝阳区安华里 2 区 1 号楼　100011）
网　址：www.petropub.com
编辑部：（010）64523611
印　　刷：北京中石油彩色印刷有限责任公司

2020 年 12 月第 1 版　2020 年 12 月第 1 次印刷
787×1092 毫米　开本：1/16　印张：33.25　插页：1
字数：540 千字

定价：470.00 元

《中国石油组织史资料》
编审委员会

吴　凯　吴恩海　何江川　何盛宝　余　国　宋健强
宋德琦　张　平　张　永　张文新　张用军　张华林
张安平　张国臣　张明禄　张忠志　张宝增　张晓东
张晗亮　张道伟　张德有　陈　志　陈　坚　陈　磊
陈金涛　苟　量　金明权　金彦江　周荣学　庞晓东
孟繁春　赵　波　赵　勇　赵　颖　赵玉建　赵贤正
赵剑春　郝相民　胡炳军　相养冬　修景涛　姜力孚
姜国骅　姜鹏飞　娄铁强　宫立新　桂王来　贾鸿武
夏义平　柴守平　徐金良　郭　春　郭广海　郭孟齐
桑运超　黄泽俊　曹景军　崔　涛　崔柳凡　康志军
梁国斌　隋　昊　彭　飞　蒋　奇　蒋杨贵　蒋尚军
韩　非　韩景宽　舒高新　鲁凤浩　谢　伟　谢　军
谢海兵　蔡　勇　熊建嘉　霍　进　默新社　戴　永
魏亚斌　魏国庆　魏国良

修订说明

习近平同志强调，重视历史、研究历史、借鉴历史，可以给人类带来很多了解昨天、把握今天、开创明天的智慧。历史是过去的现实，现实是未来的历史。2014年出版的《中国石油组织史资料》首次对中国石油工业组织机构及领导人员沿革情况进行全面、深入地梳理、总结与归纳，是第一部全面记述石油企事业单位组织人事沿革发展的历史文献，既丰富了中国石油工业的历史资料，也丰富了中华人民共和国国史资料，该书对于研究探索国有企业组织建设的规律，进一步深化国有企业的改革发展具有十分重要的意义。

《中国石油组织史资料》的编纂工作于2012年3月全面启动，历时两年多，2014年12月完成1949—2013卷本出版，编纂时限跨度65年，涵盖了中国石油工业从国家部委时期到中国石油天然气总公司时期再到中国石油天然气集团公司时期，各级党政组织的成立、更名、发展及领导干部变动等内容。《中国石油组织史资料》（1949—2013）出版后，作为集团公司组织人事和史志研究工作者的工具书，得到读者广泛好评，在企业改革、审计监察、党内巡视、史志编研、展览展示，以及指导组织人事自身业务工作等方面发挥了不可替代的作用。特别是在编纂《中国石油企业文化辞典》《石油华章——中国石油改革开放四十年》，纪念改革开放四十周年和中华人民共和国成立七十周年等活动中发挥了重要参考作用。

在《中国石油组织史资料》（1949—2013）编纂过程中，由于历史久远，机构沿革和人事更迭错综复杂，早期文献资料和人事档案分散在全国各地，查找非常困难，欲追本寻源，编纂完整准确的资料，需要调研和查阅的档案工作量非常大。虽然编纂组在查阅国家档案馆和集团公司档案馆原始文件的基础上，向涉编的240多个系统内外单位和部门开展“普征、普查、普访”工作，但由于档案资料保存不够完整，有些机构设置和干部任免手续也不尽完备，再加之编纂企业组织史资料尚属首次，毫无经验可以借鉴，书中内容难免有错漏之处。在各单位企业卷编纂审查和总部卷使用过程中，编纂组也陆续发现一些错漏问题，并收到系统内外单位发来的一些补充档案资料。为了更精准地还原企业发展历史，让这部卷叠浩繁的著作成为组织人事工作者的“百科全书”，能够长久、深远地服务企业发展，2016年4月，编纂组开始对《中国石油组织史资料》(1949—2013)进行补充与勘误，并在此基础上将编纂时间下限延至2018年12月。2020年12月，补充、修订后的《中国石油组织史资料》(1949—2013)第一卷、第二卷、第三卷、附卷二正式付梓。

这套以编年体和纪事本末体体例编纂的组织史资料系列图书，既涵盖了从燃料工业部石油管理总局、石油工业部、燃料化学工业部、石油化学工业部、石油工业部等国家部委管理时期的中国石油工业发展历程，又涵盖了从中国石油天然气总公司到中国石油天然气集团公司的企业发展历史，比较全面、系统、客观、准确地记录了自中华人民共和国成立以来中国石油工业各级组织和各级干部的发展变化过程，收录了大量企业改革发展等方面的文献资料和原始档案，同时真实记述了石油精神的诞生与传承，其所展现出来的企业组织沿革发展规律和基本经验，以及中华民族顽强拼搏、开拓进取的精神，对推动新时代组织人事制度改革和企业改革发展、传承和弘扬石油精神，不断赋予石油精神新的时代内涵提供了直接借鉴，具有丰富的研究价值。

前　言

以铜为鉴，可正衣冠；以史为鉴，可知兴替；以人为鉴，可明得失。企业的组织机构沿革和人事更迭情况，是企业发展史的一个重要组成部分。自中华人民共和国成立以来，石油工业管理体制几经调整，石油企业分合变迁，企业的组织机构和领导班子情况发生了很大变化，但一直缺少一套全面系统记录这段历史的组织史资料。许多石油战线的老领导、老职工都有一个共同的想法，希望把中华人民共和国成立以来石油工业的组织沿革好好梳理一下，编纂成册。2012年3月，中国石油天然气集团公司党组决定全面启动《中国石油组织史资料》的编纂工作，经过两年半的辛勤工作，现已告竣。这部以编年体和纪事本末体史志体例编纂的组织史资料丛书，既涵盖了从燃料工业部石油管理总局、石油工业部、燃料化学工业部、石油化学工业部、石油工业部等国家部委管理时期的中国石油工业发展历程，又涵盖了从中国石油天然气总公司到中国石油天然气集团公司的企业发展历史，比较全面、系统、客观、准确地记录了中国石油组织机构60多年来的历史沿革。

中国石油工业的历史，是几代石油人艰苦奋斗、顽强拼搏、探索前进，用激情与汗水、勇气与智慧谱写的一部波澜壮阔的创业史、奋进史、辉煌史。中国是世界上最早发现和利用石油及天然气的国家之一，但由于长期受封建主义、帝国主义和官僚买办资本主义的阻碍及战争环境的影响，石油工业发展非常缓慢，基础十分薄弱。从1878年台湾苗栗第一口工业油井出油，到1949年中华人民共和国成立的70多年间，尽管不少爱国知识分子和有识之士，为实现“实业救国”的理想，为勘查石油和发展中国石油工业，前赴后继，历尽艰辛，但收效甚微。中国被扣上“贫油”的帽子，成为国际“洋油”倾销的市场。到1949年，全国石油产量仅有12万吨，其中还包括人造石油5万吨。

伴随着中华人民共和国前进的步伐，中国石油工业艰难创业，在20世纪60年代实现了历史性重大转折，经历了“文化大革命”的严峻考验，20世纪70年代末进入世界产油大国行列，改革开放后进入了一个全新的发展时期，20世纪80年代在机制转变中持续发展，20世纪90年代在经济转型中加速发展，进入21世纪在重组改制中跨越式发展，为促进国民经济持续发展、保障国家能源安全、全面建设小康社会做出了重要贡献。新中国石油工业经过60多年的发展，实现了从小到大、从弱到强，取得了辉煌成就。

1949年至1960年，中华人民共和国石油工业在十分薄弱的基础上艰难起步。1949年，全国各地陆续解放，中国人民解放军开始接收残破的石油工业，陆续接管中国石油有限公司及其所属单位。中国共产党和人民政府对石油工业的恢复和发展给予了极大的重视和关怀，从此翻开了中国石油工业的新篇章。中华人民共和国成立后，中央人民政府设立燃料工业部，主管煤炭、电力和石油工业的恢复及建设工作。1950年4月，在燃料工业部设立石油管理总局，统一领导石油工业的勘探和生产建设工作。1955年7月，为迅速改变中国石油工业的落后局面，为国民经济发展提供强大的能源保证，设立石油工业部，负责石油工业的勘探和生产建设工作，并由地质部承担石油资源的普查工作。在此期间，中国石油工业在对原有石油厂矿实行国有化的基础上，经过三年恢复和“一五”计划，初步建立起高度集中统一的管理体制，并将石油工业发展重点从人造石油转向天然石油，开展大规模的石油普查勘探，先后发现和开发建设了新疆克拉玛依油田、青海冷湖油田和四川油气田，并扩大了玉门油田，初步形成了玉门、新疆、青海、四川4个石油天然气生产基地。在西部取得重要成果后逐步把勘探重点转到东部，相继获得一系列重大发现，特别是1959年发现了大庆油田，终于甩掉了“贫油”的帽子。中华人民共和国成立后，经过10年的艰苦努力，石油工业的面貌发生了很大变化，初步形成了勘探、开发、钻井、基建、炼油、储运、机械制造、科研、设计和石油教育等专业配套的工业体系。1959年，全国石油产量达到373万吨，原油年加工能力达到579万吨，当年实际加工原油395万吨。

1960年至1978年，中国石油工业在石油大会战中高速发展。以大庆石油会战为标志，中国石油工业在计划经济的大背景下，充分发挥社会主义能够集中力量办大事的优越性，创造了会战管理模式和大庆经验，成功组织开展了四川、江汉、辽河、陕甘宁、冀中、吉林、河南、江苏、濮阳等一系列石油大会战，完成了催化裂化、催化重整、延迟焦化、尿素脱蜡和炼油催化剂与石油添加剂“五朵金花”炼油攻关会战，使石油工业原油产量、炼油能力、经济总量和经济效益持续高速增长，创造了中国乃至世界石油工业史上的一个奇迹。在此期间，石油工业从勘探开发等上游业务到管道运输、炼油化工等中下游业务，大部分时间都由国家部委实行统一管理。1967年，石油工业实行军事管制。1970年6月，石油工业部与化学工业部、煤炭工业部合并为燃料化学工业部。1975年1月，改为石油化学工业部。1978年3月，恢复石油工业部。1978年，全国石油产量达到1.04亿吨，天然气产量达到137亿立方米，原油年加工能力达到9291万吨，当年实际加工原油7069万吨，累计建成原油管道5714千米、天然气管道2206千米。石油工业总产值为244亿元，占全国生产总值的6.7%。正是石油工业的高速发展，有力地支持了国民经济和其他工业部门的持续发展。

1978年至1988年，石油工业在改革开放中不断前进。以1978年12月党的十一届三中全会为标志，中国进入了改革开放的历史新时期。1979年，随着国务院《关于扩大企业经营管理自主权的若干规定》《关于国营企业实行利润留成的规定》等文件的相继颁布，石油工业部开启了以扩权让利为主要内容的石油企业改革，对外开放率先在海洋石油领域展开，并逐步扩大到陆上。1982年2月，国家成立副部级的中国海洋石油总公司，归口石油工业部管理。1983年7月，原由石油工业部及地方管理的炼油化工企业，联合成立国务院直接领导的中国石油化工总公司。这一时期，石油工业贯彻执行“调整、改革、整顿、提高”的方针和“对外开放、对内搞活”的政策，通过一系列经济政策的调整，特别是国家决定首先在石油全行业实行1亿吨原油产量包干、海上大陆架石油对外开放、采取多种形式引进国外先进技术装备的三项政策，极大地增强了石油工业的发展活力。经过艰苦努力，石油工业战胜了“文化大革命”带来的严重困难，发展成为用现代技术装备起来的专业配套的能源生产行业。期间，石油勘探开发实现两大突破并取得十大重大发现，建成大庆、吉林、辽河、大港、华北、胜利、中原、河南、江苏、江汉、新疆、青海、玉门、长庆、四川、滇黔桂和延长油矿等17个油气生产勘探开发基地，海上投入开发了渤海、东海、南海东部、南海西部4个油田生产基地，石油工业的地域分布发生了根本性变化。原油产量迅速增长，1985年全国石油产量上升到世界第6位，1988年达到1.37亿吨，进入世界主要产油国行列。为国家创收大量外汇，积累了大量资金，累计上缴财政687亿元，出口创汇320亿美元，有力地支持了国家经济建设。

1988年至1998年，陆上石油工业在经济转型中加速发展。随着社会主义市场经济体制的确立和国家经济体制改革的推进，石油工业管理体制发生了重大变革。1988年3月，根据党的十三大关于经济体制改革和政企分开、转变职能、精简机构的建议，国家决定设立能源部，将石油工业部的政府职能移交能源部行使，隶属于石油工业部的中国海洋石油总公司正式分立，以石油工业部为基础组建中国石油天然气总公司。9月，中国石油天然气总公司正式挂牌成立。1993年3月，国家撤销能源部，中国石油天然气总公司与中国石油化工总公司、中国海洋石油总公司全部由国务院直接领导。这一时期，中国石油天然气总公司在治理整顿中全面深化陆上石油工业改革，完善包干政策，大力推行项目管理和各种形式的承包责任制；转换经营机制，调整企业组织结构，推行资产经营责任制，加快解体“大而全”“小而全”，不断探索“油公司”新型管理体制，石油企业从国家统负盈亏逐步变成自主经营、自负盈亏的市场竞争主体，逐步实现了由计划经济向市场经济的体制转变。随着中国经济的快速发展，1993年中国从石油净出口国再一次变为石油净进口国。按照国家的部署和要求，中国石油天然气总公司做出了实施三大战略的重大决策。一是实施“稳定东部、发展西部”战略，坚持油气并举，东部地区总体上保持了基本稳定，西部地区发展成为重要的战略接替地区。二是实施“扩大对外合作、开展国际化经营”战略，积极扩大对外经济技术合作与交流，扩大各种形式的对外贸易，努力开拓海外勘探开发市场，在参与国际竞争中不断发展和壮大。三是实施“多元开发、多种经营”战略，实行一业为主、多元开发，产业结构得到调整，炼油化工和多种经营业务快速发展。1994年结束了连续6年的政策性亏损，实现利润102亿元，石油工业恢复了全国工业利税大户的地位。1997年原油产量增加到1.43亿吨，天然气产量上升到171亿立方米。

从1998年开始，中国石油工业在重组改制中实现跨越式发展，综合实力和国际竞争力显著增强，进入了国际资本市场和国际化经营的新阶段。1998年3月，第九届全国人民代表大会第一次会议审议通过的《国务院机构改革方案》，将化学工业部、中国石油天然气总公司、中国石油化工总公司的政府职能合并，组建国家石油和化学工业局。化学工业部和两个总公司下属的油气田、炼油、石油化工、化肥、化纤等石油与化工企业，以及石油公司和加油站，按照上下游结合的原则，分别组建两个特大型石油石化企业集团公司。7月，中国石油天然气集团公司正式挂牌成立，由原来的行政性、行业性公司，变成一个真正意义上的石油集团，作为竞争主体进入市场，彻底实现了政企分开，主营业务也从油气勘探开发扩展到上下游、内外贸、产销一体化经营。1999年，中国石油天然气集团公司进行重组改制，发起创立中国石油天然气股份有限公司，并对内部现行管理体制和经营机制进行持续改革重组，实现了我国石油工业发展史上具有里程碑意义的重大变革。1998年以来，中国石油天然气集团公司在开拓中奋进，大力实施资源、市场、国际化三大战略，实现了以上游业务为主向上下游、国内外、生产销售贸易一体化企业的转变，实现了以国内业务为主的石油公司向跨国经营的国际能源公司的转变，实现了以计划调控和行政命令为主要管理方式的国有企业向市场化管理、国际规范运营的现代企业的转变，管理和运营更为稳健成熟，业绩和实力得到国际国内及业界同行的普遍认可。国内油气生产能力持续增强，一批大型炼化基地建成投运，油气管道业务蓬勃发展。海外油气合作区硕果累累，油气战略通道和运营中心建设全面推进，形成综合性国际能源公司的总体架构。从石油天然气勘探开发、炼油化工生产、储运运输、贸易营销，到科研设计、工程技术、工程建设、装备制造、金融服务，再到新能源开发利用，专业门类齐全，技术管理先进，布局结构比较合理，生产经营覆盖全国城乡、连接海内外，实现了长期可持续发展，综合经济效益和整体实力显著增强。2013年，中国石油天然气集团公司总资产达到3.75万亿元，国内外油气权益当量产量达到2.42亿吨，实现营业收入2.76万亿元，利润总额1880亿元。2014年《财富》杂志全球500强排名中位居第5位，在世界50家大石油公司综合排名中位居第4位，规模实力跨入世界大石油公司前列。

中国当代石油工业的发展和重大成就，闪耀着中国共产党的理论、路线、方针、政策的光辉，凝聚着党的历代中央领导集体和老一辈无产阶级革命家的关怀、支持、鼓励和殷切期望。中华人民共和国成立后，毛泽东、周恩来、刘少奇、朱德、邓小平、陈云、李先念等党和国家领导人对石油工业的发展给予了高度重视和具体指导，倾注了很多心血。20世纪60年代，毛泽东发出“工业学大庆”的号召，亲手树起了大庆这面旗帜，还多次接见铁人王进喜，把大庆精神铁人精神所蕴涵的无私奉献的核心价值观和艰苦奋斗作风推向了全国。邓小平主管石油工业时期，做出了战略东移的重大决策，推动了石油工业取得历史性的突破。江泽民多次视察油气田企业，并做出重要指示，称赞“石油部门是为我国社会主义现代化建设创立了卓越功勋的部门，石油工人是中国工人阶级的一支英雄队伍”。胡锦涛和习近平多次视察石油企业，希望石油工业战线的广大职工不辜负党和人民的期望，不断传承和弘扬光荣传统，顽强拼搏，开拓进取，为我国石油工业的发展，为推进改革开放和社会主义现代化建设做出新的更大贡献。

中国当代石油工业的发展和重大成就，凝聚着百万石油职工为国争光、为民争气、开发祖国石油的满腔热忱和艰苦奋斗、勇于探索、开拓创新的辛勤劳动。60多年来，一代又一代石油领导干部、科技工作者、管理人员和广大石油工人，发扬“爱国、创业、求实、奉献”的大庆精神铁人精神，以“两论”为指导，在戈壁、沙漠、高山、草原、海上以及国外，自力更生，奋发图强，艰苦奋斗，无私奉献，勇往直前，顽强探索中国石油工业发展道路，建立起独立完整、具有相当规模和实力的现代石油工业体系，使中国从一个几乎完全依赖“洋油”的“贫油国”，发展成为位居世界前列的石油天然气生产、炼油化工及乙烯生产大国，开辟了石油工业现代化的新纪元，为支持国民经济增长、社会发展和人民生活改善做出了重大贡献。许多爱国志士、科技工作者、勘探队员和石油职工献出了自己的青春年华，有的甚至献出了自己宝贵的生命。他们是中国石油的骄傲，是永远值得人们尊敬的英雄。正是“一部艰难创业史，百万覆地翻天人”。

中国当代石油工业的发展和重大成就，也凝聚着全国人民的智慧和心血。在创建石油工业的宏大事业中，与石油队伍并肩战斗的广大地质队伍，作为开发矿业的尖兵，在石油地质普查中做了大量艰苦工作。中国人民解放军、国务院各相关部门、各省市自治区政府、全国各行各业以及广大的人民群众，对石油工业的建设给予了人财物等多方面的大力支援。

通古达今，史为镜鉴。编纂《中国石油组织史资料》，全面收集整理中国石油的组织发展脉络，系统总结中国石油组织建设方面的成就和经验，对研究探索中国石油组织建设的规律，充实完善中国石油的史志资料，都具有十分重要的意义。编纂人员以马列主义、毛泽东思想、邓小平理论和“三个代表”重要思想为指导，以科学发展观统领全书，坚持辩证唯物主义和历史唯物主义的立场、观点和方法，按照实事求是的原则和“广征、核准、精编、严审”的工作方针，以档案文件的真实记录为依据，去伪存真，去粗取精，反复修改，几易其稿，终于形成了这部全面系统、资料翔实的石油组织史资料史册。这是一部传承石油历史、传播石油文化的重要历史文献，也是一部了解石油企事业单位组织人事工作沿革的业务工具书。既丰富了中国石油工业的历史资料，也丰富了中华人民共和国国史资料。随着时间的推移，这套资料的价值必将越来越为人们所重视，其社会效益将愈益显著。

希望本丛书作为中国石油企业管理和文化建设的重要基础性工程，发挥“资政、存史、育人、交流”的作用，用辉煌成就鼓舞人，用优良传统教育人，用成功经验启迪人，用历史教训警示人。希望广大石油员工多读历史，多了解历史，从历史中汲取营养，获得前行的动力和方向，在中国石油天然气集团公司建设世界水平的综合性国际能源公司的新征程中，开拓奋进，继续谱写更加宏伟壮丽的篇章。

《中国石油组织史资料》编纂办公室

2014年11月

凡　例

一、本书按照中共中央组织部、中共中央党史资料征集委员会、中央档案馆制定的《关于〈中国共产党组织史资料〉征集、整理和编纂修订方案》和中国石油天然气集团公司下发的《〈中国石油组织史资料〉编纂工作方案》《〈中国石油组织史资料〉编纂技术规范》进行编纂。

二、指导思想。本书以马列主义、毛泽东思想、邓小平理论、“三个代表”重要思想、科学发展观和习近平新时代中国特色社会主义思想为指导，坚持辩证唯物主义和历史唯物主义的立场、观点和方法，按照实事求是的原则和“广征、核准、精编、严审”的工作方针，全面客观记述中国石油的组织演变发展历程和人事变动情况，发挥“资政、存史、育人、交流”的作用。

三、断限。本书收录上限始自1949年10月中华人民共和国成立，下限断至2013年12月。

四、指代。本书中“中国石油”以1988年9月中国石油天然气总公司成立为界，之前泛指中国石油工业，之后特指“中国石油天然气总公司”和“中国石油天然气集团公司”。“燃料部”“石油部”“燃化部”“石化部”“总公司”“集团公司”“股份公司”等简称分别指代“燃料工业部”“石油工业部”“燃料化学工业部”“石油化学工业部”“中国石油天然气总公司”“中国石油天然气集团公司”“中国石油天然气股份有限公司”。

五、资料的收录范围。本书收录的资料分三部分：一是组织机构沿革及领导成员名录等正卷正文收录资料；二是组织人事统计资料及其他相关人员名录等附录附表资料；三是组织人事大事纪要、重要文献资料等附卷资料。

组织机构和领导名录按照下延一级的原则收录，组织机构收录范围主要是依据行政隶属关系和股权管理确定，领导名录收录范围主要是按照干部管理权限确定。具体包括：总部领导机构及其领导成员，总部机关部门、附属单位、专业分公司和所属企事业单位、控股子公司领导机构及其领导班子成员；所属企事业单位下属的局级二级单位，收录到总部管理的副局级以上干部；参股公司只收录总部派出的董事、监事、高级经营管理人员或股东代表。

附录附表资料主要包括：组织机构名录及沿革图，院士、专家、技术能手、教授级职称等高层次人才队伍人员名录，全国党代表、人大代表、政协委员名录，先进集体、先进个人和石油英模名录，历年人事劳资统计简表等。

组织人事大事纪要主要收录组织干部、人事劳资、教育培训等重要事件的时间、决定机关、依据文件、主要内容或结果等。

重要历史文献资料主要收录具有政策性、指导性、价值性、全局性的人事管理文件、重要的工作报告、领导讲话、工作总结、经验材料等。

六、资料的收录原则。以党政组织机构为主，其他组织机构次之；以总部组织机构为主，所属企事业单位组织机构次之；本级组织机构较详，下属组织机构较略；集团公司和总公司时期较详，国家部委时期较略；存续下来的组织机构较详，期间撤销或划出的组织机构较略；组织机构及领导成员资料较详，其他资料较略。

七、编纂结构体例。本书采取“先分阶段，再分层级，后分层次”横竖结合的方法，以卷、编、章、节、目等层次进行编纂，按历史阶段立卷设编分册，共5卷9册：第一卷　国家部委时期（1949.10—1988.9）（分上中下三册）、第二卷　中国石油天然气总公司时期（1988.9—1998.7）（共一册）、第三卷　中国石油天然气集团公司时期（1998.7—2013.12）（分上下两册）、附卷一　组织人事大事纪要（1949—2013）（分上下两册）、附卷二　文献资料选编（1949—2013）（共一册）。

第一卷，依据石油工业的历史沿革分为燃料工业部（石油管理总局）（1949.10—1955.7）、石油工业部（1955.7—1970.6）、燃料化学工业部（1970.6—1975.1）、石油化学工业部（1975.1—1978.3）、石油工业部（1978.3—1988.9）5个阶段，每个阶段为一编。第一编以燃料工业部领导机构、石油管理总局领导机构、石油管理总局机关部门、石油工业企事业单位和附录立章，第二编至第五编以各部领导机构、机关部门、石油工业企事业单位和附录立章。

第二卷，以总公司总部组织机构、所属企事业单位组织机构和附录分别设编：第一编以总公司领导机构、总部机关部门分别立章，第二编按所收编企事业单位的业务属性类别划块立章，第三编为附录。

第三卷，以集团公司总部组织机构、集团公司所属企事业单位组织机构、股份公司总部组织机构、股份公司所属企事业单位组织机构和附录分别设编：第一编、第三编分别以集团公司、股份公司总部领导机构、机关部门、附属单位、专业分公司直接立章，第二编、第四编分别按所收录企事业单位的业务板块或业务属性分类立章，第五编为附录。

各章之下，一般以本章所收编的具体机关部门、企事业单位类别或具体建制单位等分别设节，节下或不设节的章下，分别收编具体的组织机构。其中，各卷（编）“领导机构”一章及第一卷各编“机关部门” 一章，章下不再设节，直接分条目收编具体的领导机构及机关部门；第二、第三卷“机关部门”一章，章下设节收录具体的机关部门；第一卷各编“石油工业企事业单位”一章，按所收编企事业单位的业务属性划块分别设节，节下分条目收编具体的建制单位；第二卷第二编和第三卷第二、第四编下各章，设节收编具体的建制单位。

第一卷各编和第二卷、第三卷之末设有附录，主要收录本级组织机构名录及沿革图、基本情况统计表、组织人事（劳资）统计报表和高层次人才、劳动模范、先进集体名录等内容。

附卷一和附卷二不再立章设节。附卷一按照大事纪要的编纂体例，分年月列条目编排；附卷二按照组织人事业务模块，分类别列条目编排。

八、本书第一卷至第三卷资料编排。本书采用文字叙述、组织机构及领导成员名录、图表相结合的编纂体例进行资料编排。

（一）组织机构沿革文字叙述的编排。本书文字叙述主要起连接机构、名录、图表的作用，主要包括综述、分述和简述。在第一卷各编之首和第二卷、第三卷各卷卷首，写有本编或本卷组织机构沿革综述。主要记述该时期本级组织机构的基本简况、沿革变化及其历史背景；下设工作机构和所属单位的机构改革、体制调整等组织沿革发展变化情况；本级组织机构在企业管理和改革、生产经营、干部和员工队伍建设、党的建设和企业文化建设等方面所采取的重大决策、重要措施及取得的主要成绩等内容。

在各章或节之首，写有本时期领导机构、机关工作部门、所属单位每个层次的分述，即本层次组织机构沿革情况概述或提要。主要是围绕本层次组织机构发展主线，采取编年纪事与本末纪事相结合的方式，简要概述本层次所涉及的重大管理体制调整、组织机构调整、业务重组整合、领导届次变化和组织机构的基本概况等。

在各节或目下，分别收编具体组织机构，其下一般为两部分：第一部分为该组织机构沿革的文字简述，第二部分为该组织机构及领导成员名录。简述主要记述该机构建立、撤销、分设、合并、名称改变、职能变化、业务划转、规格调整、体制调整的依据及结果，上级下属、内部机构设置及人员编制的变化情况，机构驻地和生产规模、工作业绩概况等。

（二）组织机构的编排顺序。一般按机构成立时间先后或编纂下限时的规范顺序排列。领导机构，以届次或时间先后收编；机关工作机构和部门，按职能部门、专业公司、直附属单位的顺序排列；各所属企事业单位，按成立时间先后或编纂下限时的规范顺序排列。

所属企事业单位党组织、行政组织和工会组织，国家部委时期按党组织、行政组织和工会组织依次编排，总公司和集团公司时期按行政组织、党组织和工会组织依次编排，有明确规定的，按规定顺序编排。设董事会、监事会的，董事会、监事会列在最前面。

“文革”时期，设有军管会、革委会的，依次进行收录和编排。

（三）领导名录的编排顺序。一般按正职（职级）、副职（职级）和任职时间先后的顺序分别排列。同为副职的，按任职先后排列；同时进班子的，按任免文件或任命时已注明的顺序排列；领导班子中有正、副局级巡视员及其他相应职级干部的，依次编排在领导班子成员名录后；提前退出领导班子现职的成员，本书未收录。

党内职务排序依次为正职、副职、常委（委员）、纪委（纪检）书记（组长）。常委（委员）的排列按选举产生或历史文献列定的顺序，后增补的按任职时间先后排列。行政职务排序一般为正职、副职、总师。一人兼任多职的，按不同职务序列名称分别编排。除上级部门领导兼任下级职务和“安全总监”职务标注“兼任”外，其他同一人分别任不同职务序列和岗位职务时一般不标注“兼任”。

本书领导名录编排顺序不代表班子成员实际排序。

（四）本书图表。各卷卷尾收录了中国石油历史沿革及历任主要领导一览表、本时期石油工业所辖主要单位区划分布示意图。第三卷还收录了集团公司海外业务分布示意图。

（五）其他。组织机构名称一般使用全称，名称过长或有常用简称的，第一次出现时使用全称，并括注之后用简称。目录和标题中的机构名称一般用全称或规范的简称。一个单位有两个名称的，第二个名称使用括号。在列名录时，涉及两个或两个以上职务名称的，第二个名称使用括号。

九、本书收录的领导成员资料包括其职务（含代理）、姓名（含曾用名）、性别、少数民族族别、非中国国籍、任职起止年月等人事状况。凡涉及女性、少数民族、兼任、主持工作、挂职、未到职或领导成员实际行政级别与组织机构职务级别不一致等情况，均在任离职时间括号内标注。涉及同一人的备注信息，仅在该节第一次出现时加注。同一卷中姓名相同的，加注性别或籍贯、出生年月、毕业院校等以示区别。对组织上明确设有"常务"职务的，一般单列职务名录或在副职名录后括号内加注，并编排在其他副职前。

十、本书收录的组织机构及领导成员，均在其后括号内注明其存在或任职起止年月。月不详者注季，季不详者注上半年、下半年或年，年、月均不详者括号内为空白。任职上下限时间在同一年者，标注下限时间时省略年，例如"（19××.×—×）"；在同一个月内者，任职时间只标注年月，例如"（19××.×）"。同一组织、同一领导成员，其存在或任职年月有两个或两个以上时期时，前后两个时期之间用"；"隔开；组织机构名称变更后，排列时原名称在前、新名称在后，中间用"—"连接。收录的某一组织机构，在其存在时限内，其领导成员一直空缺或不明者，分别在职务后括号内标注"空缺"或"不详"。

十一、组织机构设立和撤销时间，以上级机构管理部门正式下发的文件为准；没有文件的，以工商注册或资产变更等法定程序为准。

十二、领导成员任离职时间，均以干部主管部门任免时间或完成法定聘任（选举）程序时间为准。同一人有几级任免文件的，按干部管理权限，以主管部门任免行文时间为准。属自然免职或无免职文件的，将下列情况作为离职时间：被调离原单位的时间，办理了离退休手续的时间，去世时间，机构撤销时间，选举时落选时间，新领导人接替时间，副职升正职的时间，随机构名称变更而职务变化的时间，刑事处罚、行政处分和纪律处分时间。确无文件依据的，经组织确认后，加以说明或标注。

十三、本书入编机构，只收录以人事部门机构文件为准的常设机构，未收录各种临时机构、虚设机构、领导小组、委员会等非常设机构。

十四、本书资料收录的截止时间，不是组织机构和领导成员任职的终止时间。各组织机构一般按第一卷至第三卷七个时期的时限划段，分别收编在第一卷各编和第二卷、第三卷内；对跨时限时间较短的，则集中收编在上一卷（编）或下一卷（编）内。

十五、本书对历史上的地域、组织、人物、事件等，均使用历史称谓。中国共产党各级组织名称的书写，一般简写为“中共……”；各级组织机构，除章、节标题和收录党组织领导名录外，一般省略“中共”二字。中国共产党第×次全国代表大会，统一简称为“中共×大”；中华人民共和国第×届全国人民代表大会，统一简称为“第×届全国人大”；中国人民政治协商会议第×届全国委员会，统一简称为“全国政协第×届会议”，以此类推。

十六、本书一律使用规范的简化字。数字使用依据《出版物上数字用法》（GB/T 15835—2011），采用公历纪年，年代、年、月、日和计数、计量、百分比均用阿拉伯数字，表示概数或用数字构成的专用名词用汉字数字，货币单位除特指外，均指人民币。

十七、本书采用行文括号注和页末注。行文括号注包括领导成员的人事状况，组织的又称、简称、代称，专用语全称与简称的互注等。页末注系需要说明的问题。同一内容的注释，只在该节（目）第一次出现时注明。

十八、本书收录的文献多为全文照录，保留原标题。篇幅较长的文献，以突出组织人事工作主线进行适当节录。对已公开出版或已经收录到文件选编的，一般只列出标题，内文从略。

十九、本书收录的资料，仅反映组织机构沿革、领导成员更迭和干部队伍发展变化的历史，不作为机构和干部个人职级待遇的依据。由于情况复杂，个别人员姓名和任职时限难免出现错漏和误差，有待匡正。

二十、本书各卷在本凡例之后设有“本卷编纂说明”，进一步说明该卷编纂中还需要交代的具体事项。

总 目 录

本卷编纂说明

一、本卷为《中国石油组织史资料》第二卷，收录1988年9月至1998年7月中国石油天然气总公司期间的组织机构沿革和领导成员资料。

二、本卷章节设置：

本卷按中国石油天然气总公司总部组织机构、所属企事业单位组织机构、附录分三编编纂，编下设章，章下设节。

第一编，以总公司领导机构、总部机关部门分立两章。

第二编，以总公司所属油田、勘探、炼化企业，物资装备、工程建设企业，管道、运输、通信企业，经营服务单位，科研事业单位，石油院校，参股单位、社会团体等分立七章。

第三编，附录，以总公司组织机构名录及沿革图，总公司基本情况统计表，院士、专家名录，全国党代表、人大代表、政协委员及获得国家级表彰的先进集体和先进个人，总部机关部门内设处室干部情况简明表等分立五章。

三、本卷组织机构及领导成员收录范围：

（一）总公司总部：总公司党组领导成员、行政领导班子成员、高级顾问、总经理助理、总师；机关部门、附属单位副局级以上领导成员。

（二）所属企事业单位：总公司所属企事业单位行政领导班子成员、党委领导班子成员、纪委书记、工会主席（即总公司党组和党组委托人事部门管理的领导干部）；企事业单位下属的副局级二级单位，收录到总公司管理的副局级领导班子成员；企业董事会、监事会组成人员和职工董事、职工监事。

（三）挂靠单位和参股公司：挂靠社团组织只收录理事会领导组成人员和总公司党组管理的在职领导人员；总公司参股企业只收录总公司派出的董事、监事、高级经营管理人员等。

（四）企业党委领导班子和董事、监事中非总公司直接管理的领导人员，以及外部聘任人员一般在名录后面的括号内标注其单位、职务或级别，以示区别。

（五）附录资料：总公司组织机构名录及沿革图。人事劳资统计简表，主要包括历年生产指标、用工分类情况、职工队伍人数分类情况、文化和年龄结构情况、大中专院校情况等统计表。名录：院士、享受政府特殊津贴专家、教授级高级职称人员、技术能手。全国党代表、人大代表、政协委员，获国家级表彰的先进集体和先进个人。总部机关部门内设处室干部情况简明表。

四、本卷特殊说明：

（一）1988年4月，第七届全国人大一次会议审议通过《国务院机构改革方案》，决定撤销石油工业部，在石油工业部基础上组建中国石油天然气总公司；9月，总公司正式挂牌成立。在编纂本卷时，统一将总公司的编纂上限时间确定为1988年9月。

1998年7月中国石油天然气集团公司组建后，总公司党组和党组纪检组领导机构一直延续到1998年12月和1999年4月。在编纂本卷时，将总公司党组成员和纪律检查组主要领导的任职下限时间分别下延至1998年12月和1999年4月。

（二）1988年8月，总公司在筹建过程中，即对总部机关部门领导进行任命，10月正式明确机关部门组织机构。在编纂本卷时，统一将机关部门领导名录的收录上限时间确定为1988年8月，将组织机构的上限时间确定为1988年10月。

（三）1998年7月至10月，中国石油天然气集团公司成立初期，总部机关部门组织机构和领导人员延续了总公司后期的状况。为保持总公司向集团公司过渡期间机构沿革的延续性和完整性，在编纂本卷时，统一将机关部门下限时间确定为1998年10月。

（四）为保证资料的完整性，对部分在石油工业部末期成立的企事业单位，从成立之时开始收录；对部分在集团公司初期撤并的企事业单位下限时间下延至实际结束时间。

（五）1988年9月总公司组建后，实行双重管理以地方为主的企事业单位，并且在总公司期间陆续划归总公司直接管理的，收录时间从1988年9月开始。

（六）对行政上一直不隶属总公司管理，但业务上属于陆上石油工业行业指导的吉林省油田管理局（后更名为吉林石油集团有限责任公司）、延长油矿管理局、抚顺石油机械厂的组织机构沿革情况进行了简要收录。

（七）1992年7月，总公司将宝鸡石油机械厂、宝鸡石油钢管厂、西安石油勘探仪器总厂划入中国石油物资装备总公司，但3个厂的领导班子成员任免仍需报总公司备案，在本卷编纂时，对3个厂领导班子成员完整收录。1997年4月，总公司将中国石油天然气第一建设公司、中国石油天然气第六建设公司、中国石油天然气第七建设公司、华东勘察设计研究院划入中国石油工程建设（集团）公司，但4个单位领导班子成员任免仍需报总公司备案，在本卷编纂时，对4个单位领导班子成员完整收录。

（八）总公司时期，工程建设、管道、运输、通信等所属单位多次更名，为便于编排，本卷收录时一般使用本时期该单位编纂下限时名称或规范简称。

五、本卷综述共分四部分：总公司的组建和机构沿革；总公司的改革与发展；企业领导班子和人才队伍建设；党的建设和思想政治工作。

六、本卷原始资料主要来源：各企事业单位的征集上报资料；总公司档案馆的文书资料；总公司年鉴；总公司人事劳资部门历年文件选编、会议材料、工作总结、统计报表。附录中有关统计资料和主要经济数据，除特殊说明外，均来自石油工业统计提要、总公司统计年报和人事劳资统计报表资料。

七、本卷卷首收录了中国石油历史沿革及历任主要领导一览表（1949.10—1998.7）和1997年中国石油天然气总公司油气田企业分布及管道示意图，以便查阅参考。

目　　录

第二编　中国石油天然气总公司所属企事业单位组织机构

第三编　附　　录

综　述

1987年10月，中共十三大提出，要进一步加大经济体制改革力度，对企业实行所有权与经营权分离，理顺企业所有者、经营者和生产者的关系，以契约形式确定国家与企业之间、企业所有者与企业经营者之间的责权利关系，把经营权真正交给企业，做到自主经营、自主管理、自负盈亏。政府按照国家法规和政策履行服务与监督职能。1988年4月，根据中共十三大精神，国务院决定撤销石油工业部，成立中国石油天然气总公司。

一、总公司的组建和机构沿革

1988年4月9日，第七届全国人大一次会议审议通过《国务院机构改革方案》，决定撤销石油工业部、煤炭工业部、电力工业部，组建能源部，在石油工业部基础上组建中国石油天然气总公司（以下简称总公司）。5月，国务院任命王涛为总公司总经理，周永康[1]、李天相为副总经理。同月，隶属石油工业部的中国海洋石油总公司分立。6月25日，能源部向国务院呈报《关于组建中国石油天然气总公司的报告》。8月20日，中共中央国家机关工作委员会批准，成立总公司临时党委和临时纪委，王涛任党委书记，邹国顺任纪委书记。8月29日，国务院批准能源部的报告。9月17日，中国石油天然气总公司成立大会在北京举行。

根据《国务院机构改革方案》要求，总公司组建后，石油工业部的政府职能（包括制定发展战略、长远发展规划、重大方针政策和法规，确定对外合作区域及组织协调、检查监督等）由能源部行使。石油工业部在全国陆地全境（包括岛屿、海滩、水深0～5米极浅海在内）石油、天然气的生产建设和经营管理职能由总公司行使，并承担能源部和其他政府部门授权或委托的

[1] 2014年7月，周永康涉嫌严重违纪违法，中共中央纪律检查委员会对其立案审查；12月，中共中央政治局会议审议并通过中共中央纪律检查委员会《关于周永康严重违纪案的审查报告》，决定给予周永康开除党籍处分。2015年6月，周永康被判处无期徒刑，剥夺政治权利终身。

部分政府管理职能。总公司为正部级全民所有制国家公司，实行总经理负责制，总经理负责总公司全面工作，对国家负责；副总经理协助总经理工作，对总经理负责。总经理、副总经理由国务院任免。

总公司的经营性质：总公司由国家能源部归口管理，在国家计划中单列户头，是具有法人资格的经济实体。在国家方针、政策指导下，自主经营，独立核算，统负盈亏。负责规划、组织、管理和经营陆上石油、天然气资源勘探、开发、生产建设以及与油气共生或钻遇的其他矿藏的开采、利用工作。

总公司的主要任务：认真贯彻执行国家关于发展能源的方针、政策，加强油气勘探和开发，不断提高生产建设水平、科学技术水平和经济效益，负责完成国家下达的各项指令性和指导性计划任务，保证石油、天然气工业持续稳定增长，努力适应国民经济和国防建设发展的要求。继续实行并不断完善原油产量包干和天然气商品量包干政策，努力实现两个主要目标：在生产建设方面，主要依靠陆上油气田勘探和开发，加上海上石油在内，确保今后5年每年增产原油300万吨；在经营管理方面，继续深化改革，提高经济效益，挖掘内部潜力，在国家政策的支持下，不断增强自我积累、自我发展的能力，努力加快油气生产发展步伐。

总公司的主要职责：（一）协同能源部研究并提出陆上石油、天然气工业的发展战略、方针政策、中长期发展规划和年度计划，经国家批准后组织实施。负责全国油气储量、产量的统计工作。（二）经营和管理陆上石油、天然气勘探开发和生产建设工作，以及以重油、高含蜡油等特种油为主的综合利用和多种经营工作。依据国务院规定的包干部门审批权限，由能源部授权继续审定和实施相应的工程项目。（三）经营和管理全国石油、天然气运销工作，安排油气产、运、销之间的衔接和平衡。在国家计划指导下，经营销售国家规定的统配商品量以外的油气及油气产品、副产品和多种经营产品，并按有关规定实行定价管理。（四）管理陆上石油、天然气企事业单位，对国家承担生产和经济责任。各企事业单位按国家规定交纳税赋。企业上交国家财政的年度纳税额，由总公司与财政部统一清算。（五）统一经营和归口管理在国家批准的陆上特定区域内，与外国公司合作勘探、开发油气田，与外商进行谈判签约，经国家批准后组织实施。同时按照平等互利原则，参加国外的油气合作勘探、开发活动。（六）经营和管理与国外的经济技术交流。其中包括经营（或与外贸部门联合经营）超产原油出口，经营油气产品及副产品、化工产品、石油技术、工程承包、材料设备、仪器仪表、零配件和劳务等进出口，以及科技合作、学术交流、合资经营、合作生产和有关的其他外事工作。按照政府规定，承担有关的双边经济项目。（七）根据国家石油、天然气工业科学技术发展规划和计划，组织实施长远性课题研究、重大科技攻关和新技术应用推广工作。依据国家规定，管理有关油气生产建设及其专用装备的技术规范、标准化工作。（八）制定和实施石油教育发展规划，管理所属石油院校工作，指导所属企事业单位的教育和职工培训工作。（九）协助能源部具体办理全国油气勘查许可证、滚动勘探开发许可证和采矿许可证的颁发工作，以及国家批准的对外合同区内合作勘探、开发许可证的颁发工作，并进行有关的监督和管理。（十）依据国家规定，管理所属单位的财务、审计、监察、劳动工资、产品和工程质量、节能、环境保护、安全生产和经济保卫工作。经营和管理所属企业石油专用设备和物资的制造、开发及供应工作。（十一）依据国家规定，培训、考核和任免所属企事业单位领导干部。组织和推动所属单位加强社会主义精神文明建设，培育有理想、有道德、有文化、有纪律“四有”职工队伍。

总公司内部管理体制：总公司及其隶属的企业都是经济实体。按照改革与发展的要求，在勘探、开发和生产建设上实行统一规划、计划和部署，在资金上统一组织筹措并对国家统负盈亏；同时在生产和经营管理工作中，合理划小核算单位，推行各种形式的承包经营责任制，积极引进竞争机制，下放权力，实行分散灵活的经营，进一步增强企业活力。在当时国家对石油工业仍保持直接控制条件下，要求逐步建立起符合石油工业特点和商品经济发展要求的、具有自我发展和自我约束能力的、能够参与国际竞争的新型生产经营机制。（一）进一步完善原油产量包干、天然气商品量包干体制。在国内油气价格实行“双轨制”的条件下，总公司按国家确定的原油产量（包括贡献商品原油量）、天然气商品量的包干基数，向国家实行承包。各油气田按总公司核定的包干基数，向总公司实行承包，并负责完成总公司下达的年度油气生产计划。（二）全面推行承包经营责任制。总公司建立新区油气勘探风险基金，各油气田勘探投资实行单独核算。在此基础上，各油气田开发建设和生产工作，由单一的原油产量、天然气商品量包干责任制，改为产量、商品量、经济效益综合承包经营责任制，并按承包效益核定各单位的集体福利基金和奖励基金。同时对其他石油企事业单位，也积极推行各种形式的承包经营责任制。（三）在推行承包经营责任制的基础上，总公司与所属单位实行分级分权管理。总公司着重抓好五个方面的经营管理工作：新区油气勘探和资源接替；原油、天然气生产、运销和平衡；对外合作和进出口；资金（包括外资）筹措、融通和平衡；标准、规范和专业技术服务。所属企事业单位生产建设、自有资金使用、机构设置、干部使用和劳动工资分配等，均按照有关规定自主经营和管理，总公司负责检查和监督。（四）改革现有油气田“大而全”的管理体制，调整全行业生产组织结构。按照以油气勘探开发为主体，专业技术服务社会化的方向，分两步进行改革：第一步，各油气田向二级单位下放生产经营自主权，逐步做到油气勘探开发和生产建设部门与施工作业部门分开，把物探、钻井、测井、油建、作业、机修、运输等部门，转变为企业内部自主经营、独立核算的单位，以培育企业内部的竞争机制；第二步，将从事石油专业工程和作业的部门，进一步转变为独立核算、自负盈亏的具有法人地位的经济实体。这些单位与油气田建立合同承包关系，发展全行业范围内的竞争机制，积极参与国内和国际市场竞争。（五）总公司所属企事业单位，全面实行经理、厂长、院（所）长负责制，以及任期目标责任制和任期终结审计制，并加强企业内部的民主管理，发挥职工的主人翁作用。

1988年9月，总公司成立时，直属或以总公司为主管理的单位47个：大庆石油管理局、胜利油田会战指挥部、华北石油管理局、中原石油勘探局、河南石油勘探局、四川石油管理局、新疆石油管理局、江汉石油管理局、江苏石油勘探局、滇黔桂石油勘探局、青海石油管理局、冀东石油勘探开发公司、长庆石油勘探局、浙江石油勘探处、石油地球物理勘探局、管道局、东北输油管理局、华东输油管理局、中国石油技术开发公司、中国石油开发公司、运输公司、通信公司、中国石油工程建设公司、第一工程公司、第六工程公司、第七工程公司、第八工程公司、华东勘察设计研究院、石油勘探开发科学研究院、石油规划设计总院、施工技术研究所、西北石油地质勘探研究所、石油管材研究中心、石油科学技术情报研究所、中国石油报社、石油工业出版社、中国石油画报社、石油大学、大庆石油学院、西南石油学院、江汉石油学院、西安石油学院、承德石油高等技术专科学校、重庆石油学校、培黎石油学校、石油大学广州培训部、石油管理干部学院。陆上石油工业实行双重领导或以地方管理为主的单位12个：辽河石油勘探局、大港石油管理局、玉门石油管理局、安徽石油勘探总公司、吉林省油田管理局、延长油矿管理局、西安石油勘探仪器总厂、陕西省宝鸡石油机械厂、陕西省宝鸡石油钢管厂、陕西省咸阳石油钢管钢绳厂、抚顺石油机械厂、浙江省石油地质研究所。

1989年12月，中共中央批准成立中共中国石油天然气总公司党组，王涛任党组书记，周永康任党组副书记，李天相、金钟超任党组成员。

1993年3月，国家能源部撤销后，石油工业行业管理由国家计划委员会履行。总公司改由国务院直接管理，国家计划委员会负责联系。

1996年12月，中共中央、国务院决定，周永康任总公司党组书记、总经理。

总公司成立后，根据企业深化改革、转变经营机制和加快发展的需要，先后多次对总部机关工作机构和所属企业组织机构进行调整。

（一）调整总部机关管理机构

总公司组建初期，总部机关部门延续了石油工业部后期的状况。从1988年8月开始，总公司陆续任命机关职能部门的主要领导。10月，根据国务院的批复，按照政企分开和精简、统一、效能的原则，总公司从加强宏观控制，搞活微观管理；加强经营职能，讲求经济效益；减少管理层次，避免分工过细和重复交叉，提高工作效率；努力为基层企业服务，特别是提供各种科学技术指导和专业技术服务出发，在石油工业部机关的基础上完成总公司机关的组建工作。机关设部门22个：办公厅、计划部、财务部、勘探部、开发生产部、基建工程部、经营销售部、装备部、科技发展部、人事教育部、企业管理部、劳动工资部、审计部、监察室、外事局、油气资源管理局、行政事务部、老干部局、钻井工程局、宣传思想工作办公室、体制改革办公室、党委工作部。1990年上半年，又先后成立炼油化工局、国有资产管理局（与财务部合署办公）2个机关部门。

1990年11月，为适应工作需要，总公司对机关职能部门名称、部分机构设置和人员编制进行调整，将监察室、计划部等13个称作“部”的职能部门均更名为“局”，经营销售部更名为运销局，党委工作部更名为直属机关党委，宣传思想工作办公室更名为思想政治工作办公室，增设政策研究室、多种经营局。调整后，机关设管理部门24个，人员编制917人。

1991年2月，成立离退休职工管理局，与老干部局一套编制。7月，成立物资供应管理局，与中国石油物资公司一套编制。1992年9月，撤销企业管理局，成立技术监督局。

1992年12月，为适应劳动人事工资三项制度改革的需要，按照"转变观念，转换职能，精简机构，压缩人员"的总体工作思路和分级分权管理的原则，总公司对机关部门设置和工作职能进行调整，机关设部门20个：办公厅、政策研究室（含体制改革办公室）、计划局、财务局、勘探局、开发生产局、基建局、钻井工程局、炼油化工局、科技发展局、技术监督局、人事教育局、劳动工资局、多种经营局、纪检组（监察局）、油气资源管理局、思想政治工作办公室、机关党委纪委、外事局、老干部局（离退休职工管理局），机关部门和人员编制均减少20%。

1993年，先后成立总公司信息中心、石油人才交流中心，分别归口政策研究室、人事教育局管理；审计局与中国石油审计事务所合署办公。1994年，成立总公司国际勘探开发合作局，与中国石油天然气勘探开发公司合署办公。1995年，技术监督局更名为技术监督与安全环保局。

1996年11月，为落实党中央提出的经济管理体制与经济增长方式两个根本性转变的要求，理顺管理体制，充分发挥总公司整体优势和实力，充实加强综合管理部门，解决职能交叉和甲乙方职能不分的问题，建立精干高效的机关，满足陆上石油工业转换经营机制和建立现代企业制度的需要，总公司决定对总部机关进行全面改革，将23个厅局调整为15个：办公厅（研究室）、规划计划局、财务局（国有资产管理局）、勘探局、开发生产局、科技发展局、技术监督与安全环保局、人事教育局、劳动工资局、政策法规局、外事局、审计局、纪检组（监察局）、政治思想工作部（直属机关党委）、离退休职工管理局（老干部局）；设附属单位7个：信息中心、新区勘探事业部、新技术推广中心、人才交流中心、社会保险中心、北京中油对外服务公司、北京华油经济技术开发公司。同时，在原有相关厅局和专业公司的基础上组建7个企业集团：中国石油天然气销售公司（运销局）、炼油化工企业集团（炼油化工局）、中国石油天然气勘探开发公司（国际勘探开发合作局）、中国石油天然气技术服务总公司（工程技术局）、中国石油工程建设（集团）公司、中国石油物资装备（集团）总公司、中国华油集团公司（多种经营局）。到1997年3月，机关机构和人员全部调整到位，人员编制减至596人。到1998年，除炼油化工企业集团组建后未能真正实现运行外，其他6个企业集团先后完成组建并正式运行。

改革后，总公司机关的职能定位是：主要负责制定总公司的发展规划和经营战略；负责进行重大项目投资决策；负责审批企业的经营计划和预算；负责对企业经营状况进行考核；负责任免和奖惩企业的经营者；负责协调企业的生产经营活动，为企业提供服务。

（二）调整部分油田和炼化企业管理体制

1989年3月，为加快新疆塔里木盆地的石油勘探开发，成立塔里木石油勘探开发指挥部；7月，胜利油田会战指挥部更名为胜利石油管理局。1990年1月，国务院批准，辽河石油勘探局、大港石油管理局分别由辽宁省、天津市划归总公司直接管理；8月，玉门石油管理局由甘肃省划归总公司直接管理。1991年3月，安徽石油勘探总公司由安徽省划归总公司直接管理。1992年4月，总公司分别从新疆维吾尔自治区党委组织部、四川省委组织部接收新疆石油管理局、四川石油管理局干部管理业务。1993年3月，安徽石油勘探总公司更名为安徽石油勘探开发公司。1994年2月，组建南方石油勘探开发公司，负责南方11个省区的油气勘探开发工作。1995年1月，中原石油化工联合公司由中原石油勘探局代管改为总公司直接管理。6月，成立吐哈石油勘探开发公司，8月更名为吐哈石油勘探开发指挥部。9月，大港石油管理局改制为大港油田集团有限责任公司。1997年1月，塔里木石油化工工程建设指挥部由塔里木石油勘探开发指挥部上划总公司直接管理。3月，成立四川炼油化工总厂筹建组。10月，南方石油勘探开发有限责任公司划归中国石油天然气勘探开发公司管理。

（三）优化物资装备管理体制

1988年10月，总公司在石油工业部物资供应管理局的基础上成立中国石油物资公司。1989年2月，以石油工业部华东、华北、郑州、西南、西北、中南、东北、深圳、广州等9个供应办事处和沧州器材库、昆山石油器材供应公司为基础，分别成立11个地区分公司，并划转中国石油物资公司管理。1990年2月，中国石油物资公司正式注册名称为中国石油物资总公司。

1991年1月，国家经济体制改革委员会批准，陕西省宝鸡石油机械厂、陕西省宝鸡石油钢管厂、西安石油勘探仪器总厂、陕西省咸阳石油钢管钢绳厂等4个单位由陕西省划归总公司管理，并分别更名为宝鸡石油机械厂、宝鸡石油钢管厂、西安石油勘探仪器总厂、咸阳石油钢管钢绳厂。1992年7月，总公司将中国石油物资总公司、总公司装备局、中国石油技术开发公司联合组成中国石油物资装备总公司，并将宝鸡石油机械厂、宝鸡石油钢管厂、咸阳石油钢管钢绳厂、西安石油勘探仪器总厂等4个单位同时划归其管理。1994年1月，济南柴油机厂从胜利石油管理局上划总公司直接管理。1995年8月，承德石油高等专科学校下属承德石油机械厂划归中国石油物资装备总公司。

1997年4月，以中国石油物资装备总公司为核心企业，组建中国石油物资装备企业集团，1998年3月正式注册名称为中国石油物资装备（集团）总公司。

（四）调整工程施工管理体制

1988年9月，总公司将与中国石油工程建设公司合署办公的总公司基建工程部分设。12月，石油工业部第一、第六、第七、第八工程公司分别更名为中国石油天然气总公司第一、第六、第七、第八建设公司。1992年1月，中国石油天然气总公司第一、第六、第七、第八建设公司分别更名为中国石油天然气第一、第六、第七、第八建设公司。1997年4月，以中国石油工程建设公司为核心企业，组建中国石油工程建设企业集团，并将中国石油天然气第一、第六、第七建设公司和华东勘察设计研究院等4个单位划转其管理。组建后，中国石油工程建设企业集团承担国内外石油工程建设项目和对外石油工程援建项目，在海外开办各类企业并对外派遣工程、生产及其他有关劳务人员。1998年1月，中国石油工程建设企业集团正式注册名称为中国石油工程建设（集团）公司。

期间，为加强陕京天然气管道建设和运营管理，1991年7月总公司与北京市政府共同出资组建北京天然气集输公司。为加强西部石油长输管道建设工作，1992年12月，成立西北石油管道建设指挥部。

（五）强化经营管理和服务业务

为贯彻“以油气为主、多元化经营”的方针，总公司先后成立多种经营服务单位。1988年10月，总公司成立深圳石油实业发展公司，后更名为深圳石油实业有限责任公司。1990年8月，为加强石油企事业单位内部审计工作，组建审计所。10月，为加强原油、天然气及其产品、副产品的经营管理，成立中国石油天然气销售公司。1991年12月，成立中国石油天然气油田化学公司。1992年5月，总公司成立浦东开发办公室，后注册成立上海浦东华油实业公司，与浦东开发办公室一套班子两块牌子。8月，中国石油开发公司更名为中国石油天然气勘探开发公司。10月，成立华油实业开发总公司。12月，撤销行政事务局，成立华油北京服务总公司；总公司与中国化工进出口总公司合资组建中国联合石油公司。1993年3月，以总公司审计局、审计所为基础组建中国石油审计事务所。4月，成立廊坊经济技术开发办公室。8月，成立咨询中心。1994年5月，成立中油测井有限责任公司。1995年12月，为提高资金管理水平，成立中油财务有限责任公司。1996年3月，总公司、煤炭工业部和地质矿产部联合组建中联煤层气有限责任公司。1997年3月，驻香港办事处更名为中国石油天然气香港有限公司。4月，组建中国石油天然气技术服务总公司，并将中油测井有限责任公司等工程技术服务单位划归其管理。

（六）优化科研事业单位管理体制

1988年12月，石油工业部石油规划设计总院更名为总公司规划设计总院，石油工业部施工技术研究所更名为总公司工程技术研究所，石油工业部西北石油地质勘探研究所更名为总公司西北地质研究所，石油工业部科学技术情报研究所更名为总公司情报研究所。1992年7月，浙江省石油地质研究所划归总公司直接管理，并更名为总公司杭州石油地质研究所。1993年3月，情报研究所更名为信息研究所。7月，石油管材研究中心更名为石油管材研究所。1994年3月，工程技术研究所更名为工程技术研究院。1998年2月，中国石油画报社并入中国石油报社。

1989年8月，组建总公司教育指导委员会。1990年12月，成立中国石油文联。1992年8月，国家教育委员会批准成立中国石油教育学会，挂靠在总公司。1994年7月，总公司教育指导委员会与中国石油教育学会合署办公。

到1997年底，总公司总部机关设部门15个，直接管理的企事业单位有75个，其中油田、勘探和炼化企业24个，物资装备和工程建设企业4个，管道、运输和通信单位7个，经营服务类单位13个，科研院所6个，信息、新闻和出版单位3个，大中专院校9所，培训机构2个，社会团体5个，参股单位2个。另外，吉林石油集团有限责任公司、延长油矿管理局行政上仍分别隶属于吉林省、陕西省延安市管理。

1998年3月10日，第九届全国人大一次会议审议通过国务院机构改革方案，决定对石油行业进行体制改革，在中国石油天然气总公司的基础上组建中国石油天然气集团公司。同月，国务院任命周永康为国土资源部部长，不再担任总公司总经理职务。中共中央组织部明确，马富才副总经理主持总公司全面工作，负责筹备中国石油天然气集团公司的组建工作。7月，中国石油天然气集团公司正式成立。

二、总公司的改革与发展

1988年至1998年，是总公司认真贯彻中共十三大、十四大、十五大以来一系列重要精神，组织实施“稳定东部、发展西部”的战略方针，克服各种困难，油气生产实现持续稳定发展的时期；也是按照建立和发展社会主义市场经济的要求，继续深化改革，扩大开放，加强管理，各项工作取得重要进展的时期。在党中央、国务院的领导下，总公司克服国际油价暴跌、国内油价过低、原材料价格大幅度上涨、全行业出现政策性亏损、勘探开发难度增加、投入工作量急剧增长、资金严重短缺等诸多不利因素的影响，研究提出一系列具有全局意义的工作思路和重大部署，对促进陆上石油工业的改革与发展起到了十分重要的作用。

1989年1月，总公司在第一次局厂领导干部会议上提出，要全面进行治理、整顿和深化改革工作，深入开展增产节约、增收节支运动，继续推进科技进步，加强和改进思想政治工作，加强以改善经营机制、提高经济效益为中心的企业管理，保证原油、天然气生产持续稳定增长，为全国稳定经济多作贡献。确定在继续以东部地区为“增储上产”重点的同时，在塔里木盆地开展石油勘探开发会战。3月，总公司下发《1989年、1990年深化石油工业改革，完善承包经营责任制的实施意见》，确定总公司与所属企业责权关系，建立新型经营管理制度，使企业具有明确的经济责任、相应的经营自主权，以及按照承包合同规定享有独立的经济利益，促进企业建立起自我约束的经营机制。深化改革的重点是进一步完善承包经营责任制，深化企业领导体制的改革，同时自上而下相应改革计划、财务、劳动工资、物资供应、科技等管理体制，促进企业逐步完善自主经营、自我发展、自我约束的经营机制，把各方面的潜力释放出来，增强企业发展后劲，保证“七五”后两年发展目标的实现。

1990年5月，总公司项目管理工作会议要求各石油企业在勘探开发和工程建设中，要由点到面地推行项目管理，并提出发展石油工业的“三大战略”。

9月，总公司在加快塔里木石油勘探开发工作会议上提出：塔里木石油勘探开发要避免“大而全”“小而全”的做法，广泛推行专业化作业服务，有效精干队伍，优化投资结构，以取得较好的经济效益；初步改变单纯依靠行政命令组织生产的做法，把经济手段和法律手段结合在一起，并以单井为单位，以日费制为财务结算办法，初步形成一套以项目管理和甲乙方合同制为基础的新型生产经营管理机制；克服单纯追求工作量的倾向，突出找油的根本目标，有效促进新工艺、新技术的推广，提高工作效率和工程质量，降低成本；促进人才培养，提高职工队伍素质；积极依托社会上的有利条件，密切与地方政府的关系，征得地方政府的支持，促进共同发展。

1991年2月，总公司在局厂领导干部会议上提出“八五”期间和今后十年的发展思路：实施“三大战略”，建立“三支队伍”，实现“三个良性循环”，使陆上石油工业迈上一个新的台阶，为21世纪持续稳定发展奠定物质、技术和人才基础。“三大战略”：稳定和发展以东部为重点的老区生产，加快西部地区勘探开发工作，解决好油气资源的战略接替，保证全国原油天然气生产持续稳定增长；在国家计划指导下，运用市场调节机制，发展油气加工和综合利用，进行钻遇、共生矿藏开发，开展多种经营，增强石油工业自我发展能力；按照中央关于对外开放方针，积极扩大对外经济技术合作与交流，扩大各种形式的对外贸易，努力开拓国际市场，在参与国际竞争中发展壮大自己。此后简称为“稳定东部、发展西部”战略，“多元开发、多种经营”战略，“对外开放、国际化经营”战略。“三支队伍”：油气勘探、开发、工程建设和输油气队伍，油气下游加工、综合利用和多种经营队伍，对外合作和外贸经营队伍。“三个良性循环”：生产与资源接替的良性循环，资金投入产出的良性循环，人才接替的良性循环。10月，总公司在油田领导干部会议上提出：要把石油企业的工作重点转移到依靠科技、加强管理、提高经济效益的轨道上来；发挥党组织政治核心作用，坚持和完善厂长负责制，依靠工人阶级，实现石油工业持续稳定发展。

1992年1月，总公司在局厂领导干部会议上提出，要继续按照“稳定东部、发展西部”的工作方针，进一步实施“三大战略”，重点做好七个方面的工作：一是大力加强东部老油区和本部新区勘探工作，努力实现油气储量有较大增长；二是继续大打开发阵地仗，努力提高开发水平，保持油气产量的稳定增长；三是大力推进石油科学技术进步，促进生产建设的发展和经济效益的提高；四是强化管理，挖掘潜力，努力提高石油企业经营管理水平；五是进一步提高油气加工效益，把多种经营工作纳入到统一计划中来；六是继续扩大对外开放、合作交流，积极参与国际竞争，在竞争中发展和壮大自己；七是坚持两个文明一起抓，进一步把石油企业建设成为坚强的社会主义阵地。同时，下发《油气田企业1992年—1995年承包办法》，根据国务院“八五”期间对总公司确定的承包指标，进一步完善和发展承包经营责任制。

1993年1月，总公司在工作会议上提出要紧紧抓住转换企业经营机制这个中心环节，加快全行业和各企业改革开放的步伐，以适应建立社会主义市场经济体制的要求。坚持以经济建设为中心，努力增加油气储量和产量，提高企业经济效益，为国民经济保持较高的发展速度作出新贡献。7月，总公司召开全国油气田改革工作会议，专门研究深化改革、理顺总公司内部关系、形成新的管理模式等问题。提出深化改革的主要任务是：培育和建立统一开放的石油工业市场体系，进一步转换经营机制，建立适应社会主义市场经济体制的运行机制和以产权为纽带的新型管理框架，使油气田进入市场，成为市场竞争的主体。要求各油气田在解体“大而全”“小而全”基础上，走“油公司”路子，积极探索以“油公司”为核心、施工作业和辅助生产企业为紧密层、生活服务企业为半紧密层的油田企业集团管理体制。同时，明确计划、财务、劳动、人事、工资、住房等各方面的配套改革措施，要求深化总部和油气田两级机关改革，在对机关机构撤并和人员裁减的基础上，按照资产经营和统一管理的需要，重点调整和转变职能。

1994年1月，总公司在工作会议上提出，继续实施“稳定东部、发展西部”的工作方针，加大改革开放力度，转换经营机制，依靠科技进步和加强管理，加快生产建设步伐，实现油气生产的持续增长和经济效益的明显提高，开创陆上石油工业发展的新局面，夺取两个文明建设的新胜利。同时，根据中共十四届三中全会《关于建立社会主义市场经济体制若干问题的决定》精神，会议还就转换石油企业经营机制、逐步建立现代企业制度和计划投资、财务体制改革等工作进行了专门研究和部署。至此，标志着陆上石油企业改革由政策调整进入制度创新的新阶段。

1995年1月，总公司召开工作会议，在全面分析陆上石油工业发展实际的基础上，明确陆上石油工业的改革方向和发展方针，确定以经济效益为中心、加快发展的新思路和加强党的建设若干问题。提出要在六个方面率先突破：一是转换经营机制要有突破；二是油气勘探要有突破；三是多元开发要有突破；四是科学技术水平要有突破；五是扩大对外开放要有突破，充分利用两个市场、两种资金、两种资源发展壮大自己，开创有进有出、全方位对外开放格局；六是企业管理要有突破。同时，总公司提出《关于以经济效益为中心，加快发展若干问题的意见》，以及新区勘探、提高油气田开发效益、调整产业和队伍结构、经营政策、预算管理、开展增效益活动、保险制度改革、效能监察等8项实施意见。这次会议对深化各项改革具有重要意义，是陆上石油工业加快由计划经济体制向社会主义市场经济体制转变的总动员，为总公司“九五”期间的快速发展指明了方向。8月，总公司召开企业管理工作会议，进一步落实以经济效益为中心、加快发展的新思路，提出加强企业管理的目标和措施，推动石油企业管理工作再上一个新台阶。同时，总公司还在资金管理、资产管理、预算审计、安全生产和全面实行劳动合同制、干部考核任免、专业技术职务聘任等方面出台一系列管理制度。

1996年1月，总公司在工作会议上提出实现“九五”和2010年奋斗目标的两个根本性转变：一是经济体制从传统的计划经济向社会主义市场经济转变；二是经济增长方式从粗放型向集约型转变。总公司在“九五”期间的奋斗目标是“两个基本”“两个翻番”：到2000年，基本实现油气资源的良性循环，基本形成油公司和企业集团体制；与1995年相比，销售收入翻一番，主业队伍实物劳动生产率翻一番。“九五”期间，在发展和改革方面做好五项工作：一是原油产量做到稳中有升，资源接替基本实现良性循环；二是坚持油气并举方针，大力发展天然气工业；三是发展炼油化工和多种经营，优化产业结构和队伍结构；四是实行全方位对外开放，发展跨国经营；五是深化改革，强化管理，提高科学管理水平。8月，总公司召开改革与管理经验交流会，总结“八五”以来改革管理工作的进展情况，学习邯钢经验，总结交流中原、大庆等石油企业深化改革、加强管理的做法和经验，分析石油企业改革和管理工作的现状，提出深化改革与加强管理的思路、目标和措施。

1997年1月，总公司在工作会议上提出“稳定东部、发展西部、油气并举、立足国内、开拓国际”的发展方针，确定工作重点：加大勘探力度，提高开发水平，实现“稳中求进”，储量产量持续增长；加快结构调整，推进“三改一加强”（通过改革建立新的体制机制，通过改组优化内部各类结构，通过改造推进企业技术进步，通过加强管理发挥各种生产要素的作用，全面提高企业的整体素质），提高经济效益；加强领导班子建设，培育有理想、有道德、有文化、有纪律的“四有”职工队伍，提高思想道德素质，开创精神文明建设新局面。会议期间，江泽民等党和国家领导人在北京人民大会堂接见全体代表，并发表重要讲话。

1998年1月，总公司工作会议上提出2010年远景目标：要在国内外形成6个年产5000万吨油气田的规模，总公司跻身于世界十大石油公司行列。强调1998年要继续推进“三改一加强”，打好企业改革攻坚战，打好石油科技攻关仗，加快实行两个根本性转变，加强油气主业，调整产业结构，搞好精神文明建设，实现持续稳定发展。

10年来，总公司紧密结合陆上石油工业实际，始终坚持以油气勘探开发为核心，以经济效益为中心，通过实施“三大战略”，深化企业改革，转换经营机制，调整管理体制，加强企业管理，推进科技进步等措施，勘探开发取得重大成果，原油产量实现持续稳定增长，资源接替状况开始好转；企业改革迈出实质性步伐，效益意识、市场意识和竞争意识已逐步形成，并渗透到生产经营的各个环节，经营机制和运行机制得到改善，经营管理水平有所提高；产业结构和队伍结构趋向合理，形成以油气生产经营为主体、多元开发的新格局；对外开放领域不断扩大，水平不断提高，正在形成有进有出、全方位、多层次的对外合作格局。

（一）深化企业领导体制改革，全面实行厂长责任制

1988年，根据《中华人民共和国全民所有制企业法》的规定，总公司在所属企业中全面推行厂长负责制，厂长在企业党委和群众组织协助下，对物质文明和精神文明建设全面负责。到1989年底，总公司所属企业的领导体制基本完成向厂长负责制的转变，直属科研院所也全面实现院（所）长负责制。

在全面实行厂长负责制后，总公司还实行承包经营责任制、任期目标责任制和任期终结审计制等一系列改革措施，促使企业经营者克服短期行为，积极谋划长远发展，切实加强各项基础工作，建立严格的内部管理制度，逐

步形成企业自我积累、自我约束、自我发展的运行机制。通过建立健全职工代表大会制度，坚持民主集中制原则，做到一切重大问题集体讨论，保证了企业持续健康发展。厂长的工作重心实现由管理型向经营型的转变，厂长既要管理企业，又要善于经营企业。通过不断坚持和完善厂长负责制，保证厂长独立负责地行使生产指挥、经营决策、选人用人、技术开发等方面的职权，厂长的法人身份和对企业负有全面经营管理责任的地位逐步确立起来。

在全面实行厂长负责制后，总公司进一步健全企业内部领导体制。在企业党政领导班子配备上，提出党政职务交叉任职的构成模式，科学处理好党政关系。坚持党政主要领导“换位使用”，以促进工作中的“换位思维”，要求党政一把手在日常工作中实行“三分三合”，即职责上分，思想上合；工作上分，目标上合；制度上分，关系上合，不争大小，不争谁说了算，并建立一套工作制度。党政两套班子做到互相理解、互相支持、互相协作，形成强有力的领导集体，保证企业思想政治工作与经营管理工作紧密结合。各企业在实行厂长负责制的具体工作实践中也积累了很多好经验，大庆油田的“两个尊重”、“三个同心”，即厂长尊重书记在党委集体领导中的“班长”地位，书记尊重厂长在生产经营管理中全权负责；书记与厂长同心，党政同心，干部群众同心，促进了职工队伍稳定。

在全面实行厂长负责制后，总公司建立具有中国石油企业特色的思想政治工作新模式。根据中共中央《关于加强和改进企业思想政治工作的通知》精神，开创了以企业生产经营为中心，厂长全面负责，党政工团密切配合，以各级干部为主体，专职政工干部为骨干，党团员、积极分子为基础，形成党政结合、专兼结合、干群结合的“全方位、多层次、一体化”的思想政治工作网络。充分加强党的建设，注重发挥党的基层组织在企业中的政治核心作用，努力做好思想政治工作，大力支持厂长行使职权。各级党委积极转变职能，工作重心调整到加强党的自身建设、加强党员理想信念教育、提高党员队伍整体素质上来，在从严治党上下工夫。各级党员领导干部率先转变观念，理顺关系，落实制度，保证党的路线、方针、政策在石油企业得到贯彻落实，保证企业的社会主义方向。从实践上来看，党组织作用发挥明显，不仅有力地维护和促进了企业改革的大局，而且党政工作也得到了均衡发展。

（二）转换企业经营机制，推行承包经营责任制

总公司成立时，中国正处于由计划经济体制向计划经济与市场调节相结合

的经济体制转轨时期。1988年，国家调整对总公司原油产量包干政策，将原油产量指标调整为1.06亿吨，对超产分成所得勘探开发基金征收15%的能源交通建设基金和10%的预算外调节基金。根据国家调整的包干政策，按照国务院下发的《全民所有制工业企业承包经营责任制暂行条例》、《关于1988年深化经济体制改革的总体方案》的要求，总公司开始推行以完成油气生产任务为主要内容的企业生产经营承包责任制，并在大庆油田实行以“四包”（包原油产量、包新增储量、包新建产能和包投入工作量）、“四挂”（工资奖金同吨油资金含量挂钩，同工作量工资含量挂钩，同多种经营效益挂钩，职工福利基金同原油产量与项目投资包干、节约分成挂钩）为主要内容的承包经营责任制试点。

1989年，根据《1989年、1990年深化石油工业改革，完善承包经营责任制的实施意见》，总公司开始对油田企业实行“三包、两定、两保”为内容的承包经营责任制，主要是在原来行业总承包的基础上，实行按生产性质分类进行承包，把单纯产量承包转变为产量、产能、储量和效益承包。“三包”：包原油天然气产量、包新增储量、包新增原油天然气生产能力；“两定”：定投入工作量（百万吨生产能力所需费用、亿吨储量所需勘探费用），按油田开采情况和物价上涨指数定原油、天然气生产盈亏基数；“两保”：保油田用电指标（包括由总公司核定的以油换电指标）、保原油外输、外运。同时，总公司还大力推行项目管理，实行严格的项目经理负责制、甲乙方合同制、公开招投标，对各类勘探开发和建设项目推行项目管理。实行投资、任务包干，做到管生产的同时也管花钱、管效益、管结果，对控制基本建设项目投资规模和资金使用方向、加速工程进度、提高工程质量和经济效益发挥重要的作用，也促进了企业民主决策、科学决策和队伍素质的提高。各企业结合行业特点，在所属二级单位中开展形式多样的承包责任制，在企业内部形成了自上而下的承包经营管理体系。通过经营机制改革，体现多劳多得的分配原则，较好地处理了企业和职工的利益关系，极大地调动了企业和职工的积极性，原油产量稳步增长，各项指标均超额完成，推动企业健康发展。1988年至1990年职工年人均工资递增18.1%，1990年职工年人均货币收入比1985年增长85%，略高于全国国有企业全民所有制职工工资增长速度。

1991年1月，国务院决定在“八五”期间对总公司实行新的承包政策，明确总公司对国家实行“四包”（包新增石油地质储量、包新增天然气地质储量、包原油产量、包天然气产量)，国家对石油工业实行“两定”(定石油工业建设总工作量、定原油生产亏损总额)。同时，国家对原油价格再次进行调整，平价和国内高价原油平均每吨提价34元，其中10元用作石油勘探开发基金。

1992年1月，根据国务院在“八五”期间对总公司确定的承包指标，按照《油气田企业1992年—1995年承包办法》，“八五”后四年，总公司对油气田企业实行“四包(包分年新增探明石油储量、包分年新增天然气储量，包分年原油产量和商品量，包分年天然气产量和商品量)、三定(定分年投资规模、定生产盈亏、定建设资金来源)、两保(保石油专用管材，保原油、天然气外输销售)、一挂钩(工资总额与承包任务完成情况和经济效益挂钩)”的承包责任制。在总公司领导干部会议上，王涛总经理代表总公司与17个油气田企业负责人签订1992—1995年承包任务书。

1994年以来，根据《全民所有制工业企业转换经营机制条例》的有关要求，总公司对油气田企业开始实行以“两定、两自、一挂钩”(核定油气配置量，核定上缴利润和储量有偿使用费；企业做到生产经营自负盈亏，建设资金自求平衡；工资总额与企业增加值和实现利润挂钩)为主要内容的经营政策，强化企业市场意识，促进企业自主经营、自负盈亏、自我发展、自我约束“四自”机制的形成。大多数油气田企业初步做到生产经营自负盈亏、建设资金自求平衡，并开始从靠堆工作量完成生产任务，转向注重挖掘企业内部潜力，提高经济效益上来，较好地控制投资规模和成本的快速增长。各油气田企业形成“超产—筹集资金—扩大工作量和推进技术进步—再增加产量”的自我积累、自我发展的良性循环机制，开始实现由生产经营向资产经营的转变。各企业根据总公司的经营政策，相应完善内部多种形式的承包经营责任制，突出成本、投资和内部利润等效益指标，并与工资奖金直接挂钩。企业各二级单位对成本等指标也层层进行分解，逐级落实，并严格进行考核、兑现，促进经营机制的转换。

1995年，总公司进一步完善“两定、两自、一挂钩”的经营办法，强化配套政策力度，推动企业形成加强内部管理、挖潜增效、增收节支的新机制。1996年，提出集约化经营的思想，要求企业树立投资回报的观念，每个项目的投资都要讲求回收期和回报率；树立资产运营效率的观念，无论固定资产还是流动资产，都要追求使用效率和收益率，实现国有资产保值增值。到1996

年底，大庆石油管理局、胜利石油管理局、辽河石油勘探局、四川石油管理局、大港油田集团有限责任公司、塔里木石油勘探开发指挥部、吐哈石油勘探开发指挥部等12个油气田企业全面完成上交指标。特别是大庆石油管理局顾全大局，作出突出贡献。各单位还普遍推行投资和成本责任制，实行内部资产经营责任制，激励和约束机制进一步强化，华北石油管理局、中原石油勘探局、江汉石油管理局、江苏石油勘探局、玉门石油管理局、吐哈石油勘探开发指挥部、吉林石油集团有限责任公司等7个油气田企业做到了“投资不增、成本不升”。亏损企业由1995年的15个减至7个，亏损额下降40%以上。四川石油管理局、石油地球物理勘探局、中国石油天然气运输公司、承德石油高等专科学校下属承德石油机械厂等8个企业实现扭亏解困，中原石油勘探局、青海石油管理局、玉门石油管理局和宝鸡石油机械厂亏损额明显下降。

自1997年开始，根据《资产经营责任制暂行办法》，在继续实行和完善“两定、两自、一挂钩”的承包经营责任制基础上，总公司开始推行资产经营责任制。1月，总公司决定对辽河石油勘探局、大港油田集团有限责任公司、吐哈石油勘探开发指挥部、江苏石油勘探局等4个油气田企业进行资产经营责任制试点，对非油气田企业和直属公司全面推行资产经营责任制，并在工作会议上与4个试点企业的法人代表签订资产经营责任书，明确责权利关系。对实行资产经营责任制的油气田企业，主要考核国有资产保值增值率、内部上交率、储采平衡率、商品配置兑现率等4项指标，并将企业工资总额增长与国有资产保值增值率和内部上交率等指标完成情况挂钩，复合考核商品配置率和储采平衡率指标。

承包经营责任制和资产经营责任制的推行，促进了企业经营管理思想和方式的转变：一是从过去主要靠堆工作量来完成储量、产量任务，开始向注重投入产出的经济效益转变；二是从过去只注重生产过程的管理，开始向既重视生产管理又重视经营管理的转变；三是从过去伸手向上要项目、要投资，开始转向依靠科技进步，挖掘内部潜力，靠内涵求生存、求发展上来，使投资规模和成本得到有效控制；四是从过去主要靠行政手段组织生产，开始向运用市场机制组织生产经营转变。

（三）推进稳定东部、发展西部战略，保证原油产量稳定增长

1989年1月，总公司从全国抽调力量，采用新的工艺技术和管理体制，在塔里木盆地开展高水平、高效益的石油勘探开发会战。西部其他一些重点盆地、

新地区勘探也由总公司管理，同步推进。3月，国务院同意成立由总公司直接领导的塔里木石油勘探开发指挥部。同时决定，由国家计划委员会、能源部、地质矿产部、铁道部、总公司等有关部门组成塔里木盆地石油天然气勘探开发领导小组，邹家华任组长，负责规划、统筹协调勘探开发工作。4月，塔里木石油勘探开发指挥部成立大会召开。10月，塔里木盆地塔中1井经中途测试发现良好油气显示。11月2日，总公司在北京召开新闻发布会宣布这一消息，江泽民专门作出批示。1990年12月，中共十三届七中全会通过的《中共中央关于制定国民经济和社会发展十年规划和“八五”计划的建议》指出：“石油工业，采取‘稳定东部、发展西部’的战略方针，保证东部老油田稳产增产，适当集中力量加强西部新油区主要是塔里木、吐鲁番地区的勘探和开发。”党和国家领导人也多次对该战略作出明确批示。

到1990年底，“七五”期间全国新探明石油地质储量27亿吨，新增天然气地质储量1900亿立方米，新控制储量360亿立方米，是历史上天然气储量增长最快的时期。全国共生产原油6.77亿吨，比“六五”增加1.28亿吨；生产天然气700亿立方米，比“六五”增加81亿立方米，分别增长24%和13%。全国新建原油生产能力7800万吨，比“六五”增长56%，其中新区生产能力4000万吨。新建天然气生产能力51亿立方米，比“六五”增长52%。1990年全国原油产量1.38亿吨、天然气产量147.2亿立方米。

1991年2月，在对台参1井及周边地质条件研究的基础上，总公司宣布在新疆东部吐鲁番—哈密盆地鄯善地区发现一个大型侏罗系油田——鄯善油田。随后，总公司成立吐鲁番—哈密石油勘探开发会战指挥部，按照“两新两高”的新体制直接领导和组织会战。1993年6月，吐哈油田在新疆鄯善建成中国陆上第一个按国际油田管理标准运行的自动化采油作业区。

塔里木盆地和吐鲁番—哈密盆地开发会战，实行新工艺、新技术和高水平、高效益的“两新两高”工作方针，积极引入竞争机制和激励机制，广泛推行专业化承包和社会化服务，不断改革劳动组织与劳动制度，提高劳动生产率。优化投资结构，将总投资的90%用于生产建设。打破“大而全”“小而全”的传统管理模式，闯出新区勘探、开发、建设的新路子，成为推动整个石油工业深化改革、建立新管理体制的样板，推动了石油工业整体管理水平的进步。同时，在用工体制上，改变单纯依靠行政命令组织生产的做法，积极引进竞争机制，充分运用经济和法律手段，以招投标和甲乙方合同制的方式，从石油行业抽调专业队伍参加石油会战。这些队伍行政隶属关系不变，不转关系，不带家属，实行轮换制。在总公司人才交流中心的协调下，先后从46个单位借聘1800多名优秀技术和管理人员参加会战。在人事管理上，实行固定工、借聘工和临时合同工“三位一体”的劳动用工制度，形成人员能进能出、合理流动的格局。为统一协调管理会战甲乙双方的党建工作，总公司党组批准成立中共塔里木石油会战工作委员会。

“八五”期间，总公司累计探明石油地质储量28亿吨、天然气地质储量5500亿立方米，比“七五”期间分别增加3亿吨、3594亿立方米。5年探明的天然气储量相当于前40年的总和。累计生产原油6.95亿吨、天然气802.7亿立方米，比“七五”期间多产油2141万吨、多产气97.7亿立方米。1995年陆上生产原油1.4亿吨、天然气161.5亿立方米，比1990年分别增加363万吨、17.7亿立方米。其中新疆地区原油产量达到1280万吨，比1990年增加582万吨。正是依靠西部的上产，弥补了东部产量的递减，保持了全国原油产量持续稳定增长。同时，天然气勘探取得重大突破。“八五”期间，在陆上形成陕甘宁、四川、新疆三大气区，天然气储量均超过2000亿立方米，陆上累计探明天然气储量1.14万亿立方米，为天然气工业快速发展奠定了资源基础。为加快西部地区天然气的综合利用，总公司开始筹划西气东输工程。1996年，陕西靖边至西安天然气管道工程和国家“九五”重点工程陕西靖边至北京输气管道工程（陕京一线）开工建设。1997年7月、9月，两项工程相继竣工投产，长庆油田的天然气开始向西安、北京和天津供应。

经过10多年的努力，稳定东部、发展西部的格局已基本形成。总公司在东部通过实施以“稳油控水”为主要内容的综合调整及挖潜措施，持续加大油气勘探投入，新增石油地质储量28.1亿吨，夯实了稳产基础。大庆油田连续10年保持原油稳产5500万吨以上，为原油产量的稳定和增长作出了重大贡献。胜利、辽河、中原、华北、大港、吉林等东部主力油田，为保持原油产量的稳定和增长也做了大量卓有成效的工作。西部地区加快油气资源开发步伐，新增石油地质储量15.2亿吨，油气产量实现逐年递增。1997年生产原油1920万吨，占总公司原油产量的13.4%，其中新疆油田原油产量870万吨，塔里木油田原油产量420万吨，吐哈油田原油产量300万吨，长庆油田原油产量

330万吨、天然气15亿立方米。

1997年，总公司新增探明石油地质储量7.3亿吨，天然气地质储量1170亿立方米。生产原油1.43亿吨、天然气171.7亿立方米，比上年分别增长181万吨和7.3亿立方米，同时还从国外获得份额油97万吨。

（四）推进多元开发、多种经营战略，构筑新的经济增长点

针对产业结构单一，油气主业出现大量富余人员，企业内部一部分人力、物力、装备、技术得不到充分利用，而主业生产经营面临诸多困难和经济效益不断下降等情况，1989年，总公司提出在确保完成油气生产任务的前提下，开展多元开发、多种经营。1990年10月，总公司召开集体经济工作会议，下发《关于石油工业发展多种经营若干问题的意见》《石油集体企业管理暂行办法》，提出“一业为主、多种经营、多元开发，充分挖掘企业潜力”的方针。1991年，为调整产业结构，打破单一经营的格局，合理分流和利用富余的劳动力资源，总公司正式提出“多元化开发、多种经营”的战略。经过多年的发展，总公司由相对单一的油气生产，向以油气生产为主体、多元开发拓展，初步构建了新的石油经济增长点。

油气加工和综合利用得到快速发展，多元开发进入健康发展轨道。总公司成立初期，各油田企业所属小炼油厂13个，原油加工能力不足500万吨。“八五”期间，总公司以老厂改造为主，原油加工能力、加工深度、产品质量均有较大程度的提高。同时，为解决内蒙古、青海、西藏等省区的油品需求，支持少数民族地区的经济发展，建设呼和浩特炼油厂、格尔木炼油厂、咸阳长庆石油助剂厂，购买广西北海石油化工厂，提高原油加工能力，扩大产品种类。1995年原油加工能力突破2000万吨，全年加工原油1655万吨，实现销售收入178亿元。“八五”期间，累计加工原油6245万吨，生产四大类产品3509万吨，均比“七五”期间翻了一番。到1997年底，总公司在大庆、辽河、玉门、胜利、中原、新疆、大港、华北等油田拥有炼油化工厂25个，其中百万吨以上炼油厂12个。原油加工能力达到3600万吨，占全国原油加工能力的15.2%，全年加工原油2200万吨，生产汽油、柴油、润滑油、煤油等系列产品1323万吨，销售收入411亿元，实现利润7.29亿元，上缴税金（含增值税）82.68亿元。同时，围绕油田开发的实际需要，研发一批化学助剂产品，其中大庆油田化学助剂厂生产的聚丙烯酰胺三次采油驱油剂，为大庆油田的持续稳产提供了保证。

面向市场，实现规模经营，多种经营企业经济实力日益增强。按照所有权与经营权分离的原则，总公司利用集体经济的劳动组织和经营方式，发挥油气田生产、技术和装备优势，针对油田实际，积极发展一批面向油田和社会的实业型、服务型、福利型的企业。1991年以后，根据总公司整体发展战略的部署，各企业按照统一规划、统一领导、统一管理的原则，有计划地稳步推进多种经营的发展。1993年，总公司召开石油工业多种经营经验交流暨表彰先进会议，明确多种经营产业定位，提出多种经营发展思路和方向，通过发展多种经营和第三产业，支持主体产业，推动石油工业加快发展，并使石油行业广大职工家属得到更多实惠。1995年，根据总公司《关于实施多元开发，加快调整产业结构和队伍结构的意见》，按照“稳定发展农业、重点发展工业、加快发展第三产业”的工作思路，各单位重点发展投资少、见效快、吸纳就业人员多的产业项目。在相关政策的支持下，各企业立足油田服务社会，建设一批高起点、高科技含量和高附加值的多元开发骨干企业，初步构筑起包括石油化工、建筑建材、机械电子、农业及农副产品加工、轻工、运输及商饮服务等六大支柱产业，多元开发呈现“产业化、规模化、集团化”的发展趋势。到1995年底，有20多个多种经营企业和企业集团销售规模超过亿元，有40多个企业销售规模达到亿元。1995年多种经营销售收入达到200亿元，占石油企业销售总收入的15.7%，创利税17亿元。“八五”期间，累计实现销售收入663.7亿元，实现利税61.4亿元，年均增长分别为31.5%和27.2%。全系统拥有国家级银质产品和省部级优质产品32个，获得国际、国内展览特别奖和金银奖产品17个。全行业多种经营产品的社会市场销售率，已从1990年的20%上升到1995年的40%。同时，继续发展农副业生产，发展农工商联合体，努力提高粮食和其他农副产品产量。到1997年底，共有法人企业3700余个，经营厂点6700余个，产值超千万元的企业达到612个。经营收入322.8亿元，占总公司销售收入的15%以上，实现利税19.1亿元。从业人数达40.8万人，其中安置家属8.4万人、待业子女3.2万人。部分企业打入国际市场，有60多个产品出口到新加坡、美国、日本、加拿大、香港等10多个国家和地区，销售额达1.8亿元。

多元开发和多种经营开辟新的业务领域，培育新的经济增长点，有力地支持主体产业的发展，为总公司及所属企业开拓了一条新的发展道路。通过产业结构调整，带动队伍结构的调整，精干了油气勘探开发主体产业队伍，实现了石油企业劳动力资源的再开发、再利用。因主辅分离和优化劳动组合产生的富余职工在多种经营企业实现就业，对控制企业职工总量，特别是主体产业职工总量的增长，起到重要作用。同时，也解决了大批待业青年和职工家属就业的问题。

（五）推进对外开放、国际化经营战略，国际化经营打开新局面

根据中央提出的“扩大对外开放、利用两种资源、两个市场”的战略方针，总公司本着“立足国内、发展海外”的原则，在加大陆上石油对外合作力度的同时，坚持以周边国家和发展中资源国家为主，积极慎重地开拓海外市场，初步形成有进有出、全方位、多形式的国际化经营格局。

对外合作保持良好发展势头。1993年1月，国务院批准总公司《关于扩大陆上石油对外合作的请示》。2月，宣布陆上石油资源对外开放地区由南方11省区扩大至北方10省区，对外开放面积达249.9万平方千米。对外合作领域也从风险勘探扩展到老油田提高采收率，将有一定油气开发前景、地质条件比较复杂的含油气盆地和凹陷拿出来，由总公司与外国石油公司合作开发，引进先进技术和装备，提高原油采收率。到1997年底，总公司先后与美国、英国、意大利、日本和加拿大等国石油公司签订中国境内石油勘探合同44个，吸引外资11亿美元。同时，通过反承包承揽外方钻井、地震全部的工作量，总计2.76亿美元，占外方实际投资的64.2%。以往较难进入的测井、录井和测试等领域，也取得一定的市场份额。

海外油气勘探开发迈出实质性步伐。1993年3月，总公司在国际化经营上取得实质性进展，中标秘鲁塔拉拉油田第七区块生产服务合同项目，10月获得该区块的石油开采权。到1995年底，又先后进入加拿大、泰国和苏丹等国际市场，签订油气田勘探开发合同5个。1996年至1997年，先后中标苏丹1/2/4区块上中下游一体化项目（包括1/2/4区块油气勘探开发、原油输油管线建设和喀土穆炼厂建设），苏丹6区块勘探开发项目，哈萨克斯坦阿克纠宾油田、乌津油田开发项目，委内瑞拉英特甘博油田、拉卡拉高莱斯油田开发项目，秘鲁塔拉拉油田6、7区块开发项目，伊拉克艾哈代布油田开发项目等。到1997年底，总公司已在海外中标和签订合同14个，总计获得份额油可采储量4亿吨，份额油产量达97万吨，其中运回国内16万吨。总公司在国外工作的管理和专业技术人员2300多人。

对外工程承包、技术服务和物资装备出口实现较快增长。“八五”期间先后与科威特、巴基斯坦等国家签订对外工程和劳务承包合同66个，完成合同金额7.9亿美元。其中与科威特签订的2个集油站和1条输油管线合同金额达3.9亿美元，是当时陆上石油在国外完成的最大承包合同，展示了总公司在工程建设领域的实力。在海外勘探开发项目的带动下，对外工程承包、技术服务和物资装备出口的合同额大幅度增加。1997年与1992年相比，对外工程承包合同金额由6045万美元增至5.53亿美元，增长8.1倍。物资装备出口合同额由43.6万美元增至3.61亿美元，增长800多倍，产品出口到30多个国家和地区。地震、钻井、测试、录井等专业技术服务队伍打入苏丹、泰国、菲律宾、秘鲁、加拿大、美国等十几个国家，1997年中标和签订技术服务合同24个，合同额达6790多万美元。

总公司期间，与国际间的科技、人才交流等活动范围明显扩大。特别是1997年10月，第十五届世界石油大会在北京召开，20多个国家的石油或能源部部长、68名著名石油公司的总裁、世界石油大会的高级官员及与会代表5000余名出席会议，扩大了中国石油在国际上的影响，促进了对外开放和国际合作的深入发展。

（六）持续开展企业组织结构调整，探索建立“油公司”管理体制

“八五”初期，总公司提出走“油公司”道路的改革思路，并不断进行研究和探索。1993年，总公司明确，油气田要在解体“大而全”“小而全”的基础上，走“油公司”的路子。具体改革方向：一是将油气田主体单位，即勘探、采油采气、炼化、销售和综合地质研究单位集中组成“油公司”，成为企业法人；二是将物探、钻井、测井、测试、井下作业、油建、运输、机械修造、水电通信、工艺研究、设计等施工作业、辅助生产和生活服务单位与“油公司”分离，先成为模拟法人，逐步成为企业法人；三是将原来各二级单位内部各种专业和辅助生产、生活服务基层单位分离出来，形成若干新的专业化服务公司，先成为模拟法人，逐步创造条件成为企业法人；四是将学校、医院等社会福利事业单位独立，逐步成为事业法人，事业费由“油公司”和各专业公司共同承担。油气田企业解体“大而全”“小而全”以后，“油公司”和其他专业化公司都将逐步变成独立的企业法人。为有效地管理这些企业，在部分油田探索建立以“油公司”为主体的油田企业集团，“油公司”是核心，施工作业和辅助生产单位为紧密层，生活服务单位为半紧密层，同时

积极与其他社会企业发展横向经济技术联合作为松散层。这是总公司第一次完整地描绘解体“大而全”、“小而全”、走“油公司”路子的改革思路。

为逐步建立“油公司”管理体制，形成以油气勘探、开发为中心的运行机制，1993年至1994年，总公司启动主辅分离工作，制定《关于调整队伍结构精干主业和分离人员的意见》《关于进一步精干石油主业队伍分离人员的意见》，以产业结构的调整带动队伍结构的调整。按照整体分离、部分分离和零星分离三种方式，分离石油主业中的辅助生产、后勤和社会化服务人员。“八五”期间，累计分流45万人，其中整体分流22.1万人、部分分流15.9万人、零星分流7万人。分流到国有、非国有独立法人多种经营单位的职工有20.1万人。同时，缩编钻井队93个、地震队19个。

积极开展建立现代企业制度改革试点工作。1994年3月，按照国务院《关于转换国有企业经营机制建立现代企业制度的若干意见》，总公司在部分油田开展建立现代企业制度改革试点工作。11月，国务院确定大港石油管理局为全国百家现代企业制度试点企业之一。在国务院部委和总公司的指导下，通过实施“三个分离”（分离主业单位队伍中的施工作业、技术服务单位，分离企业办社会的职能，分离多种经营业务）和“一个搭架”（搭建“油公司”框架，确定“油公司”主体单位），建立起以“油公司”为主体的企业集团。1995年底，大港石油管理局改制为大港石油集团有限责任公司，并建立公司治理结构，理顺内部管理体制。1995年10月，总公司华北石油监事会成立，监事会由总公司、国家经济贸易委员会、国有资产管理局、财政部、中国工商银行和华北石油管理局等代表组成。1996年6月，总公司第一家上市公司胜利油田大明集团股份有限公司在深圳证券交易所正式挂牌成功上市。总公司时期，济南柴油机股份有限公司、中油龙昌（集团）股份有限公司和辽河金马油田股份有限公司3个单位也陆续上市。

1996年8月，总公司在中原油田召开改革与管理经验交流会，会上总结推广中原油田的改革与管理经验。大港油田在解体“小而全”并实现生活服务、医疗卫生和教育等3个专业化管理的基础上，撤销4个采油厂，建立8个作业区，基本形成“油公司”框架，并对6个专业施工和多种经营单位进行独立法人试点。西部塔里木、吐哈和东部冀东等新油区，以及新疆的彩南、石西，辽河的科尔沁、冷东等老油田的部分新区，从一开始就按照“油公司”的模式进行组建。在塔里木、吐哈和新疆彩南等新建油田，创造了人均年产油万吨以上的高效益和高水平。其他油气田企业在组织结构调整上也积极进行一些有益的探索，普遍建立勘探公司、开发公司、施工作业公司和多种经营单位，作为分公司或内部模拟法人，实行独立核算、自负盈亏。各石油机械制造、运输、建安、物资供应等单位，也积极调整产业结构和产品结构，努力适应内外部市场发展的需要。

1996年至1998年，总公司加大调整队伍结构的工作力度，先后出台《关于调整队伍结构、职工分流转岗问题的若干意见》《关于调整队伍结构、减员增效、实施再就业工程的意见》。各单位按照总公司提出的“以产定人、择优上岗、富余下岗、保障生活、开辟门路、转岗培训、二次就业、减人增效”的32字方针，根据定岗、定编、定员、定责、定岗位规范的“五定”原则，出台配套支持政策，完成整体转产、部分转岗分流，精干主业，压缩社会服务队伍。按照以产业结构调整带动队伍结构调整的工作思路，对转产转岗人员进行技能培训后，充实到多元开发队伍。取消人事劳动部门的行政调配职能，石油企业内部建立各级劳动力市场436个，逐步做到职工进出企业、企业内部人员流动、转移安置富余人员均通过市场进行。1997年底，总公司职工队伍总量149.6万人，其中主业队伍83.7万人，占56%；非油气产业队伍48.8万人，占32.6%；社会服务队伍17.1万人，占11.4%。累计从主业分流职工55万人，其中40万人分流到生产经营独立核算、自负盈亏单位。

（七）推进“科技兴油”战略，科技创新取得新成果

总公司坚持“科技兴油”战略，针对影响石油工业生产发展和经济效益提高的关键环节，重点组织实施了包括前沿科学研究、基础科学研究、配套技术及重大项目等多项专题攻关工作。“七五”期间，通过科技攻关和引进、消化、吸收国外先进技术，已形成油气综合勘探、高含水期采油、大型压裂酸化、科学钻井与定向钻井、稠油和高凝油开采等几套主要工艺技术系列。我国石油工业勘探开发的主体技术，在总体上已达到世界20世纪80年代初期水平，有的已进入世界先进行列。

“八五”期间，总公司提出加速石油科技进步的总体规划和目标。根据全国科学技术大会精神，继续坚持“科技兴油”战略，针对影响生产发展和效益提高的关键环节，重点组织实施科研攻关，研究相应配套技术。到1995

年底，为陆上石油工业提供150项水平较高、效益显著的科技成果，成果应用率达80%以上，科技进步对石油经济增长的贡献率达43%，有48项获国家级奖励，总体科技水平达到世界20世纪90年代水平。其中，胜利油田研制成功的步行坐底式钻井平台，被评为1992年国家十大科技成就之一；大庆油田稳油控水系统工程（1996年获得国家科技进步特等奖）、塔里木沙漠公路修筑技术（1996年获得国家科技进步一等奖）被评为1995年国家十大科技成就。

1997年，总公司又有12项科技成果获国家级奖励，其中“大中型天然气田形成条件、分布规律和勘探技术研究”、“石油水平井钻井成套技术”2个项目获国家科技进步一等奖。三维地震技术得到推广，斜井、水平井、侧钻井技术得到发展，在塔里木打成我国最深的水平井解放128井，穿过7条裂缝系统，日产油168立方米、天然气108万立方米。三次采油技术有了新发展，聚合物驱工业化应用进一步扩大，全年增产原油350万吨，复合驱、注气驱、微生物驱等三次采油新技术的研究进展顺利。到1997年底，总公司共有科研机构293个，其中直属科研机构8个、石油高校科研机构85个、油田企业直属研究开发机构61个、油田二级单位所属技术开发机构139个。科研机构在册职工6.6万人，从事科研活动人员4.3万人。

（八）推进现代企业制度建设，全面加强企业管理

为适应建立社会主义市场经济体制的需要，总公司以经济效益为中心，围绕推行承包经营责任制和建立“油公司”管理体制，努力探索企业管理的新方式和新途径，石油企业管理取得明显进步。

引进竞争机制，全面培育石油行业、企业内部市场，是总公司针对石油企业实际进行的一项重大改革举措。1993年，总公司提出深化改革的主要任务是培育和建立统一开放的石油市场体系，通过理顺总公司内部关系，形成新的管理模式，建立起适应社会主义市场经济体制的运行机制，使油气田企业进入市场，成为市场竞争的主体。在石油工业市场体系中，勘探、开发市场是主体和核心，其他市场直接为勘探、开发提供支持和服务。根据总公司的要求，各油气田企业普遍建立相应的市场体系，建立和培育劳动力及人才、产权、资金、信息等要素市场。通过公开招投标，采取甲乙方合同制的方式，把市场竞争的优胜劣汰机制引入企业内部，提高工作效率和质量，带动管理水平和技术水平的提升，有力地促进了石油工业的发展。同时，增强石油职

工队伍进入外部市场的竞争能力，并初步实现行业、企业内部各种资源的合理优化配置，为石油企业走出国门参与国际市场竞争奠定基础。到1995年底，油气勘探、开发市场和物探、钻井、井下作业等专业施工市场逐步建立，总公司有40多个地震队、近200个钻井队、60多个井下作业队，以及大部分油建施工队伍和石油机械修造厂进入市场。总公司指令性计划调控范围逐步缩小，直接指挥企业生产的方式已经改变，画地为牢式的封闭经营格局正在打破，装备、技术、队伍等实现优化配置和合理流动。同时，建立和完善内部市场管理制度，包括资质认证、市场准入、合同管理、招投标程序、监督监理等；钻井、物探、油建、井下作业等主要专业的概预算定额重新修订和完善，市场运作逐步规范。内部银行开始建立，结算方式得到改进。为进入社会市场和国际市场，一些专业公司和机械制造、多种经营企业开始按照国际技术标准和质量标准组织生产。

专业管理得到改进，并探索一些新的管理办法。改革投资管理体制，控制投资规模。总公司成立以来，为适应承包经营责任制改革的需要，对计划投资工作进行改革。计划指标体系由实物管理为主转变为价值管理为主，突出效益考核指标。投资计划优先向效益好的项目安排，保证重点新区的勘探任务。资金与生产建设任务（产量、储量、产能）紧密挂钩，给多少资金，就要承担多少产量、产能或储量任务。1993年，总公司将三级计划管理改为总公司、油田两级投资主体，划清各自投资范围、融资渠道和投资责任，总部和油气田对各自管理经营的资金，实行“谁筹集、谁安排，谁决策、谁负责，谁借贷、谁还钱”的原则，投资者既享有投资权益又承担风险。建立健全覆盖项目建设全过程的责任制，包括项目决策、项目设计、项目经理等责任制。同时，将勘探开发、多种经营、对外合作及其他各种投资活动纳入计划和预算中，改变投资使用上多头管理、越权审批、分散失控的状况。加强投资项目的全过程管理，建立项目评估制度，推行建设项目责任制，投资增长过快的势头开始回落。通过改革投资计划管理体制，严格控制投资规模，大多数油气田企业初步做到生产经营自负盈亏、建设资金自求平衡，使投资规模和生产成本得到有效控制。1995年全系统投资增长速度，由“八五”前四年的21.9%降至7.1%，多数企业实现“投资不增，成本不升”。

推进财务制度改革，加强资金管理、成本管理，推行预算制度，形成“分块管理、分灶吃饭”的管理格局。从1993年开始，财务管理实行勘探、基建、生产一本总账，投入产出一体考核。1995年开始，总公司推行预算制度，制定《石油企业预算管理暂行办法》，要求石油企事业单位对各项资金收支按预算进行管理和控制，形成总公司和企事业单位两级预算管理体制。通过全面推行预算制度，各单位不同程度地控制投资规模，提高资金的营运能力。普遍推行资金集中管理，下发《关于加强企事业单位资金管理有关问题的规定》，对资金收支、投资、债务、银行账户管理等作出具体规定。共先后清理账户7765个，撤并账户4084个，占账户总数的53%。同时，总公司成立中油财务有限责任公司，各企业相继成立结算中心，依靠总公司的整体优势，集中闲置资金，在内部直接进行筹资和融资，加快内部结算，减少资金沉淀和周转时间，提高资金使用效率。加大成本控制力度，积极推行目标成本管理，建立成本管理责任制，成本上升过快的势头得到控制。

加强财经纪律，全面清理检查“小金库”。根据国务院《关于清理检查“小金库”意见》的精神，从1995年5月至8月底，总公司在所属石油企事业单位认真开展清理检查“小金库”工作。总公司所属89个单位、760个二级单位、9842个三级单位全面开展自查。同时，总公司派出21个清查组共345人到各大油田进行重点清查。经过各单位自清自查和总公司重点检查，共查出“小金库”2154个，总金额8005万元，其中各单位自查7057万元、总公司重点清查948万元。各单位对存在问题进行整改，对相关责任人进行处理。

全面开展企业内部的审计监督、技术监督和效能监察，加强企业监管。1990年，总公司提出开展效能监察工作，将效能监察与反腐败斗争有机结合，围绕生产经营管理，每年一个专题项目持续开展效能监察工作。1991年，首次在全系统开展原油及天然气产品销售管理专项检查，这是石油企业自上而下统一组织开展的第一项效能监察活动，有效制止了部分基层单位私售原油的现象。期间，先后开展物资采购管理、油品销售管理、外部投资管理、矿建工程项目、产能建设工程项目等效能监察工作。同时，各级管理部门积极参与组织配合，发挥整体合力作用，规范经营管理行为。1992年，通过物资采购管理效能监察，各单位发现问题1.36万个，整改问题9520个，协助建章立制3374项，总结推广典型1270个；避免和挽回经济损失3800万元，调剂使用、处理账外料和积压料1.8亿元；立案查处2000元以上的违法违纪案件56件，其中大案10件，收缴违纪金额403.11万元。1994年以来，总公司党组先后制定《效能监察工作暂行规定》和《关于深入开展效能监察工作的指导意见》，推动了效能监察工作的深入开展。1994年和1998年，先后两次举办效能监察专题培训和研讨班，在一些关键问题上达成共识，形成效能监察与加强企业管理相结合、与提高企业经济效益相结合、与查办违法违纪案件、追究党纪政纪责任相结合的工作机制，实现效能监察工作的常态化。同时，为加强技术监督和安全环保工作，1992年，总公司在总部机关专门成立技术监督局，随后在相关企业挂靠成立一批监督、监测和研究机构；并在宏观管理层面成立总公司安全生产委员会、石油工业标准化技术委员会、石油工业质量管理协会，先后制定颁布一系列管理规定和标准，企业安全生产管理体系得到加强，质量标准建设快速推进。

探索对其他专业的有效管理，形成新的管理模式。项目管理已成为石油企业投资管理的重要方式，80%以上的勘探开发建设项目实行项目管理，并完成一批投资省、质量好、工期短的项目。物资管理探索委托、代理、招标采购、统分结合等有效的方法，对提高采购质量、降低采购成本发挥了重要作用。油气营销管理在国家政策调控下，采用多种营销方式和手段，原油、成品油市场稳定，效益有所提高。劳动、人事、工资管理随着改革的不断深化，建立并推行干部“三干法”（本人申请干、群众拥护干、组织批准干）、工人“三岗制”（上岗、试岗、待岗）和岗位技能工资制等一套新的管理办法。为了推行住房制度改革，1993年，总公司根据《关于石油系统住房制度改革若干政策性问题的规定》，在石油系统实行“租售并举，分步提租，自愿买房”的政策，积极推行住房管理与生产管理分开运行，改变福利型住房管理制度，逐步实现职工住房社会化，发展具有石油矿区特色的房地产业，并普遍建立公积金制度。

管理基础工作开始向制度化、规范化、标准化方向迈进。建立健全岗位责任制，从基层到机关各层次人员的岗位规范基本建立，企业的技术标准、工作标准、管理标准已覆盖80%以上的生产和工作环节。为了适应改革和生产技术发展的需要，总公司先后下发《国有资产管理暂行办法》《关于实行预算审计制度的意见》《关于加强石油工程建设和物资装备市场管理的若干规定》《质量管理办法》《计量管理办法》《标准化管理办法》《石油工业安全生产管理规定（试行）》和《消防安全管理暂行规定》等文件，进一步完善各项管理制度。重视职工培训工作，职业技能鉴定和工人持证上岗制度开始推行，职工队伍素质不断提高。

现代化管理方法和手段得到广泛推广和配套应用。油气勘探、开发、计划、财务、资产、审计、人事劳资、物资供应、施工作业等专业系统，普遍建立了计算机信息网络。有些专业系统还根据自己的特点和需要，开发相应的管理软件，有的已开始利用计算机进行辅助决策。西部的东河塘、彩南、都善等新油田开发，采用自动化管理手段和现代化管理方式，走出一条用人少、效率高、成本低的新路子。现代化管理方法已由单项应用发展到配套应用，开始向整体优化方向发展，总公司时期，每年取得管理现代化成果1000多项，获直接经济效益近4亿元。

在加强和改进企业管理工作中，各石油企业普遍重视开展多种形式的群众性管理活动。一些企业开展经济效益指标评价活动、企业管理年活动、基础工作年活动等，有的企业制定和实施企业管理的三年计划和五年规划。1995年以来，各单位又普遍开展了“转机制、抓管理、练内功、增效益”活动，涌现出一大批企业管理的先进单位和先进个人。企业管理滑坡的状况得到有效遏制，1997年，总公司亏损企业减至5个，亏损额由1996年的8亿元降至4亿元；资产负债率由1995年的64.2%降至56.3%，低于全国基础产业的平均水平。

（九）经济效益明显好转，企业实现稳定健康发展

通过持续深化改革，全面加强企业管理，经济效益明显好转，总公司所属企业基本步入健康发展的轨道。“七五”期间，石油工业上缴国家税利290亿元，为同期国家预算内投资的1.94倍；提供出口原油1.3亿吨、成品油610万吨，为国家创汇145亿美元。油气产量的增长，推动了石油化学工业的发展。1990年与1985年相比，石化行业原油年加工量由7900万吨增至9700万吨，乙烯年产量由55万吨增至144万吨，工业年产值由300亿元增至442亿元。兴起了一批以油气为原料的新型产业群体，油气生产、加工部门每年上缴国家财政税利，占全国国营工业企业上缴税利总额的四分之一以上。随着企业生产发展和效益提高，职工收入明显增加，生产生活条件逐步得到改善。1990年，全行业职工人均货币工资收入比1985年增长85%，扣除物价上涨因素，实际收入仍增长12%。“七五”期间，全国石油矿区新建职工住宅1470万平方米，

大多数钻井队配置了列车式野营房，扩大了社会化的生活服务管理。农副业生产连年获得丰收，5年间累计生产粮食9.3亿公斤、蔬菜7.5亿公斤、油料583万公斤、肉蛋鱼虾2.3亿公斤，解决了27.7万名农业户口家属的生活问题，同时也在调剂粮食品种、改善职工副食品供应、平抑当地市场物价方面起到了重要作用。企业普遍增加文化设施，广泛开展各种文体活动，丰富了职工家属业余文化生活，促进了队伍的精神文明建设。

“八五”期间，总公司累计提供统配商品原油6.58亿吨、外供商品天然气469.1亿立方米，分别比国家配置计划多提供354万吨、43亿立方米。其中1995年提供统配商品原油1.33亿吨、外供商品天然气90亿立方米。各油气田生产的原油全部纳入国家配置计划。“八五”期间，总公司实现销售收入4520亿元，比“七五”增加2997亿元；上缴税费526亿元，比“七五”增加363亿元；原油出口创汇124亿美元。其中1995年油气生产及加工销售收入1295亿元，实现利税269亿元，上缴国家税费179亿元，比税制改革前的1993年增加114亿元，增长1.75倍。通过国家调整油价和企业加强管理，1994年全石油行业扭转了连续6年的政策性亏损。1997年，总公司实现销售收入1920亿元，上缴税费258亿元（其中增值税162亿元、消费税20亿元），比上年增加36亿元、增长16.2%；全年实现利润101亿元，比上年增加11亿元、增长12.4%。

三、企业领导班子和人才队伍建设

为了适应市场经济和深化企业改革的新形势，总公司全面加强领导班子和人才队伍建设，积极推行劳动、人事、工资三项制度改革，破除领导干部职务终身制，普遍推行本人申请干、群众拥护干、组织批准干的“三干法”，实行聘任制；推行专业技术职务评聘分开，改善人才队伍结构；逐级建立人才交流机构，形成科学的选人用人新机制；推行职工上岗、试岗、待岗的“三岗制”和全员劳动合同制，建立企业与职工双向选择的用工制度和择优竞争上岗的机制；普遍推行结构工资制和岗位技能工资制，形成工资合理增长的长效机制，并配套建立养老、医疗、内部失业等社会保险制度。推行先培训后就业、先培训后上岗的培训制度，不断提高职工队伍素质。经过十多年的改革和探索，基本形成符合石油企业特点的领导班子和队伍建设新模式、新制度。

（一）推进劳动人事工资三项制度改革，建立新的用人机制

从1989年开始，总公司在推行承包经营责任制的同时，开始配套进行工资制度改革和优化劳动组织改革。1992年5月，总公司专门召开推进三项制度改革工作会议，下发《关于石油企业劳动人事工资制度配套改革的意见》，全面启动石油企业三项制度改革工作。主要内容：改进宏观调控办法，落实企业在劳动人事工资管理上的自主权；改革企业干部人事制度，逐步实现干部聘任制；改革企业劳动用工制度，普遍开展优化劳动组合，逐步推行全员劳动合同制；改革工资分配制度，建立起全面体现职工劳动数量与质量的内部分配制度；改革培训考核制度，提高职工队伍素质；改革内部管理体制，优化企业组织机构。同时，总公司选择大庆石油管理局采油三厂、华北石油管理局二连油田公司等企业作为配套改革的试点单位，并选择部分单位进行单项改革试点，各石油企业普遍制定三项制度改革的总体方案和分步实施意见。1993年5月，在总公司石油企业劳动人事制度改革经验交流会上，大庆石油管理局采油三厂等12个单位介绍经验；大港油田集团有限责任公司、华北石油管理局等5个单位就如何进一步深化三项制度改革作了发言；同时，总公司下发《关于石油企业劳动、人事、工资制度配套改革评价标准》。1994年5月，总公司召开三项制度改革经验交流会，确定改革的重点和目标：控制职工总量，搞好人员分流；推行“三岗制”和“三干法”，搞活用人机制；加强职工培训考核，提高队伍素质；加快养老保险制度改革，建立具有石油特点的社会保险体系。

在干部人事制度改革方面，普遍推行干部聘任制。1991年，大庆石油管理局公路工程公司率先提出的“三干法”得到总公司的肯定和推广。1992年6月，总公司印发《石油企业干部聘任制试行办法》，开始对干部制度进行改革，破除干部职务终身制，逐步实现由单一委任制向干部聘任制过渡。此后，又下发《干部考核任免工作条例》《关于石油企业领导干部实行聘任制的实施办法》《领导班子职务名称表》和《领导班子成员职数控制办法》等制度，干部人事工作开始走上制度化、科学化和规范化管理的轨道。1993年，中原石油勘探局普遍推行“三干法”，并实行干部考核末位淘汰制。1995年，总公司普遍推行以“三干法”为核心的干部聘任制，在局级领导班子任免调整中引入

竞争机制，共有21个石油企业进行了局级领导干部的聘任工作，有46名领导干部因年龄、职数限制退出领导班子，有8名干部因民主测评信任票未达到60%而另行安排工作。到1995年底，企事业单位90%以上的处级以下干部实行聘任制。各单位坚持标准和工作程序，广泛走群众路线，推行“三干法”，做到“上”者群众满意，“下”者本人服气。1996年以来，总公司以加大干部聘任制为重点，全面推进干部人事制度改革。在推广“三干法”的基础上，坚持“公开、平等、竞争、择优”的原则，完善并形成“本人申请，群众拥护，厂长提名，严格考核，组织批准，动态管理”的工作程序。鼓励干部参与竞争，重视干部个人选择；组织群众参与，给予基本推荐权；重视正职对副职、上级对下级的提名权，逐级负责，管人和管事相统一；坚持党管干部的原则；扩大用人上的民主，注重群众公论。到1997年底，总公司全面实现干部聘任制，共有40个局级企业领导干部实行聘任制，部分处级干部进入第二轮聘任。期间，先后聘任局级干部190名，各企业聘任处级干部5500人。局级干部中有69名被调整岗位，34名因不称职被免职，488名干部因年龄原因或未满一届退出班子。同时，各单位还建立相应的考核制度，对新提拔的干部实行试用期制和任期目标责任制。聘任制的实行，为优秀干部脱颖而出创造了良好环境，干部能上能下的制度初步形成，“上”靠竞争，“干”有压力，干部的精神面貌发生很大变化，领导班子的凝聚力和战斗力进一步增强。1998年2月，总公司在中共中央组织部和中央党校召开的国有企业干部人事制度改革课题研讨会上的《推行“三干法”，实行聘任制，建立富有生机和活力的用人机制》经验介绍报告，得到胡锦涛、朱镕基的重视，并作出重要批示，同时受到有关部门和专家的肯定和高度评价，聘任制工作经验在国有企业推广。

在劳动制度改革方面，普遍推行上岗、试岗、待岗的“三岗制”和全员劳动合同制，建立企业与职工“双向选择”择优竞争上岗的机制。从1989年起，总公司提出企业优化劳动组合，深化劳动制度改革的工作思路：以提高劳动生产率和经济效益为目的，以先进的定员定额标准为依据，按照平等竞争、公开组合、择优上岗的原则，通过优化劳动组合，进一步加强一线，解决二三线人浮于事问题。主要任务是：改革“铁饭碗”“铁交椅”的劳动人事制度，对企业经营者按国家有关规定委任、招聘或选聘，对管理人员实行逐级聘用，对工人实行考核择优上岗，建立起职工合同化管理的新制度；各企业在1988年末职工人数的基础上，精减人员15%以上，分离20万人左右，用于新增生产项目、补充紧缺工种、顶替外雇工或从事多种经营；调整、改善队伍结构，充实和稳定一线队伍，精减二三线冗员，减少非生产人员，企业一线人员的比例逐步达到40%以上；劳动效率普遍提高，各企业工业生产全员劳动生产率每年提高1%～3%，主要专业队伍的劳动效率每年递增6%以上；各单位对优化组合下来的人员，坚持内部消化，妥善加以安置，严格控制非生产人员的比例，1991年总公司新增职工5.1万名，其中70%充实到生产一线，还有近3000名二三线职工充实到一线，许多青年职工主动要求到边远新区工作。1992年，总公司在石油企业实行"三岗"管理，即择优上岗者为"在岗"，经培训重新上岗者为"试岗"，厂内待业者为"待岗"，职工的工资待遇随生产或工作岗位变化而重新确定。到1995年底，各石油企业基本形成动态运行的用工机制，155.6万名职工中实行"三岗制"的达到121.8万人，占全部职工的78.3%，其中试岗3.9万人、待岗1.1万人、内部待业3230人。1995年7月，总公司开始推行全员劳动合同制。根据《关于石油企事业单位全面实行劳动合同制的实施意见》，建立起以劳动合同管理为主要方式，企业依法自主用工，劳动者依法自主择业、双向选择、相互制约、能进能出的劳动用工运行机制。到1997年底，总公司实行劳动合同制的职工达到124.9万人，占全部职工的83.5%。通过实行劳动合同制，变国家职工为企业职工，逐步破除身份界限，职工的责任感和竞争意识明显增强，企业步入依法用工的轨道。

在工资制度改革方面，普遍推行结构工资制和岗位技能工资制，基本形成工资合理增长的机制，职工收入有较大提高。从1989年起，为适应推行承包经营责任制的需要，总公司开始在一些石油企业进行效益工资改革试点，把企业的工资总额同经济效益挂钩。同时，采取浮动工资等倾斜措施，提高生产一线职工和知识分子的工资待遇。根据国务院有关政策，1991年，总公司改革所属企业工资总额的核定方式，先后印发《关于实行油气田企业工资增长与承包指标完成情况挂钩办法的实施意见》《关于实行企业职工工资总额增长与承包指标完成情况挂钩办法的实施意见》，改变过去按人头、按项目核定工资总额的方式，开始对石油企业实行工效挂钩的管理办法，初步解决在分配关系上存在的平均主义、"大锅饭"的弊端。各企业还推行内部分配制度改革，到1995年底，实行工效挂钩的企业已达83%，企业工资总额随经济效益增长的机制逐步形成，“八五”期间，人均货币工资每年递增25%，扣除物价因素，人均实际工资每年递增7%以上。1992年9月，总公司加快工资制度改革的步伐，根据《石油企业岗位技能工资制试行方案》，废除八级工资制，建立岗位技能工资体系。岗位技能工资制主要是通过建立劳动评价体系，确定相应的岗位职务工资标准。1993年以后，又陆续下发《关于进一步深化工资制度改革的意见》《石油职工岗位技能工资制度动态运行实施办法》，进一步完善岗位技能工资体系，适当拉开岗位工资差距，体现岗位要素在工资分配中的作用。到1997年底，总公司建立起比较合理的岗位技能工资制度，初步形成易岗易薪、能升能降和定期考核晋档的动态运行机制，在调动职工积极性、引导职工合理流动等方面发挥了积极推动作用。随着对外合作的深入发展，外拓国际市场队伍的不断壮大，先后下发《涉外合作人员工资待遇的暂行规定》《关于石油企业境外工作人员工资待遇的暂行规定》《境外工作人员工资津贴管理规定》《派驻国外工作人员工资福利待遇管理规定》等制度，规范派驻国外工作人员的工资和待遇标准。

在劳动保障制度改革上，根据国家有关规定，按照国家、企业、个人共同合理负担的原则，配套建立养老、医疗、内部失业等社会保险制度。1994年7月，按照国务院有关要求，总公司加大社会保险制度改革的力度，先后下发《关于完善和加强石油企业社会保险工作的若干意见》《深化石油系统职工养老保险制度改革实施方案》等文件，开始养老和医疗保险改革的试点工作。1996年，总公司又相继出台《深化石油系统职工养老保险制度改革实施方案》《石油企业职工医疗保险制度改革试行方案》《关于建立统一的石油基本养老保险制度具体问题的实施意见》等文件，并选择中原石油勘探局、辽河石油勘探局、胜利石油管理局等5个单位进行工伤、生育和失业保险制度改革试点。1996年底，总公司为147万统筹职工建立个人养老保险基金账户。1997年，总公司在9个油田企业进行工伤和生育保险改革试点，年底共有40多个企事业单位试行医疗保险制度改革方案，覆盖职工和离退休人员150多万人，改革公费医疗制度，初步建立个人合理负担、统账结合的医疗保障体系。到1998年底，石油企事业单位基本建立起养老、医疗、失业、工伤、生育等5项社会保险，初步形成覆盖全员、符合石油企业特点的社会保险制度。

通过实施三项制度改革，基本形成职工能进能出、干部能上能下、工资能升能降的石油企业内部人事管理机制。

（二）加强领导班子思想政治建设，提高领导干部能力素质

加大干部考核力度，改善干部队伍结构。总公司成立初期，企业领导班子成员年龄老化现象明显。1990年初，总公司共有局级领导干部360人、处级领导干部9472人，其中93名正局级干部中，年龄大于56岁的占50%，年龄小于45岁的只有6人；267名副局级干部中，年龄大于56岁的占31%，小于45岁的只占9%；处级干部46岁以上的占76%，45岁以下的只占24%。1990年4月，根据《中共中央关于加强党的建设的通知》要求，总公司在组建后的第一次干部工作会议上，对全面考察局处两级领导班子和领导干部作出具体安排。要求各单位把考察干部工作列入重要议事日程，党政主要领导干部亲自抓；考察干部与领导班子调整、充实、提高紧密结合起来，进一步加强石油企业各级领导班子建设；高度重视石油企业干部队伍建设，大力培养选拔中青年优秀干部。要求领导班子必须有一个好的群体素质和优化的群体结构：分工合理，不缺“门”短“路”；各个成员的能责相应，用其所长；成员之间团结协作，扬长避短，刚柔互补，宏微兼有；在年龄上梯次配备，增强战斗力。1990年底，总公司及所属企业共完成干部管理权限范围内的63个单位741个局处两级领导班子包括455名局级干部、7703名处级干部的考察任务，并依据领导干部考核分析评价结果，对33个局级班子、176个处级班子进行调整充实，特别是充实调整一批年轻干部。“八五”期间，总公司持续加强领导班子建设，共考核领导班子成员198人次，调整充实领导班子成员220人次，一大批符合革命化、年轻化、知识化、专业化要求，有发展潜力的优秀中青年干部走上领导岗位，局厂两级领导班子年龄结构、知识结构、专业结构趋于合理，整体素质明显提高。1997年2月，根据中共中央、国务院关于“对国有企业领导班子进行一次普遍考核”的要求，总公司党组下发《关于领导班子考核建设工作的实施意见》《关于做好领导班子考核建设工作的通知》，全面开展对所属局处两级领导班子和干部的考核工作，共考核局级班子60个、局级干部472人，考核处级班子2398个、处级干部9787人。通过调研考核，职工群众对总公司所属局处两级领导班子的满意度不断提高，局处两级领导干部优秀和称职率均达到98%以上。考核工作中，始终坚持考核与建设并举，组织调整与教育提高并重，调整充实局级班子56个、处级班子982个。通过全面实行干部聘任制，推行并完善“三干法”，一大批优秀年轻

干部进入领导班子。调整后，局级领导班子平均职数由9.8人减至8.2人，平均年龄由54.5岁降至50.4岁，大专以上文化程度的由60.3%提高到90.6%。总公司作为在全国工交系统第一批完成领导班子考核建设任务的单位，先后两次在全国国有企业领导班子考核建设会议上介绍经验。

加强思想作风建设，提高干部队伍整体素质。总公司党组在抓领导班子建设中，始终坚持把思想政治建设摆在首位，努力建设政治上强、开拓创新、团结协调、勤政廉政的领导班子。要求领导班子首先政治上要强。坚持党的“一个中心，两个基本点”的基本路线，坚决贯彻党和国家的各项方针、政策，与中央保持高度一致，有很强的组织观念、全局观念，有令则行，有禁则止。领导能力要强。有较高的决策和指挥能力，懂生产（业务），善管理，会经营，既能抓住当前，又能看到长远；既能突出工作重点，又能组织好整个企业。重视思想政治工作，“两个文明”一起抓，会用干部，会管班子，会带队伍，能预见和解决企业发展中遇到的困难和问题。思想作风要过硬。为政清廉，团结协调，联系群众，深入实际，身先士卒，不怕困难，能带领群众打硬仗。1995年，总公司先后下发《关于加强领导班子思想作风建设的若干意见》《关于坚持和健全民主集中制、加强基层党组织建设的意见》《关于全面提高干部素质、加快培养和选拔跨世纪领导人才的意见》，以及领导干部廉洁自律各项规定。坚持和完善领导班子中心组学习制度，在各级党校和各类干部培训中，要求领导干部要“讲学习，讲政治，讲正气”，树立正确的世界观、人生观、价值观，并开展中国特色社会主义理论和党章的“双学”活动，加强领导干部党性锻炼。到1996年上半年，经考核和分析，局处两级班子中，好的和比较好的分别占93.1%和95.4%。“八五”期间，共有14个石油企业49次获得国家级荣誉称号，有22个企业56次获得省部级荣誉称号。1996年8月，在总公司第四次干部工作会议上，党组提出要切实加强领导班子的思想政治建设，努力造就高素质陆上石油干部队伍的工作目标。11月，党组作出《关于进一步加强领导班子思想政治建设若干问题的决定》，强调在继续加强党的基本路线、基本理论学习的同时，进一步提高领导管理水平和业务能力，重点加强科技和法律等方面业务知识的培训。1997年，选送16名局级干部到中央党校、国家行政学院学习；举办4期党的基本理论学习班，培训处级以上干部324人，其中局级干部53人。加强廉政建设，层层落实党风廉政建设责任制。到1997年底，所属企业领导班子中好的和比较好的占95%以上。

加强后备干部队伍建设，大力培养优秀年轻干部。1990年5月，总公司为解决领导干部老龄化和断层的问题，根据《后备干部选拔培养和管理的暂行规定》，实施后备干部“515”工程（50名正局级、100名副局级、500名处级后备干部队伍），在总公司和企事业单位两个层面初选比较成熟的后备干部657人，其中正局级51人、副局级141人、处级465人。形成后备干部选拔、培养、使用和管理的配套政策。为加强后备干部的早期培养，提出了“企业向大学靠拢、大学向企业延伸”的培养模式，并对石油院校的学生干部和成绩优秀者实行跟踪考核，优秀者纳入后备干部人才库。1992年，总公司对后备干部按照1∶2的比例进行充实调整和检查考核，并选送100名中青年优秀干部到塔里木、吐哈等西部会战地区培养锻炼；选送100名到石油管理干部学院接受较为系统的马克思主义基本理论培训。1993年11月，总公司召开青年干部工作经验交流会，总结交流成功经验和做法，对81名青年干部先进典型进行表彰。同时，总公司党组作出《关于选拔、培养、使用年轻干部的十项规定》，对年轻干部选拔、培养和使用从制度上进行规范，为青年干部成长创造条件。重视并加强对年轻干部的教育和培养，“八五”期间，连续5年共举办9期中青年干部培训班，培训干部353人。经过培养使用，180多名局级后备干部提拔到领导岗位，其中有32%的正局级后备干部、50%的副局级后备干部、60%的处级后备干部提拔上岗，总公司所属各级领导班子年龄结构趋于合理，实现年轻化。通过提拔青年后备干部，已有19个企事业单位领导班子实现“321”目标（即局级领导班子中50岁以下干部达到三分之一，45岁左右干部要有1至2名，40岁以下的干部要有1名），61名45岁以下的年轻干部担任企事业单位领导职务，其中32岁、33岁的副局级干部13名。新提拔的干部中，45岁以下的占67.6%，平均年龄下降5.4岁。在1万多名处级干部中，45岁以下的有3855人。总公司掌握的800多名后备干部，平均年龄41.2岁，下降3.4岁。自1996年开始，总公司对后备干部实行动态管理，大胆提拔使用。在调整班子配备干部时，坚持“两个优先”，即有空位置和同等条件，优先考虑年轻干部。坚持“早压担子早成才”“看三年不如干三年”的指导思想，把他们放在关键岗位和会战一线经受实践锻炼，增长领导才干。1997年，总公司选拔的局级领导干部中，45岁以下的占69.1%，40岁以下的占39.7%。总公司直属企事业单位班子中，52个领导班子实现“321”目标，15个领导班子实现“232”目标（即50岁以下占二分之一，45岁左右3名，40岁以下2名）。一批20世纪80年代的大学毕业生成为各级领导班子的重要力量，担任处级领导职务的有2106人，其中党政主要领导455人。

有目的、有计划地加强干部交流工作。1990年，总公司明确提出，从有利于优化领导班子整体结构、提高班子整体功能和培养锻炼干部出发，大力加强干部交流工作。随后，总公司制定《关于实行石油企事业单位领导干部交流的规定》，干部交流工作形成制度化。在做好企业内部干部交流的基础上，进行石油系统跨地区、跨单位的干部交流，同时还推进机关干部的横向和纵向交流，促使领导干部的交流工作全面开展。“八五”期间，共有28个单位的主要领导进行了交流。1996年，总公司将干部交流的重点放在党政主要领导干部和45岁以下的年轻干部上，特别是进一步加大东部和西部油田、总部机关和企事业单位之间，以及人财物关键岗位干部的交流力度。明确领导干部在一个单位班子中干满两届，原则上都要进行交流；暂不能异地交流的，要进行适当换位交流，并重申干部交流工作的规定和纪律。

1990年7月，总公司印发《石油企业干部岗位规范》，明确干部岗位的4项指标体系，即岗位职责、任职资格、培训和录用要求、晋升的职业变动的可能性。《石油企业干部岗位规范》是石油企事业单位的用人标准、干部工作考核和测评的依据，是开展干部教育培训的前提和基础，是干部人事工作逐步走向制度化、科学化、规范化管理的客观需要和有效途径。

（三）加强专业技术队伍建设和专家队伍建设，改善人才队伍结构

总公司成立初期，共有28.8万名专业技术人员，占职工总数的21.2%，占干部总数的78.7%。其中工程技术人员12.3万人，占42.7%；经营管理类5.7万人，占19.8%；教学人员6.7万人，占23.4%；卫生技术人员2.9万人，占10%。在专业技术人员中，有高级职称的1.94万人，其中高级工程师1.2万人，占63.7%。在工程技术人员中，石油地质、物探、测井、钻井、开发、采油、储运、石油加工、机械、工民建、计算机等主体专业有技术人员8.2万人，占工程技术人员总数的66.7%，占专业技术人员总数的28.5%。

根据中共中央、国务院和国家人事部的有关规定和要求，在1987年首次完成专业技术职务聘任的基础上，自1991年起，总公司陆续出台《关于贯彻

执行〈企事业单位评聘专业技术职务若干问题暂行规定〉的实施办法》《关于石油企事业单位评聘专业技术职务有关问题的意见》《专业技术职务评审委员会组织办法》《石油企事业专业技术人员岗位设置的指导意见》《企业思想政治工作人员专业技术职务任职资格评定暂行办法》《教授级高级工程师任职资格评审条件》和《专业技术人员晋升高、中级职称外语水平的规定》等制度文件，专业技术职务聘任和职称改革工作开始步入正规化、常态化。通过推行“评审政策、控制指标、推荐人选、述职答辩、评审结果”五公开的政策，增强了职称评审的透明度，评审工作平稳，程序规范，提高了评审质量；通过设置专业技术职务岗位，推行聘任制，与工资待遇挂钩。

1991年，总公司提出人才培养和选拔要做到科学化、系统化、制度化。主要是建立一套从学校毕业到工作岗位的跟踪培养、跟踪考核制度，通过培养—考核—使用，再培养—再考核—再使用，不断地发现和选拔人才。从总公司到各企业都要按照德、才、技、绩四个方面，制定科学的人才标准，分层次建立人才库。同时要加强人才交流，破除传统观念，做到能上能下。通过努力创造人才脱颖而出的环境，培养高水平的综合性人才和有高深造诣的专家。1994年6月，中国科学院院士、原石油工业部副部长侯祥麟入选首批中国工程院院士，成为总公司第一个两院院士。11月，按照中共十四届三中全会提出的“要造就一批进入科技前沿的跨世纪的学术和技术带头人”的要求，总公司出台《关于加强跨世纪学术技术带头人队伍建设的实施意见》，对加快选拔、培养和建立总公司及所属企业两级跨世纪学术、技术带头人队伍进行部署。1995年12月，通过自下而上逐级评选和推荐，选拔首批总公司级跨世纪学术、技术带头人114人，基本覆盖了石油地质、物探、测井、钻井、开发、机械、化工、储运、基建、管理等石油主干专业。其中硕士以上学位71人，占62.3%。平均年龄40岁，其中40岁以下68人，占59.7%。同时，下发《关于首批总公司跨世纪学术、技术带头人培养工作的意见》，对带头人的教育、培养、使用、考核与管理做出明确规定，对已选拔出的114名总公司跨世纪学术、技术带头人，逐一落实培养措施和计划。

“八五”期间，总公司通过加大高学历人才引进和培养的工作力度，缓解了高中级专业技术人员新老接替的矛盾，人才队伍的专业知识结构得到改善，整体素质明显提高。专业技术队伍总量持续增长，由30.1万人增至35.4

万人，平均年增长率3.29%，专业技术人员占职工总数的比例由21.7%提高到25.3%。文化程度与1990年相比，专业技术人员中研究生的比例由0.7%提高到1%，大学本科学历由20.7%提高到24.1%，大专学历由19.8%提高到24.8%，高中以下文化程度由24.2%降至14.3%，5年间大学以上学历平均年增长率7.6%。趋于年轻化，平均年龄由1990年的36岁降至33.5岁，其中副高级职称人员平均年龄由52.2岁降至46.9岁，中级职称人员平均年龄由44.8岁降至38.8岁，助理级由34.9岁降至31.8岁。高级专家队伍中，享受政府特殊津贴的专家由98人增加到1152人，并评出500名总公司有突出贡献的专家，地质、钻井、施工等系列监督监理人员达到1375人。各企事业单位也评选本单位有重大贡献的优秀专家，初步形成总公司、企事业单位两级专家队伍。1995年7月，石油勘探开发科学研究院成立博士后工作站。

1996年2月，根据总公司《关于高级专家延长退休时间有关问题的通知》文件精神，具有教授级职称的高级专家可延长退休年龄5年，充分发挥老专家的传帮带作用，让他们专心从事学术、技术工作，培养青年人才，解决总公司高级专家新老接替问题。7月，大庆石油管理局成立博士后科研工作站，这是全国第二家企业博士后工作站。10月，总公司下发《干部队伍建设“九五”规划纲要》，提出总体目标：到2000年，造就一批符合“四化”要求、适应现代企业发展需要的领导干部和高级专家人才队伍；建设一支结构合理、整体素质较高的专业技术队伍；形成具有石油特色的干部培训体系；建立充满活力的用人机制，为陆上石油工业的改革和发展提供可靠的组织人才保证。具体抓好跨世纪学术技术带头人队伍、企业经营管理人才队伍建设、对外合作队伍的建设、多元开发队伍建设和思想政治工作队伍建设。

到1997年底，专业技术人才队伍专业结构、知识结构和年龄结构进一步优化。总公司两院院士12人，有5人入选国家“百千万人才工程”（到2000年，造就上百名45岁左右，能进入世界科技前沿，在世界科技界享有盛誉的学术和技术带头人；造就上千名45岁以下具有国内先进水平，保持学科优势的学术和技术带头人；培养出上万名30岁至45岁在各学科领域里有较高学术造诣、成绩显著、起骨干或核心作用的学术和技术带头人后备人选），总公司级学术、技术带头人114人，企事业单位学术、技术带头人1100人。共有专业技术干部41.79万人（其中高级职称2.96万人、中级职称11.86万人），占干部总数的89.4%，基本形成一支数量比较充足、门类比较齐全、素质比较高的干部队伍。

（四）改革人才管理方式，形成人才动态管理机制

改革干部调配制度，下放干部调配权限，形成有偿借聘的用人新机制，解决新上重点项目和海外业务对人才的需求；改革所属石油院校毕业生的分配方式，形成“双向选择”的人才引进机制，初步培育形成石油人才交流市场体系。

1993年7月，总公司人才交流中心成立后，对石油院校大中专毕业生的分配以“双向选择”为突破口，结束大中专毕业生包分配包工作的就业方式。毕业生就业实行供需见面、双向选择，保证学生自由择业权和单位的用人权，形成“公开、平等、竞争、择优”的用人机制。石油院校通过“双选”，一次性落实98.6%的毕业生就业率。从1994年开始，总公司针对生产一线人才紧缺、石油院校大中专毕业生供大于求的实际情况，打破用工身份，对中专毕业生实行可工可干政策，并实施多项政策拓宽毕业生就业渠道。1995年至1997年，总公司所属石油院校通过新机制，帮助3.3万名大中专毕业生实现就业。为保证西部油田对人才的需求，总公司直属院校分配到西部油田企业的毕业生3500余人，占可分配毕业生的20%以上，超额完成计划任务。人民日报、中央电视台等22个新闻单位对此多次报道。总公司被评为全国大学生就业先进单位，石油大学（华东）、大庆石油学院、西南石油学院、西安石油学院等5所石油高校被国家教委授予“毕业生分配先进集体”称号。

1994年6月，总公司改革干部调配制度，建立以有偿借聘方式为主的内部人才交流制度，为新区勘探和海外项目提供了充足的人才保障。下发《关于加快和培育陆上石油人才市场的意见》《关于国际勘探开发海外合作项目借聘人员有关问题的通知》，开创以行政手段为主，运用调配和市场交流两种机制，在石油行业内通过借聘、交流和轮换等方式，选拔优秀的技术和管理人才参加重点项目的开发建设。到1995年底，先后为中美公司秘鲁塔拉拉油田选聘专业技术人员和翻译14人，为塔里木石油勘探开发指挥部和吐哈石油勘探开发指挥部借聘各类专业技术人员71人、医护人员15人。

1996年1月，随着改革开放的不断深入，总公司人才交流工作的范围不断扩大，先后下发《陆上石油人才交流信息管理办法》《陆上石油人才市场管理暂行办法》等文件，人才流动实现由行政计划调配向市场交流的转变。此后，陆续从石油企事业单位借聘专业技术人才，参加塔里木、吐哈石油会战和科

威特集油站项目、苏丹石油勘探开发、塔里木石化工程等重点项目建设。到1997年底，通过组织协调和“双向选择”，先后为塔里木石油勘探开发指挥部落实127人的借聘计划；为科威特集油站项目借聘各类人员128人，其中英语翻译和文秘人员41人、专业技术人员87人；为苏丹等国际勘探开发项目借聘各类人员193人；为塔里木石化工程借聘77人。

到1997年12月，共有25个石油企业建立人才交流机构，初步建立起“以石油高校为主导，以毕业生和用人单位为主体”的毕业生就业市场，并搭建起石油高层次人才和专门人才引进交流的平台，人才交流市场逐步形成，人事部门的行政调配职能逐渐被取代。总公司和石油企事业单位两个层面，累计举办人才招聘、借聘、供需见面会630多场次，8.3万人次进入人才市场交流，成功交流6.6万人。

（五）健全石油教育培训体系，培养合格石油人才

总公司期间，石油教育事业蓬勃发展，形成了由石油高等院校、中专、技工学校、中小学等构成的学校教育和职工培训两大体系。

总公司始终高度重视干部教育和继续教育工程，把油田企业的14所职工大学逐步转向在职干部培训基地，同时重点扶持建立10个面向全国的继续教育基地，以及各种类型的职工中专和专业化职业培训中心，初步形成总公司、管理局和厂处三级培训网络。建立现代企业培训制度，形成分级管理的培训体系。通过深化教学改革，开展全员岗位培训和专业技能培训，提高职工队伍的整体素质。

1989年，总公司党组提出要进一步优化育人环境，努力培养“四有”新人。明确提出加强以岗位培训为主的在职干部教育，提高地质、工程技术人员和人事、劳资、政工人员的素质，多培养一些计划、财务、审计、经销、法律等方面的人才。同时，要求加强岗位工人培训，提高技术素质。1990年，总公司在干部工作会议上提出，要利用三年时间分期分批对大中型企业领导干部进行一次岗位职务培训，任职期间都要脱产二至三个月进行岗位培训（厂长经理在国家统考基础上拾遗补缺，时间一至二个月，没有经过国家统考的厂长经理、党委书记、“四总师”（总地质师、总工程师、总会计师、总经济师）时间为三个月），并取得“岗位培训证书”，从1993年起试行持证上岗制度；后备干部从1992年起实行先培训后上岗；其他处级以上领导干部在1995年前全部进行一次岗位

职务培训。

1991年，总公司提出“八五”期间石油教育工作的根本任务：为实施三大战略、建立三支队伍服好务，向石油工业输送又红又专的合格人才，提高整个队伍的文化技术水平。下发《石油企业干部培训暂行规定》，制定41个系列2500个岗位规范，广泛开展岗位培训、继续教育和其他培训。共培训局处两级干部6000余人次，局级领导干部大学本科以上学历的比例由62.7%提高到70.2%，高中以下的比例由8.3%降至4.9%。1996年至1997年，又先后培训局处两级干部1500多人。

1993年6月，根据《关于提高石油队伍素质的意见》和《石油工人凭证上岗管理办法》两个文件，总公司坚持贯彻“先培训后就业，先培训后上岗”的原则，全面实行凭证上岗制度，开展就业培训和岗位培训，提高工人的技能素质。“八五”期间，各企业累计培训工人317万人次、考核工人310万人次，近90万名工人经过岗位考核，取得岗位合格证书，并与“三岗制”和“岗位工资制”相衔接，建立了培训取证、凭证上岗、岗酬结合的运行机制。1996年，各企业组织脱产培训高级工7.5万人，组织转产转岗培训3万人。1997年，各企业组织转产培训1.5万人，转岗培训3万人。

1994年7月，劳动部批准总公司成立职业技能鉴定中心，总公司下发《关于开展石油工人技术等级鉴定工作的意见》《石油天然气行业工人技术等级标准》，开展首轮工人技术等级鉴定工作。各企业成立鉴定中心，按工种设立246个鉴定站，其中国家级鉴定站52个，开发90余个工种的试题库。到1996年底，首轮鉴定300多个工种80多万名工人，合格率达86%，初步建立培训、考核、使用、待遇相结合的激励机制，激发了工人学技术、提素质的积极性。此后，职业技能鉴定工作形成制度化、规范化。1997年3月，根据《石油工人技师、高级技师管理办法》《关于加强技师、高级技师评聘的意见》，通过考试、考核评选，各企业共聘任技师和高级技师1890人，累计达1.2万人。同年，下发《总公司技术能手评选、表彰办法》，逐级考核推荐，当年组织各级技术比赛的人次达12万人，评选出各级技术能手4533人，累计培养各级技术能手2.6万人。总公司首次表彰100名技术能手，组织12名优秀技术能手到企业进行演讲，在广大职工中产生了积极影响。1998年，完成70个工种的技术等级培训教材的发行工作，同步完成题库的修订，并与国家题库接轨。

在高端培训方面，总公司重点建设石油管理干部学院、石油大学继续教育学院和石油大学（广州）3个培训基地，分别承担领导干部、高级专业技术人员和外经贸及外语人才的培训任务。为保证跨国经营战略目标的实现，举办13期国际经贸人员培训班，分专业培训对外合作人员1060人；培训物探、测井等7个系列的监督监理人员1975人；为开拓海外市场储备人才，组织832人参加英语、俄语等培训，一部分人被充实到海外项目中，成为业务骨干。根据《石油企业干部培训暂行规定》，全面开展干部岗位培训。1996年，总公司提出为适应石油工业发展的需要，“九五”期间，要抓好大中型企业领导干部普及工商管理知识的培训，重点培训1000名局级和后备干部，制定指令性计划，采取调训方式，按岗位分批进行，5年内轮训一遍。同时培训1000名国际合作人员、1000名监督监理人员、300名跨世纪学术技术带头人。实施“511”国际化人才培养工程：即从1996年起，利用5年时间，投入1亿元，培养1000名国际化经营骨干。为此，总公司专门组建项目组，按照项目管理办法，组织各培训项目运行。至1997年底，各级干部100余万人次接受各类教育和专业知识培训，其中岗位培训70余万人次，科以下干部岗位已基本实现持证上岗。

石油教育事业随着总公司的发展不断壮大，基本建成石油大学（北京）、石油大学（华东）、大庆石油学院、西南石油学院、江汉石油学院、西安石油学院、新疆石油学院、承德石油高等专科学校、重庆石油高等专科学校等10所石油院校，以及大庆高等专科学校、培黎石油学校等石油中专24所、各石油企业管理的石油技工学校66所、各类职业高中83所、中小学校864所和幼儿园818所。形成高中低层次齐全、设施完善、办学水平较高的中国石油学校教育体系。到1998年7月，累计培养中专及以上毕业生13.4万人，为石油工业输送大中专毕业生10余万人，为石油工业发展作出了重要贡献。1995年1月，总公司出台《石油高校面向21世纪，深化教育改革的若干意见》，建立了新型的石油高校教学和教育质量保证系统。一是形成比较齐全的石油学科专业38个，其中博士学科9个、博士点14个，硕士学科24个、硕士点55个，基本涵盖石油工业的各专业领域。二是形成一支高素质的师资队伍，共有专任教师4534人，其中教授345人、副教授1285人，博士生导师70人。三是形成较强的科研能力，共有科研机构102个，其中国家级重点实验室2个、重点学科2个。启动石油大学“211工程”建设，在全国高校可比性测评中，石油高校均处于较高的水平。

同时，总公司以石油高校为依托，坚持“科技兴油”战略，石油高校形成“产学研”三结合的体制，组织实施多项专题科技攻关项目，取得一系列科研成果，推动了科研工作快速发展。

在“变招工为招生”的思想指导下，各企业主办的石油技工学校迅速发展，学校的数量、专业设置、办学条件和办学水平是中华人民共和国成立以来最好的时期，处于全国先进行列。10年累计培养技校毕业生20余万人，技校生在石油工人中的比例提高到24%，改善了职工队伍的技能结构。石油企业自办中小学的条件和教育水平明显提高，出现一批名师名校，在保证职工子女就学、稳定职工队伍方面发挥重要作用，石油系统提前完成九年义务教育的任务和目标。

四、党的建设和思想政治工作

总公司时期，党建和思想政治工作继续保持石油战线的好传统、好作风，多次召开思想政治工作研究会议，形成明确的党建和思想政治工作思路。

1988年9月，根据中共中央《关于加强和改进企业思想政治工作的通知》，总公司要求各单位健全完善党建和思想政治工作体系，形成党政工团齐抓共管“全方位、多层次、一体化”的新格局。结合企业承包经营责任制的实施，围绕生产经营领域中心工作，创新思想政治工作模式，将党建和思想政治工作与企业经营管理工作有机结合，把尊重人、理解人、关心人作为思想政治工作的基本指导原则，把培育“四有”新人作为思想政治工作的目标，把建设一支思想觉悟高、技术过硬、坚持“三老四严”作风、能打硬仗、全心全意为社会主义建设事业献身的石油职工队伍，作为思想政治工作的根本目的，坚持目标量化、工作量化、责任量化、考核量化。

1989年，面对复杂的政治形势，石油战线广大干部员工立场坚定，在政治上、思想上和行动上与党中央保持高度一致，提高坚持党的基本路线的自觉性，保证国有企业的社会主义方向；坚守岗位，努力工作，表现出工人阶级高度的思想政治觉悟和主人翁责任感，为维护国家稳定作出了贡献。1989年9月，总公司在大庆油田召开领导干部会议，决定结合石油工业的实际，在全体职工中开展学习大庆经验、发扬大庆精神教育，开展爱国主义、社会主义、独立自主、艰苦奋斗教育，动员广大职工全面贯彻落实中共十三届四中全会提出的各项任务。1990年2月，江泽民视察大庆，把大庆精神进一步概括为“爱国、创业、求实、奉献”。

全面加强党风廉政建设，坚持不懈地开展反腐败斗争。总公司成立时，石油企业内外部环境发生重大变化。从1990年开始，总公司党组纪检组每年召开一次纪检监察工作会议，明确主题，突出重点，总结和部署纪检、监察工作，推动纪检、监察工作深入开展。不断适应形势和发展的需要，加强领导干部廉洁自律，坚持标本兼治、综合治理，逐步加大治本力度，积极探索新形势下廉政建设的新途径、新办法，各项工作取得明显成效。1993年4月，总公司党组纪检组和监察局合署办公，下属单位纪律检查机构和行政监察部门合署办公，为深入开展党风廉政建设奠定了组织基础。总公司结合实际，先后制定《在深化改革中对党员领导干部加强监督的意见》《关于石油战线开展反腐败斗争部署的实施意见》《关于违反财经纪律处罚的暂行规定》和《关于厉行节约、制止奢侈浪费行为实施办法》等制度。同时，扎实开展加强领导干部廉洁自律、严肃查办违纪案件、认真纠正行业不正之风等工作。各级党政组织与纪检监察部门按照总公司党组的总体要求，通过加强思想教育、制度建设、专项治理，有效推动党风廉政建设和反腐败工作深入开展。

健全基层党组织，加强思想政治工作、职工队伍建设和基层建设，为改革与发展提供强有力的政治保证。总公司在实行厂长负责制后，各级党委积极转变职能，调整工作重心，通过健全基层党组织，加强党员教育管理，充分发挥党组织的政治核心作用、党员的先锋模范作用，提高基层党组织的战斗力和凝聚力，维护企业改革发展稳定的大局。1991年，总公司党组提出，要大力加强基层党支部建设，坚持党员标准，在一线优秀职工中发展党员，努力做到“队队有支部、班班有党员”。同时，大力推广党员责任区、党员先锋岗等做法，充分发挥党支部的战斗堡垒作用和党员的先锋模范作用。1995年1月，在总公司工作会议上，总公司党组明确提出，要按照中共十四届四中全会精神，充分发挥各级党组织的政治核心作用和党员的先锋模范作用，突出抓好领导班子思想政治建设。为提高政工干部队伍素质，总公司为全系统政工干部评定专业技术职称。到1995年底，总公司共有政工干部4.5万人，基本都取得相应的专业职称。

1996年4月，总公司在首次党建工作座谈会议上明确提出，要从战略和全局的高度，深刻认识新形势下加强企业党建工作的重要性，增强抓好党建工作的自觉性；要以加强领导班子建设为重点，全面提高各级领导干部的素质；要切实加强基层党组织建设，进一步增强党组织的凝聚力和战斗力；要适应新形势，研究新情况，积极探索企业党建工作新途径。到1996年底，总公司下属基层党委1609个、党总支2877个、党支部3.40万个，共有党员49.56万名。

1997年1月，总公司党组提出《关于加强社会主义精神文明建设的实施意见》。各石油企业制定精神文明建设规划、要点和实施细则，广泛开展“创建文明矿区、创建文明单位、创建文明家庭、争当文明职工”的“三创一争”活动，提高群众性精神文明创建活动水平，努力建设一支铁人式的“四有”职工队伍。同时，总公司党组作出向“新时期铁人”王启民、“铁人式的好工人”王为民学习的决定；编辑出版《奉献者之歌》一书，选编以王启民为代表的39名优秀共产党员的先进事迹；录制《党旗下的风采》电视专题片，宣传先进基层党组织和党员英模的感人事迹，在系统内掀起学习先进的热潮。此后，相继推出一批先进典型，如全国十大杰出工人牛星壮、全国五四奖章获得者秦文贵、全国十大杰出青年岗位能手王明华等，在社会上引起强烈的反响，在全国形成了“石油英模现象”，促进了职工队伍建设。到1997年底，总公司有15个企业被中共中央宣传部、全国总工会和国家经济贸易委员会授予全国思想政治工作优秀企业称号。总公司累计建立国家示范文明小区9个、国家级文明小区18个、省级文明小区117个，居全国各行业前列。

第一编
中国石油天然气总公司总部组织机构

第一章　总公司领导机构

1988年4月9日，第七届全国人大一次会议决定撤销石油工业部，组建中国石油天然气总公司。总公司实行总经理负责制，总经理全面负责总公司工作，对国家负责；副总经理协助总经理工作，对总经理负责。按照干部管理权限，总公司总经理、副总经理由国务院任免。

5月，国务院任命王涛为总公司总经理，周永康[1]、李天相为总公司副总经理。8月，中共中央国家机关工作委员会批准，成立中共中国石油天然气总公司临时委员会，由王涛、周永康、李天相、金钟超、任学忠、邹国顺、史训知等7人组成，王涛任临时党委书记，金钟超、任学忠任临时党委副书记；成立临时纪律检查委员会，邹国顺任临时纪委书记。

9月17日，中国石油天然气总公司成立大会在北京举行。

10月，国务院任命金钟超为总公司副总经理。11月，中共中央国家机关工委批准，周永康任总公司临时党委副书记，列金钟超之前。

1989年12月，中共中央批准，成立中共中国石油天然气总公司党组，王涛任党组书记，周永康任党组副书记，李天相、金钟超任党组成员。按照干部管理权限，总公司党组书记、副书记和纪检组组长由中共中央任免，党组成员由中共中央组织部任免。

1990年3月，中共中央组织部决定，邱中建任总公司党组成员。8月，国务院任命邱中建为总公司副总经理。

1991年3月，中共中央决定，成立中国石油天然气总公司党组纪律检查组，金钟超任党组纪检组组长。9月，中共中央组织部决定，张轰任总公司党组成员。10月，中共中央组织部决定，史训知任总公司党组成员。国务院任命张轰为总公司副总经理，免去金钟超的总公司副总经理职务。

1992年1月，中共中央组织部决定，张永一任总公司党组成员，免去李天

[1] 2014年7月，周永康涉嫌严重违纪违法，中共中央纪律检查委员会对其立案审查；12月，中共中央政治局会议审议并通过中共中央纪律检查委员会《关于周永康严重违纪案的审查报告》，决定给予周永康开除党籍处分。2015年6月，周永康被判处无期徒刑，剥夺政治权利终身。

相的总公司党组成员职务。2月，国务院任命张永一为总公司副总经理，免去李天相的副总经理职务。

1995年1月，中共中央批准，史训知任总公司党组纪检组组长，免去金钟超的党组纪检组组长职务；中共中央组织部决定，免去金钟超的总公司党组成员职务。

1996年9月，总公司聘任侯祥麟为总公司高级顾问。11月，为更好地反映主力油田、主力探区的基层情况，使总公司决策更有科学性、权威性，总公司党组决定进一步充实总公司领导层，在原来大庆石油管理局、塔里木石油勘探开发指挥部主要领导进入总公司领导层的基础上，决定胜利石油管理局局长、辽河石油勘探局局长以总公司总经理助理的身份兼任这两个局的局长。

12月，中共中央批准，周永康任总公司党组书记，王涛不再担任总公司党组书记职务。中共中央组织部决定，马富才、黄炎、吴耀文任总公司党组成员，免去邱中建、张永一的总公司党组成员职务。国务院任命周永康为总公司总经理，马富才、黄炎、吴耀文为副总经理，免去王涛的总公司总经理职务，免去邱中建、张永一的总公司副总经理职务。

1997年1月，总公司聘任王涛为总公司高级顾问。总公司召开党组和领导成员全体会议，明确领导分工：周永康负责总公司及党组全面工作，分管人事、监察、审计工作。张轰负责大庆石油管理局党委工作，负责总公司政治思想、多种经营及离退休职工工作。马富才负责油气勘探、开发及科技工作，分管办公厅和华油北京服务总公司。黄炎负责油气运销、炼化及安全工作，分管技术监督、安全环保、物资装备、基建（国内）和通信工作。吴耀文负责国际合作和教育工作，分管外事、工程、基建（国际）、进出口、信息、出版工作。史训知负责纪检工作，协助周永康分管人事、监察工作，协助吴耀文分管国外合作项目。陈耕协助周永康分管规划、计划、财务、劳资及政策法规工作。丁贵明负责大庆石油管理局工作。王显聰负责辽河石油勘探局工作。李克成协助周永康主持直属机关党委工作，协助张轰分管政治思想、党建和中国石油报社工作。

2月，中共中央组织部决定，李克成任总公司党组成员。8月，中共中央批准，张轰任总公司党组纪检组组长，免去史训知的总公司党组纪检组组长职务。9月，中共中央组织部决定，陈耕任总公司党组成员；10月，国务院任命陈耕为总公司副总经理，免去张轰的总公司副总经理职务。

1998年3月10日，第九届全国人大一次会议审议通过国务院机构改革方案，决定对石油行业进行体制改革，开始组建中国石油天然气集团公司。同月，国务院任命周永康为国土资源部部长，不再担任总公司总经理职务。中共中央组织部明确，由副总经理马富才主持总公司全面工作，负责筹备中国石油天然气集团公司的组建工作；副总经理陈耕调任国家石油和化学工业局副局长（副部级）。

期间，王涛任中共第十四届中央委员及第九届全国人大常委会委员、环境与资源保护委员会副主任委员；周永康任中共第十四届中央候补委员、第十五届中央委员；张轰任中共第十四届中央纪律检查委员会委员；李天相任第八届全国政协委员；史训知任第九届全国政协委员。

在中国石油天然气集团公司组建过程中，总公司党组的工作一直延续到1998年12月集团公司党组成立；总公司党组纪检组的工作一直延续到1999年4月集团公司党组纪检组成立。

一、总公司临时党委领导名录（1988.8—1989.12）

书　　记　王　涛（1988.8—1989.12）

副 书 记　周永康[1]（1988.11—1989.12）

金钟超（1988.8—1989.12）

任学忠（正局级，1988.8—1989.12）

纪委书记　邹国顺（正局级，1988.8—1990.12）

二、总公司党组领导名录（1989.12—1998.12）

书　　记　王　涛（1989.12—1996.12）

周永康（1996.12—1998.3）

副 书 记　周永康（1989.12—1996.12）

成　　员　李天相（1989.12—1992.1）

金钟超（1989.12—1995.1）

邱中建（1990.8—1996.12）

张　轰（1991.9—1998.12）

[1] 2014年12月，周永康严重违纪违法被开除党籍。

史训知（1991.10—1998.12）
张永一（1992.1—1996.12）
马富才（1996.12—1998.12）
黄　炎（1996.12—1998.12）
吴耀文（1996.12—1998.12）
李克成（1997.2—1998.12）
陈　耕（1997.9—1998.3）

纪检组组长　金钟超（1991.3—1995.1）
史训知（1995.1—1997.8）
张　轰（1997.8—1999.4）

三、总公司领导名录（1988.5—1998.4）

总　经　理　王　涛（1988.5—1996.12）
周永康（1996.12—1998.3）

副 总 经 理　周永康（1988.5—1996.12）
李天相（1988.5—1992.2）
金钟超（1988.10—1991.10）
邱中建（1990.8—1996.12）
张　轰（1991.10—1997.10）
张永一（1992.2—1996.12）
马富才（1996.12—1998.4）
黄　炎（1996.12—1998.4）
吴耀文（1996.12—1998.4）
陈　耕（1997.10—1998.3）

四、总公司高级顾问（1996.9—1998.7）

侯祥麟（1996.9—1998.7）
王　涛（1997.1—1998.7）

五、总公司总经理助理、总师（1988.8—1998.7）

总经理助理　史训知（1993.12—1998.7）
黄　炎（1993.12—1996.12）
陈　耕（1993.12—1997.10）

　　　　　　丁贵明（1996.3—1998.6；副部级，1998.6—7）
　　　　　　吴耀文（1996.3—12）
　　　　　　马富才（1996.11—12）
　　　　　　王显骢（1996. 11—1997.12）
总 地 质 师　阎敦实（副部级，1988.8—1993.12）
副总地质师　谭文彬（1988.8—1993.12）
　　　　　　邱中建（1988.8—1990.8）
总 经 济 师　周庆祖（1988.8—1993.12）
总 工 程 师　李虞庚（1988.8—1993.12）
总 会 计 师　李长林（1991.4—1993.12）

第二章　总公司总部机关部门

1988年6月25日，能源部向国务院呈报《关于组建中国石油天然气总公司的报告》，明确组建总公司机关的工作思路。为便于开展工作，根据报告中确定的机关职能部门设置方案，从8月份开始，总公司陆续任命部分机关职能部门的主要领导。8月29日，国务院批准能源部《关于组建中国石油天然气总公司的报告》，同意中国石油天然气总公司总部机关在石油工业部机关机构设置的基础上组建。

10月，根据国务院的批复，为适应政企分开的管理体制，总公司在石油工业部机关的基础上，对机关设置和职能进行调整，机关共设管理部门22个。其中职能部门调整为17个，将政策研究室的职能纳入办公厅；干部司和教育司合并，成立人事教育部；在机械制造司的基础上成立装备部；在运销司基础上成立经营销售部；在矿产资源管理组的基础上成立油气资源管理局；新增基建工程部、企业管理部、监察室、行政事务部；撤销天然气工业司；计划司、财务司、石油勘探司、油田开发生产司、劳动工资司、科技司、审计司、外事司分别更名为计划部、财务部、勘探部、开发生产部、劳动工资部、科技发展部、审计部、外事局；将体制改革办公室纳入机关编制，作为总公司的办事机构；将宣传思想政治工作办公室纳入机关编制；设立党委工作部；保留钻井司、老干部局。11月，成立总公司直属机关工会。12月，成立总公司直属机关临时团委。1989年3月，在钻井司的基础上组建钻井工程局，作为总公司的钻井行业管理机构。

1990年3月，总公司成立炼油化工局。6月，中共中央国家机关工作委员会批准，成立总公司机关临时党委。7月，总公司成立国有资产管理局，与财务部合署办公。11月，为适应工作需要，理顺机关管理体制，精简机构，提高工作效率，总公司对机关部门名称、部分机构编制进行调整：将计划部等12个称作“部”的职能部门和监察室，均更名为“局”；经营销售部改为运销局；总公司党委工作部改为直属机关党委；宣传思想工作办公室改为思想政治工作办公室；设立政策研究室，办公厅的调研业务划入；设立多种经营局，企业管理局的集体经济管理业务划入。

调整后，机关设管理部门24个，其中设办公厅、政策研究室、计划局、财务局、勘探局、开发生产局、基建工程局、钻井工程局、炼油化工局、装备局、科技发展局、企业管理局、人事教育局、劳动工资局、多种经营局、审计局、监察局、油气资源管理局、思想政治工作办公室和机关党委、纪委等20个部门，列入机关行政编制；外事局与中国石油技术开发公司合署办公，运销局与中国石油天然气销售公司合署办公，均不列入机关行政编制；老干部局和行政事务局列入行政附属编制。1991年11月，国家劳动部批复同意上述机构设置，人员编制917人。

1991年2月，成立离退休职工管理局，与老干部局一套编制。7月，成立物资供应管理局，与中国石油物资总公司一套编制。

1992年7月，总公司决定在装备局、中国石油物资总公司（物资供应管理局）、中国石油技术开发公司3个单位的基础上成立中国石油物资装备总公司，为法人实体。9月，总公司撤销企业管理局，成立技术监督局。

1992年9月23日，总公司机关召开三项制度改革动员大会，提出“转变观念，转换职能，精简机构，压缩人员”的总体工作思路。按照分级分权管理的原则，调整机关部门机构和工作职能：撤销审计局，职能由中国石油审计事务所承担；撤销行政事务局，职能由华油北京服务总公司承担；党组纪检组与监察局两块牌子一套机构。调整后，机关设管理部门20个，其中办公厅、政策研究室（含体制改革办公室）、计划局、财务局、勘探局、开发生产局、基建局、钻井工程局、炼油化工局、科技发展局、技术监督局、人事教育局、劳动工资局、多种经营局、纪检组（监察局）、油气资源管理局、思想政治工作办公室和机关党委、纪委等18个部门列入机关行政编制，外事局编制单列，老干部局（离退休职工管理局）列入行政附属编制。12月，总公司明确机关部门人员编制和领导职数。调整后，总公司机关部门和人员编制均减少20%。在后期的实际工作中，体制改革办公室仍独立运行。

1993年4月，成立总公司信息中心，为直属副局级事业单位，由政策研究室归口管理。7月，成立石油人才交流中心（对外称CNPC留学服务中心），为副局级单位，隶属人事教育局。9月，审计局与中国石油审计事务所合署办公。

1994年4月，成立国际勘探开发合作局，与中国石油天然气勘探开发公司合署办公。1995年3月，技术监督局更名为技术监督与安全环保局。

1996年11月，为适应陆上石油工业改革和发展的需要，实现中央提出的经济管理体制与经济增长方式两个根本转变，建立精干高效的机关，提高总公司的整体效益，总公司召开机关干部大会，宣布机关改革方案和机关部门领导人员的任免决定。机构改革的主要思路和措施：一是充实加强综合管理部门，加强生产经营管理，减少生产过程管理，提高总公司的决策水平。加强规划计划前期工作，工作向前延伸，将计划局更名为规划计划局；加强资金管理，完善、健全资金预算制度，充实财务局职能；加强监督和审计工作，充实监察部门和审计部门的领导力量，监察局设副局级监察员；加强人事管理工作，人事教育局增设局级巡视员；加强政策法规工作，将体制改革办公室和政策研究室的经济体制改革、法律研究职能合并，组建政策法规局。二是加强党的建设和思想政治工作，提高精神文明建设水平。将思想政治工作办公室和直属机关党委合并为政治思想工作部（直属机关党委），负责总公司机关和各企事业单位的思想工作。三是理顺机关职能，解决交叉和甲乙方职能不分的问题。撤销基建工程局、钻井工程局、油气资源管理局；将1996年6月成立的总公司新区勘探事业部并入勘探局。四是充分发挥总公司的整体优势，增强整体实力。在充实加强决策层的同时，在原有相关厅局和专业公司的基础上组建7个企业集团：中国石油天然气销售公司和与其合署办公的运销局等组建为新的中国石油天然气销售公司（运销局）；炼油化工局转化为炼油化工集团公司，暂时保留炼油化工局名称，后期在实际运行中又重新明确炼油化工局机构编制；中国石油天然气勘探开发公司和与其合署办公的国际勘探开发合作局等组建为新的中国石油天然气勘探开发公司（国际勘探开发合作局）；以中油测井有限责任公司、中国石油工程建设公司所属长城钻井分公司为基础，组建中国石油天然气技术服务总公司（工程技术局）；多种经营局和华油实业开发总公司等转化为华油实业开发集团公司（多种经营局），后注册为中国华油集团公司；将基建局管理乙方的职能和中国石油工程建设公司等组建为中国石油工程建设（集团）公司；改革和转变总公司物资管理的经营方式，整合组建中国石油物资装备（集团）总公司。

改革后，机关管理部门由原来的23个调整为15个：办公厅（政策研究室），下属信息中心；规划计划局；财务局（国有资产管理局）；勘探局，下属新区勘探事业部；开发生产局；科技发展局，下属新技术推广中心；外事局，下属北京中油对外服务公司；技术监督与安全环保局；人事教育局，下属人才交流中心；劳动工资局，下属社会保险中心；政策法规局；审计局；纪检组、监察局；政治思想工作部、直属机关党委；离退休职工管理局（老干部局），下属北京华油经济技术开发公司。1997年3月，总公司明确机关人员编制596人，其中局级职数68人、处级职数247人（含副总师30人）。

1998年7月，中国石油天然气集团公司组建时，机关机构设置和领导人员仍延续总公司时期的状况。10月，集团公司对机关部门领导人员进行重新任命。

第一节　办公厅—办公厅（政策研究室）（1988.10—1998.10）

1988年8月，总公司在筹建过程中，对办公厅领导人员进行任命。10月，总公司在石油工业部办公厅的基础上组建办公厅，设办公室、秘书处、综合调研处、保卫处、档案处、信访处、保密办等7个处室。

1990年11月，总公司对办公厅的机构编制进行调整，设办公室、秘书处、信访处、档案处、保卫处、保密办公室、文印处等7个处室，人员编制59～62人（不含无线电管理委员会3人、铅印室15人），其中领导职数3人。

1992年12月，总公司重新核定办公厅的机构编制，设办公室（含保密办公室）、秘书处、保卫处、信访处、档案处、机关财务处、行政处、文印处等7个处室，在岗人数70人，其中局级职数（含总师）3人、处级职数28人（含处级秘书5人）。

1993年3月，总公司明确办公厅主要职责：负责协助总公司领导组织机关办公，协调各职能部门、在京单位间有关问题，组织日常办公事务；负责安排总公司领导日常公务活动，落实领导安排的工作事项及交办的任务；负责总经理办公会、部门负责人会、生产办公会议等组织工作，以及决定事项的催办工作；负责总公司总值班工作和动态信息的反映、传递、反馈工作；负责总公司机关文书处理工作；负责总公司机关档案管理、职工来信来访处理、安全保卫、保密、无线电管理等工作，并对下属单位进行业务指导、协调、服务；负责机关财务工作。12月，华油北京服务总公司下属行政处（在岗职工20人）划入办公厅。

1996年11月，总公司将分离体制改革和法律研究业务后的政策研究室与办公厅合署办公，并将政策研究室管理的总公司信息中心划入办公厅。1997年3月，总公司明确办公厅设秘书处、保卫处、信访处、档案处、办公室、机关财务处、行政处、文印处、通信处等9个处室；政策研究室设一处、二处、三处。人员编制86人，其中局级职数7人、处级职数36人。政策研究室下属总公司信息中心（副局级），人员编制27人，其中副局级职数1人、处级职数8人。

1998年7月，中国石油天然气集团公司成立后，10月对机关机构编制进行明确，以总公司办公厅为基础设立集团公司办公厅，以政策研究室为基础设立集团公司发展研究部，并重新任命领导人员。

一、办公厅（1988.8—1998.10）

主　任　吴宗英（1988.8—1992.11）
李克成（1992.11—1996.11）
徐世仁（1996.11—1998.10）

副主任　陈福成（1988.8—1993.12）
张书玺（1992.10—1996.11）
李润生（1996.11—1998.10）
毕跃明（1996.11—1998.10）
桑珍萍（女，1996.11—1998.10）

总公司信息中心（1996.11—1998.10）

主　任　李润生（1996.11—1998.10）

副主任　陈建新（副局级，1996.11—1998.10）

二、政策研究室（1996.11—1998.10）

主　任　徐世仁（1996.11—1998.10）

副主任　许永发（1996.11—1998.10）
严绪朝（1996.11—1998.10）
郭永祥[1]（1996.11—1998.10）

[1] 2013年6月，郭永祥涉嫌严重违纪，接受组织调查。

第二节　计划部—计划局—规划计划局
（1988.10—1998.10）

1988年8月，总公司在筹建过程中，对计划部部分领导人员进行任命。10月，总公司在石油工业部计划司的基础上组建计划部，设办公室、规划处、项目处、投资处、生产处、统计处、炼油化工处等7个处室。

1990年3月，将计划部的炼油化工处划转新成立的炼油化工局。11月，计划部更名为计划局，领导职务名称相应改为局长、副局长，并对机构和人员编制进行调整，设办公室、综合规划处、项目管理处、投资计划处、生产计划处、统计处、外资计划处等7个处室，人员编制40~42人，其中领导职数3人。

1992年12月，总公司重新核定计划局机构编制，设综合规划处、项目处、投资处、生产处、外资处、统计处等6个处室，在岗人数41人，其中局级职数4人、副总师职数2人、处级职数14人。

1993年3月，总公司明确计划局主要职责：负责参与石油工业发展战略和政策的研究制定，并结合国内外市场变化趋势，提出调控政策和应对措施。会同有关部门筹集建设资金，进行资金平衡，优化投资结构。开展投资经营，提高投资效益。负责组织编制石油工业中长期发展规划，包括石油工业区域规划和五年及长远发展总体规划。审查企业油气生产、勘探、基本建设年度计划，编制上报总公司年度生产建设计划，编制下达年度产出投入经营计划。组织重大项目的前期论证和后期评估。负责组织编制利用外资的长远规划和年度计划，审查外资引进项目计划以及设备进口的协调服务。根据总公司年度油气生产经营计划，进行产销平衡协调工作。负责管理石油工业生产经营及基本建设的统计工作，及时向国家有关部门提供信息。定期考核和发布石油工业综合经济效益指标，汇编石油工业统计年报。

1994年4月，为加强技术设备引进管理工作，总公司成立技术设备引进办公室。主要职责：负责总公司所属石油企业事业单位技术设备引进工作，制定技术设备引进规划；负责重大技术设备引进工作项目的审批，协调、监督、检查石油单位技术设备引进工作。技术设备引进办公室设在计划局，计划局在岗人数调整为46人，其中处级职数16人。

1996年11月，总公司将计划局更名为规划计划局，并对职责进行调整，主要是加强重大投资决策的前期工作，在计划职能的基础上把规划往前延伸。1997年3月，总公司明确规划计划局设规划一处、规划二处、规划三处、设计管理处、生产计划处、投资计划处、统计处、进出口办公室、基建办公室（含土地管理办、抗震办）、综合处等10个处室，人员编制75人，其中局级职数7人、处级职数32人（含副总师5人）。

1998年7月，中国石油天然气集团公司成立后，10月明确机关机构编制，以总公司规划计划局为基础成立集团公司规划计划部，并重新任命领导人员。

一、计划部（1988.8—1990.11）

主　　任　朱秉刚（1988.8—1990.11）

副 主 任　杨承志（1988.8—1990.11）

潘明方（1988.8—1990.11）

总经济师　郑国平（1988.9—1990.11）

二、计划局（1990.11—1996.11）

局　　长　朱秉刚（1990.11—1996.11）

副 局 长　杨承志（1990.11—1995.2）

潘明方（1990.11—1996.11）

汪国良（1993.5—1996.11）

徐锭明（1995.2—3）

总经济师　郑国平（1990.11—1992.3）

沈柳芳（女，1992.3—1996.11）

张孔法（1994.9—1996.11）

三、规划计划局（1996.11—1998.10）

局　　长　朱秉刚（1996.11—1998.10）

副 局 长　潘明方（1996.11—1998.6）

汪国良（1996.11—1998.10）

冯力胜（1996.11—1998.10）

白倬生（1996.11—1998.10）

总工程师　潘兴国（1996.11—1998.10）

李文绮（女，1996.11—1998.10）

总地质师　吕鸣岗（1996.11—1998.10）

总经济师　沈柳芳（1996.11—1998.6）

第三节　财务部—财务局（国有资产管理局）（1988.10—1998.10）

1988年8月，总公司在筹建过程中，对财务部领导人员进行任命。10月，总公司在石油工业部财务司的基础上组建财务部，设办公室、经营财务处、供销财务处、外事财务处、生产财务处、事业财务处、基建财务处等7个处室。

1990年7月，根据国家有关要求，为加强石油行业国有资产的管理，成立总公司国有资产管理局。主要职责：负责总公司所属企事业单位国有资产的管理、产权变动、资产调拨、报废处理，委托具有资产评估资格的会计事务所对资产评估，并进行清产核资等管理工作。国有资产管理局与财务部合署办公，财务部增设国有资产管理处，人员编制6人。

1990年11月，财务部更名为财务局，领导职务名称改为局长、副局长，并对部门机构和人员编制进行调整，设办公室、基建财务处、生产财务处、事业财务处、国有资产处、外事财务处、综合经营财务处等7个处室，人员编制46~50人，其中领导职数3人。

1992年12月，总公司重新核定财务局（国有资产管理局）机构编制，设生产财务处、基建财务处、外资财务处、事业财务处、国有资产处、综合处等6个处室，在岗人数45人，其中局级职数4人、副总师职数2人、处级职数17人。

1993年3月，总公司明确财务局主要职责：负责组织编制石油企业财务预算，考核企业经济效益；负责积极开拓筹资渠道，做好资金平衡和融资工作；负责加强外汇管理，搞好外汇收支平衡；负责参与研究制定石油企业承包方案和有关政策，加强对企业的宏观管理；负责参与外资贷款的谈判、签约，中外合资、合作企业项目的审查，办理经济担保，按时还本付息；负责参与建设项目的经济论证及投产后的评估工作；负责研究股份制企业的政策，抓好石油企业股份制试点。

1994年1月，为适应国家税制、金融、财政等方面改革的需要，撤销基建财务处、生产财务处，组建会计成本处、资金管理处、税收价格处，在岗人数调整为50人，其中处级职数19人。

1996年11月，为加强资金管理，完善和健全资金预算制度，对财务局（国有资产管理局）管理职能进行调整。1997年3月，总公司明确财务局（国有资产管理局）设预算成本处、事业财务处、税务价格管理处、资金会计处、外资财务处、资产管理处、综合处等7个处室，人员编制50人，其中局级职数4人、处级职数19人（含副总师3人）。

1998年7月，中国石油天然气集团公司成立后，10月明确机关机构编制，以总公司财务局（国有资产管理局）为基础设立集团公司财务资产部，并重新任命领导人员。

一、财务部（1988.8—1990.11）

主　　任　李长林（1988.8—1990.11）

副 主 任　陆寿椿（1988.8—1990.11）

高润清（1988.8—1990.11）

总会计师　李蕴兰（女，1989.8—1990.11）

二、财务局（1990.11—1998.10）

局　　长　李长林（1990.11—1993.12）

贡华章（1993.12—1998.10）

副 局 长　陆寿椿（1990.11—1993.12）

高润清（1990.11—1992.10）

贡华章（1992.10—1993.12）

林金高（1995.9—1998.10）

总会计师　李蕴兰（1990.11—1993.12）

贡华章（1991.11—1992.10）

林金高（1994.9—1995.9）

三、国有资产管理局（1991.11—1998.10）

副 局 长　王毓信（1992.10—1995.10）

李　波（1995.9—1998.10）

总会计师　王毓信（1991.11—1992.10）

第四节　勘探部—勘探局（1988.10—1998.10）

1988年8月，总公司在筹建过程中，对勘探部领导人员进行任命，由总公司副总地质师邱中建兼任主任。10月，总公司在石油工业部石油勘探司的基础上组建勘探部，设办公室、综合处、勘探处、物探处、试油处、测井处、天然气处等7个处室。

1990年11月，勘探部更名为勘探局，领导职务名称改为局长、副局长，仍设7个处室，人员编制调整为40~43人，其中局级职数4人。

1991年12月，为加强勘探项目管理和基础管理工作，增设管理处。

1992年12月，总公司重新核定勘探局机构编制，设综合规划处、勘探处、井筒技术处、物探处等4个处室，在岗人数30人，其中局级职数5人、副总师职数2人、处级职数10人。

1993年3月，总公司明确勘探局主要职责：负责组织全国油气勘探中长期发展规划、勘探战略和政策的制定，审查各油气田的中长期勘探规划，并协调年度计划；负责开辟、培育勘探市场，建立运行机制，勘探区块的划分和管理，各油气田申请登记和实施中的检查、协调等工作；负责勘探前期工程项目的管理及科学探索井的立项备案，并进行经济效益分析；负责全国勘探动态的管理，勘探形势的分析研究，并提出勘探调整意见；负责对全国各油气田及探区勘探工作的考核，审查各油气田提交的探明（可采）储量和控制储量；负责石油天然气勘探技术标准、规范、制度的制定及发布实施工作，对各油气田勘探工作进行检查和监督；负责协同有关部门，参与重大勘探技术、装备引进项目的审查，以及非对外招标勘探区块的对外合作管理；负责扶植和发展专业化的技术服务公司，组织推广勘探新技术、新工艺、新成果，促进勘探技术发展，协调国内服务及对外反承包工作。

1994年3月，为加快发展天然气勘探，对天然气勘探工作实行综合管理，勘探局增设天然气处。7月，总公司决定，将原挂靠在石油勘探开发科学研究院的全国矿产储量委员会石油天然气专业委员会办公室更名为全国矿产资源委员会石油天然气储量委员会办公室，划归勘探局管理，行政级别仍为正处级，对外称为全资委油气储委办公室，对内称为勘探局储量处，分别管理全国和总公司的油气储量。勘探局在岗人数调整为35人，其中处级职数12人。

1996年6月，总公司决定成立新区勘探事业部，为总公司直属局级事业单位，人员编制90人，其中局级职数4人、处级职数16人，实行独立核算。主要职责：负责根据总公司的总体规划部署，编制新区勘探的规划、计划和部署、概算及投资计划；负责组织勘探区域的地质论证、工程论证和经济分析；负责优选勘探项目，编制项目的研究设计；负责科学使用资金，最大限度发挥勘探投资的效益；负责按勘探项目进行管理，组织新区勘探项目实施。11月，新区勘探事业部由正局级调整为副局级，挂靠勘探局。

1997年3月，总公司明确勘探局设石油勘探处、天然气勘探处、勘探技术处、矿产资源登记处、储委办（储量处）、综合处6个处室，人员编制38人，其中局级职数5人、处级职数14人（含副总师3人）；下属新区勘探事业部，人员编制90人，其中副局级职数1人、处级职数17人。

1998年7月，中国石油天然气集团公司成立后，10月明确机关机构编制，以总公司勘探局为基础设立集团公司油气勘探部，并重新任命领导班子。

一、勘探部（1988.8—1990.11）

主　　任　邱中建（兼任，1988.8—1990.8）

副 主 任　查全衡（1988.8—1991.2）

张文昭（1988.8—1990.11）

胡朝元（1988.8—1990.11）

总工程师　陆邦干（1988.8—1990.11）

李章亚（1988.10—1991.3）

二、勘探局（1990.11—1998.10）

局　　长　丁贵明（1991.7—1996.3）

高瑞祺（1996.4—1998.10）

副 局 长　张文昭（1990.11—1993.12）

胡朝元（1990.11—1994.1）

童晓光（1991.12.—1994.5）

王慎言（1991.2—1998.10）

李干生（1992.12—1996.6；正局级，1996.6—1998.10）

赵政璋（1996.11—1998.10）

总工程师　陆邦干（1990.11—1994.1）

赵化昆（1994.4—1998.10）

孙振纯（1996.11—1998.10）

总地质师　吕鸣岗（1994.4—1995.1）

陈永武（1996.11—1998.10）

新区勘探事业部（1996.11—1998.10）

主　　任　赵政璋（1996.11—1998.10）

副 主 任　高有楠（1998.3—10）

三、新区勘探事业部（正局级，总公司直属单位，1996.6—11）

主　　任　李干生（1996.6—11）

副 主 任　赵政璋（1996.6—11）

廖永远❶（1996.6—11）

第五节　开发生产部—开发生产局（1988.10—1998.10）

1988年8月，总公司在筹建过程中，对开发生产部部分领导人员进行任命，由总公司副总地质师谭文彬兼任主任。10月，总公司在石油工业部油田开发生产司的基础上组建开发生产部，设办公室、规划处、油藏处、工艺处、油田管理处、天然气处、调度处等7个处室。

1990年11月，开发生产部更名为开发生产局，领导职务名称改为局长、副局长，并对机构编制进行调整，设办公室、生产调度处、油田管理处、油藏处、工艺处、规划处、天然气处等7个处室，人员编制48~51人，其中局级职数4人。

1992年12月，总公司对开发生产局机构编制进行调整，设规划发展处、油藏管理处、采油工程处、天然气处、综合调度处、机动电力处等6个处室，在岗人数43人，其中局级职数5人、副总师职数2人、处级职数16人。

❶ 2015 年 6 月，廖永远严重违纪违法被开除党籍、行政开除。

1993年3月，总公司明确开发生产局主要职责：负责安排年度油气生产部署，确定宏观控制指标，管理探明储量，建立储量市场；负责归口管理各油气田开发生产技术服务中心，推动开发新技术的应用与发展；负责制定开发技术政策，对油气生产和重点开发工程项目的过程质量实施监控；负责重大开发工程项目的立项审查和验收评比，油气田开发生产信息的汇集和分析；负责组织协调对全局有导向作用的油气田开采技术、先进装备的技术交流和引进，并指导应用与推广；负责协同有关部门，参与重大开发技术、装备引进项目的审查，以及非对外招标开发区块的对外合作管理；负责机动设备的技术管理及资产管理，电力及自备发电装备管理。

1997年3月，总公司明确开发生产局设油藏管理处、生产调度处、天然气处、开发技术处、产能建设处、设备电力处、综合处等7个处室，人员编制50人，其中局级职数5人、处级职数18人（含副总师3人）。

1998年7月，中国石油天然气集团公司成立后，10月明确机关机构编制，以总公司开发生产局为基础设立集团公司油气开发部，并重新任命领导人员。

一、开发生产部（1988.8—1990.11）

主　　任　谭文彬（兼任，1988.8—1990.5）
王乃举（1990.5—1990.11）

副 主 任　王乃举（1988.8—1990.5）
万仁溥（1988.8—1990.4）
曲广玲（女，1988.8—1990.11）

总地质师　周成勋（1988.9—1990.11）

总调度长　田学义（1988.9—1990.11）

总工程师　万仁溥（1990.4—11）

二、开发生产局（1990.11—1998.10）

局　　长　王乃举（1990.11—1996.12）
刘宝和（1996.11—1998.10）

副 局 长　曲广玲（1990.11—1992.10；正局级，1994.9—1998.10）
罗英俊（1991.12—1995.6）
刘宝和（1994.4—1996.11）

总工程师　万仁溥（1990.11—1993.12）

潘兴国（1992.12—1996.11）
孟慕尧（1995.2—1998.10）
刘万赋（1995.2—1998.10）
总地质师　周成勋（1990.11—1992.12）
阎存章（1996.11—1998.10）
总调度长　田学义（1990.11—1995.8）

第六节　基建工程部—基建工程局—基建局（1988.10—1996.11）

1988年8月，总公司在筹建过程中，任命基建工程部部分领导人员。10月，为规范基建工程技术的发展，提高行业整体管理水平，成立总公司基建工程部，设综合处、设计管理处、工程管理处、企业管理处、抗震办公室等5个处室。

1990年11月，基建工程部更名为基建工程局，领导职务名称改为局长、副局长，仍设5个处室，人员编制调整为30~34人，其中局级职数3人。

1992年12月，基建工程局更名为基建局，并对机构编制进行调整，设综合处、设计管理处、重点工程处、抗震办公室等4个处室，人员编制24人，其中局级职数3人、副总师职数2人、处级职数8人。

1993年3月，总公司明确基建局主要职责：负责培育、发展石油行业建设市场；负责行业基本建设法规管理工作；负责编制基本建设科技发展规划，组织科技攻关和技术交流，加强信息交流和咨询，为总公司领导决策和企业发展提供服务；负责总公司直管重点工程项目的管理；负责强化工程质量监督；负责石油行业抗震工作。

1996年11月，总公司撤销基建局，其管理乙方的职能划归中国石油工程建设（集团）公司，其他管理职能分别划归规划计划局等相应部门。

一、基建工程部（1988.8—1990.11）

主　　任　金燕凯（1990.5—1990.11）
副 主 任　徐世广（1988.8—1990.3）

郝景玉（1988.9—1990.11）
金燕凯（1988.9—1990.5）
秦安民（1990.3—1990.11）
总工程师　邱贤明（1988.12—1990.11）

二、基建工程局—基建局（1990.11—1996.11）

局　　长　金燕凯（1990.11—1993.12）
贾金会（1993.12—1996.12）
副 局 长　郝景玉（1990.11—1995.2）
秦安民（1990.11—1992.6）
冯力胜（1993.12—1996.11）
罗　骁（挂职，1996.5—11）
总工程师　邱贤明（1990.11—1996.12）

第七节　钻井司—钻井工程局（1988.10—1996.11）

1988年8月，总公司在筹建过程中，钻井司机构编制延续了石油工业部时期的状况。1989年3月，为适应钻井生产管理体制改革和技术发展的需要，总公司在钻井司的基础上组建钻井工程局，设办公室、生产管理处、工艺处、泥浆处、装备发展处等5个处室，人员编制30人。主要职责：负责协同总公司有关部门编制钻井发展规划和钻井生产计划，检查、分析各油田钻井计划完成情况；负责组织制定石油钻井方面的法规及有关技术政策，并监督贯彻执行；负责协同总公司有关部门搞好油田钻井企业管理，钻井技术经济指标的考核，协调企业间钻井承包合同的仲裁；负责协同有关部门组织全国石油钻井设备的更新改造和技术培训，对石油钻井相关引进项目归口审查以及对引进的先进技术和装备组织、吸收、消化、推广，组织进行钻井技术咨询服务、技术转让等工作。

1990年11月，总公司调整钻井工程局机构编制，设办公室、管理处、工艺处、装备处、泥浆处等5个处室，人员编制25人，其中局级职数3人。

1992年12月，总公司重新核定钻井工程局机构编制，设综合处、技术处、合作处，在岗人数18人，其中局级职数3人、副总师职数2人、处级职数6人。

1993年3月，总公司调整钻井工程局主要职责：负责培育和发展钻井市场，宏观调控油田钻井力量，按照勘探开发部署组织新区钻井承包，协调解决项目管理中出现的重大问题；负责编制中长期钻井发展规划，制定钻井技术规程和管理规定，实施宏观调控和监督；负责掌握世界钻井发展趋势和动态，组织重点钻井科技攻关和钻井新技术推广和业务培训；负责收集与掌握钻井信息，进行综合分析，组织交流和推广先进经验；负责参与钻井技术的对外合作与交流，协调组织钻井工程公司打入国际市场；负责协调组织抓好钻井系统深化改革工作。

1996年11月，总公司撤销钻井工程局，其新技术推广、标准资质管理、对外合作和反承包等管理乙方的职能划归中国石油天然气技术服务总公司（工程技术局）。

局　　长　王关清（1988.8—1996.11）
副 局 长　李克向（1988.9—1989.8）
　　　　　　张福祥（1988.9—1996.11）
总工程师　李克向（1988.9—1994.1）
　　　　　　孙振纯（1991.11—1996.11）
局级调研员　张鸿飞（1988.10—1989.7）

第八节　炼油化工局（1990.3—1998.10）

1990年3月，总公司为加强对油田炼油化工行业的生产技术管理，适应炼油化工生产建设迅速发展的需要，在计划部炼油化工处的基础上组建炼油化工局，作为总公司主管油田炼油、石油化工、油田气体处理以及以油气田伴生矿为原料的化工生产专业管理部门。设技术处、生产处、办公室，人员编制25人，其中局长1人、副局长1人、总工程师1人。主要职责：负责炼化行业的技术政策、技术路线研究，制定油气资源综合利用发展规划工作，组织重大炼油化工项目可行性研究；负责炼化企业管理工作，采取多种形式推动企业提高技术和管理水平，引导企业参与市场竞争；负责编制炼化行业科技进步发展规划，组织重大科研项目的立项论证，推进新产品开发，组织新技术推广；负责设备、质量管理和安全生产管理工作，协助有关部门开展标准化工作；会同外事局，负责参与对外技术交流、技术引进管理工作；负责新建厂、新装置开工技术服务工作。

11月，技术处、生产处分别更名为工程技术处、生产管理处。

1991年6月，为加强总公司对所属炼化企业的综合管理，增设综合处。

1992年12月，总公司重新核定炼油化工局机构编制，设综合处、规划处、生产技术处，在岗人数18人，其中局级职数3人、副总师职数1人、处级职数6人。

1996年11月，总公司决定将炼油化工局转化为炼油化工集团公司，暂保留炼油化工局名称。

1997年5月，总公司明确炼油化工局向企业集团过渡期间的职责和机构编制，设炼油处、化工处、基建工程处、生产经营处、生产发展处、办公室等6个处室，人员编制45人，其中局级职数7人、处级职数17人（含副总师3人）。主要职责：根据总公司总体规划，负责协助有关部门编制总公司炼油化工发展规划，组织重大炼化工程项目的预可行性研究、可行性研究，组织实施、投产试运和验收等工作，对各油田及炼化企业以自有资金实施的重大配套项目予以审查，提高建设项目经济效益；根据总公司规划计划、运销部门对油田炼厂原油加工量的总计划和流向安排，负责提出油田炼厂的原油加工量初步安排意见，报总公司规划计划、运销部门统一平衡，参与总公司炼化企业之间原料互供方案的制定和组织；负责总公司系统炼油、化工、轻烃生产和技术的行业管理工作，指导企业搞好安全、稳定、长周期、满负荷、优化生产，为企业间的相互协作、原料互供等做好服务工作；负责总公司炼化工程建设招投标的监督检查管理，会同规划计划局对系统外承包方进行市场准入管理和项目管理机构的资质审批以及质量检查工作；负责组织炼油化工新技术推广、交流，编制炼油化工科技发展规划及年度科技项目计划，统一汇总后报有关部门审批，会同有关部门组织总公司系统炼油化工对外合作项目的评审及技术交流；负责指导炼化企业的企业管理工作，全面提高企业管理水平，会同有关部门对直属炼化企业进行业务管理和经济效益考核等工作。

1998年7月，中国石油天然气集团公司成立后，10月明确机关机构和人员编制，以总公司炼油化工局为基础设立集团公司炼油化工部，并重新任命领导人员。

一、**炼油化工局**（1990.11—1998.10）

局　　长　杨生汉（1995.2—1998.10）

副 局 长　王贤清（1990.11—1996.12）

邱孝培（1993.7—1998.10）

杜建荣（女，1996.11—1998.10）

总工程师　邱孝培（1991.6—1993.7）

门存贵（1993.7—1998.10）

二、**炼油化工集团公司**（1996.11—1998.10）

总 经 理　杨生汉（1996.11—1998.10）

副总经理　邱孝培（1996.11—1998.10）

杜建荣（1996.11—1998.10）

沈　钢（1996.11—1998.10）

总工程师　门存贵（1996.11—1998.10）

杨　震（1997.9—1998.10）

第九节　经营销售部—运销局（1988.10—1998.10）

1988年8月，总公司在筹建过程中，任命经营销售部领导人员。10月，总公司在石油工业部运销司的基础上组建经营销售部，设办公室、调度处、经营处、储运处、综合计划处等5个处室。

1990年11月，经营销售部更名为运销局，与中国石油天然气销售公司合署办公，不列入机关行政编制，设办公室、调度处、储运处、原油天然气经营处、石油产品经营处、综合计划处、财务处等7个处室，人员编制42人，其中局级职数3人。

1993年3月，总公司明确运销局主要有两大职责。一是运销职责：负责全国陆上原油及天然气产、运销计划的平衡和衔接工作；负责组织总公司原油、天然气运输生产组织工作；负责总公司油气储运设施的规划、建设、管理和安全工作；负责总公司油气储运系统企业管理，以及石油质量协会油气储运专业委员会和石油储运专业标准化委员会日常工作；负责储运设施的节能管理，组织推广储运新工艺、新技术；负责总公司所属企业自用石油产品的管理工作。二是销售职责：负责建立健全总公司销售系统，开展横向经济联合，兴办经济实体；按照国家有关规定，负责归口经销原油、天然气及其产品；负责统筹经销总公司所属企业生产的油气加工及油气伴生产品；负责组织原油、天然气及其产品的进出口业务；经国家批准，负责在国内经销收取外汇的出口转内销、以产顶进、还贷原油及油气加工产品；负责开展油气储运计量设施租赁和劳务业务，以及油气运销信息、技术咨询服务。

1996年11月，总公司机关机构调整时，运销局仍与中国石油天然气销售公司合署办公。

1998年10月，中国石油天然气集团公司机关机构调整时，明确不再保留运销局牌子。

一、经营销售部（1988.8—1990.11）

主　　任　梁高才（1988.8—1990.11）

副 主 任　高喜发（1988.8—1990.11）

杨景民（1988.8—1990.11）

二、运销局（1990.11—1998.10）

局　　长　梁高才（1990.11—1995.3）

刘　勇（1997.3—1998.10）

副 局 长　高喜发（1990.11—1991.9）

杨景民（1990.11—1991.9）

高润清（1992.10—1998.2）

陈治源（1997.3—1998.10）

总工程师　张庆成（1991.11—1996.11）

总会计师　高润清（1992.10—1998.2）

第十节　装备部—装备局（1988.10—1992.7）

1988年8月，总公司在筹建过程中，任命装备部领导人员。10月，总公司在石油工业部机械制造司的基础上组建装备部，设办公室、机动处、科研处、技术管理处、计划经营处等5个处室。主要职责：负责石油工业技术装备和石油机械制造工作中长期发展规划的编制工作，并组织实施；负责石油装备的配套，合理使用、维修、更新改造以及调配和报废等设备管理工作；负责归口管理石油机械产品的标准化、质量检查监督、产品鉴定和生产许可证的发放工作；负责组织石油装备的设计、造型、制造供应和技术服务工作；负责石油工业技术装备的引进和组织石油机械产品出口等管理工作；负责石油专用设备的统一平衡、订货和分配协调等组织管理工作；负责石油机械的科学研究、信息传递、情报交流、技术咨询和新产品开发等管理工作；负责全国石油机械企业间的横向联合和专业化协作的组织协调工作。

1990年11月，装备部更名为装备局，领导职务名称改为局长、副局长，仍设5个处室，人员编制调整为35~38人，其中局级职数3人。

1992年5月，总公司决定成立重大技术装备领导小组，下设办公室，负责日常管理工作，挂靠装备局，陈泽轩兼任主任，张德录兼任副主任。

1992年7月，总公司将装备局、中国石油物资公司、中国石油技术开发公司合并，成立中国石油物资装备总公司，为法人实体。重大技术装备办公室改为挂靠科技发展局。

一、装备部（1988.8—1990.11）

主　　任　陈泽轩（1988.8—1990.11）

副 主 任　白世荫（1988.8—1990.11）

张德录（1988.8—1990.11）

张文学（1988.8—1990.11）

总工程师　黄志潜（1990.5—11）

二、装备局（1990.11—1992.7）

局　　长　陈泽轩（1990.11—1992.7）

副 局 长　白世荫（1990.11—1991.1）

张德录（1990.11—1992.2）

张文学（1990.11—1992.8）

总工程师　黄志潜（1990.11—1992.7）

第十一节　多种经营局（1990.11—1998.10）

1990年11月，为适应“多元开发、多种经营”战略的需要，总公司成立多种经营局，企业管理局的集体经济管理业务同时划入，设4个处室，人员编制20人，其中局级职数3人。

1992年12月，总公司重新核定多种经营局内设机构和人员编制，设综合处、计划处、农林处，在岗人数15人，其中局级职数3人、副总师职数1人、处级职数5人。

1993年3月，总公司明确多种经营局主要职责：负责编制石油工业多种经营的发展规划、计划及有关方针、政策；负责为石油工业多种经营企业提供服务，包括市场信息、项目开发、对外协作、政策咨询等；负责油气田企业集体经济管理业务；负责引导石油工业多种经营企业深化改革，抓好试点，及时总结经验，树立典型；负责石油系统的农副业和绿化管理工作；负责协助石油企事业单位广开门路，积极吸纳职工待业子女和富余职工就业。

1996年11月，总公司机关改革时，将多种经营局转化为华油实业开发集团公司，暂时保留多种经营局名称，承担部分机关管理职能，逐步与机关脱钩。1998年9月，华油实业开发集团公司正式注册为中国华油集团公司。

1998年7月，中国石油天然气集团公司成立后，10月明确机关机构编制，多种经营局更名为多种经营部，不列入机关序列，仍与中国华油集团公司合署办公。

局　长　王煌今（1991.1—1998.10）

副局长　朱有和（1991.1—1995.12）

李法兰（女，1991.2—1996.11）[1]

俞明康（1996.2—1998.10）

[1] 1996年11月至2006年3月，任总公司、集团公司绿化委员会办公室副主任、主任。

第十二节　科技发展部—科技发展局（1988.10—1998.10）

1988年8月，总公司在筹建过程中，任命科技发展部领导人员。10月，总公司在石油工业部科技司的基础上组建科技发展部，设办公室、规划计划处、成果综合处、技术监督处、计算机办公室等5个处室。石油工业部石油科学技术委员会更名为中国石油天然气总公司科技委员会，设在科技发展部。

1990年11月，科技发展部更名为科技发展局，领导职务名称改为局长、副局长，仍设5个处室，人员编制调整为29～32人（不含总公司科技委员会1~2人），其中局级职数3人。

1992年7月，挂靠装备局的重大技术装备办公室改为挂靠科技发展局。12月，总公司重新核定科技发展局机构编制，设综合处、规划处、管理处，在岗人数24人，其中局级职数3人、副总师职数2人、处级职数7人。

1993年3月，总公司明确科技发展局主要职责：负责编制和组织实施石油工业科技发展长远规划和年度计划，以及国家科技攻关项目和总公司重大科技攻关项目；负责制定石油系统的技术发展政策、科技管理制度和办法，编制管理规范和标准；负责管理直属科研院所的科研方向、发展规划和基本建设；组织与外单位重大科技合作项目的管理；负责管理科技项目的立项，科技费用的分配、使用和监督，归口管理科研仪器的引进、研制和国拨三材的分配工作；负责组织国家级成果和奖励的申报，总公司级成果登记，重大成果鉴定，科技成果和成果信息交流；负责国家规定的科技统计和部分科技保密工作，组织国外人才引进计划的申报、经费管理和计划的实施。

1996年11月，总公司将新技术推广中心（副局级）划入科技发展局。

1997年3月，总公司明确科技发展局设规划处、项目管理处、计算机办公室、重大装备办公室（挂靠）、综合处等5个处室，人员编制30人，其中局级职数3人、处级职数12人（含副总师4人）；下属新技术推广中心，人员编制18人，其中副局级职数1人、处级职数6人。

1998年7月，中国石油天然气集团公司成立后，10月明确机关机构编制，以总公司科技发展局为基础设立集团公司科技发展部，并重新任命领导人员。

一、科技发展部（1988.8—1990.11）

主　　任　蒋其垲（蒋其凯，1988.8—1990.11）

副 主 任　王明太（1988.8—1990.11）

石宝珩（1988.8—1990.11）

总工程师　曾宪义（1988.8—1990.11）

二、科技发展局（1990.11—1998.10）

局　　长　蒋其垲（1990.11—1992.6）

曾宪义（1992.6—1996.12）

石宝珩（1996.11—1998.10）

副 局 长　王明太（1990.11—1996.12）

石宝珩（1990.11—1996.11）

傅诚德（1992.10—1998.10）

刘振武（1996.11—1998.10）

孙　宁（1996.11—1998.10）

总工程师　曾宪义（1990.11—1992.6）

新技术服务公司—新技术推广总站（1988.8—1992.9）

经　　理　石宝珩（兼任，1988.8—1992.9）

新技术推广中心（1992.9—1998.10）

主　　任　石宝珩（正局级，1992.9—1996.11）

孙　宁（兼任，1996.11—1998.10）

副 主 任　王用起（副局级，1992.9—1998.10）

重大技术装备办公室（1992.8—1998.10）

专职副主任　张文学（副局级，1992.8—1998.10）

总公司科技委员会（1988.12—1992.2）

专职副主任　张献放（副局级，1988.12—1992.2）

第十三节　油气资源管理局（1988.10—1996.11）

1988年8月，总公司在筹建过程中，任命油气资源管理局领导人员。10月，总公司在石油工业部矿产资源管理组的基础上组建油气资源管理局，设3个处室，与能源部石油天然气资源管理办公室一套机构两块牌子。

1990年11月，总公司明确油气资源管理局设办公室、登记管理处、法制处，人员编制为12—15人，其中局级职数2人。

1992年12月，总公司重新核定油气资源管理局机构编制，设登记管理处、监督处，在岗人数10人，其中局级职数2人、处级职数3人。

1993年3月，总公司明确油气资源管理局主要职责：负责全国领域及管辖海域（包括对外合作）的石油天然气勘查、滚动勘探开发、开采项目的登记申请、审查、批准及发证工作；负责对全国的油气勘查开发、开采登记管理的有关工作，进行监督、检查和管理；负责对违反石油天然气勘查、开采登记有关法规的行为，实施行政处罚；负责草拟有关油气勘查、开采登记管理的法规和规章制度。

1996年11月，总公司撤销油气资源管理局，其管理职能并入勘探局等相关部门。

局　　长　李国玉（1988.8—1991.2）
　　　　　　查全衡（1991.2—1996.11）
副 局 长　王慎言（1988.8—1991.2）
总地质师　李国玉（1991.2—1994.1）

第十四节　人事教育部—人事教育局（1988.10—1998.10）

1988年6月，总公司在筹建过程中，任命人事教育部主要领导人员。10月，总公司在石油工业部干部司和教育司的基础上组建人事教育部，设办公室、综合规划处、院校教育处、干部教育处、企业干部处、技术干部处、机关干部处、教育指导委员会等8个处室。

1990年11月，人事教育部更名为人事教育局，领导职务名称改为局长、副局长，并对机构编制进行调整，设办公室、机关干部处、企业干部处、技术干部处、院校教育处、干部教育处、综合处等7个处室，人员编制46~49人（不含教育指导委员会1～2人），其中局级职数4人。

1991年10月，史训知任总公司党组成员，仍兼任人事教育局局长。12月，增设干部调配处。

1992年12月，总公司重新核定人事教育局机构编制，设企业干部处、技术干部处、机关干部处、企业教育处、高等教育处等5个处室，在岗人数35人，其中局级职数4人、副总师职数2人、处级职数13人。

1993年3月，总公司明确人事教育局主要职责：负责编制干部规划，控制干部总量、整体结构与比例，制定用人标准、工作条例与程序，建立干部巡视制度；负责局级和直属处级单位班子建设和领导干部及后备干部的管理、局级干部出国政审等项工作，并管理总公司机关干部工作；负责总公司级以上高级专家、正教授的管理，并宏观管理职称改革和专业技术职务评聘工作；负责编制教育规划、年度事业计划，组织处以上干部的岗位培训和继续工程教育；负责管理直属高等院校和中等专业学校，组织石油高校、中专成人教育工作；负责宏观管理学校的调整、撤并，体制变更及专业的设置和变更，重点学科建设及学位点的审批和申报；负责有关干部的档案管理、人事教育统计及信息，并统一组织人事教育科研工作。

7月，为适应社会主义市场经济的需要，逐步改革过去人事管理的单一计划模式，开发人才资源，促进人才流动，调剂人才余缺，为发展石油工业服务，总公司成立石油人才交流中心（对外称CNPC留学服务中心），隶属于人事教育局，为副局级单位，由人事教育局一名领导兼任中心主任。中心不下设机构，人员编制7人。主要职责：负责收集、提供各类人才信息，制定石油系统大中专毕业生的就业指导计划；负责选拔、推荐、审批出国留学及进修人选，为留学回国人员提供服务，为招聘国内外专家进行讲学、技术开发与合作提供中介服务；负责组织石油系统人才交流洽谈，为各单位之间调剂技术、管理人员，以及流动人员档案管理等工作。

1994年4月，总公司对人事教育局内设机构进行调整，将技术干部处与企业干部教育处合并，成立人才资源开发处；成立综合处，负责综合协调行政业务。

1996年11月，总公司为进一步加强人事管理工作，更好地选好人、用好人，在人事教育局增设若干个局级巡视员。1997年3月，总公司明确人事教育局设企业一处、企业二处、机关干部处、高等教育处、技术干部与培训处、综合处等6个处室，人员编制45人，其中局级职数6人、处级职数18人（含副总师2人）；下属总公司人才交流中心，人员编制8人，其中副局级职数1人、处级职数2人。

1998年7月，中国石油天然气集团公司成立后，10月明确机关机构编制，将人事教育局和劳动工资局合并，组建集团公司人事劳资部。

一、人事教育部（1988.6—1990.11）

主　　任　史训知（1988.6—1990.11）

副 主 任　张宽信（1988.10—1990.11）

尹道墨（1988.10—1990.11）

二、人事教育局（1990.11—1998.10）

局　　长　史训知（1990.11—1991.10,兼任,1991.10—1993.12）

张宽信（1993.12—1998.10）

副 局 长　张宽信（1990.11—1993.12）

尹道墨（1990.11—1992.5）

徐梦虹（1992.5—1996.11）

孙万安（1993.12—1998.10）

陆基孟（正局级，1996.11—1998.10）

副局级巡视员　孙万安（1992.12—1993.12）

苏士峰（1996.11—1998.10）

覃国军（1996.11—1998.10）

人才交流中心（1993.8—1998.10）

主　　任　孙万安（兼任，1993.8—1996.11）

吴大鹏（1996.11—1998.10）

教育指导委员会（1988.10—1998.10）

专职副主任　陈鸿璠（1988.10—1998.10）

第十五节　劳动工资部—劳动工资局（1988.10—1998.10）

1988年8月，总公司在筹建过程中，任命劳动工资部领导人员。10月，总公司在石油工业部劳动工资司的基础上成立劳动工资部，设办公室、劳动组织处、工资处、技工培训处、劳动卫生处等5个处室。

1990年11月，劳动工资部更名为劳动工资局，领导职务名称改为局长、副局长，仍设5个处室，人员编制30～32人，其中局级职数3人。

1992年12月，总公司重新核定劳动工资局机构编制，设劳动力处、工资处、综合处，在岗人数23人，其中局级职数3人、副总师职数2人、处级职数9人。

1993年3月，总公司明确劳动工资局主要职责：负责编制石油行业劳动工资中长期发展规划和年度计划；负责制定行业劳动用工、工资分配和劳动保险方面的政策，并组织落实；负责搞好石油行业劳动工资的宏观调控，主要是用工总量和机构规格的调整，审查机构设置与定员编制，安排好工资的合理增长；负责建立和培育石油行业劳务市场，组织好国内外劳动力流动的协调服务；负责组织制定石油行业劳动定员定额标准，指导企业搞好定员定额工作；负责石油行业职工的社会保险和劳动统计工作；负责组织制定石油行业各工种（岗位）规范标准，指导企业办好技工学校及在岗工人的培训工作；负责制定石油行业劳动卫生标准、制度，以及劳动卫生的监督检查工作。

1996年11月，总公司成立社会保险中心（副局级），隶属于劳动工资局。1997年3月，总公司明确劳动工资局设劳动组织处、工资处、卫生处、综合处（技能鉴定中心）等4个处室，人员编制24人，其中局级职数3人、处级职数11人（含副总师3人）；下属总公司社会保险中心，人员编制8人，其中副局级职数1人、处级职数2人。

1998年7月，中国石油天然气集团公司成立后，10月明确机关机构编制，将劳动工资局和人事教育局合并，组建集团公司人事劳资部。

一、劳动工资部（1988.8—1990.11）

主　任　陈　耕（1988.8—1990.11）

副主任　康书丛（1988.8—1990.11）

裴德海（1990.5—1990.11）

二、劳动工资局（1990.11—1998.10）

局　长　陈　耕（1990.11—1993.12）

裴德海（1993.12—1998.10）

副局长　康书丛（1990.11—1991.5）

裴德海（1990.11—1993.12）

李文振（1992.10—1996.11）

李春伍（1996.11—1998.10）

刘　磊（1997.3—1998.10）

社会保险中心（1996.11—1998.10）

主　任　孙祖岭（1996.11—1998.10）

第十六节　企业管理部—企业管理局（1988.10—1992.9）

1988年8月，总公司在筹建过程中，任命企业管理部部分领导人员。10月，为适应实体化经营运作的需要，总公司成立企业管理部，设办公室、企业管理处、环保处、节能处、安技处、集体经济办等6个处室。

主要职责：负责贯彻、落实国家和石油行业有关的方针政策、法规制度；牵头组织或会同有关厅局组织制定和实施石油企业的法规制度、管理标准、工作标准、技术标准；负责企业管理、安全劳保、节约能源、环境保护和法律事务等工作；负责组织研究和推广石油企业的科技进步和企业管理现代化；负责组织推动石油企业加强分管业务的技术、业务培训和宣传教育工作；负责组织编制和落实分管业务的中长期规划和重点工作计划，安排重点工作项目；负责组织分管业务有关重点项目的咨询、论证、评审、协调和服务。

1990年11月，企业管理部更名为企业管理局，领导职务名称改为局长、副局长，其集体经济管理业务划转多种经营局。企业管理局对机构编制进行调整，设办公室、企业管理处、安全技术处、节能处、环保处、法律事务处等6个处室，人员编制30～32人（不含企业管理协会2人），其中局级职数3人。

1992年9月，总公司撤销企业管理局，其职能和人员划归新成立的技术监督局等相关部门。

一、企业管理部（1988.8—1990.11）

主　　任　王镜心（1988.8—1990.11）

副 主 任　孙晓群（1988.10—1990.11）

赵　毅（1988.10—1990.11）

总经济师　李维谌（1988.8—1990.11）

总工程师　张兴儒（1988.10—1990.11）

二、企业管理局（1990.11—1992.9）

局　　长　王镜心（1990.11—1993.5）

副 局 长　孙晓群（1990.11—1992.9）

赵　毅（1990.11—1993.5）

张玉良（1991.12—1992.11）

总经济师　李维谌（1990.11—1991.8）

总工程师　张兴儒（1990.11—1992.11）

第十七节　技术监督局—技术监督与安全环保局（1992.9—1998.10）

1992年9月，为加强石油工业技术监督工作，总公司在企业管理局的基础上组建技术监督局，设安全技术处、环保技术处、节能技术处、技术监督处等4个处室，在岗人数22人，其中局级职数3人、副总师职数2人、处级职数10人。

1993年3月，总公司明确技术监督局主要职责：负责贯彻国家和制定总公司有关质量、标准计量、安全环保节能方面的方针、政策、条法和技术规范等，并监督执行；负责组织质量、标准计量、安全环保节能方面的重大科研项目立题、实施和成果推广应用工作，组织信息交流工作；负责组织石油企业安全、环保和质量方面重大事故的调查处理，以及标准、计量方面重大纠纷的协调处理；负责各石油企业在技术监督方面的奖惩事宜；负责组织检查验收产品质量和发放产品许可证事宜；负责指导质量、标准、计量、安全、环保、节能等方面的技术监测及研究单位的业务工作，以及执行监测单位的认证发证工作。

1995年3月，总公司对部门职能进行调整，技术监督局更名为技术监督与安全环保局。撤销技术监督处，设立质量监督处和标准计量处；安全技术处在原有职能的基础上，增加消防和交通安全的管理职能。技术监督与安全环保局在岗人员28人，其中处级职数12人（含2名副总师）。

1997年3月，总公司明确技术监督与安全环保局设安全技术处、环保技术处、节能技术处、质量监督处、标准计量处、综合处等6个处室，人员编制28人，其中局级职数3人、处级职数13人（含副总师2人）。

1998年7月，中国石油天然气集团公司成立后，10月明确机关机构编制，以总公司技术监督与安全环保局为基础成立集团公司质量安全与环保部，并重新任命领导人员。

一、技术监督局（1992.9—1995.3）

局　长　齐小慧（女，1993.5—12）

副局长　张兴儒（1992.11—1995.3）

张玉良（1992.11—1995.3）

金志俊（1993.12—1995.3）

二、技术监督与安全环保局（1995.3—1998.10）

局　长　姜冠戎（1996.11—1998.10）

副局长　张兴儒（1995.3—1996.12）

张玉良（1995.3—1998.10）

金志俊（1995.3—1998.10）

第十八节　审计部—审计局

（1988.10—1993.9；1996.11—1998.10）

1988年8月，总公司在筹建过程中，任命审计部部分领导人员。10月，总公司在石油工业部审计司的基础上组建审计部，设办公室、一处、二处。

1990年11月，审计部更名为审计局，领导职务名称改为局长、副局长，设办公室、审计一处、审计二处，人员编制15人，其中局级职数2人。1991年10月，办公室更名为综合处。

1993年3月，总公司明确审计局主要职责：依据国家有关政策、法规，负责制定行业内部审计工作制度、办法和工作标准，并组织实施；负责制定内审发展规划，编报年度审计工作计划，对行业内部审计工作进行组织、指导、检查和监督；负责承包项目审计，企业财务收支、经济效益等专项审计，合资企业审计，领导离任审计等工作，对行业生产建设及经营管理中带倾向性的问题进行审计调查，提出建议和改进措施；负责领导派出审计机构和审计所的工作，审定重大审计项目的审计报告和审计决定；负责协助有关部门进行经济案件的查处工作，纠正行业不正之风，加强廉政建设。

9月，为加强企事业单位的审计监督工作，总公司将审计局与中国石油审计事务所合署办公，办公地点在河北省廊坊市。

1996年11月，为加强审计工作，总公司将审计局重新列入机关序列。1997年3月，总公司明确审计局设审计一处、审计二处、综合处，人员编制15人，其中局级职数3人、处级职数5人（含副总师1人）。

1998年7月，中国石油天然气集团公司成立后，10月明确机关机构编制，以总公司审计局为基础成立集团公司审计部，并重新任命领导人员。

一、审计部（1988.8—1990.11）

主　　任　孙寿荣（1988.10—1990.11）

副 主 任　孙寿荣（1988.8—10）

总会计师　白新贺（1988.8—1990.11）

二、审计局（1990.11—1993.9；1996.11—1998.10）

局　　长　孙寿荣（1990.11—1993.9，1996.11—1998.10）

副 局 长　郭忠范（1991.4—1993.3）

陈维忠（1996.12—1998.10）

总会计师　白新贺（1990.11—1993.9）

总审计师　白新贺（1996.12—1998.10）

第十九节　监察室—监察局—纪检组、监察局（1988.10—1998.10）

1988年8月，中共中央国家机关工作委员会批准成立总公司临时纪委。同月，总公司任命监察室部分领导人员。10月，为加强监督检查和反腐倡廉工作，总公司设立监察室。

1990年11月，监察室更名为监察局，领导职务名称改为局长、副局长，设办公室、监察一处、监察二处，人员编制18人，其中局级职数2人。

1991年3月，中共中央同意成立中国石油天然气总公司党组纪律检查组（简称纪检组）。

1992年12月，为了更好地履行党内纪检和行政监察职能，总公司决定将党组纪检组和监察局合署办公，设办公室、一室、二室，人员编制20人。

1993年3月，总公司明确纪检组、监察局主要职责：负责检查所属各单位党组织及党员领导干部执行党的路线、方针、政策和决议的情况，对总公司的党员领导干部实行党章规定范围内的监督；负责对总公司各单位领导班子和领导干部违犯党纪案件进行调查，并提出处理意见；负责协助总公司党组管好党风，加强廉政建设，纠正行业不正之风，对党员特别是党员领导干部、监察对象进行党风党纪和廉政教育；负责监督检查总公司各单位及领导干部贯彻执行国家法律、法规、政策和总公司决定、规章制度，以及各单位与总公司签订的承包合同的情况，开展效能监察；按照分组监察的原则，负责受理对监察对象违反国家法律、法规、政策和政纪的控告、举报，受理监察对象不服政纪处分的申诉，受理对党员的控告和不服党纪处分的申诉，做好信访举报工作；负责调查处理监察对象的违法违纪行为，参与对监察对象的考核、评议工作；负责参与制定内部监督制约方面的规章制度，支持监察对象依法行使职权，保护其合法权益。

1996年11月，为进一步增强监察工作力度，总公司充实监察部门领导力量，增设若干个副局级监察员。1997年3月，纪检组、监察局内设监察一室、监察二室、办公室，人员编制20人，其中局级职数5人、处级职数12人。

1998年7月，中国石油天然气集团公司成立后，10月明确机关机构编制，决定将纪检组、监察局更名为纪检组、监察部。

一、总公司临时纪委（1988.8—1991.3）

书　　　　记　邹国顺（1988.8—1990.12）

副局级纪检员　单庆颐（1988.12—1990.6）

程文学（1988.12—1991.3）

二、总公司党组纪检组（1991.3—1999.4）

组　　　　长　金钟超（1991.3—1995.1）

史训知（1995.1—1997.8）

张　轰（1997.8—1999.4）

副　组　长　张文仁（正局级，1991.4—1993.1）

严家发（正局级，1993.1—1999.4）

副局级纪检员　赵　瑜（1992.12—1995.2）

三、监察室（1988.8—1990.11）

主　　　　任　王正棠（1988.8—1990.11）

副　主　任　张文仁（1988.8—1990.11）

监察副专员　单庆颐（1988.8—1990.6）

姜志国（1988.10—1990.11）

蔡宗荣（1988.10—1990.11）

李伯诚（1989.4—1990.11）

四、监察局（1990.11—1998.10）

局　　　　长　王正棠（1990.11—1993.1）

严家发（1993.1—1998.10）

副　局　长　张文仁（1990.11—1991.4）

孙先锋（1996.11—1998.10）

监　察　专　员　李伯诚（1992.4—1995.2）

监察副专员　李伯诚（1990.11—1992.4）

姜志国（1990.11—1992.9）

蔡宗荣（1990.11—1993.4）

安志忠（1992.12—1998.10）

陈　明（1996.11—1998.10）
王　戎（1996.11—1998.10）
陈桂儒（1996.11—1998.10）

第二十节　外事局（1988.10—1998.10）

1988年8月，总公司在筹建过程中，任命外事局部分领导人员。10月，总公司在石油工业部外事司的基础上组建外事局，设办公室、综合处、科技处、技术引进处、联络处、财务处、进出口处等7个处室。

1990年11月，总公司决定外事局与中国石油技术开发公司合署办公，设办公室、科技合作处、综合处、联络处、进口处、出口处、出国处、运输处、财务处等9个处室，人员编制90人。

1991年，成立中加石油技术交流培训中心（以下简称中心），是中国石油天然气总公司和加拿大阿尔伯达省政府合作组建、共同管理的处级事业单位、中心主要任务是加强和促进石油科学技术的交流和培训。外事局为中心的中方主管部门，对中心实行统一领导、统一管理。中心在财务上可单独建账、单独核算，人员编制定为5人，列入外事局定编人员内。

1992年12月，总公司重新核定外事局机构编制，设综合处、联络处、国外事业处、财务处等4个处，在岗人数30人，其中局级职数2人、处级职数4人。人员不列入总公司机关编制。

1993年3月，总公司明确外事局主要职责：负责涉外政策、规定的贯彻执行，研究制定涉外规章制度、具体规定和实施细则；负责对外合作的联络、协调服务工作，对外经济技术合作项目报批、实施的协调工作；负责总公司领导外事活动的安排组织工作；负责总公司驻外机构的管理工作；负责建立和管理外事信息系统，组织涉外新闻发布会和对外宣传；负责国际间的科技合作，组织政府间的双边、多边科技合作项目、国际组织援款项目的实施；负责出国考察、参加国际会议、举办或参加国际展览会的组织和管理，以及公司间技术交流活动的组织工作；负责出国团组立项报批和综合管理工作，办理出国人员护照、签证等工作。

4月，总公司成立北京中油对外服务公司（正处级），作为外事局下属单位，人员编制15人。

1997年1月，为加强对中俄合作工作的领导，总公司成立中俄油气合作领导小组，对外称中俄油气合作工作委员会，设办公室，挂靠外事局，人员编制5人。3月，总公司明确外事局设国外事业处、联络处、出国财务处、综合处等4个处室，人员编制30人，其中局级职数3人、处级职数12人（含副总师2人）。

1998年7月，中国石油天然气集团公司成立后，10月明确机关机构编制，将国际合作局和外事局的对外合作管理职能及对外联络事务合并，成立国际合作部（外事局）。

局　　长　窦炳文（1988.8—1991.1）
白世荫（1991.1—1993.12）
李怀奇（1996.11—1998.10）

副 局 长　傅志达（满族，1988.8—1992.7）
李怀奇（1992.6—1996.11）
章　欣（1996.11—1998.10）

总工程师　吴训钺（1988.9—1996.11）

驻莫斯科办事处（1994.4—1998.4）

主　　任　白世荫（正局级，1994.4—1998.4）

驻香港办事处（1996.2—1997.4）

主　　任　张如椿（白族，正局级，1996.2—1997.4）

第二十一节　国际勘探开发合作局（1994.4—1998.10）

1994年4月，为适应扩大陆上石油对外合作和开拓国外石油勘探开发业务的需求，加强对国内外石油勘探开发对外合作项目的管理，总公司成立国际勘探开发合作局（简称国际合作局），行使总公司机关管理职能，与中国石油天然气勘探开发公司合署办公。主要职责：一是依据国务院《中华人民共和国对外合作开采陆上石油资源条例》授予总公司的职权，在国务院批准的石油对外开放区域内，负责编制陆上石油勘探开发对外合作的规划、计划、预算及实施方案；会同总公司有关厅局提出招标区块划分意见、制订招标工作计划、拟定标准合同并按规定程序完成报批手续；组织招标区块资料包的编制、销售和现场考察；组织招标、评标和合同谈判工作；负责石油合同执行的管理、协调、服务和监督。二是负素编制国外石油勘探开发合作的规划、计划、预算及实施方案；组织研究国外石油勘探开发合作的合同模式、合同条法和投资环境；负责国外石油勘探开发项目的评测及可行性研究的初审，并按规定程序完成立项手续；组织项目投标和谈判签约；负责国外石油勘探开发合作项目执行的管理、协调、服务和监督。三是负责编制石油勘探开发对外合作人员的培训规划，会同总公司有关厅局和单位组织实施。

国际合作局设海外业务部、勘探开发部、合同条法部、经济事务管理部、办公室等5个部门，人员编制50人，其中局级职数5人、处级职数15人。人员不列入总公司机关编制。

1995年9月，办公地点从总公司招待所迁至北京市东城区青年湖南街1号。

1997年3月，总公司调整国际勘探开发合作局职能和机构设置，明确其对总公司投入的资本金及对项目的投资承担资产保值增值责任。设办公室、对外联络部、法律事务部、国内项目管理部、国外项目管理部、勘探开发部、采办销售部、财务计划部、人事培训部、政治思想工作办公室等10个部室，人员编制95人，不列入总公司机关编制。

1998年7月，中国石油天然气集团公司成立后，10月明确机关机构编制，将国际合作局和外事局的对外合作管理职能及对外联络事务合并，成立国际合作部（外事局）；有关海外合作部分由中国石油天然气勘探开发公司负责经营管理；有关国内石油对外合作部分组建对外合作经理部，下挂在国际合作部（外事局）。

局　　长　吴耀文（1994.6—1996.3；兼任，1996.3—1997.12）

副 局 长　曾兴球（1994.6—1998.10）

傅志达（满族，1994.6—1997.11）

童晓光（1994.6—1996.11）

寿铉成（1994.9—1998.10）

周吉平（1996.11—1998.10）

总工程师　胡乃人（1994.6—1996.1）

黄绍和（1996.1—1998.10）

总 地 质 师　童晓光（1994.6—1998.10）

第二十二节　政策研究室（1990.11—1996.11）

1990年11月，总公司设立政策研究室，办公厅的调研业务和体制改革办公室有关经济体制改革的业务划入。政策研究室设办公室、综合处、调研处、体改处等4个处室，人员编制25人，其中局级职数3人。

1992年12月，总公司对机关职能部门机构编制进行调整，政策研究室设综合处、调研处、法律事务处，在岗人数18人。

1993年3月，总公司明确政策研究室主要职责：根据石油工业发展战略，负责制定全行业政策调研的工作规划和计划，并组织行业内外部力量实施；负责对全行业进行调查和研究，及时准确地反映情况，提出意见和建议；负责总公司报送党中央、国务院的重要报告和请示，总公司综合性文件的起草工作；负责组织全行业法规研究、起草工作，配合国家有关部门进行审议，并指导各单位法律事务工作；负责编辑《石油工业简报》、《石油工业通讯》、《信息动态》，向上级反映情况，向石油企业交流信息；负责组织力量，完成党中央、国务院有关部门委托的调研课题；负责归口管理总公司信息中心，在业务上指导经济研究中心、国外石油信息中心工作，定期下达研究课题，提出工作要求，检查研究成果。

4月，总公司成立信息中心，为直属副局级事业单位，由政策研究室归口管理。

1996年11月，总公司将政策研究室和体制改革办公室的体制改革、法律研究职能合并，组建政策法规局；政策研究室及其下属总公司信息中心划归办公厅。

主　　　任　吴宗英（1992.11—1994.1）
　　　　　　　李克成（1994.1—1996.11）
副　主　任　许永发（1992.11—1996.11）
　　　　　　　严绪朝（1992.11—1996.11）
副局级研究员　郭永祥（1992.11—1996.11）

总公司信息中心（1993.3—1996.11）

主　　　任　陈建新（1993.3—1996.11）

第二十三节　体制改革办公室（1988.10—1996.11）

1988年8月，总公司在筹建过程中，任命体制改革办公室部分领导人员。

1990年11月，总公司将体制改革办公室有关经济体制改革业务划归新成立的政策研究室。

1992年12月，按照转变观念、转换职能、精简机构、压缩人员的要求，总公司将体制改革办公室和政策研究室合署办公，在岗人数9人。但在实际工作中，体制改革办公室仍独立运行。

1993年3月，总公司明确体制改革办公室主要职责：根据国家政策，负责研究提出石油工业经济体制改革的中长期规划、总体方案、年度工作计划，并负责实施中的督促、检查和协调工作；负责总公司向党中央、国务院关于经济体制改革的请示、报告，以及总公司体改工作综合文件的起草工作；负责协同有关部门和单位，研究提出并组织实施总公司改革试点单位的改革方案，及时研究解决试点中出现的问题；负责参与研究建立培育石油市场体系和专业系统，以及石油企事业单位的改革方案，并检查方案实施情况；负责组织石油工业经济体制改革重要课题的调查研究工作，总结和推广各企业改革的经验，指导全行业和各企业体制改革工作；负责及时收集和了解各方面的体制改革信息，向国家有关部门反映石油工业改革的情况和需要解决的问题。

1996年11月，总公司将体制改革办公室和政策研究室中的体制改革、法律研究职能合并，组建政策法规局。

主　　任　周永康[1]（兼任，1988.8—1996.11）
常务副主任　康心浩（正局级，1988.8—1990.4）
副 主 任　温厚文（正局级，1988.8—1996.12）
　　安郁培（1988.9—1992.12）
　　韩世全（1992.11—1996.11）
总经济师　韩世全（1991.2—1992.11）
　　许宗荫（1993.3—1996.11）

[1] 2014年7月，周永康涉嫌严重违纪违法，中共中央纪律检查委员会对其立案审查；12月，中共中央政治局会议审议并通过中共中央纪律检查委员会《关于周永康严重违纪案的审查报告》，决定给予周永康开除党籍处分。2015年6月，周永康被判处无期徒刑，剥夺政治权利终身。

第二十四节　政策法规局（1996.11—1998.10）

1996年11月，总公司决定将体制改革办公室和政策研究室的经济体制改革、法律研究职能合并，组建政策法规局。主要职责：根据石油工业发展战略，负责制定全行业政策调研的工作规划和计划，并组织行业内外部力量实施；负责组织全行业法规研究、起草工作，配合国家有关部门进行审议，为总公司、机关各部门和石油企业提供法律咨询服务，指导各石油企业法律事务工作。

1997年3月，总公司明确政策法规局设调研处、企业管理处、体制改革处、法律处、综合处（房改办）等5个处室，人员编制20人，其中局级职数3人、处级职数9人（含副总师2人）。

1998年7月，中国石油天然气集团公司成立后，10月明确机关机构编制，将政策法规局和政策研究室合并，组建集团公司发展研究部。

局　　长　韩世全（1996.11—1998.10）

副 局 长　许宗荫（1996.11—1998.10）

总经济师　郭进平（1996.11—1998.10）

第二十五节　宣传思想工作办公室—思想政治工作办公室（1988.10—1996.11）

1988年8月，总公司在筹建过程中，任命宣传思想工作办公室领导人员，由总公司临时党委副书记金钟超兼任主任。

1990年11月，宣传思想工作办公室更名为思想政治工作办公室，设综合处、理论教育处、基层政工处，人员编制15人。

1992年12月，总公司重新核定思想政治工作办公室机构编制，设综合处、宣传处，在岗人数10人，其中局级职数2人、处级职数3人。

1993年3月，总公司明确思想政治工作办公室主要职责：负责对石油系统的思想政治工作和精神文明建设提出指导性意见，为党组领导石油系统思想政治工作当好参谋；负责组织、指导对内对外宣传和新闻报道工作；负责调查了解石油系统思想政治工作情况，总结推广先进经验，及时指导面上的工作；负责协同人事教育局，有重点地抓好各单位处级政工干部的理论培训以及政工干部的专业职务的评定工作；负责交流石油系统各单位思想政治工作情况，编辑《石油政工动态》；负责与全总石化工会、共青团中央，以及石油单位工会、共青团系统的联络和协调工作，并承办有关工作事宜；负责指导、协调石油系统文化工作，促进企业文化活动的开展；负责石油政研会日常工作，协调、指导政研会各分会工作，编辑出版《石油政工研究》刊物。

12月，总公司党组成员、副总经理张轰兼任思想政治工作办公室主任。

1996年11月，总公司党组决定，思想政治工作办公室和直属机关党委、纪委合并，成立政治思想工作部（直属机关党委）。

一、宣传思想工作办公室（1988.8—1990.11）

主　任　金钟超（兼任，1988.8—1990.11）

副主任　张江漪（1988.8—1990.5）

王竹君（女，1988.9—1990.11）

二、思想政治工作办公室（1990.11—1996.11）

主　任　金钟超（兼任，1990.11—1993.12）

张　轰（兼任，1993.12—1996.11）

副主任　王福印（1991.7—1993.12；正局级，1993.12—1996.11）

魏绪顺（正局级，1993.12—1995.2）

王竹君（1990.11—1996.11）

第二十六节　党委工作部—直属机关党委、纪委（1988.10—1996.11）

1988年10月，为便于组织开展总公司临时党委日常工作，总公司临时党委决定成立党委工作部，由总公司临时党委副书记任学忠兼任主任。11月，依据《企业法》规定和中华全国总工会、中央国家机关党工委有关要求，成立总公司直属机关工会委员会。12月，经团中央批复，组建共青团中国石油天然气总公司直属机关临时委员会。

1989年12月31日，召开总公司机关第一届工会代表大会。

1990年6月，中共中央国家机关工作委员会批准，成立中共中国石油天然气总公司机关临时委员会，负责总公司机关、直属单位党建和思想政治工作。总公司直属机关党组织关系隶属于中共中央国家机关工作委员会。11月，党委工作部更名为直属机关党委、纪委，设办公室、组织部、宣传部、统战群工部、机关团委、机关工会等6个部门，人员编制28人，其中局级职数3人。

1991年5月，中共中国石油天然气总公司直属机关第六次代表大会召开，选举产生第六届委员会和纪律检查委员会，党委委员23名，实行常委制，党委常委6名，任学忠为党委书记，王孝先为党委副书记，傅大顺为纪委书记。下属基层党委92个、党总支83个、党支部1407个，共有党员2.17万名。

1992年5月，增设纪委办公室。12月，总公司调整直属机关党委、纪委机构编制，设党委办公室、组织部、宣传部、纪委办公室、机关工会、机关团委等6个部门，在岗人数23人，其中局级职数3人、处级职数10人。

1996年11月，总公司党组决定，思想政治工作办公室和直属机关党委、纪委合并，成立政治思想工作部（直属机关党委）。

一、党委工作部（1988.10—1990.6）

主　　任　任学忠（兼任，1988.10—1990.6）

副 主 任　傅大顺（1988.12—1990.6）

二、机关临时党委、纪委（1990.6—1991.6）

书　　记　任学忠（1990.6—1991.6）

副 书 记　傅大顺（1990.6—1991.6）

王孝先（1991.4—6）

纪委书记　单庆颐（1990.6—1991.12）

三、直属机关党委、纪委（1991.6—1996.11）

书　　记　任学忠（1991.6—1994.1）

周永康[1]（兼任，1994.1—1996.11）

常务副书记　王孝先（1994.1—1996.11）

---

[1] 2014年7月，周永康涉嫌严重违纪违法，中共中央纪律检查委员会对其立案审查；12月，中共中央政治局会议审议并通过中共中央纪律检查委员会《关于周永康严重违纪案的审查报告》，决定给予周永康开除党籍处分。2015年6月，周永康被判处无期徒刑，剥夺政治权利终身。

副　书　记　王孝先（1991.6—1994.1）
王海森（1994.4—1996.11）
纪委书记　傅大顺（1991.6—1996.11）
副局级纪检员　单庆颐（1991.12—1993.4）

第二十七节　政治思想工作部（直属机关党委）—政治思想工作部、直属机关党委（1996.11—1998.10）

1996年11月，针对石油企业党组织关系属地化管理后的实际情况，为进一步加强石油企业党的建设和思想政治工作，总公司党组决定，思想政治工作办公室和直属机关党委、纪委合并，成立政治思想工作部（直属机关党委），既对机关和直属单位党的建设和思想政治工作直接领导，又对石油企事业单位党的建设和思想政治工作进行指导。

1997年2月，李克成任总公司党组成员，仍兼任思想政治工作部主任、直属机关党委常务副书记。3月，总公司明确政治思想工作部（直属机关党委）设党建工作部，内设组织建设处和党员教育处；宣传工作部，内设新闻工作处和思想工作处；群众工作部，内设青年工作处（直属机关团委）和职工工作处；办公室；直属机关党委组织部；直属机关党委宣传部；直属机关监察室；直属机关工会等8个部室。人员编制44人，其中局级职数8人、处级职数12人（含副总师2人）。

1998年2月，中共中国石油天然气总公司直属机关第七次代表大会召开，选举产生第七届委员会和纪律检查委员会，党委委员27名，党委常委7名，张轰为党委书记，李克成为党委常务副书记，王海森为党委副书记，安志忠为纪委书记。

1998年7月，中国石油天然气集团公司成立后，10月明确机关机构编制，将政治思想工作部（直属机关党委）更名为政治思想工作部、直属机关党委。

一、政治思想工作部（1996.11—1998.10）

主　　任　李克成（1996.11—1997.2，兼任，1997.2—1998.10）
副 主 任　王竹君（女，1996.11—1998.10）
王海森（1996.11—1998.10）
关晓红（女，满族，1997.3—1998.10）

直属工作部部长　王海森（兼任，1996.11—1998.10）

党建工作部部长　刘敏星（副局级，1996.11—1998.10）

宣传工作部部长　李　伟（女，副局级，1996.11—1998.10）

办 公 室 主 任　王益岭（副局级，1996.11—1998.10）

二、直属机关党委（1996.11—1998.10）

书　　　　记　周永康❶（兼任，1996.11—1998.2）

张　轰（兼任，1998.2—10）

常 务 副 书 记　李克成（1996.11—1997.2，兼任，1997.2—1998.10）

副　　书　　记　王海森（1996.11—1998.10）

纪　委　书　记　安志忠（1996.11—1998.10）

三、直属机关工会（1998.2—10）

主　　　　席　朱　元（副局级，1998.2—10）

第二十八节　行政事务部—行政事务局
（1988.10—1992.12）

1988年8月，总公司在筹建过程中，任命行政事务部部分领导人员。10月，成立行政事务部，设办公室、行政处、财务处、生活处、房产处、基建处、绿化人防办公室、接待处等8个处室。主要职责：负责制定、公布有关总公司机关行政事务的规定和管理办法；负责代表总公司对外办理有关行政方面的事务；负责总公司机关办公用房、职工宿舍、接待用房的管理工作；负责总公司机关办公楼、院的管理，办公设施和办公用品的管理工作；负责承担总公司召开的大中型会议及日常的接待和服务工作；负责机关职工的医疗保健、食堂、后勤、托幼园所、物业供暖、车辆管理等工作；负责管理总公司机关及在京单位的绿化、爱国卫生、人防工作；负责安置职工待业子女，继续办好劳动服务公司。

❶ 2014 年 7 月，周永康涉嫌严重违纪违法，中共中央纪律检查委员会对其立案审查；12 月，中共中央政治局会议审议并通过中共中央纪律检查委员会《关于周永康严重违纪案的审查报告》，决定给予周永康开除党籍处分。2015 年 6 月，周永康被判处无期徒刑，剥夺政治权利终身。

1990年11月，行政事务部更名为行政事务局，领导职务名称改为局长、副局长，对机构编制进行调整，设办公室、接待处、生活处、基建处、财务处、房管处、行政处、绿化人防办公室等8个处室，人员编制180人（列入行政附属编制），其中局级职数4人。

1992年12月，为适应机关转换职能、精简机构的要求，实行机关后勤行政管理职能与服务职能分开，逐步实现机关后勤服务社会化，总公司撤销行政事务局，行政管理职能划归办公厅，后勤服务职能划归新成立的华油北京服务总公司。

一、行政事务部（1988.8—1990.11）

主　　任　（空缺）

副 主 任　朱有和（1988.8—1990.11）

李培宗（1988.9—1990.11）

董杰臣（1988.9—1990.11）

副局级调研员　王廷锦（1988.12—1990.4）

二、行政事务局（1990.11—1992.12）

局　　长　（空缺）

副 局 长　朱有和（1990.11—1991.1）

李培宗（1990.11—1992.10）

董杰臣（1990.11—1992.10）

张书玺（1990.12—1992.10）

潘永祥（1990.12—1992.10）

第二十九节　老干部局—老干部局（离退休职工管理局）—离退休职工管理局（老干部局）（1988.10—1998.10）

总公司成立时，老干部局机构编制延续了石油工业部时期的状况。1988年8月，总公司设立老干部局，人员不列入机关行政编制。10月，总公司明确老干部局设办公室、机关处、企业处。

1990年11月，总公司调整老干部局内设机构编制，设办公室、一处、二处，人员编制25人（列入行政附属编制），其中局级职数3人。

1991年2月，为加强离退休职工管理工作，总公司成立离退休职工管理局，与老干部局一套机构两块牌子，设离退休职工管理处、机关离休干部处、办公室，人员编制调整为37人。

1992年10月，总公司成立北京华油经济技术开发公司（正处级），作为老干部局（离退休职工管理局）的下属单位。12月，总公司重新核定老干部局（离退休职工管理局）机构编制，设综合处、机关处、企业处，在岗人数35人，其中局级职数3人、处级职数8人。

1993年3月，总公司明确老干部局（离退休职工管理局）主要职责：负责按照党和国家有关离退休工作的方针、政策，研究制定石油系统离退休职工管理服务工作规划和实施办法细则；负责对总公司所属企事业单位离退休工作进行检查、指导，调查研究，总结交流离退休工作经验；负责办理总公司离休干部提高局级待遇，颁发离休证，协助有关单位做好干休所的管理工作；负责总公司老干部工作委员会和关工委的日常工作，以及老年思想政治工作研究会和老年体协工作，并组织、指导石油系统离退休职工思想政治工作和文体活动；负责总公司机关离退休职工参加有关政治活动的具体组织工作和健康疗养；负责总公司机关离休干部、总公司领导的医疗保健，机关老干部活动室的管理；负责协同总公司有关部门，做好离退休职工后事处理工作，关心照顾好离休干部的遗属。

1996年11月，老干部局（离退休职工管理局）更名为离退休职工管理局（老干部局）。1997年3月，总公司明确离退休职工管理局（老干部局）设机关处、企业处、综合处、党总支办公室等4个处室，人员编制41人，其中局级职数3人、处级职数13人；下属北京华油经济技术开发公司，人员编制5人，其中处级职数2人。5月，石油书法协会挂靠离退休职工管理局（老干部局）。

1998年7月，中国石油天然气集团公司成立后，仍保留离退休职工管理局（老干部局）。

一、老干部局（1988.8—1991.2）

局　长　魏绪顺（1988.8—1991.2）

副局长　张　坚（1988.8—1991.2）

二、老干部局（离退休职工管理局）（1991.2—1996.11）

局　长　魏绪顺（1991.2—1993.12）

徐世仁（1994.2—1996.11）

副局长　张　坚（1991.2—1993.12）

蒿　成（1993.12—1996.11）

北京华油经济技术开发公司（1993.12—1996.12）

总经理　张　坚（副局级，1993.12—1996.12）

三、离退休职工管理局（老干部局）（1996.11—1998.10）

局　长　李文振（1996.11—1998.10）

副局长　蒿　成（1996.11—1998.10）

第二编
中国石油天然气总公司所属企事业单位组织机构

第一章 油田、勘探、炼化企业

1988年9月，总公司成立时，由石油工业部划入总公司直接管理的油田、勘探、炼化企业有15个：大庆石油管理局、胜利油田会战指挥部、华北石油管理局、新疆石油管理局、中原石油勘探局、四川石油管理局、长庆石油勘探局、河南石油勘探局、江汉石油管理局、江苏石油勘探局、滇黔桂石油勘探局、青海石油管理局、冀东石油勘探开发公司、浙江石油勘探处、石油地球物理勘探局；以地方管理为主的油田企业有6个：辽河石油勘探局、大港石油管理局、玉门石油管理局、安徽石油勘探总公司、吉林省油田管理局、延长油矿管理局。

1989年3月，为加快新疆塔里木盆地的石油勘探开发，成立塔里木石油勘探开发指挥部。7月，胜利油田会战指挥部更名为胜利石油管理局。

1990年1月，国务院批准，辽河石油勘探局、大港石油管理局分别由辽宁省、天津市划归总公司直接管理。8月，玉门石油管理局由甘肃省划归总公司直接管理。

1991年3月，安徽石油勘探总公司由安徽省划归总公司直接管理。

1992年4月，总公司分别与新疆维吾尔自治区党委组织部、四川省委组织部交接新疆石油管理局、四川石油管理局干部管理业务。

1993年3月，安徽石油勘探总公司更名为安徽石油勘探开发公司。

1994年2月，中国石油天然气勘探开发公司迁回北京后，总公司在广州市组建南方石油勘探开发公司，负责南方11省区的油气勘探开发工作。1997年10月，南方石油勘探开发公司划归中国石油天然气勘探开发公司统一管理。

1995年6月，总公司决定理顺吐哈、玉门管理体制，成立吐哈玉门企业集团管委会下属的吐哈石油勘探开发公司。8月，吐哈石油勘探开发公司更名为吐哈石油勘探开发指挥部。9月，大港石油管理局改制为大港油田集团有限责任公司。

1996年12月，吉林省油田管理局改制为吉林石油集团有限责任公司，仍由吉林省直接管理。

期间，总公司先后将中原石油化工有限责任公司、塔里木石油化工工程建设指挥部上划总公司直接管理，并于1997年3月成立四川炼油化工总厂筹建组。到1997年底，总公司直接管理的油田勘探开发和炼化企业共有24个。

1998年6月，根据《中国石油天然气集团公司、中国石油化工集团公司关于划转企业的交接协议》，胜利石油管理局、中原石油勘探局、河南石油勘探局、江汉石油管理局、江苏石油勘探局、滇黔桂石油勘探局、安徽石油勘探开发公司、中原石油化工有限责任公司划转中国石油化工集团公司。吉林石油集团有限责任公司和原总公司其他油田、勘探、炼化企业划归中国石油天然气集团公司管理，延长油矿管理局仍由陕西省延安市直接管理。

第一节　大庆石油管理局（1988.9—1998.7）

1988年9月起，大庆石油管理局隶属于中国石油天然气总公司管理，行政领导班子由国务院管理，企业行政级别为正局级，党组织关系隶属于大庆市委。机关办公地址在黑龙江省大庆市萨尔图区中七大街32号。

12月，机关设处室30个：党委办公室、党委组织部、党委宣传部、纪检委、直属机关党委、勘探部、钻井部、油田开发部、总调度室、运销处、动力处、机动处、资产处、安全监察处、节能处、基建工程部、天然气综合利用办公室、科技发展部、企业管理处、计划规划处、审计处、引进办公室、财务处、多种经营办公室、工农事务办公室、计算机管理办公室、干部处、劳动工资处、培训部、局办公室。

所属二级单位53个：钻井一公司、钻井二公司、钻井三公司、钻井技术服务公司、试油试采公司、地球物理勘探公司、测井公司、地质录井公司、第一采油厂、第二采油厂、第三采油厂、第四采油厂、第五采油厂、第六采油厂、第七采油厂、第八采油厂、第九采油厂、第十采油厂、潜油电泵技术服务公司、输油管理处、井下作业公司、天然气公司、油田建设公司、建设材料公司、建筑公司、运输公司、公共汽车公司、公路工程公司、物资供应处、供水公司、供电公司、通讯公司、总机械修理厂、汽车修理厂、房产公司、技术开发实业公司、勘探开发研究院、油田建设设计研究院、钻井研究所、采油工艺研究所、生产测井研究所、油田助剂厂、大庆技工学校、大庆石油学校、大庆职工大学、大庆师范专科学校、大庆师范学校、大庆卫生学校、大庆农业学校、大庆警察学校、农场、农工商联合公司、公安消防支队。驻外机构3个：驻江苏省办事处、驻上海联络处、驻西安办事处。职工总数20.95万人。

1989年1月，黑龙江省电力工业局龙凤热电厂划入大庆石油管理局。

1990年7月，在定岗、定责、定员、定编的基础上，大庆石油管理局对机构和人员编制进行调整，精简压缩局、厂（公司）两级机关机构编制。

1991年10月，国务院任命张轰为总公司副总经理，兼任大庆石油管理局党委书记。

11月12日，中共大庆石油管理局第四次代表大会召开，大会选举产生第四届委员会和纪律检查委员会，党委实行常委制，张轰为党委书记，王志武、徐绍铭、李凤岐为党委副书记，于宝祥为纪委书记。

1992年5月，大庆石油管理局第三采油厂被总公司确定为劳动、人事、工资三项制度改革试点单位。1993年初，大庆石油管理局实行油气生产主体单位与专业施工作业单位、辅助生产单位的分离，分流职工3.75万人，清退计划外用工1.03万人，办理职工提前退休8128人；合并、撤销部分机关处室，将具有经营职能的机构从机关中分离，组建经济实体和事业单位，机关由35个处室1311人减至29个处室896人，二级单位机关由1535个科室8871人减至991个科室6196人。

1993年1月，张轰不再兼任大庆石油管理局党委书记职务。

1994年1月，按照总公司建立现代企业制度的要求，大庆石油管理局在第八采油厂、第九采油厂按“油公司”模式进行分公司管理体制改革试点；对钻井、基建等8个非油气生产单位按子公司体制实行法人委托经营；对多种经营企业实行“两分离”和资金、资产、结算、核算、工资、福利、住房“七划开”，完全推向市场。

1995年3月，总公司将大庆石油管理局所属第一采油厂、第二采油厂、勘探开发研究院、油田建设设计研究院、油田化学助剂厂、大庆热电厂等6个单位的行政级别调整为副局级。7月，大庆石油管理局机关办公地点迁至黑龙江省大庆市让胡路区龙南胜利路1号。

1996年3月，总公司副总经理张轰兼任大庆石油管理局党委书记，总公司总经理助理丁贵明兼任大庆石油管理局局长。

1997年1月，大庆石油管理局对内部组织结构按照管理局、事业部、专业公司三级管理模式进行改革。行政机构实行大部制，组建9部1室：计划规划部、财务部、人力资源部、经营管理部、对外经济开发部、法律事务公共关系部、监督部、技术监督与安全环保部、油田保卫部、办公室。对70多个二级单位进行重组，组建3个事业部、1个总厂、8个专业总公司和2个研究院：勘探事业部、第一油气开发事业部、第二油气开发事业部；油田化工总厂；钻探工程服务总公司、采油工程服务总公司、基建工程总公司、公用工程总公司、大庆实业开发总公司、物资装备总公司、销售总公司、公共事业总公司；勘探开发研究院、油田建设设计研究院。

1997年7月，国务院决定，总公司党组成员、副总经理马富才兼任大庆石油管理局局长。

1997年12月，大庆石油管理局将管理局、事业部、专业公司三级管理模式改为管理局、专业公司两级管理模式，取消中间层，各厂（公司）按照二级单位管理。局机关取消大部制，行政处室调整为24个，即勘探处（加挂勘探总公司牌子）、油气田开发处（加挂油气田开发总公司牌子）、钻井工程处（加挂钻井工程总公司牌子）、基建工程处（加挂基建工程总公司牌子）、多种经营处、生产协调处、规划计划处、财务处、国有资产管理处、审计处、人事处、监察处、劳动工资处、对外经济开发处、经济法规处、土地征用管理处（工农事务处）、科技处、安全监察处、企业管理处、局办公室、房产物业管理处、技术监督处、环境保护处、油田保卫处。工会和团委从大庆市分离，党群机构由原来的6个增至8个：党委办公室、党委组织部、党委宣传部、纪检委、离退休职工管理处（老干部处）、直属机关党委、工会、团委。党组织关系由大庆市委改为隶属黑龙江省委。

1997年，大庆油田年产原油5600.91万吨，是油田开发建设以来产量最高的一年，也是5000万吨以上稳产的第22年。到1998年底，设机关处室32个、所属二级单位66个，职工总数28.7万人。累计探明石油地质储量55.1亿吨，可采储量23.3亿吨；累计探明天然气储量490.62亿立方米；累计钻井46491口，钻井进尺5962万米；累计生产原油15.17亿吨。

期间，大庆石油管理局局长王志武当选中共十四大代表、中共十四届中央候补委员；大庆石油管理局钻井三公司1202钻井队队长马军当选中共十四大代表；大庆石油管理局勘探开发研究院院长王启民当选中共十五大代表、中共十五届中央候补委员。

大庆石油管理局副局长王德民、油田建设公司工会主席周占鳌当选第八届全国人大代表；大庆石油管理局党委书记张树平、大庆石油管理局钻井三公司1202钻井队队长马军当选第九届全国人大代表。

大庆石油管理局勘探开发研究院总地质师杨继良任第八届、第九届全国政协委员。

一、大庆石油管理局领导名录（1988.9—1998.7）

局　　长　王志武（1988.9—1996.3）
丁贵明（兼任，1996.3—1997.7）
马富才（兼任，1997.7—1998.7）

常务副局长　钱棣华（正局级，1992.6—1996.3）

副 局 长　钱棣华（1988.9—1992.6）
梅　江（1988.9—1997.11）
陆　敬（1988.9—1990.3）
周家俊（1988.9—1996.3）
郭正印（1988.9—1992.4）
丁贵明（1988.9—1991.5）
王德民（1991.5—1998.7）
严世才（1991.5—1997.11）
关晓红（女，满族，1991.5—1997.11）
高瑞祺（1992.4—1997.11）
苏树林[1]（常务，1997.11—1998.7）
徐绍铭（1997.11—1998.7）
巢华庆（1997.11—1998.7）
纪士寅（1997.11—1998.7）
萧德铭（1997.11—1998.7）
瞿国忠（1997.11—1998.7）
王亚伟（1997.11—1998.7）
刘希俭（1997.11—1998.7）
周抚生（1997.11—1998.7）

总工程师　王德民（1988.9—1992.4）

---

[1] 2017年7月，苏树林严重违纪违法被开除党籍。

胡博仲（1992.4—1997.11）

总地质师　唐曾熊（1988.9—1991.5）

巢华庆（1991.5—1997.11）

总设计师　杨育芝（1988.9—1997.11）

总会计师　张光照（1988.9—1994.9）

副局级干部　张广瑜（局长助理，1996.4—1998.7）

白执松（局长助理，1996.8—1998.7）

瞿国忠（局长助理，1996.8—1997.11）

纪永存（副总会计师，1995.9—1998.7）

二、中共大庆石油管理局委员会领导名录（1988.9—1998.7）

书　　记　陈烈民（1988.9—1989.3）

张　轰（1989.3—1991.10；兼任，1991.10—1993.1；1996.3—1997.7）

李智廉（1993.1—1996.3）

张树平（1997.7—1998.7）

常务副书记　张树平（正局级，1996.3—1997.7）

副书记　王志武（1988.9—1996.3）

王福印（1988.9—1991.3）

张　轰（1988.9—1989.3）

徐绍铭（1991.3—1997.11）

李凤岐（1991.3—1997.11）

钱棣华（1993.1—1996.3）

丁贵明（1996.3—1997.7）

马富才（1997.7—1998.7）

陆　敬（正局级，1997.11—1998.7）

于宝祥（1997.11—1998.7）

孙淑光（女，1997.11—1998.7）

常　　委　茹作斌（1988.9—1991.5）

陈灼华（1988.9—1995.12）

陆　敬（1988.9—1990.2）

丁贵明（1988.9—1991.5）
钱棣华（1988.9—1993.1）
王德民（1988.9—1998.7）
于宝祥（1991.5—1997.11）
刘海生（1991.5—1993.6）
周家俊（1991.11—1996.3）
梅　江（1991.11—1997.11）
孙淑光（正处级，1993.6—1994.9；1994.9—1997.11）
祖凤鸣（1996.1—12）
徐绍铭（1997.11—1998.7）
苏冠玉（1997.11—1998.7）
苏树林（1997.11—1998.7）
韩福魁（1997.11—1998.7）
曾玉康（1998.1—7）

纪委书记 于宝祥（1991.3—1998.7）

三、大庆石油管理局工会（1988.9—1998.7）

主　　席 刘万友（1988.9—1997.11）
苏冠玉（1997.11—1998.7）

四、大庆石油管理局所属单位主要领导名录（1995.3—1998.7）

（一）第一采油厂（副局级，1995.3—1998.7）

厂　　长 白执松（1995.9—1996.12）
张广成（正处级，1996.8—12；1996.12—1998.7）

党委书记 孙业松（1995.9—1996.12）
祖凤鸣（1996.12—1998.7）

（二）第二采油厂（副局级，1995.3—1998.7）

厂　　长 万年福（1995.9—1996.12）
李凤林（正处级，1996.8—12；1996.12—1998.7）

党委书记 王成俊（1995.9—1998.7）

（三）勘探开发研究院（副局级，1995.3—1998.7）

院　　长 瞿国忠（1995.9—1996.12）

王启民（正处级，1996.8—12；1996.12—1998.7）

党委书记 任积文（1995.9—1996.8）

曾玉康（正处级，1996.8—12；1996.12—1998.1）

邱根发（1998.1—7）

（四）油田建设设计研究院（副局级，1995.3—1998.7）

院长 邢英明（1995.9—1998.1）

张良杰（1998.1—1998.7）

书记 张星礼（1995.9—1998.7）

（五）大庆热电厂—大庆油田热电厂—电力总公司（副局级，1995.3—1998.7）

1. **大庆热电厂—大庆油田热电厂**（1995.3—1998.4）

厂长 张广瑜（1995.9—1996.12）

苏玉添（1996.12—1998.4）

党委书记 薛贵仁（1995.9—1998.1）

尤靖波（1998.1—4）

2. **电力总公司**（1998.4—7）

总经理 苏玉添（1998.4—7）

党委书记 尤靖波（1998.4—7）

（六）油田化学助剂厂—油田化工总厂（副局级，1995.3—1998.7）

1. **油田化学助剂厂**（1995.3—1997.1）

厂长 高俊才（1995.9—1997.1）

党委书记 朱鼎科（1995.9—1997.1）

2. **油田化工总厂**（1997.1—1998.7）

厂长 纪士寅（1997.1—1998.7）

副厂长 高俊才（副局级，1997.1—1998.1）

党委书记 朱鼎科（1997.1—1998.1）

张 振（1998.1—7）

（七）大庆师范专科学校—大庆高等专科学校（副局级，1988.9—1998.7）

1. **大庆师范专科学校**（1988.9—1993.7）

党委书记 王进一（1988.9—1991.3）

张书德（1991.3—1993.7）

校　　　长　王德安（1988.9—1991.3）
　　　　　　王进一（1991.3—1993.7）

2. **大庆高等专科学校**（1993.7—1998.7）

党委书记　张书德（1993.7—1998.5）
　　　　　张九生（1998.5—7）

校　　　长　王进一（1993.7—1998.7）

第二节　胜利油田会战指挥部—胜利石油管理局（1988.9—1998.6）

一、胜利油田会战指挥部（1988.9—1989.8）

1988年9月起，胜利油田会战指挥部隶属于总公司管理，行政主要领导由中共中央管理。原石油工业部副部长李敬兼任指挥、党委书记（中共中央任命职务为胜利石油管理局局长、党委书记——编者注）。机关部门和附属单位50个、所属二级单位47个，在册职工16.21万人。下属基层党委185个、党总支107个、党支部2697个，共有党员4.59万名。党组织关系隶属于中共山东省委。机关办公地点在山东省东营市。

1988年，生产原油3330.26万吨、天然气14.19亿立方米，实现收入37.52亿元，产值56.30亿元，实现利税4.03亿元，固定资产净值总计111.63亿元。累计发现油田61个，累计探明石油地质储量26.51亿吨，投入开发油田43个，油井总数7464口，天然气井181口。胜利油田会战指挥部荣获全国“五一”劳动奖状。

（一）胜利油田会战指挥部领导名录（1988.9—1989.8）

指　　挥　李　敬（兼任，1988.9—1989.8）

副指挥　姚福林（1988.9—1989.8）
　　　　聂代兴（1988.9—1989.8）
　　　　侯庆生（1988.9—1989.8）
　　　　郝敦典（1988.9—1989.8）
　　　　张文彦（1988.9—1989.8）
　　　　刘兴材（1988.9—1989.8）

姜连成（1988.9—1989.8）
王永杰（1988.9—1989.8）
林希泉（1988.9—1989.8）

总工程师　于万祥（1988.9—1989.8）

总地质师　叶大信（1988.9—1989.8）
刘兴材（1988.9—1989.8）

总经济师　张如椿（1988.9—1989.8）

（二）中共胜利油田会战指挥部委员会领导名录（1988.9—1989.8）

书　　记　李　敬（兼任，1988.9—1989.8）

副 书 记　王福成（1988.9—1989.8）

常　　委　李　晔（山东省副省长，1988.9—1989.8）
于万祥（1988.9—1989.8）
朱文科（正局级，1988.9—1989.8）
陈树基（1988.9—1989.8）
张文彦（1988.9—1989.8）
唐生海（1988.9—1989.8）
李继顺（1988.9—1989.8）

纪委书记　陈树基（1988.9—1989.8）

（三）胜利油田会战指挥部工会（1988.9—1989.8）

主　　席　李继顺（1988.9—1989.8）

二、胜利石油管理局（1989.8—1998.6）

1989年7月，胜利油田会战指挥部正式更名为胜利石油管理局，局长职务改由国务院管理。8月，中共胜利油田会战指挥部委员会改为中共胜利石油管理局委员会。

1990年1月，胜利石油管理局撤销滨海采油厂，成立孤岛采油厂、孤东采油厂、桩西采油厂。

1990年，胜利石油管理局党委书记职务改由总公司党组管理，任免要事先征得中共中央组织部同意；局党委书记、局长、党委副书记、副局长、总工程师、总地质师、总经济师、总会计师等职务，要向中共中央备案。

1991年，原油产量达到3355万吨，为胜利油田历史最高产量。到1995年，原油年产量连续9年保持在3000万吨以上。

1992年12月，为加快海上石油勘探开发步伐，胜利石油管理局成立浅海石油勘探开发总公司（后更名为海洋石油勘探开发总公司，并分拆为海洋钻井公司、海洋石油开发公司、海洋石油船舶公司）。1993年，埕岛油田投入开发，当年产油10万吨，1996年原油产量突破100万吨，成为我国第一个百万吨级极浅海大油田。

1992年12月27日至29日，中共胜利石油管理局第二次代表大会召开，选举产生第二届委员会和纪律检查委员会，陆人杰为党委书记，张宗义、李继顺为党委副书记，李继顺为纪委书记。

1993年6月，成立胜利油田东胜精攻石油开发有限公司。7月，撤销钻井总公司，成立钻井集团公司，下属6个钻井公司和地质资料公司、运输公司、机修公司等9个单位在胜利石油管理局内部实行独立核算、自负盈亏、自主经营。同年，胜利石油管理局被评为中国500家最大工业企业第6名。

1993年，胜利石油管理局对局、厂、矿三级机关机构进行劳动、人事、工资三项制度改革，同时推行“三干法”干部聘任制，建立“三岗制”动态管理机制。到1995年，机关处室由58个减至37个，机关人员由1286人减至890人；二级单位机关部门由1483个减至1007个，机关人员由1.06万人减至6840人。

1995年3月，撤销钻井集团公司，成立钻井工程总公司、钻井公共事业总公司，钻井集团公司下属6个钻井公司和地质资料公司、运输公司、机修公司等9个单位均调整为胜利石油管理局二级单位。1997年5月，撤销钻井工程总公司、钻井公共事业总公司，组建钻井集团一公司、钻井集团二公司、钻井工程技术公司、塔里木胜利钻井公司等4个二级单位。1998年1月，钻井集团一公司、钻井集团二公司分别更名为渤海钻井总公司、黄河钻井总公司。

根据国家陆上石油工业“稳定东部、发展西部”的方针，胜利石油管理局坚持“立足胜利发展胜利，跳出胜利发展胜利”，1996年3月，中标新疆塔里木和田4.3万平方千米探区风险勘探，实现由东部向西部的跨越发展。4月，成立塔里木胜利和田勘探项目经理部，1997年7月更名为塔里木胜利和田勘探公司。

1997年1月，为解决“小而全”问题，胜利石油管理局把社会服务从主营单位逐步分离出来，成立仙河社区管理中心，实行社区改革试点。此后，相继成立孤岛、河口、胜中、胜南、胜北、胜东、滨南、纯梁、临盘等社区管理中心，实现了矿区服务业务与主营业务的分离分立。

1997年底，胜利石油管理局设机关部门42个：党委办公室、组织部、宣传部（统战部）、纪律检查委员会（监察处）、机关党委、工会、团委、人民武装部、老年工作处、社会治安综合治理办公室、局办公室、政策研究室、工农工作处、计划生育办公室、卫生处、油区工作办公室、房产管理处、总调度室、勘探事业部、钻井处、油藏工程处、采油工程处、基建处、海洋石油工程管理处、国有资产管理处、炼油化工处、水利处、机动处、安全技术处、科技处、电力管理处、计划处、财务处、劳动工资处、企业管理处、多种经营处、合同管理处、改革办公室、审计处、技术监督处、环境保护处、规划管理处。

所属二级单位70个：地球物理勘探开发公司、钻井集团一公司、钻井集团二公司、钻井工程技术公司、塔里木胜利钻井公司、地质录井公司、运输公司、石油机械厂、海洋钻井公司、海洋石油开发公司、海洋石油船舶公司、港务管理中心、运输处、测井公司、井下作业公司、孤岛采油厂、孤东采油厂、桩西采油厂、临盘采油厂、河口采油厂、胜利采油厂、东辛采油厂、纯梁采油厂、现河采油厂、滨南采油厂、油气集输公司、油田建设第一工程公司、油田建设第二工程公司、油田建设第三工程公司、电力管理总公司、供水公司、通讯公司、无杆采油泵公司、石油化工总厂、胜利发电厂、总机械厂、工程机械总厂、胜利动力机械厂、勘察设计研究院、地质科学研究院、钻井工艺研究院、采油工艺研究院、经济开发研究院、计算中心、技术检测中心、胜利报社、石油学校、师范专科学校、卫生学校、职工大学、油田党校、石油技工总校、教育培训处（中心）、中心医院、胜利医院、烟台疗养院、青岛疗养院、公共事业公司、胜大集团总公司、驻北京办事处、济南办事处、仙河社区管理中心、孤岛社区管理中心、河口社区管理中心、滨南社区管理中心、胜中社区管理中心、胜北社区管理中心、胜东社区管理中心、胜南社区管理中心、物资供应处。在册职工19.3万人。下属基层党委318个、党总支284个、党支部4871个，共有党员6.75万名。

1997年，生产原油2801.16万吨、天然气10.02亿立方米，实现收入236.36亿元，利税41.21亿元，固定资产净值247.35亿元。工作区域主要分布在山东省8个市（地）的28个县（区），登记矿权面积4.89万平方千米，累计发现油田67个，累计探明石油地质储量37.26亿吨，投入开发油田60个，油井1.65万口，天然气井341口。

1998年6月，根据《中国石油天然气集团公司、中国石油化工集团公司关于划转企业的交接协议》，胜利石油管理局由中国石油天然气总公司划转中国石油化工集团公司。

（一）胜利石油管理局领导名录（1989.7—1998.6）

局　　长　周永康[1]（兼任，1989.7—1990.6）
陆人杰（1990.6—1996.6）
马富才（1996.6—11；兼任，1996.11—12）
牟书令（1997.4—1998.6）

常务副局长　朱文科（正局级，1989.8—1990.2）
陆人杰（正局级，1989.8—1990.6）
周德山（1990.2—1993.3）
马富才（1993.3—1996.6）
宋万超（1996.9—1998.6）

副 局 长　姚福林（1989.8—1990.2）
郝敦典（1989.8—1997.4）
刘兴材（1989.8—1993.12）
聂代兴（1989.8—12）
王永杰（1989.8—1990.9）
侯庆生（1989.8—1990.2）
张如椿（1990.2—1996.1）
叶蜚庭（1990.2—1992.1）
马富才（1990.2—1993.3）
周长祯（1990.2—1997.4）
张长和（1990.2—1997.4）
刘锦信（1990.2—1992.12）
何富荣（1991.6—1998.5）
蒋洁敏[2]（1993.3—1994.6）

[1] 2014年7月，周永康涉嫌严重违纪违法，中共中央纪律检查委员会对其立案审查；12月，中共中央政治局会议审议并通过中共中央纪律检查委员会《关于周永康严重违纪案的审查报告》，决定给予周永康开除党籍处分。2015年6月，周永康被判处无期徒刑，剥夺政治权利终身。

[2] 2014年6月，蒋洁敏严重违纪违法被开除党籍、行政开除。

唐生海（1994.6—1997.4）
王作然（1994.10—1996.9）
姜连成（1996.1—1998.6）
何生厚（1997.4—1998.6）
张殿国（1997.4—1998.6）
曹耀峰（1997.4—1998.6）
聂绍光（1997.4—1998.6）
董丕久（1998.2—6）

科委主任　叶大信（1989.8—1991.12）

总地质师　王乃举（1989.8—1990.2）
帅德福（勘探，1990.2—1994.4）
赵良才（开发，1990.2—1996.8）
潘元林（1994.2—1998.6）
才汝成（1997.4—1998.6）

总工程师　于万祥（1989.8—1993.4）
宋万超（1990.2—1996.9）

总经济师　张如椿（1989.8—1996.1）

总会计师　孙宗绪（1991.9—1997.4）

顾　　问　陆人杰（1996.9—1998.6）

调研员　陈树基（1989.8—1990.2）
杨志钰（1990.9—1994.8）

（二）中共胜利石油管理局委员会领导名录（1989.8—1998.6）

书　　记　周永康（兼任，1989.8—1990.6）
陆人杰（1990.6—1996.9）
王作然（1996.9—1998.6）

副书记　陆人杰（1989.8—1990.6）
王福成（1989.8—1992.12）
张宗义（1990.2—1997.4；正局级，1997.4—1998.5）
严家发（1991.11—1992.12）
周德山（1992.12—1993.3；正局级，1993.3—1997.4）

李继顺（1992.12—1997.4）
马富才（1996.9—12）
牟书令（1997.4—1998.6）
李人学（1997.4—1998.6）

常　　委　朱文科（1989.8—1990.2）
李继顺（1989.8—1992.12）
唐生海（1989.8—1997.4）
周德山（1989.10—1992.12）
张宗义（1989.10—1990.2）
刘锦信（1990.2—1992.12）
严家发（1990.2—1991.11）
黄　敏（1990.10—1998.6）
李人学（1992.10—1997.4）
张如椿（1992.12—1996.1）
马富才（1992.12—1996.9）
蒋洁敏（1994.5—6）
丁恩海（1994.5—1997.4）
王作然（1995.3—1996.9）
宋万超（1996.9—1998.6）
何生厚（1997.4—1998.6）
张殿国（1997.4—1998.6）
董丕久（1998.2—6）
聂绍光（1998.2—6）
王立新[1]（1998.2—6）

纪委书记　周德山（1989.10—1990.2）
严家发（1990.2—1992.12）
李继顺（1992.12—1997.4）
李人学（1997.4—1998.6）

[1] 2014 年 10 月，王立新严重违纪违法被免职，后依法被开除党籍、行政开除。

（三）胜利石油管理局工会（1989.8—1998.6）

主　　席　李继顺（1989.8—1992.12）

黄　敏（女，1992.12—1998.6）

第三节　辽河石油勘探局（1988.9—1998.7）

1988年9月至1990年1月，辽河石油勘探局实行辽宁省与总公司双重管理，以辽宁省为主的管理体制。设机关处室39个、所属二级单位36个，共有职工10.14万人。1988年，生产原油1258万吨、天然气16.4亿立方米，固定资产原值100.9亿元。

1990年1月，国务院决定辽河石油勘探局由辽宁省划归总公司直接管理。党组织关系隶属于中共辽宁省委。机关办公地点在辽宁省盘锦市兴隆台区。

1993年5月，辽河石油勘探局对机关进行改革，机关处室由42个减至30个，科室由210个减至110个，编制定员由1068人减至655人。

1994年11月28日，中共辽河石油勘探局第三次代表大会召开，选举产生第三届委员会和纪律检查委员会，王福成为党委书记，王显骢、宋道堂、刘毅为党委副书记，姚亚元为纪委书记。下属基层党委44个、党总支295个、党支部2677个，共有党员3.46万名。

1995年底，生产原油1552万吨，创历史最高水平。

1996年11月，总公司决定王显骢任总公司总经理助理，仍兼任辽河石油勘探局局长。

1998年3月，辽河石油勘探局与中国（香港）石油有限公司合作开发冷家堡油田，合作期限为20年。5月，辽河金马油田股份有限公司股票在深圳证券交易所上市，股票简称“辽河油田”（代码0817）。

截至1998年7月，辽河石油勘探局机关设处室34个：办公室、总调度室、勘探处、油藏处、采油处、钻井处、基建处、土地公路处、安全处、规划计划处、财务处、劳资处、资产处、法律合同处、科技处、物资管理处、外事处、审计处、技术监督处、企管办、市场办、多种经营处、党委办公室、组织部、宣传部、纪委监察处、武装部、政法委、工会、团委、离退办、计生办、机关党委、档案馆。

所属二级单位55个：兴隆台采油厂、曙光采油厂、欢喜岭采油厂、锦州采油厂、沈阳采油厂、高升采油厂、茨榆坨采油厂、金马油田开发公司、冷家油田开发公司、特种油开发公司、科尔沁油田开发公司、试采油公司、试采气公司、海洋石油勘探开发公司、勘探开发研究院、钻采工艺研究院、勘察设计研究院、钻井一公司、钻井二公司、井下作业公司、物探公司、测井公司、录井公司、油气集输公司、石化总厂、热电厂、油建一公司、油建二公司、公路工程公司、总机械厂、供电公司、供水公司、通信公司、运输公司、物资公司、华油公司、进出口公司、置业公司、销售公司、天然气公司、化学公司、振兴公司、消防支队、公安局、检察院、法院、中心医院、第二职工医院、兴城疗养院、技工学校、辽河石油学校、党校、报社、电视台、旅游公司。共有职工13.09万人。投入开发兴隆台、曙光、欢喜岭、高升、冷家堡、牛心坨、荣兴屯、双台子等34个油田。1998年，生产原油1452万吨、天然气12亿立方米，固定资产原值310.8亿元。

期间，辽河石油勘探局党委书记刘安当选中共十四大代表；辽河石油勘探局党委书记王福成当选中共十五大代表。

辽河石油勘探局局长王显骢、勘探开发研究院高级工程师秦德荣（女）当选第八届全国人大代表；辽河石油勘探局局长王福成当选第九届全国人大代表。

一、辽河石油勘探局领导名录（1988.9—1998.7）

局　　长　张林生（1988.9—1992.12）
王显骢（1992.12—1996.11；兼任，1996.11—1997.11）
王福成（1997.11—1998.7）

常务副局长　施少荃（1988.9—1991.7）

副 局 长　王显骢（1988.9—1989.9）
王福成（1992.12—1997.11）
周守忠（1988.9—1995.3）
杨维庆（1988.9—1997.11）
崔仁义（1988.9—1994.11）
刘玉林（1988.9—1997.11）
李厚国（1990.2—1998.7）
林青山（1990.2—1996.1）

赵世温（1991.7—1998.7）
高　姿（1991.9—1993.6）
孙成立（1993.3—1998.7）
王春鹏（1994.6—1998.7）
王　革（1997.11—1998.7）
刘俊荣（1997.11—1998.7）
姚亚元（1997.11—1998.7）
王正江（1997.11—1998.7）

总会计师　郭忠范（1988.9—1991.3）
王　革（1991.7—1998.7）

总工程师　辛一平（1988.9—1991.7）
赵建元（1991.7—1994.9）
张桐义（1994.9—1997.11）
王正江（1997.11—1998.7）

总地质师　王秋华（1988.9—1996.10）
时庚戌（1991.7—1997.11）
陈义贤（1996.10—1998.7）
刘俊荣（1997.11—1998.7）

总经济师　刘　沐（1988.9—1992.12）
赵大雄（1993.3—1997.11）

二、中共辽河石油勘探局委员会领导名录（1988.9—1998.7）

书　记　邓礼让（1988.9—1989.10）
刘　安（1989.10—1992.12）
王福成（1992.12—1997.11）
宋道堂（1997.11—1998.7）

副书记　张林生（1988.9—1992.12）
刘　安（1988.9—1989.10）
王显聪（1992.12—1997.11）
王福成（1997.11—1998.7）
宋道堂（1990.2—1997.11）

陈富贤（1988.9—1993.2）
刘　毅（1994.6—1998.7）
孙崇仁（1997.11—1998.7）
常　　委　王显聰（1988.9—1989.9）
宋道堂（1988.9—1990.2）
施少荃（1988.9—1991.7）
周守忠（1988.9—1993.2）
王德明（1988.9—1997.11）
李厚国（1993.2—1998.7）
赵世温（1993.2—1998.7）
姚亚元（1993.2—1997.11）
刘垒昌（1994.9—1998.7）
王春鹏（1994.12—1998.7）
王　革（1994.12—1998.7）
孙崇仁（1996.10—1997.11）
陈雨范（1997.11—1998.7）
刘俊荣（1997.11—1998.7）
纪委书记　宋道堂（1988.9—1991.7）
姚亚元（1991.7—1996.10）
孙崇仁（1996.10—1998.7）

三、辽河石油勘探局工会（1988.9—1998.7）

主　　席　王德明（1988.9—1997.11）
陈雨范（1997.11—1998.7）

第四节　华北石油管理局（1988.9—1998.7）

1988年9月起，华北石油管理局隶属于中国石油天然气总公司管理，党组织关系隶属于中共河北省委，机关办公地点在河北省任丘市。

机关设处室34个：局办公室、党委办公室、党委组织部、党委宣传部、调查研究室、老干部处、武装部、纪委、工会、团委、生产协调处、勘探处、钻井处、油田开发处、技术发展部、基建处、机动处、综合计划处、劳动工资处、财务处、运销处、教育培训处、技安环保处、节能计量处、工农处、审计处、经济管理研究室、天然气管理办公室、法律事务处、行政处、生活管理处、卫生处、计划生育办公室、机关党委。

所属二级单位44个：二连石油勘探开发公司（副局级），第一、第二、第三、第四勘探公司，地球物理勘探公司，测井公司，油气井测试公司，第一、第二、第三、第四、第五采油厂，井下作业公司，第一、第二油田建设公司，化学药剂厂，通讯处，器材供应处，第一、第二机械厂，运输公司，水电厂，勘探开发研究院，勘察设计院，钻井工艺研究所，采油工艺研究所，地质服务公司，职工大学（正局级），教育学院，党校，华北石油学校，财经学校，技工学校，第一中学，公用事业管理处，商业公司，公安处，总医院，第二医院，职工疗养院，石家庄办事处，干休所，劳动服务公司。在册职工9.99万人。1988年生产原油612.05万吨。

1989年3月，中共华北石油管理局第一次代表大会召开，选举产生第一届委员会和纪律检查委员会，实行常委制，王子正为党委书记，杨万里、扈连才、李玉超、段大钧为党委副书记，扈连才为纪委书记。下属党委39个、党总支191个、党支部1459个，共有党员2.95万名。

3月，根据总公司加速西部勘探开发的战略部署，华北石油管理局成立塔里木华北钻井公司，先后派出9个钻井队和测井、测试队伍，参加塔里木石油勘探开发会战。1990年4月，华北石油管理局派出5个钻井队参加吐哈石油会战；1992年，有19个钻井队和配套施工队伍共5800人参加会战。

1989年10月，总公司决定，由石油工业部和华北石油管理局双重管理的华北石油职工大学改由华北石油管理局管理，行政级别调整为副局级。1990年3月，华北石油管理局明确学校实行党委领导下的校长负责制，实行校、系（部）两级管理，设系（部）14个。1998年7月，华北石油职工大学调整为局属正处级单位。

1990年4月，华北石油管理局撤销内蒙古炼油厂筹建处，组建呼和浩特炼油厂工程建设指挥部。7月，撤销呼和浩特炼油厂工程建设指挥部，组建呼和浩特炼油厂，行政级别正处级，人员编制2989人。1992年5月，呼和浩特炼油厂行政级别调整为副局级，机关设处室13个、所属二级单位7个。

1992年8月，撤销运销处，成立天然气销售公司。

1992年，按照总公司三项制度改革的要求，华北石油管理局压缩机关和二级单位机构编制，精干主业队伍，解体“大而全”、“小而全”，把施工作业和辅助生产单位与主业分离，向多种经营企业分流职工。累计分离职工3万余人；全面清退计划外用工，解决3000余名待业子女就业。开展定员、定额、定岗、定责工作，确定岗位2.59万个，制定岗位规范1.4万个，明确岗位责任制1.92万个。同时，完善干部聘任制，推行干部试用期制度。改革后，机关职能部门由40个减至30个，两级机关人员由7897人减至4715人，全局职工定员由10.24万人减至8.14万人。

1994年1月10日至13日，中共华北石油管理局第二次代表大会召开，选举产生第二届委员会和纪律检查委员会，段大钧为党委书记，王建斌、赵张保为党委副书记，赵张保为纪委书记。下属基层党委44个、党总支224个、党支部1802个，共有党员3.34万名。

6月，华北石油管理局成立人才交流中心、劳动力交流中心，改变大中专毕业生、技校毕业生、复转军人、新录用工人统包统分的传统办法，全部通过人才交流中心和劳动力交流中心进行双向选择，中专毕业生实行“可工可干”。

1995年4月，成立华北油田社会保险管理中心。

1996年4月至12月，生活后勤、教育、卫生等单位与生产主业分离，按区域先后成立15个综合服务处。

1997年，生产原油468.07万吨、天然气3.2亿立方米，加工原油191.6万吨。

截至1998年7月，华北石油管理局机关设处室33个：局办公室、组织（干部）处、劳动工资处、综合计划处、财务处、国有资产管理处、审计处、监察处（纪委办公室）、企业管理处、生产管理处、钻井处、炼油化工管理处、基本建设处、矿区建设管理处、机动处、科学技术管理处、外事处、土地规划处、技术安全环保处、技术监督处、法律事务处、计划生育办公室、离退休职工管理处、多元开发办公室、信访处、党委办公室、党委宣传部、武装部、综合治理办公室、工会、团委、对外项目管理处、机关党委；直属单位12个：地质勘探公司、开发事业部、石油天然气销售公司、接待处、房产开发公司、卷烟销售公司、社会保险管理中心、会计审计服务中心、投资咨询中心、资产调剂中心、人力资源中心、驻北京联络处。

所属二级单位63个：二连石油勘探开发公司（副局级），呼和浩特炼油厂（副局级），第一、第二、第三、第四、塔里木钻井工程公司，录井处，第一、第二、第三、第四、第五采油厂，井下作业公司，地球物理勘探公司，测井公司，油气井测试公司，第一、第二油田建设公司，运输公司，水电厂，第一、第二机械厂，化学药剂厂，器材供应处，通信公司，公用事业管理处，勘探开发研究院，勘察设计研究院，钻井工艺研究院，采油工艺研究院，公安处，商业公司，华北石油总医院，北戴河石油疗养院，第一、第二、第三、第四、第五、第六、第七、第八、第九、第十、第十一、第十二、第十三、第十四、第十五综合服务处，华北石油职工大学，华北石油教育学院，华北石油学校，华北石油中等职业学校，中共华北石油党校，华北石油第一中学，华北石油卫生学校，干休所，科工贸总公司，天然气汽车开发中心，华北石油报社，医疗卫生管理中心，教育培训中心。在册职工10.53万人。

期间，华北石油管理局党委书记段大钧当选中共十四、十五大代表。

华北石油管理局局长黄炎当选第八届全国人大代表；华北石油管理局局长刘海胜当选第九届全国人大代表。

华北石油管理局勘察设计研究院总工程师田复任第八届全国政协委员。

一、华北石油管理局领导名录（1988.9—1998.7）

局　　长　杨万里（1988.9—1992.12）
黄　炎（1992.12—1993.12）
段大钧（回族，1993.12—1997.11）
刘海胜（1997.11—1998.7）

副 局 长　马永林（1988.9—1994.10）
梁树魁（1988.9—1989.2）
施鸣鹤（1988.9—1991.2）
游静裕（1988.9—1989.2）
咸雪峰（咸保龙，咸朝微，1988.9—11）
朱良久（1988.9—1989.2）
唐　智（唐寅，1988.9—1989.2）
黄　炎（1988.9—1992.3；代局长，正局级，1992.3—12）
段大钧（1988.9—1992.3）

王文达（刘承汉，1989.2—1994.1）
刘海胜（1989.2—1997.11）
李玉超（1989.2—1990.11）
马天吉（1990.4—1995.10）
蔡志刚（1991.4—1997.11）
陈锦权（1991.4—1996.2）
于英太（1993.3—1998.7）
张宝庄（1994.1—1995.6）
沈文先（1996.2—1997.11）
王立民（1996.2—1998.7）
翟昌年（1996.2—1998.7）
苏　俊（1997.11—1998.7）
马桂成（1997.11—1998.7）
郭开旗（1997.11—1998.7）

总工程师　李康中（1989.2—1997.11）

总地质师　唐　智（1989.2—1992.5）
杨培山（1991.4—1997.11）
梁生正（1992.9—1997.11）
赵树栋（1997.11—1998.7）

总经济师　朱良久（1989.2—1994.10）

总会计师　马广悦（1994.1—1997.11）
陈金瑞（1997.11—1998.7）

二、中共华北石油管理局委员会领导名录（1988.9—1998.7）

书　　记　王子正（王云治，1988.9—1992.3）
段大钧（1992.3—1997.11）
于英太（1997.11—1998.7）

副 书 记　扈连才（1988.9—1993.10）
杨万里（1988.9—1992.12）
李玉超（1988.9—1990.11）
段大钧（1989.3—1992.3）

黄　炎（1992.3—1993.12）
王建斌（1992.3—1997.11）
赵张保（1993.3—1998.7）
刘海胜（1997.11—1998.7）
单祥国（1997.11—1998.7）

常　委　朱良久（1988.9—1989.3）
徐天明（刘新武，1988.9—1989.3）
袁　申（组织部长，正处级，1988.9—1993.6）
咸雪峰（1988.9—11）
黄　炎（1989.3—1992.3）
王文达（1989.3—1994.1）
麦　峰（峰章、麦玉莪、麦奉章，1989.3—1995.9）
张兆林（公安处长，正处级，1989.3—1993.6）
姚治晓（宣传部长，正处级，1989.3—1998.7）
石　毅（组织部长，正处级，1993.6—1998.6）
蔡志刚（1994.1—1997.11）
张宝庄（1994.1—1995.6）
马天吉（1994.1—1995.10）
于英太（1994.1—1998.7）
刘海胜（1994.1—1997.11）
陈锦权（1996.2—1997.11）
马广悦（1996.2—1997.11）
沈文先（1997.11—1998.7）
王立民（1997.11—1998.7）
苏　俊（1997.11—1998.7）
马桂成（1997.11—1998.7）
郭开旗（1997.11—1998.7）

纪委书记　扈连才（1989.3—1993.10）
赵张保（1994.1—1998.7）

三、华北石油管理局工会（1988.9—1998.7）

主　　　席　徐天明（1988.9—1989.3）
　　　　　　麦　峰（1989.3—1995.9）
　　　　　　陈锦权（1996.2—1997.11）
　　　　　　沈文先（1997.11—1998.7）

四、华北石油管理局所属单位主要领导名录

（一）二连石油勘探开发公司（副局级，1988.9—1998.7）

经　　　理　段大钧（兼任，1988.9—1989.2）
　　　　　　黄　炎（兼任，1989.2—1992.3）
　　　　　　史习盐（1992.3—1994.1）
　　　　　　张宝庄（兼任，1994.1—1995.6）
　　　　　　翟昌年（1995.9—1996.2；兼任，1996.2—1997.11）
　　　　　　马桂成（1997.11—1998.7）
常务副经理　史习盐（1994.1—1995.9）
党委书记　段大钧（1988.9—1992.3）
　　　　　　王建斌（1992.3—1994.1）
　　　　　　张宝庄（1994.1—1995.6）
　　　　　　刘玉喜（1996.2—1998.7）

（二）呼和浩特炼油厂（副局级，1992.5—1998.7）

厂　　　长　刘国良（1992.3—1995.12）
　　　　　　乔明凯（1996.2—1998.7）
党委书记　白泽生（1992.3—1998.7）

（三）华北石油职工大学（1988.9—1998.7）

1988年9月至1989年10月（正局级）

副　校　长　贾福绵（贾捷平，1988.9—1990.1）
　　　　　　孙慰祖（1988.9—1990.1）
　　　　　　承光武（女，1988.9—1990.1）
党委副书记　于溶源（1988.9—1990.1）
纪委书记　刘金铭（1988.9—1990.1）

1989年10月至1998年7月（副局级）

校　　长　贾福绵（1990.1—1994.10）

于溶源（1995.3—1998.6）

党委书记　于溶源（1990.1—1998.6）

第五节　新疆石油管理局（1988.9—1998.7）

1988年9月起，新疆石油管理局实行总公司和新疆维吾尔自治区双重领导，与克拉玛依市设一个党委（简称局市党委，1992年后改称市局党委），实行一套工作机构两块牌子，机关部门与克拉玛依市政府工作机构分开运行，部分职能部门、办事机构合署办公。机关设职能部门33个、所属二级单位47个，在册职工9.69万人。党组织关系隶属于新疆维吾尔自治区党委。机关办公地址在新疆克拉玛依市友谊路98号。

1990年10月，新疆石油管理局抽调精干人员和先进设备支援塔里木石油会战。1990年，新疆油田原油产量由全国第5位上升到第4位。

1991年4月，新疆石油管理局所属泽普石油天然气开发公司行政级别调整为副局级，8月泽普石油天然气开发公司更名为塔西南勘探开发公司。

1991年5月，准噶尔盆地腹部彩参2井获工业油气流，发现我国第一个百万吨级整装沙漠油田——彩南油田。7月，新疆石油管理局晋升为国家大型二档企业。

1991年9月25日至27日，中共新疆石油管理局、克拉玛依市第六次代表大会召开，选举产生第六届委员会和纪律检查委员会，谢志强为党委书记，谢宏、周原、司马义·托乎提为党委副书记，刘允祥为纪委书记。

1992年4月，新疆维吾尔自治区党委组织部将新疆石油管理局干部管理业务移交总公司管理。

1993年1月，新疆石油管理局局长谢宏任新疆维吾尔自治区第八届人大常委会副主任。

1994年12月8日，克拉玛依市发生特大恶性安全责任事故（“12·8”事故）。新疆维吾尔自治区、中国石油天然气总公司决定，对克拉玛依市、新疆石油管理局党委有关责任人员进行组织处理，并对市局党委领导成员进行调整。

1988年至1994年，先后成立准噶尔东部勘探开发公司（副局级）、塔里木新疆钻井公司（后更名为塔里木第一勘探公司）、供电公司、房产公司。

1995年11月，在独山子炼油厂的基础上成立独山子石化总厂，行政级别为正局级，总厂设炼油厂、乙烯厂两个内部独立核算的副局级单位。

1995年，进一步调整局属单位机构，撤销机关社会服务公司，成立供热公司、彩南油田作业区、销售总公司；撤并、理顺局属驻外机构，设立北京联络处、上海联络处、西安办事处、广州办事处、郑州办事处、厦门办事处、乌鲁木齐办事处等7个驻外机构；油田工艺研究所、钻井工艺研究所分别更名为油田工艺研究院、钻井工艺研究院；井下作业处更名为井下作业公司；新疆广播电视大学克拉玛依分校更名为克拉玛依广播电视大学；克拉玛依化工厂（市局合办）划归新疆石油管理局所属克拉玛依炼油厂管理。

1996年3月，新疆石油管理局局长、党委书记谢志强任新疆维吾尔自治区第七届政协副主席。

1996年7月2日至5日，中共克拉玛依市、新疆石油管理局第七次代表大会召开，选举产生第七届委员会和纪律检查委员会，谢志强为党委书记，唐健、李木林、戴明梓、艾孜木·阿不都里木为党委副书记，蔡志山为纪委书记。

1996年7月，总公司与香港Hafnium Limited公司在北京签署新疆克拉玛依油田九1—九5区块合作项目协议。8月，该项目获得国家经济贸易委员会批准，合同期限12年，涉及区域总面积20平方千米。9月，总公司与香港Hafnium Limited公司合资成立克拉玛依新港石油有限责任公司（简称新港公司），委托新疆石油管理局管理。

1996年9月，克拉玛依炼油厂行政级别调整为副局级，并更名为克拉玛依石油化工厂；汽车修理厂更名为汽车销售维修公司；成立人才劳动力交流中心、工程建设监理公司。

1997年，成立治安保卫中心、第二运输公司、客运公司、对外经济贸易总公司、白碱滩职工医院、明园职工医院、石西油田作业区；器材供应处更名为物资供应总公司。

1998年1月，新疆石油管理局党委书记谢志强任新疆维吾尔自治区第八届政协副主席。

1998年上半年，新疆石油管理局将机械厂、第二机械厂、汽车销售维修公司合并成立机械制造总公司；将克拉玛依广播电视大学、教育学院、卫生学校合并成立克拉玛依文理学院；成立离退休职工管理中心、再就业服务中心（挂靠人才劳动力交流中心）、职工文化活动中心、社会保险管理中心、职业技能鉴定中心、接待服务总公司、小汽车服务公司；将克拉玛依技工学校改建为新疆石油高级技工学校。

截至1998年7月，新疆石油管理局机关设32个部门，其中党群系统10个部门：市局党委办公室、党委组织部、党委宣传部、纪委（监察处）、政法委员会、统战部、史志办公室、局工会、局团委、局机关党委；生产系统12个部门：总调度处、油气勘探部、油气开发部、钻探处、采油处、炼化处、基建工程部、科技处、安全环保处、物资装备处、技术监督处、天然气管理处；经营系统7个部门：计划处、财务处、劳资处、运销处、审计处、体改委、企管处；行政系统3个部门：局办公室、对外合作部、卫生处；直属单位8个：勘探公司、新油田开发公司、信息中心、市局人才劳动力交流中心、住房资金管理中心、西北石油节能监测中心、技术监督中心、价格定额中心；附属单位6个：医疗采购中心、档案馆、“12・8”善后办公室、财务结算中心、审计所、监察室。

所属二级单位66个，其中正局级单位2个：独山子石油化工总厂、新疆石油学院（代管）；副局级单位3个：准东勘探开发公司、塔西南勘探开发公司、克拉玛依石油化工厂；处级单位61个：地质调查处、钻井公司、塔里木第一勘探公司、采油一厂、采油二厂、采油三厂、重油开发公司、百口泉采油厂、石西油田作业区、彩南油田作业区、油气储运公司、试油处、井下作业公司、测井公司、地质录井公司、油田建设工程公司、路桥建设工程公司、物资供应总公司、运输公司、第二运输公司、客运公司、小汽车服务公司、接待服务总公司、机械制造总公司、销售总公司、供水管理处、克拉玛依电厂、供电公司、通讯公司、生活服务总公司、供热公司、房产公司、勘探开发研究院、勘察设计研究院、采油工艺研究所、钻井工艺研究所、教育培训中心、克拉玛依文理学院（党校）、新疆石油学校、新疆石油高级技工学校、石油报社、广播电视中心、局总医院、白碱滩职工医院、明园职工医院、离退休职工管理中心、保卫处、消防支队、治安保卫中心、华油企业集团、油田经贸总公司、对外经济贸易总公司、驻乌鲁木齐办事处、驻北京联络处、驻沪联络处、驻西安办事处、驻广州办事处、驻厦门办事处、驻成都办事处、太湖疗养院、新港石油合作开发部。在册职工10.8万人。下属基层党委117个、党总支227个、党支部2620个，共有党员4.19万名。

期间，新疆石油管理局局长、党委书记谢志强当选中共十四、十五大代表；新疆石油管理局局长戴明梓当选第八届、第九届全国人大代表，新疆石油管理局塔西南勘探开发公司石化厂马合木提·买买提（维吾尔族）当选第八届全国人大代表。

一、新疆石油管理局领导名录（1988.9—1998.7）

局　　　长　谢志强（1988.9—1990.10；1994.12—1996.6）
谢　宏（1990.10—1994.12）
戴明梓（1996.6—1998.7）

常务副局长　戴明梓（正局级，1995.2—1996.6）
陈宗禹（正局级，1995.11—1998.7）

副　局　长　谢　宏（1988.9—1990.10）
任荣堂（1988.9—1990.10）
韩继武（1988.9—1993.2）
戴菊生（回族，1988.9—1989.10）
宋世权（1988.9—1993.12）
钟树德（锡伯族，1988.9—1991.10）
方天禄（1988.9—1994.12）
尼牙孜·阿不都拉（维吾尔族，1988.9—1994.12）
戴明梓（1991.10—1995.2）
陈汉扬（1991.10—1998.7）
赵立春（1991.10—1998.3）
杨生汉（1991.10—1995.12）
王　荣（1991.10—1996.6）
姜建衡（1993.10—1998.7）
高鼎城（1993.10—1998.7）
王宜林（1996.6—1998.7）
董培基（1996.6—1998.7）
阿不拉·阿不都热西提（维吾尔族，1996.6—1998.7）

总 工 程 师　钟树德（1988.9—1991.10）
　　李立诚（1991.10—1998.7）
总 经 济 师　戴明梓（1988.9—1995.2）
总 地 质 师　张国俊（1988.9—1996.6）
总 会 计 师　温宗卫（1994.7—1998.3）
炼油总工程师　刘志泉（1988.9—1996.2）
开发总地质师　赵立春（1991.10—1998.3）
勘探总地质师　王宜林（1996.6—1998.7）

二、中共新疆石油管理局委员会领导名录（1988.9—1998.7）

书　　　记　张　毅（1988.9—1990.10）
　　谢志强（1990.10—1994.7；1994.12—1998.7）
　　唐　健（1994.7—12）
常务副书记　张树平（正局级，1995.2—1996.4）
副　书　记　买买提·努尔（维吾尔族，1988.9—1991.3）
　　周　原（1988.9—1992.1）
　　谢　宏（1991.9—1994.12）
　　司马义·托乎提（维吾尔族，1991.9—1996.6）
　　唐　健（1992.9—1994.7；1994.12—1998.7）
　　李木林（1994.7—1997.2）
　　戴明梓（1996.6—1998.7）
　　艾孜木·阿不都里木（维吾尔族，1996.6—1998.7）
　　蔡志山（1997.2—1998.7）
常　　　委　谢志强（1988.9—1990.11）
　　任荣堂（1988.9—1990.10）
　　韩继武（1988.9—1991.9）
　　刘允祥（1988.9—1994.11）
　　买买提·艾沙（维吾尔族，1988.9—1991.9）
　　马化民（1988.9—1989.12）
　　戴明梓（1991.9—1996.6）
　　李兆智（克拉玛依市市长，1991.9—1996.7）

李木林（组织部长，1991.9—1994.7）
阿不拉海提·克尤木（维吾尔族，1992.9—1994.12）
蔡志山（1995.10—1997.2）
陈宗禹（1995.11—1998.7）
董　明（女，1995.11—1998.7）
姜建衡（1996.6—1998.7）
王宜林（1996.6—1998.7）
徐卫喜（1996.6—1998.7）
张志颜（克拉玛依军分区，1996.6—1998.7）
张庆鹏（1996.6—1998.7）
付德新（1998.3—7）

纪委书记 刘允祥（1988.9—1994.11）
蔡志山（1995.10—1998.3）
付德新（1998.3—7）

三、新疆石油管理局工会（1988.9—1998.7）

主　　席 买买提·艾沙（1988.9—1992.6）
阿不来海提·克尤木（1992.6—1994.12）
张庆鹏（1996.6—1998.7）

四、新疆石油管理局所属（代管）单位主要领导名录

（一）新疆石油学院（代管，正局级，1988.9—1998.7）

新疆石油学院位于乌鲁木齐市明园地区，以石油勘探、化学工程、机械电子、管理工程为主干学科，以培养各民族石油和地方经济建设人才为主的工科大学。1992年12月，经国家教委批准，学院调整为总公司和新疆维吾尔自治区双重领导，以总公司为主的管理体制，由新疆石油管理局代管。

截至1998年12月，新疆石油学院设9个教学系（部）：勘探系、石油工程系、化学工程系、机械电子工程系、经济管理系、计算机科学应用系、预科部、基础部、社科部；7个专科专业：钻井工程、采油工程、市场营销、工业贸易经济、汽车维修与管理、石油化工工艺、机械设计与制造。全日制在校生1000余人，教职工400余人，其中专任教师130余人。建筑面积10万余平方米，固定资产总值7200余万元。

院　　长　张　毅（1988.9—1990.11）
谢　宏（兼任，1991.10—1994.12；1994.12—1998.3）
谢志强（1998.3—7）
常务副院长　赵国轩（正局级，1998.3—7）
副 院 长　木拉提·包尔汉（塔塔尔族，1988.11—1998.7）
安吉庆（1988.11—1991.10）
王祖国（1991.10—1998.7）
张乐家（1994.7—1998.7）
党委书记　阿瓦哈力·沙比洛夫（维吾尔族，1988.9—1991.9）
谢志强（1991.9—1998.7）
常务副书记　赵国轩（1998.3—7）
副 书 记　赵国轩（1991.9—1998.3）

（二）独山子炼油厂—独山子石油化工总厂（1988.9—1995.11；正局级，1995.11—1998.7）

厂　　长　杨生汉（正处级，1988.9—1990.11；副局级，1990.11—1995.11）
陈宗禹（1995.11—1998.7）
常务副厂长　杨海光（回族，1993.1—1995.11）
杨建国（1995.11—1996.12）
副 厂 长　张绍基（1995.11—1998.7）
徐福贵（1995.11—1998.7）
努尔买买提·阿曼（维吾尔族，1995.11—1998.7）
李汉文（1995.11—1997.1）
王明章（1998.2—7）
党委书记　王德华（正处级，1988.9—1990.10；副局级，1990.10—1993.1）
陈宗禹　（1993.1—1995.11）
党委副书记　陈宗禹（1995.11—1998.7）
董　明（女，1995.11—1998.7）
苏尔坦·艾斯帕尔（维吾尔族，1995.11—1998.7）

纪 委 书 记 董 明（1995.11—1998.7）

工 会 主 席 苏尔坦·艾斯帕尔（1995.11—1998.7）

总 工 程 师 刘景奎（1995.11—1998.7）

总 动 力 师 王仁堂（1995.11—1998.7）

总 经 济 师 崔光耀（1995.11—1998.7）

独山子石化总厂炼油厂（副局级，1995.11—1998.7）

厂 长 徐福贵（兼任，1995.11—1998.2）

赵复来（1998.2—7）

党 委 书 记 韩文考（1995.11—1998.7）

独山子石化总厂乙烯厂（副局级，1995.11—1998.7）

厂 长 杨建国（兼任，1995.11—1996.12）

王宝贤（1998.2—7）

党 委 书 记 陈望平（1995.11—1998.7）

（三）准东勘探开发公司（副局级，1989.11—1998.7）

经 理 薛连达（1991.12—1996.6）

陈长庚（1996.6—1998.7）

党 委 书 记 姜 彬（1991.11—1996.6）

薛连达（1996.6—1998.7）

（四）泽普石油天然气开发公司—塔西南勘探开发公司（副局级，1991.4—1998.7）

经 理 吴振杰（1991.12—1995.8）

唐成久（1995.8—1998.7）

党 委 书 记 赵文光（1991.11—1995.8）

唐文豹（1995.8—1998.7）

（五）克拉玛依石油化工厂（副局级，1996.9—1998.7）

厂 长 张有林（张友林，1997.2—1998.7）

党 委 书 记 韩建业（1997.2—8）

张殿云（1998.2—7）

第六节　中原石油勘探局（1988.9—1998.6）

1988年9月起，中原石油勘探局隶属于总公司管理，党组织关系隶属于中共河南省委。机关设处室（部门）34个、直属单位18个、所属二级单位44个，在册职工7.35万人。全年生产原油722.05万吨、天然气12.88亿立方米。机关办公地点在河南省濮阳市。

1989年7月，总公司与河南省人民政府签订关于合资设立中原石油化工联合公司的协议，共同授权中原石油勘探局对中原石油化工联合公司进行归口管理。11月，发现前梨园油田。1990年，撤销泥浆公司。1991年9月，发现徐集油田。

1991年11月，中共中原石油勘探局第二次代表大会召开，选举产生第二届委员会和纪律检查委员会，林治开为党委书记，介霖、田庆鲁为党委副书记，张同冉为纪委书记。

1991年，中原石油勘探局机关撤销地质处等4个处室，增设勘探处等8个处室；成立油气销售公司，为机关直属单位。调整后，机关设处室41个、直属单位31个、所属二级单位40个。

1992年2月，发现南湖气田。10月，为适应钻井队伍走出中原、进军国内外钻井市场的需要，成立中原石油勘探局钻井联合公司，成员单位有钻井一公司、钻井二公司、钻井四公司、勘探公司、钻井工程公司、钻井工艺研究院、塔里木中原钻井公司、吐哈中原钻井指挥部。

1993年3月，成立白音查干项目组，开始对内蒙古白音查干地区开展油气勘探工作。1994年10月，发现内蒙古白音查干凹陷达尔其油田。1996年9月，发现内蒙古白音查干凹陷桑合油田。

1993年5月，中原石油勘探局根据三项制度改革要求，从建立社会主义市场经济体制和油田转换经营机制的需要出发，对组织机构和管理体制进行全面改革。通过合并职能、重新划分职责范围、分离执行部门等措施，分离和组建16个经济实体，成立和组建11个事业单位；将原部分处室职能划归新成立的经济实体或事业单位，机关处室由38个减至24个，机关工作人员由929人减至380人。当年，撤销钻井联合公司，成立对外经济贸易总公司、技术监测中心、经济技术信息中心、生产物资调剂中心。同时，完善承包经营责任制和竞争机制，下放和扩大二级单位经营自主权，调整科技和油气销售管理体制，进行股份制、租赁制试点。

1994年，中原石油勘探局解体“大而全”、“小而全”，按照专业化公司模式，将社会服务单位与生产经营单位分离、辅助生产队伍与主体队伍分离、多种经营单位与主业单位分离。2月，将4个钻井公司拆分为4个专业化钻井公司和4个钻井工程服务公司。4月至11月，对38个二级单位进行解体、分离、重组，组建64个直属单位。同时，本着统一“办社会”的原则，在局机关基地以外的独立生活区内成立矿区管理委员会；把各直属单位的文教、卫生、社会保险统筹、离退休职工、居民、广播电视、文化体育、房地产、审计、档案、消防等管理单位分离出来，划归局直属的有关中心（处），实行系统化管理。各系统在各矿区设立分支机构或服务网点，实行区域性服务。当年，发现东濮凹陷赵庄油田。

1995年1月，中原石油化工联合公司上划总公司直接管理。9月，总公司与苏丹共和国签订石油产品分成协议，中原石油勘探局承担第六合同区块勘探开发项目，成为我国率先走出国门进入国际勘探开发市场的油气勘探企业。当年，中原石油勘探局将商业总公司、工副业总公司、劳动服务总公司合并，成立三合集团；解体钻井工程一公司，成立固井工程处、钻井管具工程处；成立会计核算中心，全局实行统一会计核算和集中管理。

1996年1月，为加快建立现代企业制度进程，实现经济方式由粗放型向集约型转变，增强企业参与市场竞争的能力，提高油田整体经济效益，中原石油勘探局在解体“小而全”的基础上，进一步深化油田内部管理体制改革，组建专业化集团。专业化集团主要包括松散型和紧密型两种形式：松散型专业集团是由多个同专业的模拟法人组成的、以行业管理为主要形式的经济联合体，各所属模拟企业法人为局内“四自”经营实体，人、财、物相对独立；紧密型集团本身是模拟法人，对下属单位实行人、财、物统一管理，但允许下属单位在结算中心开户，有较充分的自主权。中原石油勘探局对施工作业、辅助生产、多种经营单位，按产业类型组建钻井、井下作业、机械修造、运输、小汽车、物业管理、科技开发等7个松散型集团和建筑、防腐、化工、商饮服务等4个紧密型专业集团。

1997年7月，中原石油勘探局成立产权制度改革领导小组。10月，将产权制度改革办公室从企业管理办公室独立出来，成为局机关职能处室。全年共完成改制企业33个，其中内部股份制企业10个、股份合作制企业和有限责任公司23个，涉及钻井、井下作业、石油化工、商业、机修、运输、小汽车、印刷等行业。到年底，机关设处室（部门）31个、机关直属单位42个、直属单位183个，在册职工8.77万人。累计探明石油地质储量4.67亿吨、天然气储量380.70亿立方米；全年生产原油404.29万吨、天然气11.97亿立方米。

1998年6月，根据《中国石油天然气集团公司、中国石油化工集团公司关于划转企业的交接协议》，中原石油勘探局由中国石油天然气总公司划转中国石油化工集团公司管理。

一、中原石油勘探局领导名录（1988.9—1998.6）

局　　长　金毓荪（1988.9—1990.3）
介　霖（1990.3—1992.12）
刘锦信（1992.12—1998.6）

副 局 长　车卓吾（1988.9—1995.10）
李允子（1988.9—1993.11）
谢英涵（1988.9—1991.5）
方颂扬（1988.9—1992.12）
裴宗正（1988.9—1994.4）
涂人祥（1989.6—1996.12）
杜成武（1989.12—1998.6）
蔡世启（1990.3—1996.12）
王永杰（1993.9—1996.6）
芦明厚（1993.11—1998.6）
程　璞（1993.11—1996.12）
任宗声（1993.11—1996.12）
谢英涵（正局级,1994.9—1995.6）
王春江（1996.12—1998.6）
李宗信（1996.12—1998.6）
张　勤（1996.12—1998.6）
佗文汉（1996.12—1998.6）

总工程师　商永和（1988.9—1989.8）
纪树培（1990.3—1995.10）
马振都（基建，1992.9—1995.6）
杜晓瑞（钻井，1994.4—1995.10）

总地质师　陆荣生（1988.9—1990.11）
张晋仁（勘探，1993.3—1996.2）
李宗信（开发，1993.3—1998.6）

总经济师　潘义纯（1988.9—1996.12）

总会计师　陈景福（1988.9—1993.3）
佗文汉（1994.4—1998.6）

调 研 员　傅积隆（1988.9—1992.1）
梁邦民（1988.9—1989.9）
李怀学（1988.9—1993.12）
段兴枝（1988.9—1991.1）
同维焕（1989.5—1994.3）

二、中共中原石油勘探局委员会领导名录（1988.9—1998.6）

书　　记　林治开（1988.9—1992.12）
刘　安（1992.12—1994.9）
刘锦信（1994.9—1998.6）

副 书 记　田庆鲁（1988.9—1996.12）
周　沛（1988.9—1995.10）
金毓荪（1988.9—1990.3）
刘恩学（1988.9—1996.12）
李清璧（1988.9—1995.10）
介　霖（1990.3—1992.12）
刘锦信（1992.12—1994.9）
王献安（1996.12—1998.6）

常　　委　车卓吾（1988.9—1991.11）
谢英涵（1988.9—1991.5）
裴宗正（1988.9—1994.4）

方颂扬（1988.9—1992.12）
张同冉（1990.4—1998.6）
蔡世启（1991.1—1996.12）
王永杰（1993.9—1996.6）
王春江（1996.12—1998.6）
张　勤（1996.12—1998.6）

纪委书记　张同冉（1990.4—1998.6）

三、中原石油勘探局工会（1988.9—1998.6）

主　　席　王宗荣（1988.9—1989.8）
任振成（1989.8—1996.12）
田庆鲁（1996.12—1998.6）

第七节　大港石油管理局—大港油田集团有限责任公司（1988.9—1998.7）

一、大港石油管理局（1988.9—1995.9）

1988年9月至1990年1月，大港石油管理局由天津市与总公司双重管理，以天津市为主。1988年底，设机关部门11个、所属二级单位31个，在册职工6.01万人。矿权总面积1.73万平方千米，开发面积363.6平方千米，探明地质储量5.74亿吨，新增马东、扣村、自来屯、舍女寺、段六拨等5个油田，已开发油田达到20个，油井开井286口，年产原油422万吨、天然气3.91亿立方米，工业总产值7.19亿元。

1990年1月，国务院批准大港石油管理局划归总公司直接管理，干部管理权限由中共天津市委划转总公司，党组织关系隶属于中共天津市委。机关办公地点在天津市大港油田三号院。

1991年1月，总公司与天津市协商决定，天津市化工局津港化肥厂及233名职工划入大港石油管理局。1992年10月，机关办公地点迁至天津市大港油田腾飞道。

到1993年底，按照总公司“两定两自、一挂钩”的经营政策，大港石油管理局建立内部模拟市场，颁布实施了招投标、内部合同、内部钻井、井下作业等管理办法。推行三项制度改革，优化劳动组合，打破干部工人身份界限，推行干部聘任上岗，以“四定”为基础，实行岗位技能工资制。对机关机构进行改革，减少机关部室11个，减幅达29.7%；减少机关工作人员473人，减幅达53%。

1994年5月至8月，大港石油管理局深化油田体制改革，转换经营机制，解体“大而全、小而全”的企业组织模式，推行专业化管理，成立油气开发公司，设机关部门10个，主要负责油气生产、集输、注水、产能建设等业务。解体第一采油厂编制，分离其辅助生产单位，组建第一采油作业区、综合生产服务公司，隶属于油气开发公司管理。同时，将生活后勤、普教、卫生系统与主业分离，按区域组建9个生活服务公司，41所中小学统一划归教育处管理，8个卫生分院、1个门诊部、21个保健站由职工总医院直接管理。

9月21日至22日，中共大港石油管理局第三次代表大会召开，选举产生第三届委员会和纪律检查委员会，姚和清为党委书记，孙希敬、张德寿为党委副书记，石玉呈为纪委书记。下属基层党委43个、党总支153个、党支部1148个，共有党员2.05万名。

11月，大港石油管理局被国务院确定为全国百家现代企业制度试点单位，是陆上石油企业中首批全国现代企业制度试点单位。

截至1994年12月，大港石油管理局设机关部门32个：党委办公室、组织部、宣传部、工会、团委、办公室、生产处、钻井处、滩海办公室、基建处、炼油处、科技处、土地规划管理处、技术监督处、技术安全处、机动处、体制改革办公室、企业管理处、规划计划处、财务处（国有资产处）、劳动工资处、多种经营办公室、外事引进管理处、法律事务处、审计处、监察处（纪委办公室）、民事工作处、武装部、离退休职工管理处、卫生处、生活管理办公室、行政事务处（机关党委）；附属单位3个：劳动力介绍交流中心、人才交流中心、电视台；直属单位21个：勘探公司（勘探部）、实业开发公司、销售公司（运销部）、天然气公司、经济技术贸易公司、房地产开发公司、设备物资开发利用公司、技术监督检测中心、文化体育中心、经济研究所、大港石油报社、天津振兴会计师事务所、天津凯业审计事务所、无锡休养院、北京联络处、新工业区管理处、黑河鹏程工贸总公司、港城国际贸易发展公司、经济技术咨询公司、街道办事处、天津分公司（代管）。所属二级单位40个：地球物理勘探公司、钻井工程公司、定向井技术服务公司、地质录井公司、滩海工程公司、油气开发公司、第二采油厂、第三采油厂、第四采油厂、井下作业公司、测井公司、油田建设工程公司、矿区建设工程公司、运输公司、总机械厂、石油机械厂、水电厂、炼油厂、供应处、通信公司、地质勘探开发研究院、勘察设计研究院、钻采工艺研究院、职工总医院、教育处、职工培训中心、大港石油学校、技工学校、大港商业公司（代管）、第二实业公司、大港石油公安处、中心区房产公司、中心区生活服务公司以及港东、港南、港西、港北、港中、王官屯、王徐庄生活服务公司。在册职工6.94万人。矿权总面积1.73万平方千米，开发面积313.7平方千米，探明地质储量4.77亿吨，新增联盟、长芦、塘沽3个油田，已开发油田达到23个，油井开井1639口。年产原油425万吨、天然气4.00亿立方米，工业总产值55.52亿元。

期间，大港石油管理局第一采油厂二矿二队采油工邓月华当选中共十四大代表。

1995年9月，大港石油管理局改制为大港油田集团有限责任公司。

（一）大港石油管理局领导名录（1988.9—1995.9）

局　　长　陈光虞（1988.9—1990.9）
孙希敬（1990.9—1995.8）
姚和清（1995.8—9）

副 局 长　姚和清（1993.11—1995.8）
陈厚勇（1988.9—1994.8）
王永杰（1990.9—1993.9）
张大德（1988.9—1995.9）
俞叔武（1988.9—1995.9）
张树明（1988.9—1995.9）
张连生（1988.8—1990.9）
张俊杰（1989.5—1993.12）
刘厚敏（1990.9—1995.9）

总工程师　陈厚勇（1988.9—1992.8）
曲经文（1993.11—1995.9）

总 地 质 师　郑长明（1988.9—1992.6）
于庄敬（1990.9—1994.11）
薛士荣（1992.6—1995.9）
总 经 济 师　俞叔武（1988.9—1995.9）
总 会 计 师　佟志民（1989.9—1995.9）
科 委 主 任　陈光虞（1990.9—1993.11）
科委副主任　郑长明（1992.6—1994.8）
副局级干部　王寿增（副总工程师，1988.9—1992.9）
柳恒昌（工会调研员，1988.9—1991.10）
杨晓华（巡视员，1988.9—1989.9）
秦振华（调研员，1988.9—1990.6）
冯　浩（调研员，1988.9—1990.12）
王　锷（调研员，1988.9—1989.12）
裴虎全（调研员，1988.9—1989.3）

（二）中共大港石油管理局委员会领导名录（1988.9—1995.9）

书　　记　张俊杰（1988.9—1993.12）
姚和清（1994.5—1995.8）
王　鹏（1995.8—9）
副 书 记　陈光虞（1988.9—1993.11）
姚和清（1988.9—1994.5；1995.8—11）
孙希敬（1990.9—1995.8）
张德寿（1992.3—1995.9）
常　　委　李东昌（1988.9—1992.8）
石玉呈（1988.9—1995.9）
张德寿（1988.9—1992.3）
高兰成（1988.9—1995.9）
王永杰（1990.9—1993.9）
张大德（1994.10—1995.9）
张树明（1994.10—1995.9）

纪委书记　李东昌（1988.9—1992.8）

　　　　　石玉呈（1992.8—1995.9）

（三）大港石油管理局工会（1988.9—1995.9）

主　　席　高兰成（1988.9—1995.9）

二、大港油田集团有限责任公司（1995.9—1998.7）

1995年9月，国家经济体制改革委员会和总公司联合发文批复大港油田现代企业制度试点方案，同意由大港石油管理局依照《公司法》改组为国有独资公司，更名为大港油田集团有限责任公司，完成工商登记注册，领取法人营业执照。11月，设立大港油田集团有限责任公司董事会、监事会；任命领导班子成员。行政级别为正局级，党组织关系隶属于天津市委。机关办公地点在天津市大港油田三号院。

12月，为适应体制改革需要，大港油田集团有限责任公司对组织机构进行调整，设机关部门27个、附属单位25个、直属单位20个、所属二级单位40个，在册职工6.95万人。

1996年1月，大港油田集团有限责任公司开展法人企业试点工作，将定向井技术服务公司、总机械厂、石油机械厂、实业开发公司、地球物理勘探公司和勘察设计研究院改建为独立法人企业。

8月，为进一步深化油田开发系统改革，理顺管理体制和运行机制，按油田区块和专业化管理要求，充实、完善油气开发公司。撤销第二采油厂、第三采油厂、第四采油厂、第一采油作业区和综合生产服务公司，分离生产服务单位，成立9个采油作业区和原油集输分公司、天然气集输分公司。改革后，油气开发公司机关设部门15个：生产管理部、工程技术部、工程建设部、油藏工程部、技安环保部、企业管理部、计财资产部、多种经营部、劳动人事部、公司办公室、党委办公室、监察部、武装部（保卫）、工会、团委；直属单位4个：地质所、工艺所、项目管理办公室、四类井修复利用中心。所属二级单位11个：第一采油作业区、第二采油作业区、第三采油作业区、第四采油作业区、第五采油作业区、第六采油作业区、第七采油作业区、第八采油作业区、滩海采油作业区、原油集输分公司、天然气集输分公司；辅助生产单位18个：第一修井分公司、第二修井分公司等。形成了大港油田集团有限责任公司—油气开发公司—采油作业区—采油（输注）队四级管理模式。

到1997年底，大港油田集团有限责任公司通过改组改制，逐步理顺管理体制，各项配套改革稳步推进，以“油公司”为主体的现代企业集团制模式更加清晰。设机关部门29个、附属单位23个、直属单位27个、所属二级单位36个，在册职工7.24万人。矿权总面积1.73万平方千米，开发面积332.1平方千米，探明地质储量5.01亿吨，有王徐庄、港东、港西、周青庄、唐家河、港中、六间房、羊三木、羊二庄、板桥、孔店、王官屯、凤化店、马西、小集、马东、扣村、自来屯、舍女寺、段六拨、联盟、长芦、塘沽、张巨河、沈家铺、乌马营等26个油田探井投入生产，油井开井1853口。年产原油435万吨、天然气3.89亿立方米，工业总产值73.69亿元。

期间，大港油田集团有限责任公司董事长、总经理姚和清当选第九届全国人大代表。

（一）大港油田集团有限责任公司董事会（1995.11—1998.7）

董 事 长　姚和清（1995.11—1998.7）
副董事长　王　鹏（1995.11—1998.7）
汪国良（1995.11—1998.7）
董　　事　张德寿（1995.11—1998.7）
张大德（1995.11—1998.7）
石彦民（1995.11—1998.2）
郭德宝（1995.11—1998.7）
吴炤生（1995.11—1998.7）
高兰成（职工代表，1995.11—1998.7）
吴永平（1998.2—7）

（二）大港油田集团有限责任公司监事会（1995.11—1998.7）

主　　席　陈玉瑾（1995.11—1998.7）
监　　事　高凤翔（1995.11—1998.7）
屈延龄（1995.11—1998.7）
徐树荣（职工代表，1995.11—1998.7）
石桂臣（职工代表，1995.11—1998.7）
张　有（1996.5—1998.7）
刘经华（1996.5—1998.7）

（三）大港油田集团有限责任公司领导名录（1995.9—1998.7）

总　经　理　姚和清（1995.9—1998.7）
副总经理　朱敬成（1995.9—1998.7）
石彦民（1995.9—1998.2）
张幸福（1995.9—1998.7）
郭德宝（1995.9—1998.7）
吴炤生（1995.9—1998.7）
刘厚敏（1995.9—1998.7）
吴永平（1998.2—7）
总工程师　曲经文（1995.9—1998.2）
总地质师　石彦民（1995.9—1998.2）
吴永平（1998.2—7）
总会计师　吴炤生（1995.9—1998.7）
科委副主任　张大德（1995.11—1998.7）
曲经文（1995.11—1998.7）

（四）中共大港油田集团有限责任公司委员会领导名录（1995.9—1998.7）

书　　记　王　鹏（1995.9—1998.7）
副书记　姚和清（1995.9—1998.7）
张德寿（1995.9—1998.7）
常　　委　高兰成（1995.9—1998.7）
陈玉瑾（1995.9—1998.7）
朱敬成（1995.9—1998.7）
郭德宝（1995.9—1998.7）
纪委书记　陈玉瑾（1995.9—1998.7）

（五）大港油田集团有限责任公司工会（1995.9—1998.7）

主　　席　高兰成（1995.9—1998.7）

第八节　四川石油管理局（1988.9—1998.7）

1988年9月起，四川石油管理局隶属于总公司管理，行政级别为正局级，机关设处室29个、所属二级单位38个，在册职工9.91万人。党组织关系隶属于中共四川省委。机关办公地址在四川省成都市府青路一段3号。

四川石油管理局勘探开发区域为四川盆地及周缘，东北起于大巴山，西南止于大凉山，西缘始于龙门山，东南界为大娄山，行政区划位于四川省中、东部和重庆市的大部分地区，油气勘查面积12.07万平方千米。拥有地震队21个，钻井队115个，试油队17个，采油（气）队33个，输气队11个，井下作业队14个，油建施工队30个，测井队37个，修井队9个。1988年生产天然气59.11亿立方米、原油8.77万吨。

1989年，四川石油管理局发挥自身技术优势，广泛开展对外合作。先后在新疆、冀东、胜利、塔里木等油田，在新加坡、泰国、科威特等国家，承担钻井、试油等各类石油工程技术服务。1989年3月，成立四川石油天然气工程公司南疆钻井公司（后更名为塔里木四川钻井公司）和冀东钻井公司，主要负责在南疆和冀东的工程技术服务。1991年1月，成立青海格尔木四川油建公司，负责承包格尔木炼油厂建设的有关工作。8月，以四川石油管理局62名队员为主的中国灭火队，赴科威特布尔甘油田灭火，53天扑灭了10口日产万吨以上的油井大火，回国后受到李鹏总理接见及总公司、四川省委表彰。

1992年4月，四川省委组织部向总公司交接四川石油管理局局级干部的管理业务，实现干部管理由以省为主、总公司为辅向以总公司为主、省为辅的体制转变。

1994年9月，中共四川石油管理局第六次代表大会召开，选举产生第六届委员会和纪律检查委员会，袁光明为党委书记，陈应权、张传书为党委副书记，王思爵为纪委书记。

1995年10月，经总公司和四川省政府批准同意，四川省浅层天然气勘探开发总公司整体划入四川石油管理局。

1997年5月，在部分单位实行处级干部聘用制的同时，首次在局副职领导干部岗位实行聘任制。同月，成立长庆钻井会战指挥部，负责四川石油管理局在长庆油田会战队伍的管理。6月，成立人才交流中心，负责新进和内部岗位调整人员的调配和双向选择。

自1988年以来，根据总公司构建“油公司”的企业改革部署，四川石油管理局对机关职能处室设置进行多次调整：撤销油气田开发处、生产协调处、地质勘探处、科技外事处等13个机关职能部门，合并人事处与党委组织部、气调中心与总调度室4个机关职能部门，设立企业管理处、油气田开发部、人事处、地质勘探部、科学技术处等24个机关职能部门。根据二级单位的不同类型，坚持责、权、利相结合，分别建立“统一计划、分级管理、分类核算、自负盈亏”的核算制度，并对组织机构进行相应调整：撤销局干部学校、威远机械厂、科教基地建设管理处、信息研究所等4个二级单位，合并职工中专与职工大学2个二级单位，新建石油天然气调度中心、物资总公司、天然气销售公司、勘探公司、山地地震勘探公司、华油四川实业发展总公司等26个二级单位；成都、重庆、资阳3个汽车运输公司和中国石油报四川记者站、石油宾馆升格为处级单位。同时，在11个综合性矿区和施工作业单位实施解体“小而全”工作，对施工作业、社会服务、多种经营单位进行内部分离和部分重组，推进公司制和股份合作制改革，初步形成钻井、地震、运输、油建等内部市场。

截至1998年7月，四川石油管理局机关设处室36个：党委办公室、党委宣传部、纪委（监察处）、工会、团委、机关党委、办公室、规划计划处、总调度室、勘探处、钻井处、开发处、机动处、运输处、技安处、环保处、炼化处、基建处、技监处、科技处、外事处、对外合作处、资产处、财务处、世行贷款办、体改办、法律事务处、营销处、多经处、组织部（人事处）、劳资处、教育处、审计处、卫生处、公安处、离退休管理处；直（附）属单位8个：华油公司、生活服务公司、劳动服务公司、机关门诊部、四川石油报、天然气杂志社、信息中心、编志办。

所属二级单位49个，包括川中油气公司、川南矿区等5个油气勘探开发综合性矿区，地调处、川东钻探、井下作业处、油建公司等8个专业化工程建设单位；地质研究院、设计院等5所科研院所，成都总机厂、资阳钢管厂、钻采设备厂等6个装备制造厂家；南充炼油厂、川东净化总厂、六菱化工厂3个油气化工生产厂家；物资总公司、成都运输公司、通讯公司等10个生产保障单位；北京办事处等4个驻外办事机构；职工大学、财经学校、总医院等5个教育医疗单位；石油宾馆、峨眉疗养院等生活后勤单位。在册职工10.74万人。下属基层党委37个、党总支205个、党支部1832个，共有党员3.56万名。

经过40余年努力，四川石油管理局建成川南、川东、川西南、川西北、川中五大油气区。累计探明石油地质储量6796万吨、天然气地质储量5545.95亿立方米。1998年，共有集、输气管线1万千米，各类集、输场站1990座；天然气净化厂7座，年处理原料天然气48.26亿立方米；炼油化工生产装置48套，加工原油及凝析油34.84万吨；年产天然气74.9亿立方米、原油19.5万吨，分别是1988年产量的127%和222%。

期间，四川石油管理局党委书记陈应权当选中共十五大代表；四川石油管理局川南矿区高级工程师李松旺、川西南矿区净化二厂厂长韩兴旺当选第八届全国人大代表；四川石油管理局局长、党委副书记夏鸿辉，四川设计院总工程师张良鹤，南充炼油厂厂长、党委副书记孙纯当选第九届全国人大代表；四川石油管理局地调处高级工程师高汝曾任第八届、第九届全国政协委员。

一、四川石油管理局领导名录（1988.9—1998.7）

局　　长　蒋长安（1988.9—1993.1）
袁光明（1993.1—1996.10）
夏鸿辉（1996.10—1998.7）

副 局 长　王宓君（1988.9—1993.5）
傅尧生（1988.9—1993.5）
樊友珍（1988.9—1993.5）
刘　璞（1988.9—1996.1）
夏鸿辉（1988.9—1996.10）
滕耀坤（1988.9—1997.5）
史鑑生（1990.1—1993.5）
李朝鑫（1993.5—1996.10）
何　炽（1993.5—1998.7）
朱昌南（1993.5—1998.7）
张书铭（1997.5—1998.7）
胥永杰（1997.5—1998.7）

	廖光中（1997.5—1998.7）
总工程师	徐文渊（1988.9—1989.1）
	马兴峙（回族，1988.9—1993.5）
	曾时田（1993.5—1998.7）
总经济师	栗源林（1988.9—1997.5）
总地质师	胡光灿（1993.5—1997.5）
	冉隆辉（1997.5—1998.7）
总会计师	陈时述（1993.5—1997.5）
正局级干部	董金璧（1988.9—1992.12）
	杨型亮（1988.9—1992.12）
	蒋长安（1993.1—1998.3）
	袁光明（1996.10—1998.7）
副局级干部	党万廷（1988.9—1989.4）
	董中林（1988.9—1992.12）
	包　茨（1988.9—1992.12）
	王靖寰（1988.9—1992.12）
	胡成贵（1988.9—1998.7）
	徐文渊（1989.1—1993.7）
	丁耀民（1993.5—9）
	许德林（1993.5—1994.6）
	史鉴生（1993.5—1997.4）
	王宓君（1993.5—1998.5）
	樊友珍（1993.5—1998.5）
	马兴峙（1993.5—1998.6）
	高杰先（1993.5—1998.7）
	张仲珉（1993.8—1995.3）
	陈时述（1997.5—1998.4）
	栗源林（1997.5—1998.5）
	胡光灿（1997.5—1998.5）
	滕耀坤（1997.5—1998.7）

二、中共四川石油管理局委员会名录（1988.9—1998.7）

党委书记　袁光明（1988.9—1996.10）
陈应权（1996.10—1998.7）

副书记　唐克碧（女，1988.9—1992.11）
陈应权（1988.9—1996.10）
张传书（1994.9—1998.7）
夏鸿辉（1996.10—1998.7）

常委　马兴峙（1988.9—1993.5）
高杰先（1988.9—1993.5）
蒋长安（1988.9—1993.1）
许德林（1988.9—1993.5）
王宓君（1988.9—1993.5）
夏鸿辉（1993.5—1996.10）
李朝鑫（1993.5—1996.10）
朱昌南（1993.5—1998.7）
栗源林（1993.5—1997.5）
王思爵（1993.5—1998.7）
傅尧生（1993.5—1998.7）
张传书（组织部长，1993.5—1994.9）
何　炽（1997.5—1998.7）
张书铭（1997.5—1998.7）
郭跃武（组织部长，1997.5—1998.7）

纪委书记　许德林（1988.9—1993.5）
王思爵（1993.5—1998.7）

三、四川石油管理局工会（1988.9—1998.7）

主席　丁耀民（1988.9—1993.5）
傅尧生（1993.5—1998.7）

第九节　长庆石油勘探局（1988.9—1998.7）

1988年9月起，长庆石油勘探局隶属于总公司管理，勘探开发区域为鄂尔多斯盆地，勘探面积37万平方千米，设机关处室26个、所属二级单位30个，在册职工4.7万人。当年生产原油142万吨、天然气0.22亿立方米。机关办公地点在甘肃省庆阳县城北关。

1989年4月，对机关机构进行相应调整，成立思想政治工作处、规划计划处、企业管理处、勘探部、开发部、炼油化工运销处、干部管理处、离退休职工管理处等8个职能处室。

12月，中共长庆石油勘探局第二次代表大会召开，选举产生第二届委员会和纪律检查委员会，魏光强为党委书记，史兴全、孙玉辰为党委副书记，雷发瑞为纪委书记。下属基层党委32个、党总支77个、党支部801个，共有党员1.55万名。党组织关系隶属于中共甘肃省委。

1992年4月，成立咸阳长庆助剂厂。11月，长庆石油勘探局组织开展劳动、人事、工资三项制度配套改革工作，推行全员上岗、试岗、待岗“三岗制”。1993年，对机关组织机构进行调整，组织部与干部处、纪委和监察处、机关事务管理处与机关党委合署办公；成立教育培训中心、审计事务所、技术监督处、多种经营管理处、住房资金管理中心；勘探处更名为勘探部；经济协作办公室更名为公共关系处；撤销企业管理处。改革后，机关职能处室由33个减至25个，所属二级单位机关科室由410个减至250个。职工总量增长速度从每年3.65%降至1.69%，全员劳动生产率比1991年提高16%。1993年原油产量比1991年增加26万吨，达180万吨。

1995年4月，成立人力资源开发服务中心。5月，成立职业技能鉴定中心。12月，推行全员劳动合同制度。

1996年7月，总公司决定撤销设在陕西省礼泉县的657所（战备档案库），其人员、房屋及档案设备等整体划入长庆石油勘探局。

1997年3月，成立政治思想工作部，由党委办公室代行其办公室职能。

1997年4月，中共长庆石油勘探局第三次代表大会召开，选举产生第三届委员会和纪律检查委员会，史兴全为党委书记，孙玉辰、胡文瑞、张继昌为党委副书记，张继昌为纪委书记。下属基层党委43个、党总支147个、党支部1245个，共有党员1.88万名。

1997年7月，成立天然气开发处。

截至1998年7月，长庆石油勘探局机关设职能处室29个：局长办公室、总调度室、勘探部、钻井工程技术处、试油压裂处、油田开发处、天然气开发处、炼油化工处、基建工程处、规划计划处、财务处、劳动工资处、人力资源开发服务中心、教育培训处、国有资产管理处、机械动力处、科技处、技术监督安全环保处、对外关系协作处、卫生处、党委办公室（政治思想工作部）、组织部（干部处）、宣传部、纪委监察处、工会、团委、武装部、离退休职工管理处、机关事务管理处；附属单位12个：资金结算中心、社会保险中心、石油经济研究所、技术监测中心、庆阳指挥部、档案科、影视部、编辑部、印刷厂、西安基地卫生所、西安子弟学校、打字收发室。

所属二级单位44个：第一采油厂、第二采油厂、第三采油厂、第一钻井工程处、第二钻井工程处、第三钻井工程处、马岭炼油厂、马家滩炼油厂、采气厂、咸阳长庆石油助剂厂、甲醇厂、石油天然气销售总公司、勘探开发研究院、钻采工艺研究院、勘察设计研究院、地球物理勘探处、测井工程处、井下技术作业处、油田建设工程处、筑路工程总公司、水电厂、通讯处、长庆石油报社、器材供应处、运输处、机械厂、第二机械厂、审计处、公安处、长庆石油学校、长庆技工学校、乳山职工培训中心、职工医院、职工疗养院、公用事业处、银川物业管理处（银川办事处）、兰州办事处、北京联络处、上海联络处、西安基地筹建处、长庆实业集团有限公司（多种经营管理处、集体经济管理处）、庆阳子弟总校、农工商联合处、交通服务处；对外参股企业3个：乳山韩京摩擦材料有限公司、乳山隆达美西橡胶制品有限公司、宁夏长庆天然气有限责任公司。在册职工6.35万人。下属基层党委45个、党总支147个、党支部1245个，共有2.1万名党员。固定资产184.5亿元，年产原油400万吨、天然气4.6亿立方米。

期间，长庆石油勘探局局长、党委书记史兴全当选第九届全国人大代表；长庆石油勘探局常务副局长胡文瑞任第九届全国政协委员。

一、长庆石油勘探局领导名录（1988.9—1998.7）

局　　长　王祖文（1988.9—1989.10）
史兴全（1989.10—1998.7）

常务副局长　胡文瑞（正局级，1997.1—1998.7）
副　局　长　倪崇僖（1988.9—1997.1）
杨俊杰（1988.9—1994.12）
刘福德（1988.9—1989.10）
孙玉辰（1988.9—1989.10）
史兴全（1988.9—1989.10）
胡文瑞（1989.2—1996.11）
陈国法（1989.10—1998.7）
王苏民（1989.10—1991）
雷发瑞（1991.3—1997.1）
苗铁生（1991.3—1997.1）
施少荃（1991.7—1994.12）
包方钧（1992.11—1998.7）
饶永久（1997.1—1998.7）
滕玉林（1997.1—1998.7）
总地质师　李德渊（1988.9—1989.10）
杨俊杰（1989.10—1994.12）
何自新（1997.1—1998.7）
油建总工程师　王天增（1988.9—1990.4）
总经济师　曲贯星（1988.9—1995.5）
总工程师　徐超杰（1991.3—1994.12）
赵业荣（1997.1—1998.7）
总会计师　杨　峰（1992.11—1996.10）
张芝兰（女，1997.1—1998.7）
科委主任　王祖文（1989.10—1993.1）
调　研　员　赵鸿翙（1988.9—1989.3）
刘福德（1989.10—1996.9）

二、中共长庆石油勘探局委员会领导名录（1988.9—1998.7）

书　　记　魏光强（1988.9—1996.11）
史兴全（1996.11—1998.7）

副　书　记　李　云（1988.9—1990.4）
史兴全（1989.10—1996.11）
孙玉辰（1989.10—1998.7）
胡文瑞（1996.11—1998.7）
张继昌（1996.11—1998.7）

常　　委　王祖文（1988.9—1993.1）
倪崇僖（1988.9—1997.1）
杨俊杰（1988.9—1994.12）
陈国法（1988.9—1998.7）
雷发瑞（1988.9—1998.6）
曲贯星（1988.9—1995.5）
王苏民（1989.10—1991）
王树荣（1991.11—1998.7）
包方钧（1997.1—1998.7）
饶永久（1997.4—1998.7）
滕玉林（1997.4—1998.7）

纪委书记　雷发瑞（1988.9—1991.3）
张继昌（1991.3—1998.7）

三、长庆石油勘探局工会（1988.9—1998.7）

主　　席　陈国法（1988.9—1989.10）
（空缺）（1989.10—1991.3）
王树荣（1991.3—1998.7）

第十节　河南石油勘探局（1988.9—1998.6）

1988年9月起，河南石油勘探局隶属总公司管理，设机关职能处室27个、所属二级单位31个，职工总数3.09万人。党组织关系隶属于中共南阳市委。机关办公地址在河南省南阳市宛城区。

1989年8月4日，中共河南石油勘探局第一次代表大会召开，选举产生第一届委员会和纪律检查委员会，唐光裕为党委书记，孙希敬、杨国珍为党委副书记，张学文为纪委书记。下属基层党委23个、党总支72个、党支部667个，共有党员1.11万名。

1989年，增设盐矿筹备处，撤销经济贸易开发公司；局机关党委不再作为机关职能处室。1990年10月，河南石油勘探局与桐柏县联合开发安棚碱矿，成立河南油田桐柏天然碱联合开发公司。同年，机关增设武装部、法律事务处、多种经营管理处、离退休职工管理处、卫生处等5个职能处室，机关职能处室调整为31个。河南石油报社调整为局属二级单位，计算中心合并到地质调查处，局属二级单位调整为31个。职工总数3.24万人。

1992年2月，规划设计院更名为勘察设计研究院。同年，总公司将委托河南石油勘探局代管的第二石油机械厂更名为南阳石油机械厂，并于1993年10月划入河南石油勘探局。

截至1997年12月，机关设职能处室26个（不含党群部门处室）：勘探部、采油处、总调度室、钻井处、计划处、油藏工程处、干部处、企业管理处、科技处、基建处、安全处、机动处、财务处、审计处、劳动工资处、多种经营部、法律事务处、卫生处、局办公室、教育处、炼化处、技术监督处、运销处、监察处、离退休职工管理处、中心管理处。

所属二级单位31个：地质调查处、钻井工程公司、地球物理测井公司、地质录井公司、石油勘探开发研究院、规划设计院、采油工艺研究所、油田建设工程公司、矿区建设工程公司、井下作业公司、第一采油厂、第二采油厂、炼油厂、水电厂、机械制造厂、南阳石油机械厂、运输处、通信公司、器材供应处、碱矿筹备处、盐矿筹备处、多种经营总公司（多种经营管理部）、公安局、石油报社、技工学校、职工大学、第一中学、职工医院、商业公司、消防支队、无锡疗养院。在册职工3.84万人。累计发现油田15个，探明石油地质储量2.26亿吨，探明含油面积135平方千米，生产原油4536.52万吨。

1998年6月，根据《中国石油天然气集团公司、中国石油化工集团公司关于划转企业的交接协议》，河南石油勘探局由中国石油天然气总公司划转中国石油化工集团公司管理。

一、河南石油勘探局领导名录（1988.9—1998.6）

局　　长　孙希敬（1988.9—1990.9）
　　　　　　唐光裕（1990.9—1998.6）

副 局 长　周蔚云（1988.9—1998.6）
杜有年（1988.9—1998.6）
彭生明（1988.9—1998.6）
程绍志（1988.9—1998.6）
唐光裕（1989.2—1990.9）
总工程师　周蔚云（1988.9—1993.12）
李辉长（1993.12—1997.2）
总地质师　徐世庸（1988.9—1994.5）
总经济师　陈培基（1988.9—1993.12）
李清亮（1993.12—1998.6）
总会计师　王永凡（1988.9—1998.6）
总机械师　李培杰（1988.9—1992.11）

二、中共河南石油勘探局委员会领导名录（1990.12—1998.6）

书　　记　唐光裕（1988.9—1996.11）
魏光强（1996.11—1998.6）
副 书 记　孙希敬（1988.9—1990.9）
杨国珍（女，1988.9—1998.6）
张文彦（1989.9—1995.3）
唐光裕（1996.11—1998.6）
纪委书记　张学文（1988.9—1992.10）
孙先锋（1992.10—1996.10）
张国全（1996.12—1998.6）

三、河南石油勘探局工会（1988.9—1998.6）

主　　席　姚大福（1988.9—1991.7；1992.10—1998.6）
张殿权（1991.7—1992.10）

第十一节　江汉石油管理局（1988.9—1998.6）

1988年9月起，江汉石油管理局隶属于总公司管理。当年，生产原油101.66万吨，其中位于山东省的八面河油田生产原油81万吨；完成工业总产值5.21亿元，比1987年增长27.2%；上交税金3227万元，比1987年增长38.8%。实现12年原油稳产100万吨。党组织关系隶属于中共湖北省委。机关办公地址在湖北省潜江市。

1989年，针对原油产量下滑的状况，为加强油田勘探开发工作，江汉石油管理局将勘探开发处的勘探和开发职能分开，成立勘探部、开发部、钻井部。1990年，成立技术监督处，负责全局质量技术监督工作；成立定额站（后更名为概预算中心），负责工程概预算工作；成立环保绿化处，为局二级单位，负责油田绿化工作；将商业部分从劳动服务公司划出，成立商业总公司。

江汉油田经过30多年的勘探开发，进入开采中后期，面临的困难和矛盾凸显出来。1991年，原油产量从100万吨降至73.5万吨，而职工人数每年以4%的速度递增。产业结构、队伍结构不合理，管理体制上存在“大而全”、“小而全”，企业办社会现象突出。1992年7月，根据总公司三项制度改革工作会议精神，开始在油田实施干部、劳动用工和工资制度改革，试行干部“三干法”、工人“三岗制”，全面推行劳动合同制。1992年12月，成立人才交流中心，负责人才劳动力交流工作。1993年7月，进行机构改革，解体“大而全”、“小而全”，对主业富余人员进行分离。10月，对八达实业集团比耐雅制衣厂实施股份制改造，成为江汉石油管理局首家股份制企业。

1995年11月，党委组织部与干部处合并，成立党委组织部。

1996年12月，对机关组织机构和职能进行调整，成立机关管理处、公共事业管理处、市场办公室和法律事务处。改革用人机制，全面推行干部聘任制，1.46万名干部按“三干法”的要求重新聘任上岗，一批年富力强、德才兼备的干部走上各级领导岗位；建立、完善人才劳动力市场，各类毕业生分配实行供需见面、双向选择，组织劳务输出，对外开辟就业渠道，促进了人才和劳动力的合理流动。

1996年，江汉石油管理局借鉴中原油田改革经验，按照生产专业化、服务社会化、运行市场化的原则，打破原有企业组织结构，按“油公司”模式进行机构改革，组织生产运行，企业负担过重的矛盾得到明显缓解。分离二级单位办社会职能，除外围单位外，其他二级单位的普通教育划归教育处统一管理，二级单位医疗机构按区域分别划归中心医院和二医院管理；成立房产管理处，分片设立广华、向阳、五七、红旗、周矶5个物业管理处（后红旗、周矶物业管理处并入五七物业管理处）；将离退休管理处由机关处室变为二级单位。分离二级单位的辅助生产单位，成立客运管理处，将全局大部分货运车辆和大客车收归运输处和客运处管理经营；将通信系统从水电厂独立出来，成立通信处；撤销主要生产单位物资供应机构，由供应处实行专业化管理，分片设库，门市化供应。改革油田开发管理体制，撤销油田处，设立采油厂、井下作业处、采油工艺研究院、向阳实业开发总公司。环保绿化处更名为环保农林处。

1997年，化工处与企业综合管理处部分职能合并，成立经济信息与研究中心。4月，成立国际贸易部。同时，加大多种经营企业改革，对八达实业集团、钻头厂、运输处等微利和亏损的基层多种经营单位实行买断、租赁、拍卖和股份制改造。通过一系列改革，逐步建立起了以“油公司”为主体的现代企业管理模式。

截至1997年12月，江汉石油管理局设机关部门34个：局办公室、企业综合管理处、法律事务处、经济研究与信息中心、市场办公室、计划处、总调度室、劳动工资处、人力资源服务中心、财务处、审计处、国有资产管理处、勘探部、开发部、钻井部、基建处、概预算中心、装备处、化工处、运销处、科技处、技术监督处、安全技术处、多种经营管理处、党委机关管理处、公共事业处、卫生处、局党委办公室、组织部、宣传部、纪委、工会、团委、机关党委。所属二级单位43个：地球物理勘探处、钻井工程处、测井工程处、井下作业处、江汉采油厂、清河采油厂、天然气勘探开发处、油田建设工程处、勘察设计研究院、勘探开发研究院、机械研究所、测井研究所、采油工艺研究院、江汉石油机械厂、第三机械厂、第四机械厂、仪表厂、沙市钢管厂、钻头厂、供应处、运输管理处、客运管理处、水电厂、通信处、石油化工厂、盐化工总厂、教育处、职工大学、高级技工学校、报社、中心医院、第二职工医院、国际贸易部、环保农业处、公安处、离退休职工管理处、八达实业集团、房地产管理处、广华物业处、向阳物业处、五七物业处、向阳实业总公司、商业总公司。在册职工5.67万人，其中各类专业技术人员1.61万人。共发现油气田26个，探明含油面积147.3平方千米，探明石油地质储量1.08亿吨、天然气地质储量50.55亿立方米。1997年，固定资产总值64.9亿元，净值35.8亿元，完成企业总产值48.79亿元，实现销售收入27.08亿元，上交税费3.02亿元。

1998年2月，江汉石油管理局提出实施油气资源扩充、科技兴业、市场开拓和资本运营“四大战略”，形成油气主业、机械制造、油盐化工、集体经济、技术劳务输出“五个经济板块”的发展思路。3月，江汉石油管理局与长庆石油勘探局合作开发安塞油田坪桥北部地区石油资源，并成立坪北项目经理部。4月，总公司决定，将中国石油物资装备总公司下属承德石油机械厂的机械制造业务和877名人员划入江汉石油管理局所属钻头厂管理。此后，钻井部与研究院钻井设计监督中心合并，成立钻井设计监督中心。

1998年6月，根据《中国石油天然气集团公司、中国石油化工集团公司关于划转企业的交接协议》，江汉石油管理局由中国石油天然气总公司划转中国石油化工集团公司管理，下属江汉测井研究所、江汉机械研究所划归中国石油天然气集团公司石油勘探开发科学研究院。

一、江汉石油管理局领导名录（1988.9—1998.6）

局　　长　陆人杰（1988.9—1989.8）
王显聪（1989.9—1992.12）
文光辉（1992.12—1997.11）
刘恩学（1997.11—1998.6）

副 局 长　陈　勇（正局级，1988.9—1992.1）
李自新（1988.9—1997.11）
戴世昭（1988.9—1997.11）
李国信（1988.9—1998.6）
王煌今（正局级，1988.9—1991.2）
张树平（1989.5—1989.12）
王献智（正局级，1990.11—1997.11）
卢言礼（1992.6—1998.2）
钟国强（1995.7—1998.6）
戴彦爵（1997.1—1998.6）
卢耀祖（1997.11—1998.6）
杨晓林（1997.11—1998.6）

总工程师　訾祖耀（1988.9—1989.10）
何国裕（1990.7—1997.1）
戴彦爵（1997.1—1998.6）

总 经 济 师　韦布仁（1988.9—12）
王煌今（1989.3—1991.2）
徐达人（1991.2—1992.11）
倪光耀（1993.12—1998.6）
总 会 计 师　罗耀光（1988.9—1997.1）
陈金华（1997.1—1998.6）
总 地 质 师　戴世昭（兼任，1988.9—1991.2）
赵中坚（1991.2—1992.5）
汪仕忠（1992.6—1998.6）
采油总工程师　黄嘉瑗（1988.9—1989.12）
钻井总工程师　谢国光（1989.9—1991.10）
总 机 械 师　彭章涛（1990.7—1995.5）
调　研　员　韩学伦（1988.9—1991.8）
王玉峰（1988.9—1992.12）
郭兴和（1988.9—1989.1）
魏光荣（1988.9—1992.5）

二、中共江汉石油管理局委员会领导名录（1988.9—1998.6）

书　　记　文光辉（1988.9—1997.1）
刘恩学（1997.1—1998.6）
副 书 记　陆人杰（1988.9—1989.8）
王显骢（1989.9—1992.12）
张树平（1988.9—1989.12）
郭永诚（1990.10—1998.6）
文光辉（1997.1—11）
翁青山（1997.2—1998.6）
张玉春（1997.11—1998.6）
常　　委　陈　勇（1988.9—1992.1）
郭永诚（1988.9—1990.10）
张义发（1988.9—1997.1）
翁青山（1989.1—1997.2）

李自新（1992.7—1997.11）
戴世昭（1992.7—1997.11）
王献智（1992.7—1997.11）
卢言礼（1992.7—1998.2）
李国信（1992.7—1998.6）
戴彦爵（1997.1—1998.6）
纪 委 书 记　张义发（1988.9—1997.1）
郭永诚（1997.1—1998.6）

三、江汉石油管理局工会（1989.2—1998.6）
主　　　席　翁青山（1989.2—1998.6）

第十二节　玉门石油管理局（1988.9—1998.7）

1988年9月，玉门石油管理局由甘肃省和总公司双重领导，以甘肃省管理为主。设机关处室28个、所属二级单位25个，在册职工2.61万人。1990年8月，玉门石油管理局划归总公司直接管理，党组织关系隶属于中共甘肃省委。机关办公地点在甘肃省玉门市。

1988年，总公司决定在新疆吐鲁番盆地开展石油勘探工作，8月，成立新疆吐鲁番—哈密石油勘探项目组，是总公司直接领导的自主经营的经济实体，对外称新东石油勘探公司。总公司以玉门石油管理局为依托单位，负责项目的管理工作。项目组下设生产、经营两个小组，办公地点在新疆哈密。

1989年1月5日，吐哈盆地第一口科学探索井——台参1井日喷油35.4吨，被誉为当年中国石油工业的第一枝“报春花”，标志着鄯善油田的发现。随后，总公司作出玉门石油管理局勘探工作重点转向吐鲁番—哈密盆地的部署。3月，总公司决定，玉门石油管理局在新疆吐鲁番—哈密石油勘探项目组工作的基础上成立吐鲁番勘探开发前线指挥部（新东勘探开发指挥部），办公地点从新疆哈密迁往鄯善。11月，成立鄯善采油厂。

1989年2月，根据总公司安排，玉门石油管理局对机关和二级单位组织机构进行调整。机关设职能部门23个：党委工作部、宣传思想工作处、局纪委、局工会、局团委、局办公室、计划处、财务处、企管处、采油处、调度处、机动处、安全环保处、劳动工资处、勘探部、质管处、科技处、基建处、外事办、审计处、人教处、直属工作处、普教处；3个附属机构：文化站、招待所、气象站。人员编制447人。所属二级单位26个：老君庙油矿、鸭儿峡油矿、白杨河油矿、石油沟油矿、钻井处、地质录井处、地调处、井下处、炼油厂、特油公司、油建公司、机械厂、二机厂、运输处、水电厂、物资供应处、生活服务公司、研究院、公安处、石油工人报社、通讯处、卫生处、培训总校、技工学校、规划设计院、酒泉疗养院等。1989年，在册职工2.99万人。固定资产原值12.19亿元，原油产量53.58万吨，完成总产值4.66亿元，实现利税2658万元。当年晋升为甘肃省一级企业，1990年晋升为国家二级企业。

1989年7月，中共玉门石油管理局第九次代表大会召开，选举产生第九届委员会和纪律检查委员会，王鹏为党委书记，李志新为党委副书记，黄亦纯为纪委书记。

1990年7月，总公司决定，成立吐鲁番石油勘探开发指挥部。指挥部领导成员和参战队伍以玉门石油管理局为主，按照新体制、新技术，高水平、高效益的“两新两高”要求，统一领导勘探开发工作，建设玉门第二个石油生产基地。至此，玉门油田主要领导率领数千名职工，继1958年至1964年“进军吐鲁番”、1987年“重上吐鲁番”之后，再次奔赴“火洲”吐鲁番盆地，参加吐哈油田的勘探开发会战。当年，继鄯善油田之后，又相继发现丘陵、温吉桑2个油田。

1991年1月1日，象征着玉门油田开采52年历史的52部罐车，满载吐哈原油运抵玉门，从此玉门炼油厂开始加工吐哈原油。同年，中共中央、国务院将吐哈盆地勘探开发项目列入国家“八五”计划，总公司将其列为“八五”期间三个重点投资工程之一。2月，经总公司研究并征得新疆维吾尔自治区同意，决定成立吐鲁番—哈密石油勘探开发会战指挥部，由总公司直接领导。3月，总公司党组决定，成立中共吐哈石油勘探开发会战指挥部工作委员会，党组织关系隶属于总公司直属机关党委。

会战指挥部机关设工委工作部、指挥部办公室、总调度室、勘探处、钻井工程处、油田开发处、基建工程处、装备处、科技处、规划计划处、财务处、劳动工资处、外事处、企业管理处、设计管理处、公共关系处等16个职能部门；所属勘探开发研究大队、井下作业指挥部、水电筹建处、物资供应处、卫生处、生活服务公司、通信处等7个二级单位。

会战指挥部成立后，玉门石油管理局确立了“以油气生产为主业，吐哈、玉门统筹规划，新老区协调发展，上下游统一经营，跨地区多元化开发”的发展战略，把吐哈会战作为全局工作的重中之重，抽调精兵强将和优良设备参加会战。1991年，参加吐哈会战在册职工5110人，其中玉门石油管理局职工3596人。

从1992年起，按照总公司专业化管理、社会化服务、市场化运行的要求，以构建“油公司”体制为目标，玉门石油管理局对组织结构、产业结构、产品结构、队伍结构进行调整改革：将老君庙、鸭儿峡、石油沟、白杨河4个油矿合并，成立采油厂，将炼油厂、销售公司、炼化处合并，成立炼油化工总厂，将局属各单位的多种经营业务整合，组建多种经营总公司。

按照总公司三项制度改革的要求，玉门石油管理局先后实施教培、医疗、物资、房产、供热、科技、新闻、离退休管理、物业化管理、内部市场等16项配套改革措施；实行全员劳动合同制和上岗、试岗、待岗的“三岗”动态管理；按照效益原则，进行“五定”，合理调整组织结构，实行转岗分流、减员增效和再就业工程，建立人才劳动力市场；打破干部职务终身制，实行干部聘任制、“三干法”、竞聘制，建立新的用人机制；局属部分单位试点实行全员岗位、效益工资与承包指标挂钩，探索承包工资、计件工资等分配方式，逐步建立了按劳分配、效率优先、岗酬结合、劳酬结合、易岗易薪的动态管理体制。

1994年至1996年，总公司加大主辅分离力度，要求油气田企业走“油公司”的路子，解体“大而全”“小而全”。玉门石油管理局按照集中、分离、专业化管理的原则，从三个层次构建“油公司”体制框架，先后对计划、财务实行集中管理；对科技、医疗、物资、教培、房产、供热、多种经营、新闻等实行专业化管理；对机关调整结构、压缩人员、转变职能。“油公司”体制的建立，打破了局属各单位原有的“大而全”“小而全”的管理模式，增强了专业化协作能力、社会化服务功能和市场化运作力度。

1995年6月，以玉门石油管理局为主体的吐哈会战结束，吐鲁番—哈密石油勘探开发会战指挥部随之停止工作。同月，为理顺玉门吐哈管理体制，总公司决定，成立吐哈玉门石油企业集团及其所属的吐哈石油勘探开发公司。同时，将玉门石油管理局所属的钻井处、地质调查处、地质录井处、井下作业处、油田地面建设工程公司、运输处、二机厂等7个基层单位和1万余人整建制划转吐哈石油勘探开发公司，玉门石油管理局与吐哈石油勘探开发公司（8月更名为吐哈石油勘探开发会战指挥部）划分为两个独立的法人。吐哈会战以来，先后发现和投产鄯善、丘陵、温吉桑、巴喀等14个油气田，累计探明石油地质储量2.08亿吨、天然气储量731亿立方米，在祖国西部边陲建成年产300万吨、具有现代化水平的新油田。

玉门吐哈管理体制调整后，面对新的形势，玉门石油管理局确定了“以勘探开发为基础产业、炼油化工为主导产业、多元开发为支柱产业”的三大发展战略，玉门油田又一次走向了创业的新征程。组织机构随之调整，保留的基层单位主要有炼化总厂、采油厂、研究院、机械厂、水电厂、通信处、生活公司、物资供应处、教育培训中心、职工医院、多种经营总公司、石油工人报社、酒泉疗养院等。

1996年10月，中共玉门石油管理局第十次代表大会召开，选举产生第十届委员会和纪律检查委员会，黄亦纯为党委书记，刘世洲、张东泉为党委副书记，张东泉为纪委书记。

1997年4月，按照总公司勘探工作会议确立的“立足酒泉、深化酒西、突破酒东”的方针，玉门石油管理局成立新区勘探指挥部，恢复因吐哈会战中断7年的油气勘探工作，把酒泉盆地作为油气勘探的主攻方向，加强对潮水、雅布赖等盆地勘探工作的组织领导。

截至1998年7月，玉门石油管理局机关设处室19个：党委办公室、干部处（党委组织部）、党委宣传部（统战部）、纪委（监察处）、工会、团委、机关党委、办公室、规划计划处、油田开发处、财务资产处、劳动工资处、企管法规处、审计处、生产运行处、质量安全环保处、机动设备管理处、科技信息处、基建工程管理处；直属单位9个：信息中心、资金结算中心、财务核算中心、资产处置中心、定额计价中心、职业技能鉴定中心、人才劳动力交流服务中心、档案馆、文化娱乐管理中心；驻外办事机构6个：北京联络处、上海联络处、西安办事处、兰州办事处、成都办事处、广州联络处。

所属二级单位21个：采油厂、炼化总厂、勘探开发研究院、勘探事业部、规划设计院、水电厂、机械厂、通信公司、油田建筑安装工程处、综合服务处、西部科技开发公司、经济技术开发总公司、物资供应处、技术监督检测中心、物业公司、教育培训中心、新闻中心、职工医院、酒泉疗养院、公安处、离退休职工管理中心。在册职工1.84万人。下属基层党委18个、党总支12个、党支部275个，共有党员6167名。

玉门油田从1980年开始连续10年50万吨稳产后，自1990年开始又连续稳产40万吨近10年。到1998年，累计探明石油地质储量9006万吨，生产原油2725万吨，加工原油2863万吨，实现销售收入196亿元，向国家上交利税44亿元。老君庙油田连续多年被评为“全国高效开发油田”，创造了国内油田开发史上的高水平。油田炼油化工业务改扩并举，先后建成250万吨常减压、30万吨重整加氢、25万吨丙烷脱沥青等装置，使玉门炼油一次加工能力达到300万吨，加工的石油产品已达13大类160余种，其中4号高温脂、真空封脂、15号航空液压油等特色产品为全国独家产品，15号航空液压油被空军指定为军用飞机用油，8号绝缘胶、10号航空液压油成为神州飞船专用产品，有22种炼化产品分别获得了国家、省、部级优质产品称号。

期间，玉门石油管理局党委书记黄亦纯当选中共十五大代表。

一、玉门石油管理局领导名录（1988.9—1998.7）

局　　　长　黄树德（1988.9—1989.12）
赵熙寿（1989.12—1995.6）
刘世洲（1995.6—1998.7）

副　局　长　赵熙寿（1988.9—1989.12）
罗玉成（1988.9—1996.10）
张　斌（1988.9—1989.6）
吴碧莲（女，1988.9—1992.2）
梅士琪（1990.4—1995.6）
姚树梯（1990.7—1995.6）
杨秀森（1990.7—1995.6）
唐世荣（1990.7—1995.6）
周永华（1991.4—1996.8）
王世信（1992.11—1995.6）
吴　涛（1992.11—1995.6）
陶惠鑫（1992.11—1995.6）
彭立垣（女，1992.11—1998.7）

孔繁瑾（1995.6—1998.7）
高玉江（1995.6—1998.7）
费智毅（1997.9—1998.7）
总 地 质 师　杨秀森（1988.9—1995.6）
总 工 程 师　张焕君（1988.9—1993.12）
翟树人（1990.7—1993.3）
孔繁瑾（1995.6—1998.7）
采油总工程师　王世信（1990.5—1995.6）

二、中共玉门石油管理局委员会领导名录（1988.9—1998.7）

书　　　记　王　鹏（1988.9—1995.6）
黄亦纯（女，1995.6—1998.4）
代 书 记　刘世洲（1998.4—7）
副 书 记　李志新（1988.9—1995.6）
黄亦纯（1991.4—1995.6）
刘世洲（1995.6—1999.9）
张东泉（1995.6—1998.7）
常　　　委　黄树德（1988.9—1989.12）
赵熙寿（1988.9—1995.6）
黄亦纯（1988.9—1991.4）
刘世洲（1988.9—1995.6）
张焕君（1988.9—1996.10）
王德仁（1988.9—1996.10）
杨秀森（1990.9—1995.6）
吴碧莲（1990.9—1992.2）
彭立垣（1992.11—1998.7）
孔繁瑾（1995.6—1998.7）
高玉江（1995.6—1998.7）
田玉军（1995.6—1998.7）
纪 委 书 记　李志新（1988.9—1989.7）
黄亦纯（1989.7—1995.6）

张东泉（1995.6—1998.7）

三、玉门石油管理局工会（1988.9—1998.7）

主　　　　席　刘世洲（1988.9—1995.6）
田玉军（1995.6—1998.7）

四、玉门石油管理局所属吐鲁番勘探开发前线指挥部—吐鲁番石油勘探开发会战指挥部领导名录（1989.3—1991.2）

（一）吐鲁番勘探开发前线指挥部（新东勘探开发指挥部）（1989.3—1990.7）

指　　　　挥　黄树德（1989.3—12）
第一副指挥　赵熙寿（1989.3—1990.7）
副　指　挥　王昌桂（女，1989.3—1990.7）
温羡藩（1989.3—1990.7）
王世信（1989.11—1990.7）
王新南（1989.11—1990.7）
唐世荣（1989.11—1990.7）
路锡良（1989.11—1990.7）
肖周法（1989.11—1990.7）

（二）吐鲁番石油勘探开发会战指挥部（1990.7—1991.2）

1. 吐鲁番石油勘探开发会战指挥部领导名录（1990.8—1991.2）

指　　　　挥　赵熙寿（1990.8—1991.2）
副　指　挥　唐世荣（1990.8—1991.2）
王昌桂（1990.8—1991.2）
崔　辉（1990.8—1991.2）
王世信（1990.8—1991.2）
王景星（1990.8—1991.2）
郭　敬（1990.8—1991.2）
陶惠鑫（1991.1—2）
钻井总工程师　温羡藩（1990.8—1991.2）
勘探总地质师　王昌桂（1990.8—1991.2）
开发总地质师　崔　辉（1990.8—1991.2）
采油总工程师　王世信（1990.8—1991.2）

2. 中共吐鲁番石油勘探开发会战指挥部临时委员会领导名录
（1990.8—1991.2）

书　　　　记　王　鹏（1990.8—1991.2）
副　书　记　刘世洲（1990.8—1991.2）

（三）吐鲁番—哈密石油勘探开发会战指挥部（1991.2—1995.6）

1. 吐鲁番—哈密石油勘探开发会战指挥部领导名录（1991.3—1995.6）

指　　　　挥　谭文彬（兼任，1991.3—1995.6）
常务副指挥　赵熙寿（正局级，1991.3—1995.6）
副　指　挥　杨秀森（1991.3—1995.6）
杨承志（1991.3—1995.6）
吴碧莲（1991.3—1992.2）
张福祥（1991.3—1995.6）
秦安民（1991.3—1995.6）
罗玉成（1991.3—1995.6）
梅士琪（1991.3—1995.6）
唐世荣（1991.3—1995.6）
姚树梯（1991.3—1995.6）
王世信（1991.3—1995.6）
吴　涛（1992.2—1995.6）
陶惠鑫（1992.2—1995.6）
彭立垣（1992.11—1995.6）
总工程师　翟树人（1991.3—1993.3）
勘探总地质师　王昌桂（1991.3—1995.6）
开发总地质师　崔　辉（1991.3—1995.6）

2. 中共吐鲁番—哈密石油勘探开发会战指挥部工作委员会领导名录
（1991.3—1995.6）

书　　　　记　谭文彬（1991.3—1995.6）
常务副书记　王　鹏（正局级，1991.3—1995.6）
副　书　记　赵熙寿（1991.3—1995.6）
刘世洲（1991.3—1995.6）

李志新（1992.11—1995.6）
常　　委　杨承志（1991.3—1995.6）
张福祥（1991.3—1995.6）
秦安民（1991.3—1995.6）
唐世荣（1991.3—1995.6）
王世信（1991.3—1995.6）

第十三节　塔里木石油勘探开发指挥部（1989.3—1998.7）

塔里木油田位于新疆维吾尔自治区天山南麓的塔里木盆地，盆地总面积56万平方千米，呈不规则椭圆形，东西长约1400千米，南北宽约520千米，盆地周边被天山、昆仑山两大山系及其次一级山系库鲁克塔格、柯坪塔格、铁克里克、阿尔金山环绕，盆地中部是号称“死亡之海”的塔克拉玛干沙漠，面积33.7万平方千米，是中国最大的沙漠、世界第一大流动性沙漠。盆地的油气勘探从1950年9月中苏石油公司成立到1989年4月塔里木石油勘探开发指挥部成立，中国石油工业在此进行了“五下六上”的艰苦探索。

1985年8月，石油工业部党组决定“七五”期间“六上”塔里木。10月，石油工业部派出沙漠钻井顾问组，帮助指导筹建塔里木盆地沙漠勘探项目管理经理部和勘探工作，王炳诚担任顾问组组长，成员有刘骥、张仲珉、胡铁铮、王绍珠。1986年3月，经石油工业部党组批准，成立新疆石油管理局塔里木盆地沙漠勘探项目管理经理部。7月，塔里木盆地沙漠勘探项目管理经理部更名为南疆石油勘探公司，行政级别为副局级。

1987年9月，轮南1井发现油气流。1988年11月，轮南2井在三叠系喷出高产油气流，发现轮南油田，拉开了塔里木盆地大规模油气勘探开发会战的序幕。12月，总公司向党中央、国务院呈报《关于加强塔里木盆地油气勘探的报告》，请示成立塔里木石油勘探开发指挥部，并获得批准。

1989年3月，总公司决定，在南疆石油勘探公司的基础上，成立塔里木石油勘探开发指挥部（以下简称塔指），为总公司的派出机构，直属总公司领导，行政级别为正局级。机关设部室10个：勘探开发部、生产协调部、生产准备部、工程部、计划部、财务部、人事劳资部、党群工作部、纪律检查委员会、指挥部办公室；附属单位11个：地质监督办公室、钻井监督办公室、通讯站、钻前工程监督办公室、钻井工艺技术服务队、物资公司（含资产库）、生产指挥车队、生活服务公司、招待所、驻外办事处、文化站。所属二级单位：地质研究大队。同月，总公司党组决定，组建中共塔里木石油勘探开发指挥部临时委员会；4月，成立塔指临时纪律检查委员会。下属党支部13个，共有党员432名。党组织关系隶属于总公司直属机关党委。机关办公地点在新疆库尔勒市商业二级转运站。

4月，塔里木石油勘探开发指挥部正式宣布成立。按照新技术、新体制，高水平、高效益的“两新两高”工作方针和“依靠行业主力、依托社会基础、统筹规划、共同发展”的二十字方针，塔指率先在中国陆上油田建立精干高效的油公司体制。不搞“大而全”、“小而全”，实行专业化服务、社会化依托、市场化运行、合同化管理，采用少人高效固定工、借聘工、临时合同工“三位一体”的用工制度和党工委统一领导体制。同时，在塔里木盆地周边5地州26个县市展开勘探工作。

1989年底，随着勘探和各项工作的全面展开，参加会战的单位和人数陆续增加，增设开发生产部、基建工程部、公共关系办公室、驻北京联络处、肖塘前线指挥所、轮南前线指挥所。在册甲方职工1134人，借聘职工592人。甲方职工中，机关291人、基层单位843人，其中少数民族职工37人、女职工133人。参加会战的乙方单位有：石油地球物理勘探局所属物探一处、物探二处、物探三处，新疆钻井公司（塔里木第一勘探公司）、四川钻井公司（塔里木第二勘探公司）、中原钻井公司（塔里木第三勘探公司）、华北钻井公司（塔里木第四勘探公司）、大庆测井队、中法录井公司、麦克巴泥浆公司、IDF泥浆公司、海洋测井公司新疆分公司、南海西部泥浆公司塔里木经理部、大港录井公司、辽河录井公司、渤海固井公司、塔里木运输公司沙漠运输二队等。

1990年2月，大庆石油管理局、胜利石油管理局先后派出大庆钻井公司（塔里木第五勘探公司）、胜利钻井公司（塔里木第六勘探公司）参加会战。至此，共有27个施工专业队种、1.8万余人的专业施工队伍以及222个石油系统以外的企事业单位和外国公司到塔里木进行施工作业和服务。

9月，总公司决定，由总公司副总经理邱中建兼任指挥。同月，总公司党组决定，成立中共塔里木石油勘探开发指挥部工作委员会，邱中建兼任工委书记。党工委对油田甲乙方队伍党的工作实行统一领导，下属基层党委4个、党总支6个、党支部46个，共有党员851名。

1991年1月，总公司党组决定，成立塔里木石油勘探开发指挥部纪律检查委员会。同月，首列火车装载原油外运。9月，国家“八五”重点科技攻关项目塔里木沙漠公路开工建设，1995年9月建成通车。

1992年3月，机关办公地点迁至库尔勒市区孔雀河南岸的塔指小区。4月，塔中4井在石炭系喷出高产油气流，发现中国第一个投入开发的沙漠腹地油田——塔中四油田。5月，轮南油田投入开发。

1993年，总公司对塔指实行5000人工资总额包干。6月，塔指推行劳动、人事、工资制度改革，从转变管理职能入手，分离管理职能和执行职能，优化劳动组织和干部聘任制，推行“三干法”（个人申请干、群众拥护干、组织批准干），实行岗位技能工资制，优化机关机构编制，机关从23个处室676人减至18个处室438人，处级干部从71人减至60人。10月，总公司党组明确，塔指党工委隶属于总公司直属机关党委。11月，牙哈3井在古近系地层试获高产油气流，发现牙哈凝析气田，是我国当时最大的整装凝析气田。

1995年，提出塔里木会战三种精神，即“艰苦奋斗、真抓实干、五湖四海”。

1996年2月和4月，国务院先后批准塔里木石化、化肥两个项目。7月，组建塔里木石油化工工程建设指挥部。

1997年1月，塔里木石油化工工程建设指挥部上划总公司管理，行政级别为正局级。

截至1998年7月，机关设处室18个：办公室、总调度处、安全环保处、开发处、运销处、资产机动处、科技处、规划计划处、企业管理处、人事劳资处、财务处、纪委监察处、审计处、外事办公室、党群工作处、公共关系办公室、行政事务处、基建工程处；附属单位20个：档案馆、年鉴编辑部、总调钻前办、油田公路管理处、对外服务办、质量监督中心、定额站、抗震办公室、社会保险中心、人才交流中心、离退休职工管理站、子弟小学、文体中心、信息中心、科技图书馆、审计事务所、接待公寓、招待所、石油报社、居委会。

所属二级单位18个：勘探事业部、勘探研究中心、油气开发研究中心、实验检测中心、油气开发公司、通信有限责任公司、物资总公司、基建工程公司、职工医院、教育培训中心、塔里木石油电视台、石油公安局、经济发展总公司、公共事业总公司、水电公司、油气生产技术服务公司、运输有限责任公司、输油（气）公司；驻外机构5个：乌鲁木齐办事处（乌鲁木齐办事处石油大厦）、北京联络处（北京市塔里木石油宾馆）、青岛疗养院、西安工作组、广州办事处。油气开发公司下辖5个作业区：轮南、桑塔木、东河塘、塔中四、大宛齐。

在册甲方职工4077人、借聘职工435人，主要乙方队伍18个、人数1.71万人。甲方下属基层党委12个、党总支16个、党支部165个，共有党员2129名；乙方参战单位下属基层党委15个、党总支13个、党支部210个，共有党员3217名。1998年，生产原油480万吨，资产总额120亿元，全员劳动生产率53.9万元/（人·年）。

期间，塔里木石油勘探开发指挥部实验检测中心主任、党总支书记钟小莉当选中共十五大代表；塔里木石油勘探开发指挥部指挥、党工委书记邱中建任第九届全国政协委员。

一、塔里木石油勘探开发指挥部领导名录（1989.3—1998.7）

指　　挥　周永康[1]（兼任，1989.3—1990.9）
邱中建（兼任，1990.9—1994.5；1996.1—1998.7）
谢志强（1994.5—1996.1）

常务副指挥　谢志强（正局级，1992.11—1994.5）
钟树德（锡伯族，正局级，1994.5—1996.11）
廖永远[2]（1996.11—1998.7）

副 指 挥　邱中建（兼任，1989.3—1990.9）
王炳诚（正局级，1989.3—1992.11）
钟树德（1989.3—1994.5）
周　原（1989.3—1990.6）
柴桂林（1989.3—1991.7）
刘兴和（1989.3—1994.5）
朱洪昌（正局级，1990.1—1992.11）
戴菊生（1990.1—1991.7）
邸　超（1990.3—1998.7）
王永纯（1991.7—1994.4）

[1] 2014年7月，周永康涉嫌严重违纪违法，中共中央纪律检查委员会对其立案审查；12月，中共中央政治局会议审议并通过中共中央纪律检查委员会《关于周永康严重违纪案的审查报告》，决定给予周永康开除党籍处分。2015年6月，周永康被判处无期徒刑，剥夺政治权利终身。

[2] 2015年 6月，廖永远严重违纪违法被开除党籍、行政开除。

马振武（1993.3—1998.7）
梁狄刚（1993.12—1997.11）
杨润臣（1994.5—1997.11）
王忠华（1994.5—11）
王俊岭（1995.6—1997.1）
周家俊（1996.4—1997.1）
贾承造（1997.11—1998.7）
俞新永（1997.11—1998.7）
唐其烈（1997.11—1998.7）
秦　刚（1997.11—1998.7）

总工程师　张仲珉（1989.3—1993.3）
俞新永（1993.3—1998.7）

总地质师　王秋明（1989.3—1994.5）
童晓光（1989.3—1991.11）
梁狄刚（1991.11—1996.1）
王家宏（1992.1—1994.9）
林志芳（1994.9—1997.11）
贾承造（1996.1—1998.7）
孙龙德（1997.11—1998.7）

总经济师　李大华（1989.3—1993.1）
张孔法（1993.1—1994.5）

总会计师　李大华（1993.1—1994.5）
鲍培义（1994.5—1996.1）

二、中共塔里木石油勘探开发指挥部临时委员会领导名录（1989.3—1990.9）

书　　记　周永康（兼任，1989.3—1990.9）

副 书 记　周　原（1989.3—1990.6）
邱中建（1990.3—8；兼任，1990.8—9）
李万堃（1990.7—9）

委　　员　邱中建（1989.3—1990.3）
王炳诚（1989.3—1990.9）

钟树德（1989.3—1990.9）

朱洪昌（1990.1—9）

纪委书记 周 原（1989.3—1990.6）

三、中共塔里木石油勘探开发指挥部工作委员会领导名录（1990.9—1998.7）

书　　记 邱中建（兼任，1990.9—1994.5；1996.1—1998.7）

谢志强（1994.5—1996.1）

副 书 记 王炳诚（1990.9—1992.11）

李万堃（1990.9—1997.11）

谢志强（常务，1992.11—1994.5）

钟树德（1995.6—1996.11）

廖永远（1996.11—1998.7）

杨生汉（1997.1—1998.7）

徐会举（1997.11—1998.7）

常　　委 朱洪昌（1990.9—1992.11）

钟树德（1990.9—1995.6）

张仲珉（1991.7—1993.8）

李大华（1991.7—1994.5）

王秋明（1991.7—1994.5）

刘兴和（1991.7—1994.5）

梁狄刚（1993.12—1997.11）

马振武（1994.5—1998.7）

俞新永（1994.5—1998.7）

邸 超（1994.7—1998.7）

周家俊（1996.4—1997.1）

贾承造（1997.11—1998.7）

纪委书记 李万堃（1991.1—1997.11）

徐会举（1997.11—1998.7）

四、塔里木石油勘探开发指挥部工会（1995.11—1998.7）

主　　席 李万堃（1995.11—1997.11）

徐会举（1997.11—1998.7）

五、塔里木石油勘探开发指挥部所属塔里木石油化工工程建设指挥部

领导名录（1996.7—1997.1）

指　　挥　邱中建（兼任，1996.5—1997.1）

常务副指挥　周家俊（1996.5—1997.1）

副 指 挥　杨润臣（1996.5—1997.1）

王俊岭（1996.5—1997.1）

魏明义（1996.5—1997.1）

第十四节　吐哈石油勘探开发公司—吐哈石油勘探开发指挥部（1995.6—1998.7）

吐哈石油勘探开发指挥部的前身是1988年设立的吐鲁番—哈密石油勘探项目组，勘探开发地域主要分布在新疆维吾尔自治区东部吐鲁番—哈密盆地。吐哈盆地是新疆第三大含油气盆地，西北、西南分别与准噶尔、塔里木盆地相邻，盆地呈东西向长条状展布，东西长约660千米，南北宽60～130千米，最高点博格达峰海拔5445米，最低点艾丁湖凹地海拔-154.43米，面积约5.28万平方千米。主力油气藏具有低密度、低黏度、低含硫、低饱和压力、低凝固点，高体积系数、高原始气油比、高收缩率，中等含蜡的“五低三高一中”特点。1988年8月，总公司决定，按项目管理体制设立吐鲁番—哈密石油勘探项目组，由总公司直接管理，玉门石油管理局为项目依托单位，对外统称新东石油勘探公司。办公地点在新疆哈密军分区招待所。

1989年1月，台参1井在侏罗系喜获工业油流，发现鄯善油田，被誉为当年石油工业的第一枝“报春花”。同月，总公司作出玉门石油管理局勘探工作重点转向吐鲁番盆地的部署。3月，玉门石油管理局在项目组工作的基础上成立吐鲁番勘探开发前线指挥部，又称新东石油勘探开发前线指挥部。6月，机关办公地点迁至新疆鄯善空军场站大院。8月，发现伊拉湖油田。

1990年7月，总公司决定，成立吐鲁番石油勘探开发指挥部，由玉门石油管理局负责全面组织指挥，建设玉门第二个生产基地。

1991年，中共中央、国务院将吐鲁番—哈密盆地勘探开发项目列入国家

“八五”计划。经总公司研究并征得新疆维吾尔自治区同意，决定集中全国力量，以玉门石油管理局为主体，按照“两新两高”（新体制、新技术，高水平、高效益）的要求，开展勘探开发会战。2月，总公司决定，撤销吐鲁番石油勘探开发指挥部，成立吐鲁番—哈密石油勘探开发会战指挥部，注册地为新疆鄯善县，行政级别为正局级，以玉门石油管理局为依托，由总公司直接领导，总公司副总地质师谭文彬兼任指挥。当月参战职工5110人，最多时约1.5万人，主要来自玉门石油管理局、华北石油管理局、物探局、中原石油勘探局、长庆石油勘探局等24个企事业单位。3月，中共吐哈石油勘探开发会战指挥部工作委员会成立，谭文彬兼任工委书记。党组织关系隶属于总公司直属机关党委。1993年5月，机关办公地点迁至鄯善县火车站镇。

1995年6月，以玉门石油管理局为主体的吐哈会战结束，吐鲁番—哈密石油勘探开发会战指挥部随之停止工作。先后发现和投产鄯善、丘陵、温吉桑、巴喀等14个油气田和6个工业性含油气构造。年底，累计探明石油地质储量2.08亿吨、天然气储量731亿立方米，生产原油559.58万吨，实现了会战主要预期目标。“八五”计划期间，共计钻探井183口、开发井657口，总进尺257.66万米。在册职工5490余人，主要来自玉门石油管理局。

同月，总公司为理顺吐哈玉门管理体制，决定成立吐哈玉门石油企业集团及其所属的吐哈石油勘探开发公司。同时，总公司党组决定，成立中共吐哈石油勘探开发公司临时委员会。8月，总公司决定，撤销吐哈玉门石油企业集团，并将吐哈石油勘探开发公司更名为吐哈石油勘探开发指挥部，由总公司直接领导，行政级别为正局级，行政领导职务名称由“总经理、副总经理”改称“指挥、副指挥”。主要从事油气生产、销售、石油工程技术服务、后勤物业、宾馆服务、离退休管理等业务。11月，机关办公地点由鄯善县火车站镇迁往哈密市石油基地。单位注册地为新疆鄯善县。

1996年1月，在理顺吐哈玉门管理体制的过程中，将玉门石油管理局钻井处、地质调查处、地质录井处、井下作业处、油田地面建设工程公司、运输处、二机厂等7个单位划入吐哈石油勘探开发指挥部，划转职工1.03万人。吐哈石油勘探开发指挥部机关设23个职能处室，所属32个二级单位。在册职工1.83万人，其中机关453人。

7月23日，中共吐哈石油勘探开发指挥部第一次代表大会召开，选举产生第一届委员会和纪律检查委员会，实行常委制，李志新为党委书记，罗英俊、张国栋为党委副书记，张国栋为纪委书记，下属22个基层党委、10个党总支、293个党支部，共有党员4867名。

1997年1月，吐哈石油勘探开发指挥部工会第一次代表大会召开，选举产生工会第一届委员会。

1998年1月，吐哈玉门理顺体制工作基本完成，总公司决定撤销吐哈玉门石油企业集团管委会。

截至1998年7月，吐哈石油勘探开发指挥部机关设18个职能处室：办公室、规划计划处、财务处（国有资产管理处）、劳动工资处、技术监督与安全环保处、调度处（土地管理处）、油田开发处、勘探处、科技处、对外合作处、多元开发处、审计处、人事处（组织处）、基本建设处、企业管理处（法律事务处、改革办公室）、党委办公室（宣传部、统战部）、纪检监察处、群工处（工会委员会、共青团委员会），12个直属单位：咨询中心、定额定价中心、结算中心、社会保障中心、技术监测中心、审计所、监察业务部、直属机关党委、档案馆（机要处）、小车队、鄯善招待所、哈密招待所，1个附属单位：吐哈油田职业技能鉴定中心。

所属39个二级单位：勘探事业部、油田开发第一事业部、油田开发第二事业部、石油天然气销售公司、输气公司、石油天然气化工厂、甲醇厂、物资供应处、供水供电处、通信处、物探公司、钻井公司、井下技术作业公司、录井测井公司、油田建设工程公司、运输公司、筑路公司、机械厂、建筑安装公司、四达实业总公司、勘探开发研究院、钻采工艺研究院、地球物理研究所、勘察设计院、职工医院（卫生处、卫生防疫站）、教育培训中心、吐哈公安局、新闻中心（吐哈石油报社、吐哈有线电视台、中国石油报吐哈记者站）、物业管理公司、北京联络处（北京西域石油宾馆）、上海联络处、乌鲁木齐办事处（吐哈石油大厦）、西安办事处、兰州办事处、广州办事处、太湖度假村管理处、广汉离退休职工管理部、苏州离退休职工管理部、苏州服装厂。在册职工1.87万人。1998年，生产原油295.08万吨、天然气6.59亿立方米；固定资产原值101亿元、净值50亿元。探明油气储量（当量）2.8亿吨，累计生产原油1446万吨、天然气18.01亿立方米。

一、吐哈石油勘探开发公司（1995.6—8）

（一）吐哈石油勘探开发公司领导名录（1995.6—8）

总 经 理　罗英俊（1995.6—8）

副总经理　石兴春（1995.6—8）
吴　涛（1995.6—8）
唐世荣（1995.6—8）
王世信（1995.6—8）
姚树梯（1995.6—8）
陶惠鑫（1995.6—8）

总工程师　刘宏斌（1995.6—8）

总地质师　袁明生（1995.6—8）

（二）中共吐哈石油勘探开发公司临时委员会领导名录（1995.6—8）

书　　记　李志新（1995.6—8）

副 书 记　罗英俊（1995.6—8）
张国栋（1995.6—8）

委　　员　石兴春（1995.6—8）
吴　涛（1995.6—8）
唐世荣（1995.6—8）
王世信（1995.6—8）
姚树梯（1995.6—8）
陶惠鑫（1995.6—8）

纪委书记　张国栋（1995.6—8）

二、吐哈石油勘探开发指挥部（1995.8—1998.7）

（一）吐哈石油勘探开发指挥部领导名录（1995.8—1998.7）

指　　挥　罗英俊（1995.8—1997.11）[1]
蔡志刚（1997.11—1998.7）

副 指 挥　石兴春（1995.8—1998.7）
吴　涛（1995.8—1998.7）
唐世荣（1995.8—1998.7）
王世信（1995.8—1998.7）
姚树梯（1995.8—1998.7）

[1] 1997 年 11 月调回总公司机关工作，1998 年 10 月任中国石油天然气集团公司总经理助理。

陶惠鑫（1995.8—1998.7）

总工程师　刘宏斌（1995.8—1998.7）

总地质师　袁明生（1995.8—1998.7）

总经济师　安　岐（1998.2—7）

（二）中共吐哈石油勘探开发指挥部委员会领导名录（1995.8—1998.7）

书　　记　李志新（1995.8—1998.7）

副 书 记　罗英俊（1995.8—1997.11）

张国栋（1995.8—1998.7）

蔡志刚（1997.11—1998.7）

常　　委　石兴春（1996.7—1998.7）

王世信（1996.7—1998.7）

吴　涛（1996.7—1998.7）

朱洪月（1997.8—1998.7）

纪委书记　张国栋（1995.8—1998.7）

（三）吐哈石油勘探开发指挥部工会（1997.8—1998.7）

主　　席　朱洪月（1997.8—1998.7）

第十五节　江苏石油勘探局（1988.9—1998.6）

1988年9月起，江苏石油勘探局隶属总公司管理，行政级别为正局级，办公地点在江苏省江都县邵伯镇。勘探范围主要分布在江苏省扬州地区的江都市、兴化市、邗江县、高邮市，盐城地区的东台市，淮阴地区的金湖县、盱眙县，镇江地区的句容市，面积约8.6万平方千米。

历经多次调整，到1998年底，江苏石油勘探局机关设处室31个：审计处、工程监理部、技术监督中心、销售中心与经营销售处及东方油气销售公司、外事办公室、勘探公司、多种经营事业部、公共事业部、信息中心、物资管理处、基建办公室与工程招标投标办公室、科技处、安全监察处、国有资产管理处、就业服务中心、劳动工资处、财务处、规划计划处、开发事业部、生产协调处与土地公关处、企业管理处、局长办公室、机关党委、人民武装部、公安处、纪检监察处、党委宣传部、党委组织部与干部处、团委、工会、党委办公室。所属二级单位27个：扬州石油化工厂、接待处与紫京旅游集团、江苏油田农工商公司、多种经营总公司、机械厂、运输处、油田建设处与油田建设总公司、油田党校、技工学校、江苏石油报社、真武管理服务中心、邵伯管理服务中心、离退休职工管理处、教育处、职工医院、水电讯处、物资供销处、地质油井处、钻井处、地质调查处、石油工程技术研究院、物探技术研究院、勘察设计研究院、地质科学研究院、安徽石油勘探开发公司、试采二厂、试采一厂。共有职工2.3万人。已探明真武、富民、曹庄、联盟庄、徐家庄、周庄等29个油气田，当年原油产量133.8万吨、天然气1718万立方米，年新增原油生产能力32.5万吨。工业总产值13.07亿元，上缴利润714万元，上缴税金1.6亿元。

1998年6月，根据《中国石油天然气集团公司、中国石油化工集团公司关于划转企业的交接协议》，江苏石油勘探局由中国石油天然气总公司划转中国石油化工集团公司管理。

一、江苏石油勘探局领导名录（1988.9—1998.6）

局　　长　介　霖（1988.9—1990.2）
沈福权（1990.2—1992.12）
牟书令（1992.12—1997.1）
秦顺亭（1997.1—1998.6）

副 局 长　倪秀成（1988.9—1994.4）
沈福权（1988.9—1990.2）
何富荣（1988.9—1991.6）
孟宪铎（1990.2—1997.1）
牟书令（1990.2—1992.12）
秦顺亭（1992.12—1997.1）
王安华（1993.7—1995.11）
孙尚璋（1994.10—1998.6）
汪东进（1995.8—1997.11）
吕连海（1997.2—1998.6）
司马伟（1997.2—1998.6）

雍自强（1998.2—6）

总地质师　马　力（1988.9—1993.3）

秦顺亭（1993.3—1998.2）

钱　基（1998.2—6）

二、中共江苏石油勘探局委员会领导名录（1988.9—1998.6）

书　　记　王煌今（1988.9—1989.2）

介　霖（1989.2—1990.2）

陆　敬（1990.2—1997.11）

陈济中（1997.11—1998.6）

副 书 记　孟宪铎（1988.9—1990.2）

沈福权（1990.2—1992.12）

王安华（1990.2—1993.7）

牟书令（1992.12—1997.1）

陈济中（1993.7—1997.11）

秦顺亭（1997.1—1998.6）

严祥贵（1998.2—6）

常　　委　沈福全（1988.9—1990.2）

王厚德（1988.9—1994.10）

杨贵玺（1988.9—1993.7）

陈济中（1988.9—1993.7）

孟宪铎（1990.2—1997.2）

何富荣（1990.12—1991.6）

吴元礼（1993.7—1998.6）

严祥贵（1994.12—1998.2）

汪东进（1997.2—11）

吕连海（1997.2—1998.6）

司马伟（1998.2—6）

孙尚章（1998.2—6）

纪委书记　王厚德（1988.9—1995.12）

严祥贵（1994.10—1998.6）

三、江苏石油勘探局工会（1988.9—1998.6）

主　　席　杨贵玺（1988.9—1993.7）

吴元礼（1993.7—1998.6）

第十六节　青海石油管理局（1988.9—1998.7）

1988年9月，青海石油管理局（不含财务体制）隶属于总公司管理，实行局长负责制。机关设处室31个、所属二级单位25个，在册职工2.13万人。党组织关系隶属于中共青海省委。机关办公地点在青海省海西州冷湖镇。

1989年8月，花土沟至格尔木输油管道开工建设，1990年1月实现全线投油。

1991年1月，总公司批准成立青海石油管理局格尔木炼油厂工程建设指挥部，周铭涛副局长兼任指挥。1993年3月，格尔木炼油厂工程建设指挥部更名为格尔木炼油厂。9月，格尔木炼油厂竣工，投入运行。

1991年，青海油田年产原油突破100万吨，首次跨入全国年产原油百万吨大油田行列。

1992年1月，机关办公地点迁至甘肃省敦煌市七里镇。

1993年12月19日至22日，中共青海石油管理局第五次代表大会召开，选举产生第五届委员会和纪律检查委员会，李秋杰为党委书记，徐中清、刘扬寿为党委副书记，谢福利为纪委书记。下属基层党委27个、党支部387个，共有党员5568名。

1994年，青海油田主力油田尕斯库勒油田实现生产原油100万吨的目标。

1995年1月，青海石油管理局提出二次创业，到20世纪末实现储量、产量、效益“三个翻番”的发展目标。在二次创业中，油田坚持油气并举方针，加大油气勘探力度，实施科技兴油战略，加强基础设施建设，先后建成了涩北至格尔木、南翼山至花土沟、南八仙至敦煌3条输气管道，以及格尔木炼油厂年产10万吨甲醇装置、10万吨气体分馏装置和2万吨聚丙烯装置。1998年，实现扭亏为盈，提前两年完成“三个翻番”发展目标。

1995年，按照总公司三项制度改革的有关要求，青海石油管理局进行体制改革，对所属55个二级单位进行重组。重组后，青海石油管理局所属生产主体单位有：勘探公司、108勘探开发公司2个勘探单位；采油一厂、采油二厂、兴油公司、冷湖油田管理处、七个泉油田公司、南翼山天然气公司、天然气开发公司等7个油田开发生产单位；管道输油处、格尔木炼油厂、油品销售公司3个石油储运、炼制、销售单位；勘探开发研究院、钻采工艺研究所2个科研单位。

1997年1月，青海石油管理局财务体制划归总公司国有资产管理局管理。2月，成立咨询中心。

到1998年底，青海石油管理局机关设机关处室29个：党政办公室、组织部、宣传部、机关党委、纪委监察信访办、审计事务所、企业管理处、技术监督处、咨询中心、接待处、多种经营管理处、离退休职工管理处、计划处、总调度室、油气化工处、财务处、劳动人事处、科技处、房产管理处、钻井处、“双攻”办公室、采油工程处、油藏工程处、勘探处、基建处、外事办公室、国有资产机动处、安全环保处、文联。

所属二级单位53个：地球物理勘探公司、钻井集团公司、井下作业公司、地质测井公司、采油一厂、采油二厂、天然气开发公司、南翼山天然气开发公司、兴油开发公司、七个泉开发公司、108勘探开发公司、冷湖油田管理处、管道输油处、格尔木炼油厂、花土沟炼油厂、新能源有限责任公司、销售公司、运输集团公司、运输一公司、运输二公司、油建工程公司、机械工程公司、供水供电公司、工程建设监理公司、化工公司、特车服务公司、器材供应处、通信公司、勘探开发研究院、勘察设计研究院、钻采工艺研究所、花土沟社区管理中心、格尔木社区管理中心、教育培训中心、新闻中心、公安处、房建管理公司、宝禾公司、生活服务处、职工总医院、建筑安装总公司、矿业公司、劳动服务总公司、诚信（劳动）服务公司、审计事务所、经济事务所、旅游公司、西宁办事处、兰州办事处、西安办事处、太湖疗养院、北京办事处、四川办事处。在册职工2.57万人。1998年，生产原油176万吨、天然气2.6亿立方米，油气当量超过200万吨，探明加控制石油天然气地质储量超过4亿吨，柴达木盆地成为全国陆上四大气区之一。

期间，青海石油管理局党委书记李秋杰当选中共十四大代表；青海石油管理局局长、党委书记蒋洁敏[1]当选第九届全国人大代表。

---

[1] 2014年6月，蒋洁敏严重违纪违法，经中央纪律常委会议研究并报告中共中央政治局会议审议，决定给予蒋洁敏开除党籍处分；由监察部报请国务院批准给予其行政开除处分。2015年10月，蒋洁敏被判处有期徒刑16年。

一、青海石油管理局领导名录（1988.9—1998.7）

局　　　长 蒋一鸣（1988.9—1991.3）
徐中清（1991.3—1994.11）
蒋洁敏[1]（1994.11—1998.7）

副　局　长 税为群（1988.9—1994.6）
苗玉辰（1988.9—1993.7）
杨秀东（1989.1—1997.1）
周铭涛（1989.7—1998.7）
徐中清（1989.7—1991.3）
马力行（1991.4—1998.7）
陈世贤（1991.4—1993.1）
宋克显（1993.1—1998.7）
江裕彬（1993.12—1997.1）
黄立功（1997.1—1998.7）
郑玉宝（1997.1—1998.7）
孟令章（1988.9—1991.10）

总会计师 贾国明（1988.9—1993.12）
陈　渝（1993.12—1998.7）

总工程师 杨秀东（1988.9—1991.4）
宋克显（1991.4—1993.5）

总地质师 顾树松（1988.9—1993.12）
江裕彬（1993.12—1997.1）
李建青（1997.1—1998.7）

总经济师 严振鸣（1988.9—1998.7）

科委主任 蒋一鸣（1991.3—1997.1）
杨秀东（1997.1—1998.7）

副局级调研员 孟令章（1988.9—1991.7）
陈文玺（1988.9—1990）

---

[1] 2014 年 6 月，蒋洁敏严重违纪违法，给予开除党籍、行政开除处分。

二、中共青海石油管理局委员会领导名录（1988.9—1998.7）

书　　记　张德国（1988.9—1989.12）
李秋杰（1989.12—1994.6）
蒋洁敏（1994.6—1998.7）

副 书 记　李秋杰（1988.9—1989.12）
徐中清（1991.3—1994.11）
刘扬寿（1991.3—1998.7）
曹随义（正局级，1998.4—7）

常　　委　蒋一鸣（1988.9—1991.3）
苗玉辰（1988.9—1993.7）
党喜坤（1988.9—1993.1）
张文安（1988.9—1990.6）
张佩荣（宣传部长，1988.9—1991.12）
周铭涛（1989.7—1998.7）
杨秀东（1990.4—1997.1）
刘扬寿（1990.6—1991.3）
徐中清（1990.6—1991.3）
马力行（1991.4—1998.7）
谢福利（1991.6—1998.7）
宋克显（1993.1—1998.7）
陈世贤（1993.1—1998.7）
黄立功（1997.1—1998.7）
郑玉宝（1997.1—1998.7）

纪委书记　张文安（1988.9—1990.3）
刘扬寿（1990.3—1991.3）
谢福利（1991.3—1998.7）

三、青海石油管理局工会（1988.9—1998.7）

主　　席　党喜坤（1988.9—1993.1）
陈世贤（1993.1—1998.7）

第十七节　滇黔桂石油勘探局（1988.9—1998.6）

1988年9月，滇黔桂石油勘探局隶属于总公司管理，主要负责云南、贵州、广西3个省区的石油、天然气勘探开发及其销售，同时兼营成品油业务，勘探区域面积58万平方千米。党组织关系隶属于中共云南省委。机关办公地点在云南省昆明市。

1997年，所属二级单位28个，在册职工1.3万人。生产原油4.87万吨、天然气9678万立方米，资产总值22.38亿元。

1998年6月，根据《中国石油天然气集团公司、中国石油化工集团公司关于划转企业的交接协议》，滇黔桂石油勘探局由中国石油天然气总公司划转中国石油化工集团公司管理。

一、滇黔桂石油勘探局领导名录（1988.9—1998.6）

局　　长　王献智（1988.9—1990.11）
　　　　　　王苏民（1990.11—1996.10）
　　　　　　李朝鑫（1996.10—1998.6）

副 局 长　王润才（1988.9—1992.10）
　　　　　　汤昌钧（1988.9—1995.7）
　　　　　　曾宪代（1988.9—1997.10）
　　　　　　陆荣生（1990.11—1997.10）
　　　　　　吴令英（1992.10—1998.6）
　　　　　　雷文举（1993.12—1998.6）
　　　　　　田齐祥（1995.7—1998.6）
　　　　　　周孟瑜（1995.7—1998.6）
　　　　　　孟繁昌（1997.10—1998.6）

总地质师　杜全义（1988.9—1990.11）
　　　　　　陆荣生（1990.11—1997.10）
　　　　　　邹绍春（1997.10—1998.6）

总经济师　沈鸿基（1992.10—1998.6）

总工程师　李士富（炼化，1994.4—1997.10）

科委主任　杜全义（1990.11—1993.12）
韩明镜（正局级，1993.12—1998.6）

二、中共滇黔桂石油勘探局委员会领导名录（1988.9—1998.6）

书　　记　韩明镜（1988.9—1993.12）
王苏民（1993.12—1996.10）
李木林（1996.10—1998.6）

副 书 记　王苏民（1990.11—1993.12）
方其录（1993.12—1997.10）
李朝鑫（1996.10—1998.6）
吴绍安（1997.10—1998.6）

常　　委　方其录（1988.9—1993.12）
曾宪代（1997.10—1998.6）
孟繁昌（1997.10—1998.6）

纪委书记　方其录（1988.9—1993.12）
李朝祖（1993.12—1997.10）
吴绍安（1997.10—1998.6）

三、滇黔桂石油勘探局工会（1997.10—1998.6）

主　　席　曾宪代（1997.10—1998.6）

第十八节　冀东石油勘探开发公司（1988.4—1998.7）

1982年1月，为加快南堡凹陷地区的勘探开发建设，石油工业部提出将该地区列入全国重点勘探地区之一。4月，大港油田组建大港石油管理局北部试采处，200余名职工开赴唐山市唐海县。1983年7月，撤销大港石油管理局北部试采处，成立大港石油管理局北部石油勘探开发公司。1988年4月，石油工业部决定，将北部石油勘探开发公司和898名职工从大港石油管理局分离出来，组建冀东石油勘探开发公司，为部直属局级单位，负责南堡凹陷油气资源的勘探与开发工作，并将大港石油管理局2个成建制作业队、1个水电队和1个工程维修队划入。机关办公地址在河北省唐山市唐海县临时基地。

冀东石油勘探开发公司主要勘探开发区域位于河北省渤海湾北部沿海，东与辽宁省分界，西与天津市为邻，北至燕山南麓，南至渤海5米水深线。覆盖两市七县：唐山市、秦皇岛市，唐海县、滦南县、丰南县、乐亭县、滦县、昌黎县、抚宁县，多为鱼塘、虾池、盐田、稻田和芦苇荡，水网密布。总面积6300平方千米，其中陆地面积3600平方千米，潮间带和极浅海面积2700平方千米。冀东油田的地下地质特征属于典型的复杂断块油气田，断层多、断块小，油水关系复杂。产出的原油类型为中质油，天然气类型为伴生气。

冀东石油勘探开发公司是国内最早实行“油公司”管理体制的石油企业之一，以管理、技术和勘探生产为主体，依托国际、国内市场，实行施工作业市场化运作，通过招投标方式选择施工作业单位。组建之初，由石油勘探开发科学研究院对公司实行第一阶段为期3年的总承包，实行科研生产联合体管理模式，即科研机构和生产单位相结合，实行企业化经营。这一体制缩短了从科研到生产应用的周期，促进了新技术的研究运用及科技人才的培养。

成立初期，机关设部室5个：经理办公室、经营管理部、生产作业部、勘探开发部、党委工作部。所属二级单位7个：采油厂、井下作业公司、油田维护公司、特车公司、器材供应处、田庄基地管理处、公安处。在册职工1710人。固定资产原值2.80亿元，营业收入0.79亿元。1988年，生产原油18.01万吨、天然气1401万立方米，油气当量19.13万吨。

1988年9月起，冀东石油勘探开发公司隶属于总公司管理。

12月，成立中共冀东石油勘探开发公司临时委员会和临时纪律检查委员会。党组织关系隶属于总公司直属机关党委。1989年11月，机关办公地点迁至河北省唐海县油田基地。

1991年1月，总公司决定石油勘探开发科学研究院不再继续承包冀东石油勘探开发公司，将冀东石油勘探开发公司改组成具有独立法人资格、直属总公司领导的经济实体。2月，总公司明确冀东石油勘探开发公司按照新技术、新体制，高水平、高效益的“两新两高”要求，实行项目管理和甲乙方合同制，推行专业化管理和社会化服务，进行招标优选，引入竞争机制。为加强科技攻关工作，总公司决定继续由石油勘探开发科学研究院和冀东石油勘探开发公司组成科研生产联合体，并成立冀东科研生产联合体协调小组。5月，在河北省工商行政管理局领取企业法人营业执照。同时，为加强油田建设，先后从大庆、辽河、胜利、长庆等14个油田及其他行业调入职工3600余人。

到1991年12月，机关设处室16个：公司办公室、总调度室、安全机动处、工农环保处、科技发展部、计划处、企业管理处、劳动工资处（教育培训处）、财务处（国有资产处）、纪检监察室、审计处、党委办公室、组织部（干部处）、工会、团委、机关党委。所属二级单位15个：勘探开发部（地质研究所）、钻井工程处、采油工程技术研究所、采油厂、井下作业公司、特车公司、基建工程部、器材供应处、石油天然气销售公司、生活服务公司、劳动服务公司（多种经营管理处）、石油中学、职工医院、田庄基地管理处（职工培训中心）、公安处。在册职工4614人。资产原值16.35亿元，营业收入0.82亿元。当年生产原油37万吨、天然气2048万立方米，油气当量38.63万吨。

1992年，冀东石油勘探开发公司确立勘探开发的甲方地位，将作为甲方的勘探开发主体单位与作为乙方的专业施工作业单位、辅助生产单位分开，生活后勤单位从主体单位和辅助生产单位分离，主营业务与多种经营业务分开，按照甲乙方合同制运作。5月，按照总公司改革要求，全面开展三项制度改革工作，建立干部能上能下、职工能进能出、收入能升能降的管理制度，并在工人中开展技能鉴定工作。之后，组建勘探部、开发生产部，将运输车辆、教育培训、油建施工、机械修理、物业管理、医疗卫生、公安保卫、离退休职工管理、家属管理等业务实行专业化集中管理，成立多种经营公司、人才交流中心。到1994年，机关处室由13个减至8个，科室由44个减至29个，人员由220人减至150人；二级单位机关科室由80个减至52个，人员由799人减至379人。

1994年12月，机关办公地点迁至河北省唐山市路北区光明西里51号甲区。

1995年10月，冀东石油勘探开发公司实行全员劳动合同制，与职工签订劳动合同。

1997年4月8日，中共冀东石油勘探开发公司第一次代表大会召开，选举产生第一届委员会和纪律检查委员会，李允富为党委书记，徐中清为党委副书记，刘联民为纪委书记。下属基层党委14个、党总支4个、党支部138个，共有党员1616名。

1997年9月，将多种经营企业从各二级单位分离出来，成立唐山冀东油田实业集团有限公司，实行统一管理。到1997年底，多种经营企业稳步快速发展，法人企业23个，厂点67个，从业人员2413人，其中安置主业职工660人。

1998年7月，根据总公司减员增效的要求，冀东石油勘探开发公司进一步转变机关管理职能，对机关处室和人员进行精简优化，部室由22个调整到11个，机关工作人员从590人减至155人；基层撤销开发生产部，设立4个作业区。调整后，机关设部室11个：公司办公室、勘探开发部、采油工程部、安全环保部、科技发展部、计划财务部、人事部、生产协调部、资产管理部、政治思想工作部、对外合作办公室。机关设附属机构1个：新闻（宣传）中心。所属二级单位31个：作业一区、作业二区、作业三区、作业四区、南堡油库、油气处理厂、输油队、勘探开发研究院、电力通信公司、油田建设公司、运输公司、唐山冀东油田物资供销有限公司、井下作业公司、石油天然气销售公司、冀东油田机械厂、唐山冀东油田设计工程有限公司、勘探开发工程监理公司、开发技术服务公司、审计处（审计所）、会计中心、唐山冀东油田工程造价咨询有限公司、唐山冀东油田东源实业集团有限公司、唐山冀东油田实业集团有限公司、唐海冀东油田物业有限公司、唐山冀东油田物业有限公司、唐山冀东油田正田实业有限公司（田庄基地管理处）、教育培训中心、职工医院（卫生处）、公安处、退休职工管理处、驻沪联络处。

截至1998年12月，在册职工4997人。固定资产原值27.75亿元，营业收入7.53亿元。探矿权面积8047.6平方千米，采矿权面积240.4平方千米，探明石油地质储量9253万吨，主力油田为高尚堡、柳赞和老爷庙油田，油井294口，原油年产量63.81万吨、天然气4558万立方米，油气当量67.44万吨。

一、冀东石油勘探开发公司领导名录（1988.4—1998.7）

经　　理　翟光明（1988.4—1991.2）

施鸣鹤（1991.2—1996.1）

徐中清（1996.1—1998.7）

副 经 理　张邦杰（1988.4—1991.2）

张家茂（1988.4—1990.4）

王兆诸（1989.1—1994.1）

朱水安（1989.2—1996.12）

张世琪（1989.2）

姜连成（1989.8—1996.1）

余守德（1989.12—1996.12）

赵显文（蒙古族，1994.4—1998.7）
张国旗（1996.12—1998.7）
总地质师　朱水安（1989.2—1996.12）
周海民（1996.12—1998.7）
总会计师　张凤文（1991.12—1997.11）

二、中共冀东石油勘探开发公司临时委员会、委员会领导名录（1988.4—1998.7）

书　　记　贾金会（1988.4—1991.2）
施鸣鹤（1991.2—1996.1）
李允富（1996.1—1998.7）
副 书 记　李允富（1988.4—1996.1）
徐中清（1996.1—1998.7）
委　　员　翟光明（1988.12—1991.3）
张邦杰（1988.12—1991.3）
张家茂（1988.12—1990.4）
王兆诸（1991.3—1994.1）
朱水安（1991.3—1996.12）
余守德（1991.3—1996.12）
姜连成（1991.3—1996.1）
赵显文（1994.10—1998.7）
张凤文（1994.10—1997.4）
刘联民（1996.12—1998.7）
郑丽芳（女，1996.12—1998.7）
张国旗（1996.12—1998.7）
周海民（1997.4—1998.7）
纪委书记　李允富（1988.4—1996.12）
刘联民（1996.12—1998.7）

三、冀东石油勘探开发公司工会（1991.9—1998.7）

主　　席　杨湘岳（正处级，1991.9—1993.10）
李允富（1993.10—1996.12）
郑丽芳（1996.12—1998.7）

第十九节　安徽石油勘探总公司—安徽石油勘探开发公司（1988.9—1998.6）

1988年9月至1991年3月，安徽石油勘探总公司行政上仍由安徽省管理。到1988年底，机关设职能部门15个、所属二级单位13个，职工总数2403人。固定资产原值4726万元、净值4272万元，技术设备405台（套）。全年钻井9口，钻井进尺2.08万米，地震二维测线1024千米。年生产原油2.17万吨，原油销售收入962万元。

1988年11月，安徽省政府同意安徽石油勘探总公司为大型二类企业，享受副厅级待遇。机关行政系统设办公室、计划处、财务处、勘探处、油田开发处、生产技术处、企业管理处、劳动工资处、供销处、教育处、审计监察处、安全保卫处、卫生处、离退休管理处共14个部门；党群系统设纪律检查委员会、工会、组织部、宣传部、团委5个部门；直属单位设地质研究所、地球物理调查处、钻井处、试采处、机械修理厂、运输大队、油田建筑安装大队、技工学校、子弟学校等9个单位。

1991年3月，安徽石油勘探总公司由安徽省划归总公司管理。

划归之初，机关设部门18个：办公室、工会办公室、组织部、宣传部、团委、劳动人事处、审计监察处、计划处、财务处、勘探处、油田开发处、生产技术处、企业管理处、供销处、安全保卫处、卫生处、教育处、离退休管理处。所属二级单位14个：地质研究所、地球物理调查处、钻井处、试采处、机械修理厂、运输大队、油田建筑安装大队、撮镇管理处、技工学校、子弟学校、职工医院、多种经营公司、油品销售公司、供应公司。在册职工2673人。1992年，生产原油4万吨，原油销售收入2400万元。

1993年3月，安徽石油勘探总公司更名为安徽石油勘探开发公司，行政级别为副局级。

1994年6月，技工学校划归子弟学校管理，设立技工教育部，对外保留技工学校牌子。12月，保卫处划归办公室管理，对外仍保留保卫处名称。

1995年1月，撤销离退休管理处，成立离退休管理服务中心。4月，撤销运输大队，其人员、物资和设备中的少部分调剂到采油厂，其余并归钻井处；设立国有资产管理处，与财务处合署办公；撤销党委工作部、劳动人事处，设立党委办公室、劳动工资处。5月，成为总公司首批实行行政副职聘任制的单位。12月，撤销挂靠劳动工资处的社会保险部，设立社会保险管理中心。

1995年3月，机关办公地点由安徽肥东撮镇迁至合肥梅山路。

1996年6月，纪检监察处和审计处合并，设立纪检监察审计处。

1997年1月，撤销油气勘探部、油气开发部，成立油气勘探开发部；撤销地质研究所，成立油气勘探开发研究所。

1998年3月，安徽石油勘探开发公司撤销职工医院、公司子弟学校，成立撮镇职工医院和撮镇子弟学校，归撮镇管理处管理，社会职能开始从公司逐渐退出。

截至1998年12月，安徽石油勘探开发公司设机关处室16个：经理办公室、党委办公室、组织干部处、油气勘探开发部、计划处，财务处（国有资产管理处）、劳动工资处、纪检监察审计处、政策研究室、基建工程部、科学技术监督处、卫生处、教育处、工会办公室、团委；社会服务机构2个：离退休管理服务中心、社会保险管理中心。所属二级单位8个：地球物理调查处、钻井处、采油厂、供销处、油气勘探开发研究所、机械厂、撮镇管理处、多种经营总公司。在册职工2680人。

1998年，生产原油8万吨，销售收入7818万元。拥有大型钻机3部，主要生产设备650台（套），固定资产原值3.15亿元、净值1.48亿元。累计完成二维测线9534千米，三维测线346平方千米；累计钻井208口，总进尺41万米；累计探明并投入开发王龙庄、安乐2个油田共10个产油区块，生产原油62.40万吨，工业总产值5.22亿元。

1998年6月，根据《中国石油天然气集团公司、中国石油化工集团公司关于划转企业的交接协议》，安徽石油勘探开发公司由中国石油天然气总公司划转中国石油化工集团公司管理。

一、安徽石油勘探总公司（1988.9—1993.3）

（一）安徽石油勘探总公司领导名录（1988.9—1993.3）

经　　理　栗文耀（1988.9—1991.1）

吴景芳（1991.1—1993.3）

副 经 理 吴景芳（1989.7—1991.1）
丁大民（1988.9—1993.3）
胡景荣（满族，1988.9—1990.11）
颜明生（1988.9—1993.3）
严太广（1988.9—1990.11）
张建宾（1990.11—1993.3）
王宏林（1990.11—1993.3）
总地质师 吴少华（1988.9—1993.3）
总工程师 阕良升（1992.4—1993.3）

（二）中共安徽石油勘探总公司委员会领导名录（1988.9—1993.3）

书 记 吴景芳（1988.9—1991.1）
栗文耀（1991.1—1993.3）
副 书 记 雷光鹏（1988.9—1989.7）
杨乐山（1989.7—1993.3）
颜明生（1989.7—1993.3）
纪委书记 杨学亮（1988.9—1993.3）

（三）安徽石油勘探总公司工会（1988.9—1993.3）

主 席 杨乐山（1988.9—1989.7）
赵永康（1989.7—1993.3）

二、安徽石油勘探开发公司（1993.3—1998.6）

（一）安徽石油勘探开发公司领导名录（1993.3—1998.6）

经 理 吴景芳（1993.3—7）
苗玉辰（1993.7—1998.6）
副 经 理 丁大民（1993.3—7）
颜明生（1993.3—1995.6）
张建宾（1993.3—1995.6）
王宏林（1993.3—1998.6）
马积祚（1994.3—1998.6）
赵永康（1995.6—1998.6）
黄学峰（1997.8—1998.6）

王士斌（1997.8—1998.6）

总工程师　阙良升（1993.3—1997.8）

黄学锋（1997.8—1998.6）

总地质师　吴少华（1993.3—11）

娄建青（1993.11—1998.6）

总经济师　马积祚（1994.3—1998.6）

（二）中共安徽石油勘探开发公司委员会领导名录（1993.3—1998.6）

书　　记　栗文耀（1993.3—7）

吴景芳（1993.7—1995.2）

苗玉辰（1995.2—1998.6）

副 书 记　杨乐山（1993.3—1995.6）

李延元（1993.3—1998.6）

颜明生（1993.3—7）

苗玉辰（1993.7—1995.2）

纪委书记　杨学亮（1993.3—1995.7）

李延元（1995.7—1998.6）

（三）安徽石油勘探开发公司工会（1993.3—1998.6）

主　　席　赵永康（1993.3—1998.6）

第二十节　浙江石油勘探处（1988.9—1998.7）

1988年9月起，浙江石油勘探处由总公司、浙江省双重领导，以总公司为主，行政级别为正处级。勘探处以油气资源评价为主要工作，实施第四系超浅层天然气勘探与开发应用试验。

1989年5月，浙江石油勘探处进行管理体制、经营机制等9个方面的改革，在地质、物探、钻井、综合研究业务范围的基础上，增加触探、桩基工程、水文工程、机械加工、运输汽配等多种经营领域，所属单位分布在杭州、余杭、金华、嘉兴4个基地。多种经营产值累计达1.22亿元，上缴税金208.9万元。

1991年，根据总公司东部新区勘探会议精神，浙江石油勘探处开始第三次对杭州湾等地区第四系超浅层天然气立项勘探。到1997年底，在杭州湾、温州湾等第四系浅层天然气勘探区完成触探井3290口，采气井和资料井98口，控制含气面积214.39平方千米；经国家储委油气专业委员会批准的控制储量4.24亿立方米；先后发现夹灶、义盛等7个第四系超浅层天然气田，累计试采天然气584.73万立方米。同年，在全国第二次油气资源评价中，浙江石油勘探处承担了宁波、金衢盆地的二次油气资源评价工作。

1992年至1993年，根据总公司三项制度改革总体要求，浙江石油勘探处优化劳动组合，调整劳动结构，先后提前退休和分流安置职工500余人。1997年9月，机关办公地点迁至浙江省杭州市西湖区古荡天目山路374号。

截至1998年12月，浙江石油勘探处设机关科室6个：办公室、勘探生产部、人事教育科、财务资产科、企业管理科、党群工作部。所属二级单位20个：浅层天然气公司、石油勘探研究所、MT大地电磁队、浙江中油石油天然气销售公司、2295地震队、2298地震队、机械厂、运输公司、余杭东风汽车技术服务站、勘查工程公司三分公司、水文工程队、物资装备部、生活服务中心、金华基地管委会、杭州石油职工疗养院、浙江华油不锈钢微丝厂、浙江华油大酒家、多元开发部、离退休职工服务中心、医务所。在册职工800人。党组织关系隶属于浙江省石油化学工业厅党组。下属党总支3个、党支部18个，共有党员300名。

一、浙江石油勘探处领导名录（1988.9—1998.7）

处　　长　郑锡祥（1988.9—1989.1）
钟懋荣（1989.1—1992.2）
林友进（1992.2—1995.12）
周恒友（1995.12—1998.7）

副 处 长　薛静诚（1988.9—1998.7）
林银松（1988.9—1989.3）
莫水江（1990.11—1995.6）
钟懋荣（1992.2—1996.7）
叶　舟（1996.7—1998.7）

总工程师　蒋维三（1988.9—1989.3）
郑锡祥（1989.1—1996.7）

总地质师　徐克定（1988.9—1992.11）
　　　　　蒋维三（1989.3—1996.7）
　　　　　叶　舟（1996.7—1998.7）

二、中共浙江石油勘探处委员会领导名录（1988.9—1998.7）

书　　记　林友进（1992.2—1995.12）
　　　　　周恒友（1995.12—1998.7）
副 书 记　应光宇（主持工作，1988.9—1991.7）
　　　　　曹志光（1996.7—1998.7）
委　　员　郑锡祥（1988.9—1996.7）
　　　　　陈志维（1988.9—1996.7）
　　　　　薛静诚（1988.9—1998.7）
　　　　　钟懋荣（1989.10—1996.7）
　　　　　叶　舟（1996.7—1998.7）
　　　　　徐桂欣（1996.7—1998.7）
纪委书记　陈志维（1988.9—1996.7）
　　　　　曹志光（1996.7—1998.7）

三、浙江石油勘探处工会（1988.9—1998.7）

主　　席　曹志光（1989.9—1998.7）

第二十一节　南方石油勘探开发有限责任公司（1994.2—1997.10）

1994年2月，总公司决定，中国石油天然气勘探开发公司由广州市迁至北京市，同时按该公司原有的组织机构和人员，在广州市组建南方石油勘探开发公司。南方石油勘探开发公司作为总公司的全资子公司，具有独立法人资格，行政级别为正局级。主要职责：负责继续执行中国石油天然气勘探开发公司在南方11省（区）陆上石油对外合作合同，并与外方合作经营该合同区内的石油和天然气资源的勘探、开发业务；负责南方地区石油和天然气资源及钻遇资源的勘探、开发和销售。总公司任命程守礼为总经理兼临时党委书记。党组织关系隶属于中共广东省委。

成立初期，南方石油勘探开发公司设办公室、计划部、财务部、勘探部、采办部、人事部、条法部、外联部等8个机关部门；洞庭、波阳、阜阳、苏北、南盘江、黔南等6个对外合作机构；三水、合浦、南方区域、金凤等4个自营合作项目，以及综合研究室、北京办事处和后勤行政、多种经营公司等机构。在册职工142人。

1995年11月，南方石油勘探开发公司名称正式注册为南方石油勘探开发有限责任公司。机关办公地址在广东省广州市海珠区江南西路30号。

1996年4月，南方石油勘探开发有限责任公司设机关部室11个：办公室、党群工作办公室、综合计划部、财务部、企业管理部、人事劳资部、勘探开发部、对外合作部、多种经营部、后勤管理部、综合研究中心；直属单位10个：海南勘探项目经理部、三水湘阴勘探项目经理部、南盘江物探选择协议项目组、南陵—无为研究协议项目组、深盆气研究筹备组、鄱阳中外石油合作管理处、苏北中外石油合作管理处、塔里木一区块对外合作项目组、塔里木三区块对外合作项目组、北京代表处；另有5个多种经营公司。在册职工152人。

1997年10月，总公司将南方石油勘探开发有限责任公司划转中国石油天然气勘探开发公司统一管理，行政级别调整为副局级。主要任务是参与执行海外石油勘探开发项目，负责在中国南方地区开展油气勘探开发和综合地质研究工作。在册职工158人。

一、南方石油勘探开发有限责任公司领导名录（1994.2—1997.10）

总 经 理 程守礼（1994.5—1995.6）

张宝庄（1995.6—1997.10）

副总经理 王孟振（1994.5—1995.6）

高世魁（1994.5—1997.1）

高有楠（1995.6—1997.10）

总地质师 戴宗林（1994.5—1997.10）

二、中共南方石油勘探开发有限责任公司临时委员会领导名录（1994.4—1997.10）

书　　记 程守礼（1994.4—1995.6）

张宝庄（1995.6—1997.10）

委　　员　王孟振（1994.4—1995.6）
　　　　　高世魁（1994.4—1996.12）
　　　　　戴宗林（1994.4—1997.10）
　　　　　蒋有卓（正处级，1994.4—1997.10）
　　　　　关　毅（正处级，1994.4—1995.6）
　　　　　萧　翼（正处级，1994.4—1997.10）
　　　　　高有楠（1995.6—1997.10）

第二十二节　石油地球物理勘探局（1988.9—1998.7）

1988年9月起，石油地球物理勘探局隶属于总公司管理。机关设处室26个、所属二级单位24个、科级直属单位11个、67个物探队，在册职工2.5万人。12月，石油工业部地球物理勘探局更名为中国石油天然气总公司地球物理勘探局（简称物探局）。党组织关系隶属于总公司直属机关党委。机关办公地址在河北省涿州市。

1988年至1989年，物探局根据石油工业部和缅甸能源部达成的协议，执行与缅甸缅玛石油公司签订的MC—87—01地震勘探服务合同，第一次出国承包地震勘探服务项目。

1991年初，根据总公司有关指示精神，物探局制定“八五”对外合作计划，成立对外合作机构，建立对外合作队伍。7月，总公司将中国石油工程建设公司所属房山长沟基地划入物探局。

1991年12月29日，中共物探局第一次代表大会召开，选举产生第一届委员会和纪律检查委员会，李玉超为党委书记，刘颂威、陈启发为党委副书记，陈启发为纪委书记。下属基层党委21个、党总支18个、党支部381个，共有党员5590名。

1992年5月，总公司将物探局下属研究院的机构规格调整为副局级。

1993年9月，根据总公司三项制度改革要求，物探局机构进行较大调整，机关设职能处室19个、附属单位16个、所属单位24个。

1993年，物探局在陆上石油进一步扩大开放和“开拓国际市场，实现跨国经营”的方针指引下，制定进入国际市场的初期战略，采用多种灵活方式开展对外合作，先后参与印度、巴基斯坦、厄瓜多尔、秘鲁等国的勘探项目投标。1994年，物探局组建9401、9405地震队分别赴厄瓜多尔、秘鲁执行国际物探承包服务合同，其中9401地震队是物探局组建并使用的第一支国际地震队队号。1995年，与巴基斯坦等国签订2个承包合同，组建9501地震队执行巴基斯坦物探承包合同。1996年，与菲律宾等国签订5个承包合同，组建9601地震队执行菲律宾地震勘探承包合同。1997年，分别与苏丹、秘鲁、伊朗、巴基斯坦、菲律宾等国签订8个承包合同，组建9711、9721、9722、9731、9741、9761地震队，全年共有8支地震队执行对外采集合同。

1997年7月，总公司决定以物探局为依托，组建油气勘探计算机软件国家工程研究中心有限公司，由物探局对其实行人、财、物等统一管理。

截至1998年12月，机关设职能处室20个，其中生产行政系统13个：办公室、计划处、财务处、劳动工资处、企业管理处、勘探处、科技发展技术监督处、外事处、机动处、安全环保处、离退休职工管理处、审计处、保卫处，党群系统7个：党委办公室、党委组织部、党委宣传部、纪委办公室（监察处）、工会、团委、机关党委；附属单位13个：装备制造事业部、石油勘探定额管理站、档案馆、石油物探监理公司、计划培训部、通讯总站、设备器材调剂中心、石油物探报社、有线电视台、接待服务中心、北京十三陵石油工人疗养院、青岛科技培训中心、涿州客运车队。

所属二级单位25个：第一、第二、第三、第四、第五地质调查处和塔里木前线指挥部、特种装备勘探处、机械厂、石油地球物理勘探仪器总厂、特种车辆制造厂、研究院、运输处、建筑公司、供应处、物探技术引进管理处、多种经营管理处、基地管理处、徐水基地管理处、综合服务处、职工医院、第二职工医院、教育培训中心、石油物探岩土工程有限公司、科技开发总公司、石油地球物理勘探咨询中心；物探队81个。在册职工2.64万人。

1988年9月至1998年7月期间，物探局分别在松辽盆地、渤海湾盆地、塔里木盆地、二连盆地、陕甘宁盆地、吐哈盆地、东部小盆地、西部中小盆地、南方中小盆地和华南北盆地及周边先后投入643个队年，共完成二维地震勘探31.66万千米、三维地震勘探1.61万平方千米，共落实构造309个、圈闭1741个，发现9个油气富集区，提供井位1148口，其中以陕参1井为代表的23口井获工业油气流。探明储量16.2亿吨、天然气560亿立方米，新增储量2300万吨。

期间，物探局研究院党委书记段雨欣（女）当选中共十四大代表。

一、石油地球物理勘探局领导名录（1988.9—1998.7）

局　　长　潘　瑗（1988.9—1990.11）
刘颂威（1990.11—1992.11）
钟辛生（1992.11—1998.7）

副 局 长　庄国成（1988.9—1992.11）
钟辛生（1988.9—1992.11）
许大坤（1988.9—1998.7）
王见仁（1988.9—1995.9）
武慎让（1988.9—1990.11；1992.11—1995.9）
刘颂威（1988.9—1990.11）
柴桂林（1990.11—1995.9）
赵瑞平（1990.11—1997.11）
王业胜（1992.11—1998.7）
殷会祥（1995.9—1998.7）
王小牧（1995.9—1998.7）
接铭训（1997.11—1998.7）
徐文荣（1997.11—1998.7）

总地质师　柴桂林（1988.9—1990.11）
吴奇之（1990.11—1998.7）

总工程师　许大坤（1990.11—1995.9）
钱荣钧（1995.9—1998.7）

总经济师　武慎让（1990.11—1992.11）

副总工程师　李全慎（副局级，1988.9—1991.1）

二、中共石油地球物理勘探局委员会领导名录（1988.9—1998.7）

书　　记　严衍余（1988.9—1990.11）
李玉超（1990.11—1997.11）
许大坤（1997.11—1998.7）

副 书 记　陈启发（1988.9—1996.12）
刘颂威（1990.11—1992.11）

钟辛生（1992.11—1998.7）
肖　平（1997.11—1998.7）
常　　委　潘　瑗（1988.9—1990.11）
刘颂威（1988.9—1990.11）
张俊瑞（1988.9—1992.1）
武慎让（1988.9—1995.9）
徐绍仲（1988.9—1992.1）
曹云福（1988.9—1992.1）
钟辛生（1990.11—1992.11）
柴桂林（1990.11—1995.9）
刘明义（1991.12—1997.11）
许大坤（1992.1—1997.11）
赵瑞平（1995.9—1997.11）
王业胜（1995.9—1998.7）
段雨欣（女，1996.12—1998.7）
殷会祥（1997.11—1998.7）
王小牧（1997.11—1998.7）
纪委书记　徐绍仲（1988.3—1991.12）
陈启发（1991.12—1996.12）
段雨欣（1996.12—1998.7）

三、石油地球物理勘探局工会（1988.9—1998.7）

主　　席　张俊瑞（1988.9—1991.12）
刘明义（1991.12—1997.11）
肖　平（1997.11—1998.7）

四、石油地球物理勘探局所属研究院主要领导名录（1993.1—1998.7）

院　　长　管　忠（1993.1—1998.7）
党委书记　段雨欣（1993.1—1996.12）
张忠民（1996.12—1998.7）

第二十三节　中原石油化工工程建设指挥部—中原石油化工有限责任公司（1995.1—1998.6）

1987年7月，为了合理利用中原油田丰富的轻烃资源，提高经济效益，发展石油化工工业，生产国内市场短缺的石油化工化纤产品，石油工业部和河南省人民政府向国家计划委员会上报中原石油化工联合总公司化纺工程项目建议书。在此期间，中央和国务院领导同志多次指示要尽快利用中原油田的轻烃资源。9月，国家计划委员会正式批准中原14万吨/年乙烯项目立项。同时，经河南省人民政府与石油工业部商议研究，决定成立中原石油化工工程建设指挥部，并任命指挥部领导。

1988年9月，总公司成立后，该项目由总公司和河南省人民政府共同负责。11月，国家计划委员会批准中原石化14万吨/年乙烯项目可行性报告。

1989年1月，在意大利罗马正式签订乙烯、聚乙烯、聚丙烯3套装置的引进合同。7月，总公司和河南省人民政府就组建中原石油化工联合公司、合资兴建中原乙烯工程达成协议，商定联合企业的名称为中原石油化工联合公司。双方协议本着总公司和河南省人民政府双重领导以总公司为主的原则，共同授权中原石油勘探局对联合公司进行归口管理。中原石油化工联合公司作为一级半单位，纳入总公司企业序列。投资双方委派代表组成董事会，作为权利和经营决策机构。中原石油化工联合公司的总经理、副总经理由董事会提名，经总公司和河南省人民政府研究同意后由总公司任命。建设期间组建中原乙烯工程领导小组，对工程建设进行全面指导。领导小组之下，以中原石油化工联合公司为主，吸收有关负责人参加，组建中原石油化工工程建设指挥部，全面负责贯彻落实领导小组的决定。

1989年10月，成立劳动服务公司。

1991年1月，中原石油化工工程建设指挥部设职能处室13个：指挥部办公室、党委办公室、总调度室、外事办公室、工程建设处、供应处、规划设计管理处、计划处、财务处、劳动工资处、生产准备处、工会、团委；直属单位6个：乙烯部、聚乙烯部、聚丙烯部、公用工程部、中心化验室、劳动服务公司。

1992年12月，总公司任命林治开为中原石油化工联合公司董事长；方颂扬为中原石油化工联合公司副董事长，副董事长河南省1人（1997年12月河南省任命谢东星为副董事长）。

1995年1月，总公司决定将中原石油化工联合公司上划为总公司直属企业。6月，为更好地服务于项目建设，中原石油化工工程建设指挥部对二级机构进行调整，设机关职能处室19个：指挥长办公室、党委办公室、计划合同管理部、财务部、人事劳资部、生产技术部、规划发展设计部、调度协调部、供应处、机动管理部、第二工程部、工程质量管理部、外事工作部、审计室、政策研究室、工会、团委、人民武装部、保卫处；直属单位22个：乙烯分厂、聚乙烯分厂、聚丙烯分厂、自动化管理部、中心化验室、电气车间、水汽车间、机修车间、空分车间、净化水场、运输公司、供销公司、中原乙烯希美宾馆、行政事业公司、郑州办事处、天津办事处、北京经济技术联络处、中原星辰有限公司、进口设备项目经理部、培训项目经理部、通讯项目经理部、工程质量监督站。

1995年6月，撤销中原石油化工工程建设指挥部和中原石油化工联合公司，组建中原石油化工有限责任公司。9月，对组织机构进行调整，设机关职能处室17个、所属基层单位13个。

1996年7月，中原乙烯工程投料试车成功。

截至1998年6月，中原石油化工有限责任公司设机关职能处室19个：总经理办公室、党委办公室、企业管理处、财务处、组织干部处、劳动工资处、计划处、生产调度处、质量管理处、安全环保处、外事处、审计处、纪委监察处、工会、团委、人民武装部、保卫处、机械动力处、基建工程处；所属基层单位14个：乙烯车间、聚乙烯车间、聚丙烯车间、电气车间、仪表车间、中心化验室、水气车间、机修车间、净化水车间、供应处、运销处、行政事业处、规划设计处、成品车间。

1998年6月，根据《中国石油天然气集团公司、中国石油化工集团公司关于划转企业的交接协议》，中原石油化工有限责任公司由中国石油天然气总公司划转中国石油化工集团公司管理。

一、中原石油化工工程建设指挥部（1987.9—1995.6）

（一）中原石油化工工程建设指挥部领导名录（1987.9—1995.6）

指 挥 长　方颂扬（1987.9—1992.12）
马振都（1992.12—1995.6）

副指挥长　谢英涵（1987.9—1989.7）
张新隆（1987.9—1989.7）
杨安理（1987.9—1989.7）
王绍基（1987.9—1989.7）
陈留栓（1987.9—1989.7）
苏尉华（1987.9—1989.7）
董臣章（1989.7—1995.6）
胡福元（1989.7—1995.6）
裴广乐（1989.11—1995.6）
杨栋梁（1991.7—1994.7）
樊正鸿（1993.7—1995.6）

总会计师　朱玉生（1989.11—1995.6）

（二）中共中原石油化工工程建设指挥部临时委员会领导名录（1987.9—1995.6）

书　　记　周　沛（1987.9—1995.6）

副 书 记　方颂扬（1987.9—1992.12）
马振都（1992.12—1995.6）

二、中原石油化工联合公司领导名录（1989.7—1995.6）

经　　理　方颂扬（1989.7—1992.12）
马振都（1992.12—1995.6）

三、中原石油化工有限责任公司（1995.6—1998.6）

（一）中原石油化工有限责任公司领导名录（1995.6—1998.6）

总 经 理　梅士琪（1995.6—1996.12）
杨建国（1996.12—1998.6）

副总经理　林锡庆（1995.6—1998.6）
马振都（1995.6—1996.12）

裴广乐（1995.6—1998.6）
樊正鸿（1995.6—1998.6）
李书文（1995.6—1998.6）
总工程师　林锡庆（1995.6—1998.6）
总会计师　朱玉生（1995.6—1996.8）

（二）中共中原石油化工有限责任公司委员会领导名录（1995.6—1998.6）

书　　记　谢英涵（1995.6—1996.12）
任宗声（1996.12—1998.6）
副 书 记　梅士琪（1995.6—1996.12）
李红皋（1995.6—1998.6）
闫子良（1995.6—1998.6）
杨建国（1996.12—1998.6）
纪委书记　闫子良（1995.6—1998.6）

（三）中原石油化工有限责任公司工会（1995.6—1998.6）

主　　席　李小明（1995.6—1998.6）

第二十四节　塔里木石油化工工程建设指挥部（1997.1—1998.7）

为加快塔里木油田上下游同步发展，满足新疆南疆地区的成品油需要，带动南疆地区经济发展，1993年3月，塔里木石油勘探开发指挥部（以下简称塔指）成立塔里木石油化工厂炼油厂筹建处。9月，塔里木石油化工厂炼油厂“三通一平”（通水、通电、通车，平整土地）工程正式开工建设。

1994年2月，塔指、巴州石油天然气实业开发总公司、新疆生产建设兵团石油天然气开发公司、阿克苏地区石油经济开发总公司联合签署《新疆塔里木石化有限公司股东协议书》，成立塔里木石化有限责任公司，塔指马振武任董事长，为公司法人代表，巴州副州长张舟任副董事长。

1996年2月和4月，国务院先后批准塔里木石化、化肥两个项目。石化项目建设包括250万吨/年常减压，80万吨/年重油催化裂化，12万吨/年气体分馏，2万吨/年聚丙烯，20万吨/年加氢精制，70万吨/年连续重整，30万吨/年对二甲苯联合装置以及硫黄回收、污水汽提等装置；化肥项目建设包括两套30万吨/年合成氨装置，两套52万吨/年尿素装置。7月，根据总公司“高速度、高水平、高质量、高效益”建设好两个大项目的要求，在炼化项目筹建处和化肥项目筹建处的基础上成立塔里木石油化工工程建设指挥部，邱中建兼任指挥，周家俊任常务副指挥。机关设部室9个：办公室、规划计划部、财务部、物资采办部、工程技术部、引进部、人事劳资部、党群工作部、纪委监察办公室。所属二级单位设石化、化肥、公用、编织袋等4个项目经理部。机关办公地点在新疆库尔勒市石化工业园区。10月，塔里木石化厂、化肥厂前期工程奠基仪式在库尔勒市石化工业园区内举行，工程项目按照“先炼油后化工、分步建设”的方式实施。

1997年1月，塔里木石油化工工程建设指挥部上划总公司管理，行政级别为正局级。党组织关系隶属于塔里木石油勘探开发指挥部党工委。

截至1998年7月，塔里木石油化工工程炼油部分项目基本建成，全部42个单元工程中40个单元工程具备投产条件，包括250万吨/年常减压装置，80万吨/年重油催化裂化装置，12万吨/年气体分馏装置，15.5万吨/年脱硫脱硫醇装置，40吨/时含硫污水汽提装置，0.35万吨/年硫黄回收装置， DCS控制室，原油、催化裂化和加氢精制原料罐区及泵站，柴油、燃料油和沥青罐区及泵站，汽油、航煤罐区及泵站，芳香烃、轻石脑油罐区及泵站，戊烷、液化石油气罐区及泵站，气分、聚丙烯罐区及泵站等主要项目以及汽车、火车线站、仓库、货场、水电气等系统配套，并已完成吹扫试压、水联运等相关投产准备工作；自备电站和聚丙烯装置等2个单元工程未完工；化肥项目未开工建设。

一、塔里木石油化工工程建设指挥部领导名录（1997.1—1998.7）

指　　挥　杨生汉（兼任，1997.1—1998.7）

副 指 挥　周家俊（1997.1—7）

沈　钢（1997.1—1998.7）

王俊岭（1997.1—1998.7）

吴恩来（1997.8—1998.7）

总工程师　门存贵（兼任，1997.1—1998.7）

二、中共塔里木石油化工工程建设指挥部委员会领导名录（1997.1—1998.7）

书　　记　杨生汉（1997.1—1998.7）

副 书 记　沈　钢（1997.8—1998.7）

　　　　　　韩建业（1997.8—1998.7）

纪委书记　韩建业（1997.8—1998.7）

第二十五节　四川炼油化工总厂筹建组（1997.10—1998.7）

1997年3月，为加快西南地区石油化工基地的发展，提高石油企业综合经济效益，总公司决定成立四川炼油化工总厂筹建组，主要负责四川炼油化工项目各项前期准备工作，人员编制10人，办公地址在四川省成都市。10月，四川炼油化工总厂筹建组划归总公司直接管理，行政级别为正局级。设工程处、计财处、办公室，人员编制50人，主要来自四川石油管理局。

组　　长　袁光明（1996.11—1998.7）

副 组 长　梅士琪（1996.12—1998.7）

第二十六节　吉林省油田管理局—吉林石油集团有限责任公司（1988.9—1998.7）

一、吉林省油田管理局（1988.9—1996.12）

1988年9月起，吉林省油田管理局仍实行以吉林省为主的管理体制。当年生产原油315万吨，首次突破300万吨。经吉林省和总公司联合验收，吉林省油田管理局达到国家二级企业标准。

1989年8月3日至5日，中共吉林省油田管理局委员会第三次代表大会召开，选举产生新一届委员会和纪律检查委员会，党委常委9人，常小平为党委书记，单纪宽为党委副书记，张业生为纪委书记。下属基层党委37个、党总支90个、党支部973个，共有党员1.1万人。

1990年2月，成立编制委员会；增设化工处。4月，老2井获工业油流，发现大老爷府油田。5月，成立新民前线指挥部，新民试采区投入开发建设。

1991年1月，成立吉林油田电视台、新民采油厂。11月，吉林省政府将长春运输机械厂、长春化工设备厂划入吉林省油田管理局。12月，孤3井获工业油流，发现两井油田。当年生产原油341.08万吨，新增石油地质储量3500万吨。

1992年2月，吉林省油田管理局被吉林省命名为“吉化式企业”。7月，党组织关系由白城地委改为隶属松原市委，双阳采油厂更名为长春采油厂。

1993年2月，成立吉林油田律师事务所、投入产出办公室。5月，成立进出口公司，与经济贸易办公室合署办公；伊37井获工业油流，发现莫里青油田。6月，成立油气开发实业公司。9月，成立房地产公司。12月，将审计室从纪委分离出来，恢复审计处组织机构设置；洮河农场、扶余新村农场、井下作业处农工商公司、机械厂农工商公司、采油三厂农工商公司等5个单位划归农工商管理处管理，成立农工商企业总公司；成立经济管理研究中心。1993年底，新民油田经过三年勘探开发产能建设，新增探明石油地质储量4938万吨，年产量达到55.8万吨，成为松辽盆地南部第二个储量逾亿吨级大油田。

1994年1月，成立离退休职工办公室，保留局党委老干部处机构。2月，撤销新民作业大队，成立井下作业二公司；按照扁平化、专业化管理模式，对钻井系统进行机构改革，撤销第一钻井工程公司和第二钻井工程公司建制，组建第一、第二、第三、第四、第五钻井工程公司和第一、第二钻井工程服务公司；对井下作业队伍进行重组，撤销井下作业处和采油一厂、采油三厂、新民采油厂部分作业小队，组建第一、第二、第三井下作业工程公司和第一、第二压裂工程公司及井下作业工程服务公司。3月，成立人才交流中心、江北职工医院；组建公路工程公司。4月，成立新大油气开发实业有限公司。6月，设立驻京联络处。9月，成立化工助剂公司。11月，培训中心更名为职工培训处。12月，通信总站更名为通信公司。

1994年8月3日至5日，中共吉林省油田管理局委员会召开第四次代表大会，选举产生新一届委员会和纪律检查委员会，党委常委7人，单纪宽为党委书记，侯殿才为党委副书记、纪委书记。下属基层党委57个、党总支（党支部）1492个，共有党员1.74万名。

1995年1月，成立经济研究所；组织部、干部处、老干部处、离退休管理处合署办公，实行四块牌子一个机构。2月，组建前大采油厂。3月，成立韩家采油厂；经吉林省政府批准，吉林省油田管理局被列入吉林省现代企业制度试点企业。7月，成立热电厂、甲醇厂。

1996年1月，嫩303井获工业油流，发现南山湾油田；城5井获工业油流，发现小城子油田。5月，经国家计划委员会批准，开始对伊通地区全面试采。10月，成立房地产市场管理处。

1996年，吉林省油田管理局按“油公司”模式，加强专业化管理和划小核算单位，解体运输公司、建设公司，重新组建运输公司、客运公司、汽修厂、建设公司、油田安装公司、建筑公司和建材公司；江南和江北职工医院划归卫生管理处，对医疗卫生实行集中管理；重新组建进出口公司、经济研究所、概预算中心、热电厂、消防支队、电视台、长春宾馆、石油大厦、韩家采油厂、洮河农场及江南、江北小车服务公司等单位。

期间，吉林省油田管理局第一钻井工程公司32660钻井队队长刘金广当选中共十四大代表；吉林省油田管理局开发处处长丘华歆当选第八届全国人大代表。

（一）吉林省油田管理局领导名录（1988.9—1996.12）

局　　长　崔万瑛（1988.9—1992.12）
张　真（1992.12—1994.2）
高立元（1994.2—1996.12）

副 局 长　常小平（1988.9—1989.8）
高立元（1988.9—1994.2）
于俊武（1988.9—1994.2）
范力群（1988.9—1996.12）
赵炳辉（1988.9—1990.10）
谢　　（1990.3—1996.12）
王选华（1991.3—1996.12）
周荣阁（1993.7—1996.12）
李文阳（1995.9—1996.12）

总 会 计 师　魏凤石（1988.9—1990.3）

钻采总工程师　黄明登（1988.9—1990.3）

勘探总地质师　丁正言（女，1988.9—1990.3）

采油总地质师　谢　燊（1988.9—1993.8）
总　工　程　师　王仲茂（1990.5—1996.12）
总　地　质　师　刘耀宗（1993.9—1996.8）
周受超（1996.10—1996.12）

（二）中共吉林省油田管理局委员会领导名录（1988.9—1996.12）

书　　　　记　张立业（1988.9—1989.8）
常小平（1989.8—1992.12）
崔万瑛（1992.12—1994.8）
单纪宽（1994.8—1996.12）
副　书　记　单纪宽（1988.8—1994.8）
侯殿才（1991.11—1996.12）
常　　　　委　张　真（1993.3—1994.2）
崔万瑛（1988.9—1992.12）
高立元（1988.9—1996.12）
刘春贵（1988.9—1995.11）
张业生（1988.9—1994.8）
侯殿才（1988.9—1991.11）
张成友（宣传部部长，1989.8—1990.5）
周永涛（干部处处长，1989.8—1996.12）
纪　委　书　记　张业生（1988.9—1994.8）
侯殿才（1994.8—1996.12）

（三）吉林省油田管理局工会（1988.9—1995.11）

主　　　　席　刘春贵（1988.9—1995.11）

二、吉林石油集团有限责任公司（1996.12—1998.7）

1996年12月，吉林省政府决定，吉林省油田管理局改制为吉林石油集团有限责任公司。机关办公地址在吉林省松原市前廓尔罗斯大路76号。

1997年，吉林石油集团有限责任公司进行机构改革，机关设办公室（党委办公室）、生产协调部、规划计划部、钻井工程部、采油工程部、油气开发部、基建工程部、装备管理部、安全环保部、财务资产部、劳动工资部、科技发展部、经济关系部、审计部、多种经营部、卫生管理部、人事组织部、宣传部、纪委、工会、团委、机关党委等22个部门。当年生产原油400.26万吨，首次突破400万吨。1998年5月，黑43井获工业油流，发现大情子井油田。

截至1998年7月，吉林石油集团有限责任公司直属处级单位有：地质调查处、钻井工程服务公司、第一钻井工程公司、第二钻井工程公司、钻井技术服务公司、测井公司、试油处、地质公司、扶余采油一厂、扶余采油二厂、扶余采油三厂、新民采油厂、新木采油厂、新立采油厂、乾安采油厂、红岗采油厂、英台采油厂、长春采油厂、前大采油厂、新大采油厂、井下作业工程公司、石化公司、销售公司、建设公司、建设监理公司、水电厂、热电厂、运输公司、客运公司、机械厂、通信公司、物资供应处、物业管理公司、勘探开发研究院、勘察设计院、钻采工艺研究院、教育处、职工大学（党校）、职工医院、公安局、吉林石油报社、长春运输机修厂、农工商企业总公司、华侨联合总公司、大连疗养院、经济信息研究中心、对外合作部、勘探部、行政部、股份制管理处、合资合作公司等51个；直属副处级单位有：新技术推广公司、汽车修理厂、公安消防支队、质量监督站、会计师事务所、公路工程公司、新北采油厂、长春宾馆、洮河农场、长春水泥厂等10个；对外合资合作单位有：吉林油气开发有限责任公司、吉林吉源油气开发有限公司、吉林省能源开发有限责任公司、吉林恒源油气开发有限责任公司、吉林京源石油有限责任公司等5个。在册职工6.7万人，其中技术人员1.76万人。下属基层党委55个、党总支108个、党支部1280个，共有党员1.46万人。1998年，生产原油400万吨、天然气2.1亿立方米。

期间，吉林石油集团有限责任公司董事长、总经理柏承强当选第九届全国人大代表。

1998年7月，根据国务院关于组建中国石油天然气集团公司的方案，吉林石油集团有限责任公司从吉林省划归中国石油天然气集团公司管理。

（一）吉林石油集团有限责任公司董事会（1996.11—1998.7）

董 事 长　高立元（1996.11—1997.8）
　　　　　柏承强（1997.8—1998.7）
副董事长　单纪宽（1996.11—1998.7）
董　　事　范力群（1996.11—1998.7）
　　　　　谢　桑（1996.11—1998.7）
　　　　　王选华（1996.11—1998.7）

周荣阁（1996.11—1998.7）
李文阳（1996.11—1998.7）
马平超（工会副主席，1996.11—1998.7）
蔡昌瑞（职工代表，1996.11—1998.7）

（二）吉林石油集团有限责任公司监事会（1996.11—1998.7）

主　　席　侯殿才（1996.11—1998.7）

（三）吉林石油集团有限责任公司领导名录（1996.11—1998.7）

总 经 理　高立元（1996.11—1997.8）
柏承强（1997.8—1998.7）

副总经理　范力群（1996.11—1998.7）
谢　燊（1996.11—1998.7）
王选华（1996.11—1998.7）
周荣阁（1996.11—1998.7）
李文阳（1996.11—1998.7）

总工程师　王仲茂（1996.11—1997.8）

总地质师　周受超（1996.11—1998.7）

（四）中共吉林石油集团有限责任公司委员会领导名录（1996.12—1998.7）

书　　记　单纪宽（1996.12—1998.7）

副 书 记　柏承强（1997.8—1998.7）
侯殿才（1996.12—1998.7）

常　　委　王选华（1996.12—1998.7）
周荣阁（1996.12—1998.7）
周永涛（副总经济师，1996.12—1998.7）
王纪元（宣传部长，1996.12—1998.7）
马平超（工会副主席，1996.12—1998.7）
张安平（组织部长，1996.12—1997.12）

纪委书记　侯殿才（1996.12—1998.7）

第二十七节　延长油矿管理局（1988.9—1998.7）

延长油矿管理局前身是1905年成立的延长石油官厂。延长油矿是中国陆上开发最早的油田，勘探开发区域分布在延安市的宝塔、延长、延川、子长、志丹、安塞、甘泉等区县，为低饱和、低渗透、低压、低产能的浅层油田。

1988年9月，延长油矿管理局为集石油勘探开发、炼制、化工、机械制造以及辅助生产为一体的综合性石油化工企业，行政级别为副局级，行政上由延安地区行政公署管理，业务上接受总公司领导，党组织关系隶属于中共延安地委。机关办公地址在陕西省延川县永坪镇。

延长油矿管理局不断完善“油公司”管理体制，加强油田工程公司内部管理，将运输队改制组建汽车联合运输公司，对机修厂、勘探部等单位实行面向市场、提高服务质量、加强内部管理的经营策略，分离后勤服务和辅助生产单位，实行全员劳动合同制和岗位技能工资制，实现增效减亏目标。按照“以产定员、减员增效”的原则，积极推行“四定”、“三岗”制，清退临时用工1550人。

1997年，延长油矿管理局行政上改为由延安市人民政府管理，党组织关系改为隶属中共延安市委。

截至1998年12月，延长油矿管理局机关设地质、钻采、炼化、科技、财务、生产计划、安全环保、企业管理、人事教育、公安、卫生、电管、档案等22个处室，以及党委办公室、纪委办公室、工会、团委、武装部等部门。所属七里村油矿、甘谷驿油矿、青化砭油矿、子长油矿、川口采油厂、子北试采指挥部、西区勘探开发指挥部、永坪炼油厂、勘探部、油田工程开发公司等10个主要生产单位，以及机修、运输、油田工程开发、供应、销售、综合服务、研究院、医院、学校等15个辅助生产和后勤服务单位；管理延安市各县（区）10个石油钻采公司。在册职工10320人。下属基层党委6个、11个党总支、党支部113个，共有党员1996名。

1998年，生产原油175.22万吨，比1997年增长63.3%；原油加工量73万吨，比1997年增加40.2%；工业总产值8.57亿元，比1997年增加59.5%；销售收入

10.12亿元，比1997年增加14.43%；上缴税金2.2亿元，比1997年增长33.2%。固定资产原值25.5亿元、净值18亿元。

1999年2月，陕西省委、省政府决定将延长油矿管理局、延炼实业集团公司和榆林炼油厂合并，组建陕西省延长石油工业集团公司，为陕西省政府直属的国有独资企业。

一、延长油矿管理局领导名录（1988.9—1998.7）

局　　长　高鹏飞（1988.9—1992.11）
　　　　　　李海波（1992.11—1996.1）
　　　　　　赫　宇（1996.1—1998.7）

常务副局长　卢礼栓（1996.1—1998.7）

副 局 长　段长明（1988.9—1993.3）
　　　　　　郐书城（1988.9—1992）
　　　　　　贾仲良（1988.9—1992.11）
　　　　　　朱明恭（1988.9—1992.11）
　　　　　　李海波（1988.9—1992.11）
　　　　　　闫世可（1992.11—1998.7）

总工程师　杨有道（1988.9—1992.5）
　　　　　　杨毅刚（地质，1988.9—1994）
　　　　　　张维义（采油，1988.9—1992.5）
　　　　　　陈玉友（代理，1991—1992.5；钻井，1992.5—1997）
　　　　　　吴凤桐（采油，1992.5—1998.7）
　　　　　　顾根深（1998.5—7）

调 研 员　郐书城（1992—1994.8）
　　　　　　贾仲良（1992.11—1993.12）
　　　　　　高鹏飞（1992.12—1995）

二、中共延长石油管理局委员会领导名录（1988.9—1998.7）

书　　记　高鹏飞（1988.9—1992.11）
　　　　　　李海波（1992.11—1998.7）

委　　员　朱明恭（1988.9—1992.11）
　　　　　　闫世可（1992.11—1998.7）

第二章　物资装备、工程建设企业

1988年9月，总公司成立时，石油工业部所属中国石油技术开发公司、第一工程公司、第六工程公司、第七工程公司、第八工程公司和中国石油工程建设公司、华东勘察设计研究院等7个单位隶属于总公司管理；陕西省宝鸡石油机械厂、陕西省宝鸡石油钢管厂、西安石油勘探仪器总厂、陕西省咸阳石油钢管钢绳厂等4个装备制造单位实行陕西省和总公司双重领导，以陕西省为主的管理体制；抚顺石油机械厂实行抚顺市和总公司双重领导，以抚顺市为主的管理体制。

1988年10月，总公司在石油工业部物资供应管理局的基础上成立中国石油物资公司。1989年2月，以原石油工业部华东、华北、郑州、西南、西北、中南、东北、深圳、广州等9个供应办事处和沧州器材库、昆山石油器材供应公司为基础，分别成立11个地区分公司，并划归中国石油物资公司管理。1990年2月，中国石油物资公司正式注册名称为中国石油物资总公司。

1988年12月，石油工业部第一、第六、第七、第八工程公司分别更名为中国石油天然气总公司第一、第六、第七、第八建设公司；1992年1月分别更名为中国石油天然气第一、第六、第七、第八建设公司。

1991年1月，陕西省宝鸡石油机械厂、陕西省宝鸡石油钢管厂、西安石油勘探仪器总厂、陕西省咸阳石油钢管钢绳厂由陕西省划归总公司直接管理。1992年7月，总公司将中国石油物资总公司（物资供应管理局）、总公司装备局、中国石油技术开发公司联合组建中国石油物资装备总公司，同时将宝鸡石油机械厂、宝鸡石油钢管厂、咸阳石油钢管钢绳厂、西安石油勘探仪器总厂等4个单位划入其管理。

1992年10月，抚顺石油机械厂从总公司脱离，成为抚顺市地方企业。

1994年1月，济南柴油机厂从胜利石油管理局上划总公司直接管理。

1995年8月，承德石油高等专科学校下属承德石油机械厂划归中国石油物资装备总公司。

1997年4月，以中国石油物资装备总公司为核心企业，组建中国石油物资装备企业集团。1998年3月，正式注册名称为中国石油物资装备（集团）总公司；以中国石油工程建设公司为核心企业，组建中国石油工程建设企业集团，中国石油天然气第一建设公司、第六建设公司、第七建设公司和华东勘察设计研究院等4个单位纳入该企业集团管理，1998年1月正式注册名称为中国石油工程建设（集团）公司。

中国石油物资装备（集团）总公司和中国石油工程建设（集团）公司组建后，均由总公司直接管理，其所属的副局级成员企业仍保留原名称和法人资格，局级领导仍由总公司管理，其他副职由企业集团任命，报总公司备案。

第一节　中国石油物资公司—中国石油物资总公司（物资供应管理局）—中国石油物资装备（集团）总公司（1988.12—1998.7）

1988年12月，根据国务院《关于深化物资体制改革的方案》的精神，经国家能源部和物资部批复，总公司在石油工业部物资供应管理局的基础上成立中国石油物资公司，为总公司直属的经营生产资料的全国性专业公司，具有法人资格的经济实体，正局级全民所有制企业，受国家能源部和物资部双重领导，以能源部为主。主要任务是根据石油天然气工业发展的需要，经营各种主要材料、设备、配件，并授权管理国家统配物资工作。12月，中国石油物资公司党支部成立，党组织关系隶属于总公司直属机关党委。机关办公地址在北京市西城区六铺炕安德里北街。

1989年2月，总公司决定，将石油工业部华东、华北、郑州、西南、西北、中南、东北、深圳、广州等9个供应办事处，分别更名为中国石油天然气总公司华东、华北、郑州、西南、西北、中南、东北、深圳、广州办事处，承担总公司交办的任务，管理所属资产（包括房地产），并在9个办事处的基础上，分别成立中国石油物资公司上海、天津、郑州、成都、西安、武汉、沈阳、深圳、广州等9个公司，与办事处一套机构两块牌子。同时，将石油工业部沧州器材库、昆山石油器材供应公司分别更名为中国石油物资公司沧州公司、昆山公司。随后，上述11个公司整体划入中国石油物资公司，作为中国石油物资公司地区公司，行政级别均为正处级，具有法人资格，主要承担石油工业的物资供应业务。

1990年2月，中国石油物资公司注册名称为中国石油物资总公司。机关设处室8个：办公室、综合处、钢材处、非金属材料处、机电处、国外处、财务处、企业处，人员编制95人。8月，总公司将中国石油物资公司深圳公司（总公司深圳办事处）划转深圳石油实业发展公司。随后，将10个地区公司分别更名为中国石油物资上海公司、天津公司、郑州公司、成都公司、西安公司、武汉公司、沈阳公司、广州公司、沧州公司、昆山公司，均为具有法人资格的全资子公司。

1991年7月，总公司成立物资供应管理局，与中国石油物资总公司合署办公，一套机构两块牌子，主要承担石油物资供应方面的有关行业管理职能。

1992年7月，总公司将中国石油物资总公司（物资供应管理局）、总公司装备局、中国石油技术开发公司联合组建中国石油物资装备总公司，并成立中国石油物资装备总公司临时党委。保留中国石油技术开发公司的名称和进出口方面的经营权。同时，将宝鸡石油机械厂、宝鸡石油钢管厂、咸阳石油钢管钢绳厂、西安石油勘探仪器总厂等4个装备制造企业划入中国石油物资装备总公司。9月，总公司将西安石油勘探仪器总厂、宝鸡石油机械厂、宝鸡石油钢管厂的行政级别由正处级调整为副局级。

到1992年底，机关设职能处室8个：办公室、党委办公室、人事劳资处、财务处、物资处、装备处、新技术开发处、商情条法处；经营管理单位5个：金属材料经营部、非金属材料经营部、机电经营部、租赁公司、进出口部。在册职工177人。1992年销售额27.57亿元，进出口额7514万美元。

1995年1月，中共中国石油物资装备总公司党员大会召开，选举产生第一届委员会和纪律检查委员会，郑虎为党委书记，陈泽轩、傅泉清为党委副书记，傅泉清为纪委书记。

1995年8月，总公司将承德石油高等专科学校下属承德石油机械厂划入中国石油物资装备总公司。

1996年，中国石油物资装备总公司与总公司通信公司联合成立中国石油物资装备总公司通信物资分公司，行政上隶属于中国石油物资装备总公司管理，业务上接受总公司通信公司领导。

1997年4月，总公司组建中国石油物资装备企业集团。中国石油物资装备总公司为核心企业，代行企业集团职能，对总公司负责，集团下设子公司。重组后，主要业务：负责总公司所属企事业单位勘探开发和工程建设所需大宗、大额、大项、成套的物资装备，组织集中采购和统一引进；负责加强石油物资网络建设，依据国家工商局注册的经营范围，多渠道组织货源并提供代批发、零售、代购、代销、租赁、咨询、“三来一补”（来料加工、来样加工、来件装配、补偿贸易）服务；负责经营经批准的三类商品的进出口业务；负责接受本系统单位委托，代理上述产品进出口及技术进出口业务；负责履行总公司赋予的部分行业管理职能。12月，成立总公司资产物资调剂中心，设在中国石油物资装备总公司，业务上接受总公司国有资产管理局指导。

1998年2月，总公司为保证在苏丹承包的集油站、输油管线、炼厂等工程顺利施工，决定成立总公司苏丹项目协调领导小组，刘兴和任组长。主要负责苏丹各项目的物资供应，港口、公路、铁路运输，机修、生活后勤等，并归口负责与当地政府的协调联系。

3月，经国家经济贸易委员会批准，国家工商行政管理总局核准注册名称为中国石油物资装备（集团）总公司。

4月，总公司决定，由江汉石油管理局兼并中国石油物资装备（集团）总公司所属承德石油机械厂的机械制造业务，并将其机关和负责机械制造业务的在册职工712人、离退休职工165人，划归江汉石油管理局所属江汉钻头厂管理；将负责电机制造业务的承德司达石油装备开发公司上划中国石油物资装备（集团）总公司直接管理，企业行政级别为正处级，划转在册职工240人、离退休人员55人。

截至1998年7月，中国石油物资装备（集团）总公司机关设职能部门10个：办公室、党委办公室、人事劳资处、财务处、物资处、装备处、新技术开发处、商情条法处、资产物资调剂中心、实业管理部；经营管理单位9个：金属分公司、非金属分公司、机电分公司、租赁分公司、进口经营部、出口经营部、招标办公室、运输保险部、苏丹炼厂物资采办部；所属机械厂5个：西安石油勘探仪器总厂（副局级）、宝鸡石油机械厂（副局级）、宝鸡石油钢管厂（副局级）、咸阳石油钢管钢绳厂、承德司达石油装备开发公司；地区公司10个：上海公司、天津公司、沈阳公司、西安公司、武汉公司、成都公司、郑州公司、广州公司、昆山公司、沧州公司。

一、中国石油物资公司—中国石油物资总公司—中国石油物资总公司（物资供应管理局）（1988.12—1992.7）

（一）中国石油物资公司—中国石油物资总公司—中国石油物资总公司（物资供应管理局）领导名录（1988.10—1992.7）

经　　理　夏培清（1988.10—1992.7）

副 经 理　刘兴和（1988.12—1992.7）

杨润臣（1990.10—1992.7）

总经济师　沈裕祖（1988.10—1992.7）

（二）中共中国石油物资公司支部委员会—中共中国石油物资总公司支部委员会领导名录（1988.12—1992.1）

书　　记　夏培清（1988.12—1992.1）

副 书 记　傅泉清（1988.12—1992.1）

（三）中共中国石油物资总公司委员会领导名录（1992.1—7）

书　　记　（空缺）

副 书 记　傅泉清（1992.1—7）

二、中国石油物资装备总公司—中国石油物资装备（集团）总公司（1992.7—1998.7）

（一）中国石油物资装备总公司—中国石油物资装备（集团）总公司领导名录（1992.7—1998.7）

总 经 理　夏培清（1992.7—1994.9）

郑　虎（1994.9—1998.7）

副总经理　陈泽轩（正局级，1992.7—1996.11）

傅志达（满族，1992.7—1994.5）

郑　虎（1992.7—1994.9）

黄志潜（1992.7—1998.7）

刘兴和（1992.7—1998.2；正局级，1998.2—7）

杨润臣（1992.7—1998.7）

史习盐（1995.9—1998.7）

总工程师　黄志潜（1992.7—1998.7）

总 经 济 师　沈裕祖（1992.7—1995.2）

总 会 计 师　马广悦（1997.12—1998.7）

副局级干部　郭泽光（中国石油天然气香港有限公司副总经理，1997.4—1998.7）

（二）中共中国石油物资装备总公司临时委员会—中共中国石油物资装备（集团）总公司委员会领导名录（1992.7—1998.7）

书　　　记　夏培清（1992.7—1994.9）

郑　虎（1994.9—1998.7）

副　书　记　陈泽轩（1992.7—1996.11）

傅泉清（1992.7—1998.7）

委　　　员　傅志达（1992.7—1994.5）

郑　虎（1992.7—1994.9）

刘兴和（1995.2—1998.7）

黄志潜（1995.2—1998.7）

冯振清（人事劳资处处长，正处级，1995.2—1998.7）

王利德（副总工程师，正处级，1995.2—1998.7）

史习盐（1997.1—1998.7）

纪 委 书 记　傅泉清（1992.7—1998.7）

（三）中国石油物资装备总公司—中国石油物资装备（集团）总公司工会（1995.2—1998.7）

主　　　席　傅泉清（1995.2—1998.7）

三、所属副局级单位和代管的总公司驻外办事处

（一）中国石油技术开发公司（1992.7—1998.7）

1992年7月，中国石油天然气总公司决定，由总公司装备局、中国石油物资总公司（总公司物资供应管理局）、中国石油技术开发公司联合组建中国石油物资装备总公司，仍保留中国石油技术开发公司的名称和进出口方面的经营权。

总　经　理　白世荫（1992.7—12）

郑　虎（兼任，1994.9—1998.7）

副 总 经 理　郑　虎（兼任，1992.12—1994.9）

（二）宝鸡石油机械厂（1992.7—1998.7）

1992年7月，总公司将宝鸡石油机械厂划入中国石油物资装备总公司，9月行政级别由正处级调整为副局级。

1993年1月，进行机构改革，处室由33个精简为15个，其中党群系统由7个精简为4个，行政技术系统由26个精简为11个；经营实体调整为11个分厂、11个公司、2个中心。6月，成立中心试验室。

1995年1月23日，中共宝鸡石油机械厂第十一次代表大会召开，选举产生第十一届委员会和纪律检查委员会，吴道荣为党委书记。

截至1998年，实现销售收入3.36亿元，同比增长31%。主营业务石油钻机及钻井泵、绞车等配套产品制造进一步向专业化、纵深化发展。

1. **宝鸡石油机械厂领导名录**（1992.9—1998.7）

厂　　长　卢国忠（1992.9—1997.9）
　　　　　张冠军（1997.9—1998.7）
副 厂 长　乐美瑜（1992.9—1998.5）
　　　　　何世华（1992.9—1996.4）
　　　　　郭耀德（1992.9—1996.4）
　　　　　石康才（1992.9—1996.4）
　　　　　张冠军（1994.7—1997.9）
　　　　　罗世和（1996.4—1998.7）
　　　　　张治孝（1996.4—1998.7）
　　　　　雷庆平（1996.4—1998.7）

2. **宝鸡石油机械厂党委领导名录**（1992.9—1998.7）

书　　记　吴道荣（1992.9—1996.6）
　　　　　卢国忠（1996.6—1998.7）
副 书 记　卢国忠（1992.9—1996.6）
　　　　　南高生（1992.9—1998.7）
　　　　　张冠军（1997.11—1998.7）
纪委书记　马宝宪（1992.9—1996.4）
　　　　　南高生（1996.4—1998.7）

3. **宝鸡石油机械厂工会**（1992.9—1998.7）

主　　席　姚继堂（1992.9—1995.3）

刘淑华（女，1995.3—1998.7）

（三）宝鸡石油钢管厂（1992.7—1998.7）

1992年7月，总公司决定，将宝鸡石油钢管厂划入中国石油物资装备总公司，9月行政级别由正处级调整为副局级。设机关科室26个、基层单位32个，在册职工3600人。年底，资产总额6.50亿元，钢管产能30万吨。

1993年3月，实施三项制度改革，将58个单位精简为42个；机关撤销科室，改设处室；基层撤销车间，改设分厂。

1994年7月，挂靠在宝鸡石油钢管厂的陕西省石化厅环保监测站与省石化厅脱钩。

截至1998年7月，机关设处室23个：厂办、企管处、财务处、劳资处、生产处、技术安全处、计划基建处、科技处、机动处、武保处、国有资产管理处、全质办、监察室、干部处、审计处、党委办公室、党委组织部、党委宣传部、纪委办公室、工会办公室、团委、离退休职工管理处、清欠办公室；基层单位26个：经销处、质量检验处、综合物资公司、多种经营开发总公司、劳动服务公司、建筑安装公司、物资供应公司、储运公司、汽车运输公司、电子技术服务公司、生活服务公司、农工商公司、副产品公司、教育培训中心、研究所、设计所、子弟学校和9个分厂。在册职工3200人。资产总额11.97亿元，钢管产能30万吨。1998年，根据总公司要求，开展减员增效、下岗分流和再就业工作，成立人才劳动力市场、再就业服务中心，全厂分流职工700多人。

1. **宝鸡石油钢管厂领导名录**（1992.9—1998.7）

厂　　长　潘茂祥（1992.9—1998.7）

常务副厂长　钟裕敏（1997.4—1998.7）

副 厂 长　李自强（1992.9—1997.4）

蔚长春（1992.9—1996.5）

田秀婷（女，1992.9—1998.7）

钟裕敏（1992.9—1997.4）

宋满生（1992.9—1998.7）

丁晓军（1995.12—1998.7）

王广文（1997.4—1998.7）

总工程师　蔚长春（1992.9—1994.6）

丁晓军（1994.6—1995.12）

总会计师 刘喜恩（1992.9—1998.7）

2. **宝鸡石油钢管厂党委领导名录**（1992.9—1998.7）

书　　记 于维华（1992.9—1995.9）

潘茂祥（1995.9—1998.7）

副书记 黎　芦（1995.12—1998.7）

委　　员 田秀婷（1992.9—1998.7）

蔚长春（1992.9—1996.5）

李自强（1992.9—1997.4）

韩双辰（1992.9—1998.7）

钟裕敏（1995.12—1998.7）

宋满生（1995.12—1998.7）

纪委书记 黎　芦（1992.9—1998.7）

3. **宝鸡石油钢管厂工会**（1992.9—1998.7）

主　　席 韩双辰（1992.9—1998.7）

（四）西安石油勘探仪器总厂（1992.7—1998.7）

1992年7月，总公司将西安石油勘探仪器总厂划入中国石油物资装备总公司，9月行政级别由正处级调整为副局级。12月，进行组织机构改革，机关设党委办公室、党委组织部、党委宣传部、武装部、纪检监察办公室、工会、团委，厂办公室、企业管理处、劳动人事处、生产处、总工程师办公室、保卫处、计划经销处、财务资产处、机动安全处、技术监督处、基建处等18个处室；设测井引进管理处、教育培训中心、行政服务公司、离退休职工服务中心、进出口公司、物资公司、多种经营公司。所属地震仪分厂、检波器分厂、工程车分厂、测井仪生产经营部、总厂研究所、测井技术研究所、印制板公司、测井公司、运输公司等7个经营实体和5所学校。

1994年3月，测井生产经营部更名为测井仪分厂。4月，成立审计处。9月，成立监察处。

10月，中共西安石油勘探仪器总厂第二次党员代表大会召开，选举产生第二届委员会和纪律检查委员会，林峰为党委书记，赵元惠为党委副书记，华高翔为纪委书记。

1995年1月，成立资产处。1996年2月，成立房产公司；5月，成立中法合资的西安塞舍尔公司。1997年5月，成立钻井仪器公司。

1998年，西安石油勘探仪器总厂在册职工6098人，共有党员1610名。主导产品SN388地震仪应用到国内15个油田，第一套国产大型4000型地震仪和SKC-B型数控测井仪分别交吉林油田和大港油田使用。建成钻机电控系统生产线，当年签订订货合同9个，价值7000万元。

1. **西安石油勘探仪器总厂领导名录**（1992.9—1998.7）

厂　　长　林　峰（1992.9—1998.7）

副 厂 长　简世信（1992.9—1997.8）

薛向贵（1992.9—1998.7）

徐国伟（1992.9—1995.9）

韩彦华（1992.9—1998.7）

刘田福（1992.10—1997.8）

孙　鹏（1995.9—1998.7）

强建三（1997.8—1998.7）

范士洪（1997.8—1998.7）

总工程师　何国信（1992.9—1998.7）

徐莉莉（1992.10—1995.5）

2. **西安石油勘探仪器总厂党委领导名录**（1992.9—1998.7）

书　　记　姚　亮（1992.9—10）

林　峰（1992.10—1998.7）

副 书 记　赵元惠（1992.10—1997.8）

刘田福（1997.8—1998.7）

纪委书记　华高翔（1992.9—1995.9）

赵元惠（1995.9—1997.8）

刘田福（1997.8—1998.7）

3. **西安石油勘探仪器总厂工会**（1992.9—1998.7）

主　　席　赵元惠（1992.9—10）

张永泰（1992.10—1995.9）

徐国伟（1995.9—1998.7）

（五）华东办事处（中国石油物资上海公司）（1988.9—1998.7）

总公司华东办事处的前身是成立于1955年的石油工业部上海供应办事处。1989年2月，石油工业部华东供应办事处更名为中国石油天然气总公司华东办事处，同时成立中国石油物资公司上海公司（1990年更名为中国石油物资上海公司），与办事处一套机构两块牌子，并整体划入中国石油物资公司。华东办事处历任主任朱志贤、张国光。办公地址在上海市普陀区中山北路2650号联合大厦十一楼。

（六）华北办事处（中国石油物资天津公司）（1988.9—1998.7）

总公司华北办事处的前身是成立于1955年的石油工业部天津供应办事处。1989年2月，石油工业部天津供应办事处更名为中国石油天然气总公司华北办事处，同时成立中国石油物资公司天津公司（1991年更名为中国石油物资天津公司），与办事处一套机构两块牌子，并整体划入中国石油物资公司。华北办事处历任主任管琪、顾天成、范秋茂。办公地址在天津市河西区前进道45号。

（七）东北办事处（中国石油物资沈阳公司）（1988.9—1998.7）

总公司东北办事处的前身是成立于1955年的石油工业部沈阳供应办事处，1959年更名为石油工业部东北供应办事处。1989年2月，石油工业部东北供应办事处更名为中国石油天然气总公司东北办事处，同时成立中国石油物资公司沈阳公司（1990年更名为中国石油物资沈阳公司），与办事处一套机构两块牌子，并整体划入中国石油物资公司。东北办事处主任何冰、朱维明。办公地址在辽宁省沈阳市皇姑区泰山路21号。

（八）西北办事处（中国石油物资西安公司）（1988.9—1998.7）

总公司西北办事处的前身是成立于1955年的石油工业部西安供应办事处，1959年更名为西北供应办事处。1989年2月，石油工业部西北供应办事处更名为中国石油天然气总公司西北办事处，同时成立中国石油物资公司西安公司（1991年更名为中国石油物资西安公司），与办事处一套机构两块牌子，并整体划入中国石油物资公司。西北办事处历任主任何炳贵、王宏孝。办公地址在陕西省西安市测绘路12号。

（九）中南办事处（中国石油物资武汉公司）（1988.9—1998.7）

总公司中南办事处的前身是成立于1978年的石油工业部中南供应办事处。

1989年2月，石油工业部中南供应办事处更名为中国石油天然气总公司中南办事处，同时成立中国石油物资公司武汉公司（1991年更名为中国石油物资武汉公司），与办事处一套机构两块牌子，并整体划入中国石油物资公司。中南办事处主任程宝华、田清锦。办公地址在湖北省武汉市武昌中北路185号。

（十）西南办事处（中国石油物资成都公司）（1988.9—1998.7）

总公司西南办事处的前身是成立于1965年的石油工业部西南供应办事处。1989年2月，石油工业部西南供应办事处更名为中国石油天然气总公司西南办事处，同时成立中国石油物资公司成都公司（1991年更名为中国石油物资成都公司），与办事处一套机构两块牌子，并整体划入中国石油物资公司。西南办事处主任黄光祥。办公地址在四川省成都市建设北路一段二号。

（十一）郑州办事处（中国石油物资郑州公司）（1988.9—1998.7）

总公司郑州办事处的前身是成立于1978年的郑州石油器材库，1984年更名为石油工业部郑州供应办事处。1989年2月，石油工业部郑州供应办事处更名为中国石油天然气总公司郑州办事处，同时成立中国石油物资公司郑州公司（1991年更名为中国石油物资广州公司），与办事处一套机构两块牌子，并整体划入中国石油物资公司。郑州办事处历任主任赵秉恒、范秋茂、朱宏才。办公地址在河南省郑州市南曹小李庄，1994年迁至郑州市金水区西里路2号院。

（十二）广州办事处（中国石油物资广州公司）（1988.9—1998.7）

总公司广州办事处的前身是成立于1978年的石油工业部广州供应办事处。1989年2月，石油工业部广州供应办事处更名为中国石油天然气总公司广州办事处，同时成立中国石油物资公司广州公司（1991年更名为中国石油物资广州公司），与办事处一套机构两块牌子，并整体划入中国石油物资公司。广州办事处历任主任陈秀元、叶步强、毛国强。办公地址在广东省广州市流花新街16号。

（十三）深圳办事处（中国石油物资公司深圳公司）（1988.9—1990.8）

总公司深圳办事处的前身是成立于1988年的石油工业部深圳供应办事处。1989年2月，石油工业部深圳供应办事处更名为中国石油天然气总公司深圳办事处，同时成立中国石油物资公司深圳公司，与办事处一套机构两块牌子，并整体划入中国石油物资公司。深圳办事处主任傅兆岩。

1990年8月，总公司将中国石油物资总公司下属深圳办事处（中国石油物资公司深圳公司）划转深圳石油实业发展公司。

（十四）沧州器材库（1988.9—1989.2）

石油工业部沧州器材库成立于1977年。1989年2月，石油工业部沧州器材库更名为中国石油物资公司沧州公司，并整体划入中国石油物资公司。负责人张雁行。办公地址在河北省沧州市新华区北环东路12号。

（十五）昆山石油器材供应公司（1988.9—1989.2）

石油工业部昆山石油器材供应公司成立于1978年。1989年2月，石油工业部昆山石油器材供应公司更名为中国石油物资公司昆山公司，并整体划入中国石油物资公司。负责人高维宝。办公地址在江苏省昆山市环城北路姚家弄20号。

第二节　中国石油技术开发公司（1988.9—1992.7）

1988年9月起，中国石油技术开发公司隶属于总公司管理，主要经营范围：采取联合经营、委托进口或直接进口的方式，引进石油专用技术和器材（钢材、木材、车辆除外）；经营总公司所属企事业单位自产石油专用器材的出口业务。设项目（计划)、财务、销售（出口）、物资（进口）、综合等5个业务部门，职工人数100人。办公地址在北京市西城区六铺炕。

1990年11月，中国石油技术开发公司与总公司外事局合署办公。

1992年7月，总公司将中国石油物资总公司（物资供应管理局）、总公司装备局、中国石油技术开发公司联合组建中国石油物资装备总公司，仍保留中国石油技术开发公司的名称和进出口方面的经营权。

总 经 理　焦力人（副部级，1988.9—1991.9）
白世荫（1991.9—1992.7）

副总经理　夏培清（1988.9—1992.7）
傅志达（满族，1988.9—1992.7）

第三节　宝鸡石油机械厂（1988.9—1992.7）

1988年9月，总公司成立时，陕西省宝鸡石油机械厂实行陕西省和总公司双重管理，以陕西省为主的管理体制，行政级别为正处级。机关设职能处室17个，所属生产经营单位13个，在册职工6610人。党组织关系隶属于中共宝鸡市委。机关办公地点在陕西省宝鸡市。

1990年3月，进行组织机构调整，撤销党委工作部，成立党委办公室、党委组织部、党委宣传部、纪委办公室。6月，撤销秦吴工业公司、宝湖工业公司筹建领导小组，成立监察处、供应处、苏州经营管理处。

1991年1月，陕西省宝鸡石油机械厂由陕西省划归总公司管理，并更名为宝鸡石油机械厂。1991年，完成工业总产值1.35亿元，比上年增长12.3%；实现销售收入1.35亿元，同比增长21.4%。

1992年7月，总公司将宝鸡石油机械厂划归中国石油物资装备总公司；9月，行政级别调整为副局级。

一、宝鸡石油机械厂领导名录（1988.9—1992.9）

厂　　长　王道纯（1988.9—1990.11）
　　　　　刘积学（1991.1—1992.3）
　　　　　卢国忠（1992.3—1992.9）

副 厂 长　乐美瑜（1988.9—1992.9）
　　　　　李一澄（1988.9—1989.4）
　　　　　何世华（1988.9—1992.9）
　　　　　郭耀德（1988.9—1992.9）
　　　　　刘积学（1989.10—1990.11；代理厂长，1990.11—12）
　　　　　石康才（1992.6—9）

二、中共宝鸡石油机械厂委员会领导名录（1988.9—1992.9）

书　　记　吴道荣（1988.9—1992.9）

副 书 记　石康才（1989.12—1992.6）
　　　　　卢国忠（1992.3—9）

南高生（1992.6—9）

纪委书记 石康才（1988.9—1992.6）

马宝宪（1992.6—9）

三、宝鸡石油机械厂工会（1988.9—1992.9）

主　　席 姚继堂（1988.9—1992.9）

第四节　宝鸡石油钢管厂（1988.9—1992.7）

1988年9月至1991年1月，陕西省宝鸡石油钢管厂实行陕西省和总公司双重管理，以陕西省为主的管理体制，行政级别为正处级。党组织关系隶属于中共宝鸡市委。机关办公地址在陕西省宝鸡市姜谭路10号。

截至1988年12月，陕西省宝鸡石油钢管厂设厂办公室、党委办公室、企管办、财务科、生产科、劳资科、组织科、宣传科、安全科、总工办、设备资产科、计划科、审计科、武装部、保卫科、司法科、教育科，横向经济联合办公室、工会办公室、团委、老干部科、参事室、计划生育办公室等23个机关科室；电气科、供应科、销售科、检验计量科、研究所、建筑安装公司、劳动服务公司、职工学校、技校、汽车队、总务科、食堂科、职工医院、子校、宾馆、宁强分厂、福山分厂、太公庙五金铆焊厂等28个基层单位和10个车间。在册职工3200人。

1991年1月，陕西省宝鸡石油钢管厂由陕西省划归总公司管理，并更名为宝鸡石油钢管厂。

8月，停办福山分厂，资产转让山东省烟台市福山区东北关村，60余名职工调往胜利石油管理局。1992年2月，停办宁强焊接材料分厂，资产转让陕西省宁强县代家坝区，职工回厂安置。1992年设机关科室26个、基层单位32个，在册职工3600人。资产总额6.50亿元，钢管产能30万吨。

1992年7月，总公司将宝鸡石油钢管厂划归中国石油物资装备总公司；9月，行政级别调整为副局级。

一、宝鸡石油钢管厂领导名录（1988.9—1992.9）

厂　　长 崔积坤（1988.9—10）

潘茂祥（1988.10—1992.9）

副 厂 长　李自强（1988.9—1992.9）
金振玉（1988.9—10）
蔚长春（1988.9—1992.9）
于维华（1989.4—1990.3）
田秀婷（女，1990.3—1992.9）
钟裕敏（1990.3—1992.9）
宋满生（1991.4—1992.9）

总工程师　蔚长春（1988.9—1992.9）

总会计师　刘喜恩（1991.10—1992.9）

二、中共宝鸡石油钢管厂委员会领导名录（1988.9—1992.9）

书　　记　潘茂祥（1988.10—1990.3）
于维华（1990.3—1992.9）

副 书 记　李自强（1988.9—10）
田秀婷（1988.10—1990.3）

委　　员　崔积坤（1988.9—10）
田秀婷（1988.9—1992.9）
金振玉（1988.9—10）
蔚长春（1988.9—1992.9）
李自强（1988.9—1992.9）
韩双辰（1988.9—1992.9）
潘茂祥（1990.3—1992.9）
黎　芦（1990.3—1992.9）

纪委书记　田秀婷（1988.10—1990.3）
黎　芦（1990.3—1992.9）

三、宝鸡石油钢管厂工会（1988.9—1992.9）

主　　席　韩双辰（1988.9—1992.9）

第五节　西安石油勘探仪器总厂（1988.9—1992.7）

1988年9月，西安石油勘探仪器总厂实行陕西省和总公司双重领导，以陕西省为主的管理体制，行政级别为正处级。主要从事物探装备研发和制造、测井装备制造、钻机电控系统研发和制造、工程车改装、射孔弹制造以及基地后勤服务等业务。党组织关系隶属于中共陕西省委。机关办公地址在陕西省西安市。

1989年3月，对行政部门进行调整，机关设厂办公室、技术标准处、生产办公室、劳动人事处、武装保卫处、计划经销处、财务处、机动安全处、基建处、运输公司、技术开发部、供应处、行政处、进出口处、企管处、质量计量处、宣教处、监察室、审计室等19个部门。

1990年11月，主导产品SKC3700数控测井仪生产线投产，与进口仪器相比，每套可节约100余万美元和400余万元人民币，跨入世界先进行列，结束了我国同类仪器依靠进口的历史。

1991年7月，西安石油勘探仪器总厂划归总公司管理。

1992年7月，总公司将西安石油勘探仪器总厂划归中国石油物资装备总公司；9月，行政级别调整为副局级。

一、西安石油勘探仪器总厂领导名录（1988.9—1992.9）

厂　　长　林　峰（1988.9—1992.9）

副 厂 长　简世信（1988.9—1992.9）

薛向贵（1988.9—1992.9）

徐国伟（1988.9—1992.9）

韩彦华（1988.9—1992.9）

总工程师　何国信（1988.9—1992.9）

二、中共西安石油勘探仪器总厂委员会领导名录（1988.9—1992.9）

书　　记　姚　亮（1988.9—1992.9）

纪委书记　华高翔（1988.9—1992.9）

三、西安石油勘探仪器总厂工会（1988.9—1992.9）

主　　席　赵元惠（1988.9—1992.9）

第六节　咸阳石油钢管钢绳厂（1988.9—1992.7）

陕西省咸阳石油钢管钢绳厂成立于1958年，主要生产石油钻、采、炼设备及其备件。1988年9月，总公司成立时，陕西省咸阳石油钢管钢绳厂实行陕西省和总公司双重领导，以陕西省为主的管理体制，行政级别为正处级。党组织关系隶属于中共陕西省委。机关办公地址在陕西省咸阳市东风路35号。

1991年1月，陕西省咸阳石油钢管钢绳厂由陕西省划归总公司管理，并更名为咸阳石油钢管钢绳厂。

1992年7月，总公司将咸阳石油钢管钢绳厂划归中国石油物资装备总公司。

厂　　长　张桂林（1988.9—1992.7）

总工程师　曹家麟（1992.5—7）

总经济师　杨　军（1992.5—7）

党委书记　张桂林（副局级，1992.10）

第七节　济南柴油机厂（1994.1—1998.7）

1994年1月，济南柴油机厂从胜利石油管理局上划总公司直接管理，行政级别调整为副局级；5月，总公司明确济南柴油机厂领导班子行政级别。党组织关系隶属于胜利石油管理局党委。机关办公地址在山东省济南市。

1996年9月，国家证券委批准济南柴油机厂进行股份公司改制，成立济南柴油机股份有限公司，设立董事会、监事会。经国家证监会审核批准，济南柴油机股份有限公司“石油济柴”股票，以“全额预缴、比例配售、余额即退”方式，在山东省济南市公开发行2500万股，共募集资金1.05亿元。10月，“石油济柴”股票在深交所正式上市。

截至1998年7月，济南柴油机厂机关设党委办公室、党委组织处、党委宣传处、纪委、监察处、工会、团委、办公室、工厂管理处、财务资产处、劳动工资处、审计处、安全环保处、保卫处、武装部等15个职能处室；离退休管理中心、职工医院、职业中专、子弟学校、生活服务公司、基建工程部、运输公司、幼儿园、招待所、驰动新技术公司、铸造技术中心、生物制品厂等12个下属单位和1个股份公司。在册职工3293人。

一、济南柴油机厂（1994.1—1998.7）

（一）济南柴油机厂领导名录（1994.1—1998.7）

厂　　长　温泽民（正处级，1994.1—5；1994.5—1998.2）
王　涛（籍贯山东省茌平县，1998.2—7）

副 厂 长　赵传祥（1994.5—1998.7）
戴宪德（1994.5—1998.7）
王在武（1994.5—1996.10）

总工程师　刘其珉（副处级，1994.1—5；1994.5—1996.10）

（二）中共济南柴油机厂委员会领导名录（1994.1—1998.7）

书　　记　何清山（正处级，1994.1—5；1994.5—1998.2）
王　涛（1998.2—7）

副 书 记　温泽民（1994.1—1998.2）
石　瑛（副处级，1994.1—5；1994.5—1998.7）
何清山（1998.2—7）

常　　委　赵传祥（1994.1—1998.7）
于增礼（1994.1—1995.2）
王在武（1994.1—1998.7）
戴宪德（1994.7—1998.7）
王传文（1994.7—1998.7）

纪委书记　于增礼（副处级，1994.1—5；1994.5—1995.2）
石　瑛（1995.2—1998.7）

（三）济南柴油机厂工会（1994.5—1998.7）

主　　席　王传文（1994.5—1998.7）

二、济南柴油机股份有限公司（1996.10—1998.7）

（一）济南柴油机股份有限公司董事会（1996.10—1998.7）

董 事 长　何清山（1996.10—1998.2）
王　涛（1998.2—7）

副董事长　温泽民（1996.10—1998.2）

（二）济南柴油机股份有限公司监事会（1996.10—1998.7）

主　　席　石　瑛（1996.10—1998.7）

（三）济南柴油机股份有限公司领导名录（1996.10—1998.7）

总 经 理　温泽民（1996.10—1998.2）

　　　　　王　涛（1998.2—7）

副总经理　王在武（1996.10—1998.7）

　　　　　姜小兴（1996.10—1998.7）

总工程师　刘其珉（1996.10—1998.7）

总经济师　翟耀鲁（1996.10—1998.7）

总会计师　姜纯朴（1996.10—1998.7）

第八节　抚顺石油机械厂（1988.9—1992.10）

1988年9月起，抚顺石油机械厂实行抚顺市政府和总公司双重领导，以抚顺市为主的管理体制，行政级别为县（团）级，党组织关系隶属于中共抚顺市委。

1992年，抚顺石油机械厂设7个车间、3个分厂、2个公司，在册职工5039人。下属基层党委1个、党支部32个，共有党员653名。固定资产1.1亿元，工业总产值1亿元，年生产能力3.2万吨。主导产品有抽油机、非标准压力容器、冷换设备、输油臂、管道附件及石油配件等，共10个系列、69个品种、1100多个规格。生产的大口径弯头、全天候呼吸阀、全天候阻火器、输油臂、隔热油管等产品填补国内空白。产品不仅行销国内24个省市自治区，还远销西欧、北美、东南亚等11个国家和地区。

1992年10月，抚顺石油机械厂从总公司脱离，改为由抚顺市经济贸易委员会直接管理，成为抚顺市地方企业。

一、抚顺石油机械厂领导名录（1988.9—1992.10）

厂　　长　周有奎（1988.9—1992.10）

副 厂 长　李在家（1988.9—1990.3）

孔令枢（1988.9—1992.10）
叶明光（1988.9—1992.10）
赵翔来（1988.9—1992.10）
韩其印（1988.9—1992.6）
郑占林（1991.5—1992.10）
戚　奎（1991.5—1992.10）

总工程师　李在家（1988.9—1990.3）
许前智（1988.10—1992.10）

二、中共抚顺石油机械厂委员会领导名录（1988.9—1992.10）

书　　记　李世尧（1988.9—1992.10）

副 书 记　王树文（1988.9—1992.4）
滕学荣（1992.4—10）

纪委书记　田志钧（1988.9—1992.10）

三、抚顺石油机械厂工会（1988.9—1992.10）

主　　席　滕学荣（1988.9—1992.4）
王树文（1992.4—10）

第九节　中国石油工程建设公司—中国石油工程建设（集团）公司（1988.9—1998.7）

1988年9月，总公司将与中国石油工程建设公司合署办公的总公司基建工程部分设。中国石油工程建设公司行政级别为正局级，作为主要从事承包石油、天然气工程、石油化学工程、建筑安装工程、道桥工程和经营进出口业务的综合性国营企业，不再兼有行业行政管理职能。机关设部室6个：海外事业部、工程管理部、进出口贸易部、多种经营部、计划财务部、经理办公室，人员编制130人。机关办公地址在北京市海淀区志新路二里庄。

1988年12月，成立中国石油工程建设公司临时党委，党组织关系隶属于总公司直属机关党委。

1991年5月，中共中国石油工程建设公司代表大会召开，选举产生中共中国石油工程建设公司委员会和纪律检查委员会，单永复为党委书记，胡贵平为党委副书记、纪委书记。

7月，总公司将中国石油工程建设公司所属房山长沟基地划转石油地球物理勘探局。

1992年10月，中国石油工程建设公司进行机构调整，机关设部门6个：经理办公室、党委办公室、经营计划处、企业管理处、财务处、人事教育处；所属事业部制专业公司3个：国际工程公司、进出口贸易公司、实业发展公司。此后，根据业务发展需要，成立国际采购部；先后组建长城钻井分公司、胜利石油工程建设公司、天津石油工程建设公司、石油管道工程建设公司等4个单位；国际工程公司、实业发展公司、进出口贸易公司分别更名为国际工程分公司、兴业发展分公司、进出口贸易分公司。中国石油工程建设公司在经营方式上由“窗口”为主，由分包工程和劳务合作为主转为以公司为主的总承包。

1994年10月，经总公司批准，中国石油工程建设公司根据外派劳务工作的实际情况，组建中国石油对外工程承包劳务培训中心，主要承担石油系统以及国家外经贸部安排的外派劳务人员的培训工作。

1995年12月，中国石油工程建设公司中标签约科威特西部油田27号、28号集油站及转输管线建设项目，合同总额3.91亿美元。

1996年2月，中国石油工程建设公司深化改革，细化专业管理，以适应组建集团、建立现代企业制度、与国际接轨的需要。组织机构进行调整，机关设部室13个：总经理办公室、联络处、计划统计处、企业发展处、人事教育处、监察处、行政后勤处、基建办公室、市场部、商务合同部、财务部、工程技术部、计算机中心。所属专业分公司3个：国际工程分公司、兴业发展分公司、进出口贸易分公司；驻外办事机构8个：驻巴基斯坦办事处、驻日本业务组、驻泰国办事处、驻哈萨克斯坦办事处、驻科威特办事处、驻马来西亚办事处、驻伊拉克办事处、驻巴布亚新几内亚办事处。

1996年11月，中国石油工程建设公司所属长城钻井分公司划转中国石油天然气技术服务总公司。

1997年4月，为加快开拓国内外工程建设市场，增强陆上石油工程建设队伍跨国经营的总承包能力，提高集约化经营水平和整体经济效益，总公司决定，在中国石油工程建设公司的基础上组建中国石油工程建设企业集团，同时将第一建设公司、第六建设公司、第七建设公司和华东勘察设计研究院等4个单位的计划、财务、资产和人员划入，作为子公司管理，仍保持各自的法人地位和经营自主权。中国石油工程建设公司作为核心企业，代行企业集团职能，对总公司负责。

组建后，中国石油工程建设企业集团机关设处室15个：总经理办公室、联络处、计划统计处、企业发展处、人事教育处、监察处、法律处、行政后勤处、市场部、商务合同部、财务部、工程技术部、国内工程部、基建办公室、计算机中心。所属专业分公司3个：国际工程分公司、进出口贸易分公司、兴业分公司；驻外办事机构8个：驻巴基斯坦办事处、驻日本业务组、驻泰国办事处、驻哈萨克斯坦办事处、驻科威特办事处、驻伊拉克办事处、尼日利亚有限公司、苏丹有限责任公司。在册职工1.36万人，资产总额38.2亿元。

主要业务范围：承担国内外石油工程建设项目和对外石油工程援建项目；承担油气田建设和炼油厂、石油化工厂及输油气管道等工程的咨询、设计与建设业务；在海外开办各类企业并对外派遣工程、生产及其他有关劳务人员；经营三类商品进出口业务以及经营承包工程、劳务合作和海外企业项下的技术、设备、材料进出口业务；利用外方资金、资源和技术，在境内开展劳务合作、开办生产企业和合资企业，进行经济技术合作。

1998年1月，经国家经济贸易委员会批准，国家工商行政管理总局核准中国石油工程建设企业集团注册名称为中国石油工程建设（集团）公司。机关办公地点迁至北京市东城区鼓楼外大街28号。

一、中国石油工程建设公司—中国石油工程建设（集团）公司领导名录（1988.8—1998.7）

经　　理　单永复（1988.8—1992.6）
　　　　　秦安民（1992.6—1998.7）

副 经 理　康卫平（1988.9—1994.12）
　　　　　赵焕国（1989.1—1998.7）
　　　　　张纬九（1992.6—1998.7）
　　　　　吴惠起（1995.7—1998.7）
　　　　　施哲彦（1995.7—1998.7）
　　　　　安郁培（1996.3—1998.7）

总工程师　张　树（1989.1—1995.5）

总经济师　刘金湘（1989.1—1996.12）

二、中共中国石油工程建设公司临时委员会—中共中国石油工程建设（集团）公司委员会领导名录（1988.12—1998.7）

书　　记　单永复（1988.12—1992.6）

秦安民（1992.6—1998.7）

副 书 记　胡贵平（1988.12—1996.12）

委　　员　康卫平（1988.12—1994.12）

赵焕国（1988.12—1998.7）

刘金湘（1988.12—1991.5）

周延抗（海外事业部副经理，1988.12—1998.7）

高振华（党委办公室主任，1991.5—1994.5）

侯浩杰（人事教育处处长，1991.5—1998.7）

张纬九（1992.9—1998.7）

纪委书记　胡贵平（1991.5—1996.12）

三、所属副局级单位主要领导名录（1997.4—1998.7）

（一）中国石油天然气第一建设公司（1997.4—1998.7）

1. 中国石油天然气第一建设公司领导名录（1997.4—1998.7）

经　　理　朱忠虎（1997.4—1998.7）

副 经 理　曾世民（1997.4—1998.7）

顾满林（1997.4—1998.7）

马天华（1997.4—1998.7）

赵益红（1997.4—1998.7）

总工程师　曾世民（兼任，1997.4—1998.7）

总经济师　顾满林（1997.4—1998.7）

总会计师　高忻元（1997.4—1998.7）

2. 中国石油天然气第一建设公司党委领导名录（1997.4—1998.7）

书　　记　邢宏坤（1997.4—1998.7）

副 书 记　朱忠虎（1997.4—1998.7）

鹿其民（1997.4—1998.7）

纪委书记　鹿其民（1997.4—1998.7）

3. 中国石油天然气第一建设公司工会（1997.4—1998.7）

主　　席　张　鉴（1997.4—1998.7）

（二）中国石油天然气第六建设公司（1997.4—1998.7）

1. 中国石油天然气第六建设公司领导名录（1997.4—1998.7）

经　　理　邹学绅（1997.4—1998.7）

副 经 理　王学旨（1997.4—1998.7）

杨庆前（1997.4—1998.7）

黄勇华（1997.4—1998.7）

吴上开（1997.4—1998.7）

2. 中国石油天然气第六建设公司党委领导名录（1997.4—1998.7）

书　　记　梁福源（1997.4—1998.7）

副 书 记　龙君贵（1997.4—1998.7）

纪委书记　龙君贵（1997.4—1998.7）

3. 中国石油天然气第六建设公司工会（1997.4—1998.7）

主　　席　龙君贵（1997.4—1998.7）

（三）中国石油天然气第七建设公司（1997.4—1998.7）

1. 中国石油天然气第七建设公司领导名录（1997.4—1998.7）

经　　理　邓德利（1997.4—1998.7）

副 经 理　伍金堂（1997.4—1998.7）

葛墨轩（1997.4—1998.1）

张茂贵（1997.4—1998.7）

王国超（1997.11—1998.7）

许烨烨（1997.11—1998.7）

汪桃义（1997.11—1998.7）

刘宝刚（1997.11—1998.7）

总工程师　许烨烨（兼任，1997.4—1998.7）

总经济师　姬宗杰（1997.4—11）

总会计师　季成忠（1997.4—11）

刘宝刚（兼任，1997.11—1998.7）

2. **中国石油天然气第七建设公司党委领导名录**（1997.4—1998.7）

书　　记　殷德之（1997.4—1998.4）

副 书 记　邓德利（1997.4—1998.7）

曹鸿金（1997.4—1998.5）

伍金堂（1998.5—7）

纪委书记　甘秉法（1997.4—1998.7）

3. **中国石油天然气第七建设公司工会**（1997.4—1998.7）

主　　席　李周文（1997.4—1998.7）

（四）中国石油天然气华东勘察设计研究院（1997.4—1998.7）

1. **中国石油天然气华东勘察设计研究院领导名录**（1997.4—1998.7）

院　　长　张　金（1997.4—1998.7）

副 院 长　何凤友（1997.4—1998.7）

车克宽（1997.4—1998.7）

王宝珠（1997.4—1998.7）

陈文亚（1997.4—1998.7）

刘宗良（1997.4—1998.7）

刘泽复（1997.4—1998.7）

总工程师　李胜山（1997.4—1998.7）

2. **中国石油天然气华东勘察设计研究院党委领导名录**(1997.4—1998.7）

书　　记　孔繁文（1997.4—1998.7）

纪委书记　牛淑云（1997.4—1998.7）

3. **中国石油天然气华东勘察设计研究院工会**（1997.4—1998.7）

主　　席　李少甫（1997.4—1998.7）

第十节　中国石油天然气第一建设公司（1988.9—1997.4）

1988年9月，石油工业部第一工程公司划归总公司管理，行政级别为副局级。设机关部门20个、下属单位8个，在册职工6163人。党组织关系隶属于中共洛阳市委。机关办公地址河南省洛阳市。

12月，总公司将石油工业部第一工程公司更名为中国石油天然气总公司第一建设公司，同时对机构设置和名称进行调整，设机关部室17个、下属单位13个。

1989年12月，中共中国石油天然气总公司第一建设公司第三次代表大会召开，选举产生第三届委员会和纪律检查委员会，王俊岭为党委书记，张志华为党委副书记，魏立孝为纪委书记。下属基层党委7个、党总支4个、党支部68个，共有党员1323名。

1992年1月，中国石油天然气总公司第一建设公司更名为中国石油天然气第一建设公司。当年职工总数7093人，完成建筑安装工作量1.39亿元。

1993年7月，中共中国石油天然气第一建设公司第四次代表大会召开，选举产生第四届委员会和纪律检查委员会。下属基层党委7个、党总支5个、党支部87个，共有党员1487名。

截至1996年12月，机关设职能部门20个：经理办公室、经营开发处、工程管理处、科技发展处、质量安全监督处、装备处、劳动工资处、财务处、干部处、教育培训处、企业管理处、审计处、保卫处（武装部）、机关事务办公室、组织部、宣传部、纪检监察处、工会办公室、团委办公室、党委办公室；所属单位18个：第一、第二、第四、第五工程分公司和石油化工设备厂、球罐工程公司、储运工程公司、无损检测分公司、设备租赁维修分公司、离退休职工管理处、设计研究所、子弟一校、子弟二校、技工学校、职工医院、生活服务公司、物资公司、开元开发公司。

1997年4月，总公司将中国石油天然气第一建设公司划归中国石油工程建设（集团）公司，作为子公司管理，保留中国石油天然气第一建设公司法人地位和经营自主权，实行独立核算、自负盈亏。

一、中国石油天然气总公司第一建设公司—中国石油天然气第一建设公司领导名录（1988.9—1997.4）

经　　理　邢宏坤（1988.9—1995.6）
　　　　　　朱忠虎（1995.6—1997.4）

副 经 理　李玉明（1988.9—1992.12）
　　　　　　张丙寅（1988.9—1992.12）
　　　　　　鹿其民（1988.9—1995.11）

吴惠起（1990.10—1995.6）
曾世民（1992.12—1997.4）
朱忠虎（1992.12—1995.6）
顾满林（1995.11—1997.4）
马天华（1995.11—1997.4）
赵益红（1995.11—1997.4）

总工程师　上官寻国（1988.9—1995.11）
曾世民（1995.11—1996.12）

总经济师　陈敬才（1988.9—1992.12）
张志昌（1992.12—1995.11）
顾满林（1995.11—1997.4）

总会计师　甘志兴（1988.9—1995.7）
高忻元（1995.11—1997.4）

二、中共中国石油天然气总公司第一建设公司委员会—中共中国石油天然气第一建设公司委员会领导名录（1988.9—1997.4）

书　　记　王俊岭（1988.9—1995.6）
邢宏坤（1995.6—1997.4）

副 书 记　张志华（1988.9—1992.12）
邢宏坤（1992.12—1995.6）
魏立孝（1992.12—1995.11）
朱忠虎（1995.11—1997.4）
鹿其民（1995.11—1997.4）

委　　员　贺新文（1992.12—1995.11）
张　鉴（1992.12—1997.4）
戴文信（副处级，1995.11—1997.4）

纪委书记　陈凤朝（1988.9—1989.12）
魏立孝（1989.12—1992.12）
贺新文（1992.12—1995.11）
鹿其民（1995.11—1997.4）

三、中国石油天然气总公司第一建设公司—中国石油天然气第一建设公司工会（1988.9—1997.4）

主　　席　吴长青（1988.9—1992.12）

　　　　　张　鉴（1992.12—1997.4）

第十一节　中国石油天然气第六建设公司（1988.9—1997.4）

1988年9月，石油工业部第六工程公司划归总公司管理，行政级别为正处级。机关设部门16个、下属单位8个，在册职工2900人。党组织关系隶属于中共桂林市委。机关办公地址在广西桂林市。

12月，总公司将石油工业部第六工程公司更名为中国石油天然气总公司第六建设公司。

1991年6月，对组织机构进行调整，机关设部门20个：经理办公室、企业管理办公室、经营部、技术部、质量安全部、人事部、劳动工资部、财务部、物资部、设备资产部、审计室、监察室、保卫部、离退休办公室、党委组织部、宣传部、武装部、纪委办公室、工会办公室、团委办公室；所属单位9个：工程建设部、金属结构厂、多种经营部、设计研究所、教育培训中心、职工医院、综合服务处、劳动服务公司、招待所。

1992年1月，中国石油天然气总公司第六建设公司更名为中国石油天然气第六建设公司。1993年3月，行政级别调整为副局级；6月，总公司明确领导班子成员行政级别。

1994年7月，中共中国石油天然气第六建设公司第四次代表大会召开，选举产生第四届委员会和纪律检查委员会。下属基层党委3个、党总支2个、党支部31个，共有党员611名。

1996年1月，对组织机构进行改革，机关设部门21个：办公室、企业管理处、计划合同处、施工生产处、多种经营处、技术处、设备管理处、物资处、人事处、劳动工资处、财务处、国有资产处、基建办公室、技术监督处、安全生产处、审计处、监察处、离退休职工管理处、保卫处、党委组织部、党委宣传部；所属单位17个：第一分公司、第二分公司、第三分公司、第四分公司、乙烯工程建设部、金属结构厂、桂林塑钢门窗厂、设计研究所、油气分公司、华油物资分公司、桂林华油度假村、教育培训中心、桂林石油医院、综合服务处、劳动服务分公司、深圳海湾工程公司、桂林市华油房地产公司。到1996年底，在册职工3239人。固定资产原值1.62亿元，产值2.42亿元。

1997年4月，总公司将中国石油天然气第六建设公司划归中国石油工程建设（集团）公司，作为子公司管理，保留中国石油天然气第六建设公司法人地位和经营自主权，实行独立核算、自负盈亏。

一、中国石油天然气总公司第六建设公司—中国石油天然气第六建设公司领导名录（1988.9—1997.4）

经　　理　秦安民（正处级，1988.9—1990.3）
　　　　　　邹学绅（正处级，1990.3—1993.6；1993.6—1997.4）

副 经 理　邹学绅（1988.9—1990.3）
　　　　　　杨　军（副处级，1988.9—1993.6；1993.6—1996.6）
　　　　　　王学旨（副处级，1989.12—1993.6；1993.6—1997.4）
　　　　　　刘增运（副处级，1990.10—1993.6；1993.6—1996.6）
　　　　　　杨庆前（1994.12—1997.4）
　　　　　　黄勇华（1996.6—1997.4）
　　　　　　吴上开（1996.6—1997.4）

总工程师　李凡起（副处级，1988.9—1993.6；1993.6—1996.6）
　　　　　　杨庆前（1996.6—1997.4）

总会计师　吴上开（副处级，1988.9—1993.6；1993.6—1997.4）

总经济师　刘亚利（1988.9—1992.11）

二、中共中国石油天然气总公司第六建设公司委员会—中共中国石油天然气第六建设公司委员会领导名录（1988.9—1997.4）

书　　记　梁福源（正处级，1988.9—1993.6；1993.6—1997.4）

副 书 记　刘增运（1988.9—1990.11）
　　　　　　龙君贵（副处级，1990.11—1993.6；1993.6—1997.4）

纪委书记　刘增运（副处级，1988.9—1993.6；1993.6—1994.8）
　　　　　　龙君贵（1994.8—1997.4）

三、中国石油天然气总公司第六建设公司—中国石油天然气第六建设公司工会（1988.9—1997.4）

主　　席　谢绍佳（副处级，1988.9—1993.6；1993.6—1996.6）
　　　　　龙君贵（1996.6—1997.4）

第十二节　中国石油天然气第七建设公司（1988.9—1997.4）

1988年9月，总公司成立时，石油工业部第七工程公司划归总公司管理，行政级别为正处级。设机关部室19个、下属单位11个，在册职工2845人。党组织关系隶属于中共青岛市委。机关办公地址在山东省青岛市胶州市胶州西路141号。

1988年12月，总公司将石油工业部第七工程公司更名为中国石油天然气总公司第七建设公司；1992年1月，更名为中国石油天然气第七建设公司，设机关部室19个、下属单位10个，在册职工3063人。

1993年7月，行政级别调整为副局级；10月，总公司明确领导班子成员行政级别。

1997年4月，总公司将中国石油天然气第七建设公司划归中国石油工程建设（集团）公司，作为子公司管理，保留公司法人地位和经营自主权，实行独立核算、自负盈亏。划归时，机关设部室12个：办公室、国内工程经营处、国外工程经营处、劳动人事处、财务资产处、经营开发处、技术监督处、监察审计处、行政事务管理处、技术发展处、政治工作处、工会办公室；附属单位3个：教育培训中心（下设技工学校、子弟学校）、综合服务公司（下设职工医院）、劳动服务公司；生产经营单位6个：工程公司、金属结构厂、机械化施工公司、实业公司、物资公司、设计研究所。在册职工3092人。

一、中国石油天然气总公司第七建设公司—中国石油天然气第七建设公司领导名录（1988.9—1997.4）

经　　理　殷德之（1988.9—1991.1）
　　　　　邓德利（正处级，1991.1—1993.10；1993.10—1997.4）
副 经 理　伍金堂（副处级，1988.9—1993.10；1993.10—1997.4）
　　　　　葛墨轩（副处级，1988.9—1993.10；1993.10—1997.4）

邓德利（1989.3—1991.1）
邵永田（1991.1—1992.12）
张茂贵（1994.7—1997.4）

总工程师　杨文信（1988.9—1989.3）
许烨烨（副处级，1989.3—1993.10；1993.10—1997.4）

总经济师　付广奎（1988.9—1990.2）
姬宗杰（副处级，1991.1—1993.10；1993.10—1997.4）

总会计师　季成忠（副处级，1988.9—1993.10；1993.10—1997.4）

二、中共中国石油天然气总公司第七建设公司委员会—中共中国石油天然气第七建设公司委员会领导名录（1988.9—1997.4）

书　　记　朴殿举（1988.9—1991.1）
殷德之（正处级，1991.1—1993.10；1993.10—1997.4）

副 书 记　邓德利（1988.9—1997.4）
曹鸿金（副处级，1991.1—1993.10；1993.10—1997.4）

委　　员　伍金堂（1988.9—1997.4）
李周文（1988.9—1997.4）
陈贻纲（1988.9—1989.4）
甘秉法（1993.1—1997.4）
王子春（1993.1—1997.4）

纪委书记　曹鸿金（1988.9—1992.6）
甘秉法（副处级，1992.6—1993.10；1993.10—1997.4）

三、中国石油天然气总公司第七建设公司—中国石油天然气第七建设公司工会（1988.9—1997.4）

主　　席　李周文（副处级，1988.9—1993.10；1993.10—1997.4）

第十三节　中国石油天然气第八建设公司（1988.9—1998.7）

1988年9月，石油工业部第八工程公司划归总公司管理，行政级别为正处级。主营业务：从事石油化工设备管道安装工程、管道工程、土石方工程、防腐保温工程、无损检测工程，以及压力容器、油田注汽锅炉制造等，兼营高压弯头及翅片管加工、货物运输等。党组织关系隶属于中共抚顺市委。机关办公地址在辽宁省抚顺市新抚区高山路114号。

1988年12月，总公司将石油工业部第八工程公司更名为中国石油天然气总公司第八建设公司；1992年3月，更名为中国石油天然气第八建设公司。

截至1997年12月，设机关处室17个、所属单位16个，在册职工1658人。

一、中国石油天然气总公司第八建设公司—中国石油天然气第八建设公司领导名录（1988.9—1998.7）

经　　理　李金声（1988.9—1998.7）

副 经 理　徐长普（1988.9—1995.8）

于清林（1988.9—1995.8）

张遵杰（1989.3—1995.8）

彭学臣（1990.10—1998.7）

吴德海（1990.11—1998.7）

韩建荒（1995.8—1998.7）

二、中共中国石油天然气总公司第八建设公司委员会—中共中国石油天然气第八建设公司委员会领导名录（1988.9—1998.7）

书　　记　张遵杰（1988.9—1995.8）

付宇扬（1995.8—1998.7）

副 书 记　李用甲（1990.9—1998.7）

纪委书记　倪化行（1990.9—1995.8）

三、中国石油天然气总公司第八建设公司—中国石油天然气第八建设公司工会（1988.9—1998.7）

主　　席　孟庆余（1988.9—1990.7）

吴德海（1990.7—1992.11）

付宇扬（1992.11—1995.8）

倪化行（1995.8—1998.7）

第十四节　华东勘察设计研究院（1988.9—1997.4）

1988年9月，石油工业部华东勘察设计研究院划归总公司管理，行政级别为正处级。设机关部门6个、下属单位5个，在册职工381人。党组织关系隶属于中共青岛市委。机关办公地址在山东省青岛市胶州县。

1988年12月，总公司将石油工业部华东勘察设计研究院更名为中国石油天然气总公司华东勘察设计研究院；1991年12月，更名为华东石油勘察设计研究院；1992年8月，更名为中国石油天然气华东勘察设计研究院。1993年3月，行政级别调整为副局级；6月，总公司明确领导班子成员行政级别。

1997年4月，总公司将中国石油天然气华东勘察设计研究院划归中国石油工程建设（集团）公司，保留其独立法人地位和经营自主权，实行独立核算、自负盈亏。划归时，设机关部门20个：党委办公室、党委宣传部、党委组织部、新闻中心、纪监处、工会、团委、院务处、生产经营处、技术质量管理处、人事教育处、财务处、国有资产处、档案管理处、行政管理处、审计处、多元产业管理处、武装保卫处、科协、北京办事处。所属单位14个：工艺室、自控室、储运室、机械室、建筑所、热暖室、电力室、技术经济所、出版所、科技信息中心、电算中心、环境工程所、岩土工程处、天然气工程公司。

一、华东勘察设计研究院领导名录（1988.9—1997.4）

院　　长　张　金（正处级，1988.9—1993.6；1993.6—1997.4）

副 院 长　何凤友（副处级，1988.9—1993.6；1993.6—1997.4）

徐东河（副处级，1989.1—1992.5）

车克宽（副处级，1989.1—1993.6；1993.6—1997.4）

王宝珠（副处级，1992.5—1993.6；1993.6—1997.4）

陈文亚（副处级，1992.5—1993.6；1993.6—1997.4）

刘宗良（1997.1—1997.4）

刘泽复（1997.1—1997.4）

总工程师　王宝珠（副处级，1989.1—1992.5）

刘宗良（副处级，1992.5—1993.6；1993.6—1997.1）

李胜山（1997.1—4）

总经济师　于存孚（副处级，1989.1—1992.5）

二、中共华东勘察设计研究院委员会领导名录（1988.9—1997.4）

书　　记　徐东河（1988.9—1992.5）

于存孚（正处级，1992.5—1993.6；1993.6—1997.1）

孔繁文（1997.1—4）

纪委书记　牛淑云（副处级，1992.5—1993.6；1993.6—1997.4）

三、华东勘察设计研究院工会（1992.5—1997.4）

主　　席　李少甫（副处级，1992.5—1993.6；1993.6—1997.4）

第三章　管道、运输、通信企业

1988年9月，总公司成立时，石油工业部所属管道局、东北输油管理局、华东输油管理局、运输公司、通信公司等5个单位划归总公司管理，其中东北输油管理局、华东输油管理局业务上由管道局直接领导。

1991年7月，总公司与北京市政府共同出资组建北京天然气集输公司。

1992年12月，总公司成立西北石油管道建设指挥部。

1998年6月，华东输油管理局划转中国石油化工集团公司。11月，中国石油天然气集团公司成立后，决定将东北输油管理局、西北石油管道建设指挥部划转管道局直接管理。

第一节　中国石油天然气管道局（1988.9—1998.7）

1988年9月，石油工业部管道局划归总公司管理，行政级别为正局级。设机关部室14个、所属二级单位25个，在册职工4.8万人。主要负责全国长输管道的建设和运营任务，是具有管道勘探、设计、科研、施工、输油输气、电力通信、机械制造、公路运输等功能配套、经验丰富的管道专业公司，业务上归口管理东北输油管理局、华东输油管理局。党组织关系隶属于总公司直属机关党委。机关办公地址在河北省廊坊市。

12月，总公司将石油工业部管道局更名为中国石油天然气总公司管道局。

1989年1月，成立监察室。12月，成立工程质量监督站、定额预算站。

1990年2月，管道局调整机关行政机构，设工程处、运销处、机动处、计划处、财务处、劳资处、教育处、安全监察处、审计处、监察处、技术监督处、企业管理处、多种经营处、保卫处、科技处、卫生处、后勤处、接待处、外事办公室、办公室等20个行政部门。11月，成立法律事务处；老干部处更名为离退休职工管理处。1991年3月，成立管道处、国有资产管理处。

1991年3月4日，中共中国石油天然气总公司管道局第三次代表大会召开，选举产生第三届委员会和纪律检查委员会，徐世仁为党委书记，张福录、王喜田为党委副书记，于茂林为纪委书记。下属基层党委48个、党总支53个、党支部733个，共有党员1.23万名。

1991年6月，成立新疆塔里木石油勘探开发指挥部石油管道工程公司。10月，成立油气销售公司。

1992年1月，总公司将中国石油天然气总公司管道局更名为中国石油天然气管道局。7月，管道局撤销多种经营管理处，成立多种经营总公司。

1988年至1992年，管道局先后建设哈依煤气管道、轮库线、塔轮线、克乌线、库鄯线、陕京输气管线等，自营长输管道达到5800千米，年输油能力1.1亿吨，年输气能力4亿立方米。拥有各类输油气站（库）121座，油气管道由东北向华北、华东、中原、西北等地延伸，输油气单位分布在15个省市自治区，初步形成支撑国民经济发展的油气管网大动脉。

1993年，管道局开展劳动、人事、工资三项制度改革，对机关进行精简和压缩，设党群部门7个：党委办公室、党委宣传部、党委组织部、纪委、工会、团委、机关党委；生产行政部门13个：基建工程处、运销处、经营计划处、财务处、劳动工资处、教育培训处、安全监察处、审计处、科技处、保卫处、办公室、外事办公室、离退休职工管理处。

1994年3月，成立河北长城石油管道安装公司。4月，滨州输油公司并入胜利输油公司，东临管道、东黄管道划入胜利输油公司。9月，成立社会保险所。

1995年2月，管道局职工医院更名为中国石油天然气总公司中心医院暨中国石油天然气管道局总医院，一个机构两块牌子，行政级别调整为副局级，隶属管道局领导。

9月，中共中国石油天然气管道局第四次代表大会召开，选举产生第四届委员会和纪律检查委员会，刘安为党委书记，陈吉庆、郭大伟为党委副书记，惠泽人为纪委书记。下属基层党委51个、党总支58个、党支部865个，共有党员1.45万名。

10月，成立管道建设总公司，所属管道勘察设计院、管道电力通信工程公司、管道设备租赁公司、管道第一工程公司、管道第二工程公司、管道第三工程公司等6个单位。

截至1997年12月，管道局机关设党群部门8个：党委办公室、党委组织部、党委宣传部、纪委、工会、团委、机关党委、老干部处；行政部门18个：局办公室、运销处、规划计划处、财务处、劳动工资处、安全监察处、科技处、教育培训处、国有资产管理处、经营管理处、审计处、多元开发管理处、外事办公室、市场开发处、法制处、公共事业管理处、保卫处、卫生处；附属单位8个：档案管理处、概预算管理中心、人才交流中心、劳动力交流中心、社会保险中心、财务结算中心、经济研究所、审计所。

所属二级单位44个：管道局总医院（副局级）、北京输油公司、新乡输油公司、秦皇岛输油公司、胜利输油公司、中原输气公司、长庆输油公司、襄樊输油公司、管道一公司、管道二公司、管道三公司、电力通信工程公司、管道工程公司、工程建设总公司、塔里木管道公司、吐哈管道公司、塔里木输油气有限责任公司、维修抢修公司、海南特种工程公司、特种施工装备处、客车运输处、货运公司、特运公司、兴达实业公司、汽修总厂、石宁机器总厂、机械制造厂、管道勘察设计院、管道科学研究院、通信处、物资装备总公司、职教中心、子弟中学、文体中心、管道报社、管道电视台、石油报记者站、物业管理处、动力公司、基地建设公司、管道技术公司、龙昌股份有限公司、多种经营总公司、离退休职工管理处、信息中心、油气销售公司。在册职工4.99万人。另外，业务上归口管理东北输油管理局、华东输油管理局。

管道局所属单位分布在北京、河北、吉林、黑龙江、辽宁、河南、江苏、山东、陕西、宁夏、新疆等十几个省市自治区，运营管线3505.7千米，累计输油15.89亿吨、输气35亿立方米，累计敷设管道1.7万千米，安装油罐479座。具备化工石油工程施工总承包特级资质，工程设计综合甲级资质，管道工程勘察、咨询、设计、监理甲级资质，通信工程总承包一级资质，通过质量、健康、安全、环保标准体系认证。拥有标准化、专业化的管线、储罐、定向钻穿越和盾构穿越施工机组，以及配套的大型施工装备；具备较强的油田地面建设和炼化装置施工安装能力。参建工程分布在全国26个省市自治区，以及亚洲、非洲的8个国家，是国内唯一跨国经营的管道工程专业化公司。“八五”期间，管道局被国务院经济发展研究中心、国家经济贸易委员会和国家国有资产管理局列入“中国500家最大服务企业”和“‘中国的脊梁’国有企业500强”。

1998年6月，中国石油天然气集团公司与中国石油化工集团公司签订划转企业交接协议，决定将管道局所属胜利输油公司、新乡输油公司、襄樊输油公司划转中国石油化工集团公司。

一、中国石油天然气总公司管道局—中国石油天然气管道局领导名录（1988.9—1998.7）

局　　长　朱洪昌（1988.9—1990.1）
张福录（1990.7—1994.9）
陈吉庆（满族，1994.9—1998.7）

副 局 长　邢振亚（1988.9—1998.7）
吕中士（1988.9—1994.9）
崔学良（1989.4—1998.7）
陈吉庆（1990.7—1994.9）
臧珍年（1990.7—1991.8）
刘　磊（1993.3—1994.9）
程桂彬（1994.9—1998.7）
马志祥（1995.3—1998.7）

总工程师　潘家华（1988.9—1994.9）
高探贵（1995.3—1998.7）

总经济师　蔡适生（1988.9—1993.3）
陈孝厚（1993.3—1998.7）

总会计师　于嘉禾（1988.9—1993.3）
王永祥（1995.3—1998.7）

调 研 员　李兰生（1988.9—11）
刘万宝（1988.9—1990.11）
郝万春（1988.9—1992.9）
马培泉（1991.3—1997.12）

二、中共中国石油天然气总公司管道局委员会—中共中国石油天然气管道局委员会领导名录（1988.9—1998.7）

书　　记　张福录（1988.9—1990.7）
徐世仁（1990.7—1994.3）
刘　安（1994.9—1998.7）

副书记　徐世仁（1988.9—1990.7）
张福录（1990.7—1994.9）
王喜田（1991.2—1994.9）
陈吉庆（1994.9—1998.7）
郭大伟（1994.9—1998.7）

常　　委　朱洪昌（1988.9—1990.1）
于茂林（1988.9—1994.9）
吕中士（1988.9—1994.9）
马培泉（1988.9—1991.3）
郭大伟（1990.11—1994.9）
邢振亚（1991.4—1998.7）
王树宽（1991.4—1992.12）
陈吉庆（1993.3—1994.9）
程桂彬（1993.3—1994.9）
曹华光（1993.3—1998.7）
惠泽人（1994.9—1998.7）
刘　磊（1995.9—1998.7）
马志祥（1995.9—1998.7）
黄伯谦（组织部长，正处级，1995.9—1998.7）

纪委书记　李克成（1988.9—1990.7）
于茂林（1990.7—1993.3）
郭大伟（1993.3—1994.9）
惠泽人（1994.9—1998.7）

三、中国石油天然气总公司管道局—中国石油天然气管道局工会（1988.9—1998.7）

主　　席　马培泉（1988.9—1991.3）
王树宽（1991.4—1992.12）
程桂彬（1993.3—1994.9）
曹华光（1994.9—1998.7）

四、中国石油天然气总公司中心医院主要领导名录（1995.2—1998.7）

院　　长　王春寅（1995.2—1998.7）

党委书记　王春寅（1995.2—1998.7）

第二节　东北输油管理局（1988.9—1998.7）

1988年9月，东北输油管理局划归总公司管理，行政级别为正局级，业务上接受石油工业部管道局领导。党组织关系隶属于中共辽宁省委。机关办公地址在辽宁省沈阳市皇姑区岐山中路39号。

1990年4月，东北输油管理局接收辽宁省建筑设计院房屋开发公司，并更名为辽宁省金龙房屋开发公司。

1992年，东北输油管理局进行组织机构调整，将供应处、接待处、通信处、总务处等4个单位从机关分离，分别成立物资供销公司、基地管理公司、通信公司、金龙宾馆等4个经济实体，并于1994年进行法人登记，实行内部独立核算，对内有偿服务，对外参与市场竞争；机关处室由29个减至20个：办公室、计划经营处、生产处、工程处、科技处、安全监察处、财务资产处、人事教育处、审计处、公安处、离退休职工管理处、多种经营处、检察处、党委办公室、纪委、工会、团委、党委组织部、党委宣传部、机关党委，机关人数由740人减为282人。

1994年，东北输油管理局本着输油单位要优化结构、精干队伍、理顺关系的原则，实现整体分离的辅助生产单位28个、后勤服务单位9个，在解体“大而全、小而全”体制上迈出新的步伐。

截至1995年12月，东北输油管理局在册职工1.08万人，固定资产26.7亿元，业务涉及输油生产、机械制造、维修加工、运输仓储、教育培训、卫生疗养、多种经营等领域。

期间，东北输油管理局局长、党委书记戴秀庠当选中共十五大代表。

1998年11月，中国石油天然气集团公司对管道业务进行重组，将东北输油管理局划归中国石油天然气管道局。

一、东北输油管理局领导名录（1988.9—1998.7）

局　　长　戴秀庠（1988.9—1998.7）

副 局 长　焦喜林（1988.9—1990.7）

李裕晨（1988.9—1996.1）

武敬洲（1988.9—1993.3）

刘国华（1990.7—1996.1）

罗玉琮（1993.3—1996.1）

余景春（1993.3—1998.7）

张加林（1993.12—1998.7）

韩　汉（1996.1—1997.8）

李德铭（1996.1—1998.7）

总经济师　罗玉琮（1988.9—1996.1）

总工程师　余景春（1990.7—1998.7）

总会计师　谢戈果（1996.1—1998.7）

调 研 员　高志和（1988.9—1992.9）

李传录（1988.9—1990.9）

二、中共东北输油管理局委员会领导名录（1988.9—1998.7）

书　　记　张湘荣（1988.9—1990.9）

李克成（1990.9—1993.3）

戴秀庠（1993.3—1998.7）

副 书 记　李　钊（1988.9—1996.1）

戴秀庠（1990.9—1993.3）

吴云海（1990.9—1998.7）

常　　委　武敬洲（1988.9—1993.3）

李克成（1990.9—1993.3）

焦喜林（1990.9—1995.8）

李裕晨（1990.9—1996.1）

罗玉琮（1993.3—1996.1）

李玉祥（组织部长，正处级，1993.3—1998.3）

刘国华（1996.1—1998.7）

张加林（1996.1—1998.7）
韩　汉（1996.1—1997.8）
纪委书记　李葆恒（1988.9—1990.9）
李　钊（1990.9—1996.1）
吴云海（1996.1—1998.7）

三、东北输油管理局工会（1988.9—1998.7）

主　　席　高纪清（1988.9—1990.9）
焦喜林（1990.9—1994.8）
刘国华（1994.9—1998.7）

第三节　华东输油管理局（1988.9—1998.6）

1988年9月，华东输油管理局划归总公司管理，行政级别为正局级，业务上接受石油工业部管道局领导，在册职工8398人，全年输油量达1577万吨。党组织关系隶属于石油工业部管道局党委。机关办公地点在江苏省徐州市泉山区。

1988年至1990年，华东输油管理局持续对组织机构进行调整，先后成立监察处、多种经营管理处、离退休职工管理处、机动处、工程管理处、技术监督处、科技处、企业管理处等8个机关部门；有线电视台、质量检验公司、安装运输公司、实业公司、职工学校（党校）、科研设计所等6个所属单位；安全环保处更名为安全环保监察处、徐州机修厂更名为徐州石油机械厂。

1990年10月，中共华东输油管理局第三次代表大会召开，选举产生第三届委员会和纪律检查委员会，刘勇为党委书记，潘希柏、于立新为党委副书记，傅庆云为纪委书记。下属基层党委17个、党总支8个、党支部182个，共有党员2525名。

1991年至1994年，根据输油生产经营的发展需要，华东输油管理局对组织机构进行调整，将企业管理处与计划处合并为计划处；计量能源处与技术监督处合并为技术监督处；监察处保留，并入纪委。保卫处与武装部合并；科技处与科研设计所（后更名设计研究院）合并；教育处与职工学校合并，均为一个机构两块牌子。成立国有资产管理处、体改办公室、人事处3个机关部门；成立石油天然气销售公司、多种经营总公司、工程承包（集团）公司3个实体企业；成立审计所，与审计处一个机构两块牌子；成立华冠实业发展公司，与机关服务处一个机构两块牌子；成立《华东输油报》报社，与《中国石油报》驻局记者站合署办公。

1994年11月，中共华东输油管理局第四次代表大会召开，选举产生第四届委员会和纪律检查委员会，刘勇为党委书记，潘希柏、傅庆云、王喜田为党委副书记，傅庆云为纪委书记。下属基层党委18个、党总支9个、党支部207个，共有党员3126名。

1995年至1997年，华东输油管理局将人事处与教育处合并，成立人事教育处，与劳动力人才交流中心一个机构两块牌子；职工学校与中学合并，一个机构两块牌子；基地管理处与行政管理处合并，成立基地行政管理处；技工学校恢复为局属二级单位；成立国有资产调剂中心，与国有资产管理处一个机构两块牌子；成立客运处、工程公司、建筑安装工程公司（建筑安装工程处）、储运部、接待处。同时，撤销和更名部分下属机构。

1997年，华东输油管理局输油969.45万吨，生产经营总值3.57亿元，实现利润1920万元。

截至1998年6月，华东输油管理局机关设处室19个：办公室、计划处、财务处、人事教育处（劳动力人才交流中心）、国有资产管理处（国有资产调剂中心）、审计处（审计所）、安全环保监察处、技术监督处、保卫处(武装部)、储运部、机关服务处、多种经营管理处、党委办公室、纪委（监察处）、组织部、宣传部（统战部）、团委、工会、机关党委；所属单位20个：江苏管理处、山东第一管理处、山东第二管理处、沧州管理处、基地行政管理处、离退休职工管理处、接待处、客运处、供应处（物资供应公司）、通信处（通信公司）、职工医院、中学（职工学校）、技工学校、建筑安装工程处（建筑安装工程公司）、工程公司、设计研究院、工程承包（集团）公司、徐州石油机械厂、实业公司、多种经营总公司。在册职工1.13万人。

1998年6月，根据中国石油天然气集团公司和中国石油化工集团公司的企业划转协议，华东输油管理局划转中国石油化工集团公司。

一、华东输油管理局领导名录（1988.9—1998.6）

局　　长　张振勇（1988.9—1990.7）

潘希柏（1990.7—1998.6）

副 局 长　李兴杰（1988.9—1994.9）

李春光（1988.9—1990.7）

韩谭贻（1990.4—1995.9）

张振勇（正局级，1990.7—1993.3）

盛沛伦（1990.7—1995.9）

姚玉魁（1993.3—1998.6）

田以民（1994.9—1998.6）

高河东（1995.9—1998.6）

钱建华（1995.9—1998.6）

总经济师　韩建平（1988.9—1990.7）

张振勇（1990.7—1993.3）

姚玉魁（1993.3—1995.9）

总会计师　马猛龙（1988.9—1991.9）

宣　林（1994.9—1998.6）

总工程师　李春光（1988.9—1995.9）

钱建华（1995.9—1998.6）

科委主任　李春光（1995.9—1998.3）

调 研 员　郭惠中（1988.9—1991.1）

刘文渊（1988.9—1992.1）

李华隆（1988.9—1991.8）

二、中共华东输油管理局委员会领导名录（1988.9—1998.6）

书　　记　刘　勇（1988.9—1996.11）

副 书 记　潘希柏（1988.9—1998.6）

于立新（1990.7—1992.12）

傅庆云（1993.3—1998.6）

王喜田（1994.9—1998.6）

常　　委　张振勇（1988.9—1993.3）
方嘉华（1988.9—1993.3）
龚锦文（1988.9—1989.7）
孙均平（1989.7—1991.4）
傅庆云（1990.10—1993.3）
惠泽人（1991.4—1994.9）
韩谭贻（1993.8—1994.11）
姚玉魁（1993.8—1998.6）
田以民（1994.11—1998.6）
孙福祥（1994.11—1998.6）

纪委书记　潘希柏（1988.9—1990.7）
傅庆云（1990.7—1998.6）

三、华东输油管理局工会（1988.9—1998.6）

主　　席　方嘉华（1988.9—1993.3）
惠泽人（1993.3—1994.9）
王喜田（1994.9—1998.6）

第四节　西北石油管道建设指挥部（1992.12—1998.7）

1990年2月，总公司成立西部石油长输管道筹备小组，负责西部石油长输管道建设工作，李虞庚为组长，徐世广、张德国、杨承志为副组长。1991年11月，总公司撤销西部石油长输管道筹备小组，成立西北油气管道建设领导小组。

1992年12月，总公司成立西北石油管道建设指挥部，为总公司直属局级法人企业。按照筹建管道一体化的原则，负责西起新疆库尔勒、乌鲁木齐，东至河南洛阳的石油管道建设任务，管道全长3500多千米。机关设部门6个：综合办公室、计划财务部、工程建设部、人事教育部、物资供应部、生产准备部，建设施工和生产运营的人员编制1000人。机关办公地址在陕西省西安市。

同月，成立西北石油管道建设指挥部临时党委，党组织关系隶属于总公司直属机关党委。1993年8月，党组织关系改为隶属中共陕西省委。

1994年1月，成立库鄯（库尔勒市—鄯善县）工程项目部。4月，成立保卫科。8月，成立社会保险工作机构，隶属人事教育部。1995年8月，成立西部石油管道报社，由中国石油报社承办、西北石油管道建设指挥部主办的《西部石油管道报》正式创刊。1996年1月，西北石油管道建设指挥部与河北亚华、香港东逸行合资兴建的亚东防腐厂开工建设。3月，成立物资公司。

1995年11月，库鄯输油管道工程开工建设，1997年7月建成投产。库鄯输油管道工程，作为库尔勒—乌鲁木齐—四川—洛阳长输管道的一期工程，管线西起新疆库尔勒市，东至吐鲁番地区鄯善县，途经巴音郭楞蒙古自治州库尔勒市、焉耆县、和硕县和吐鲁番地区托克逊县、吐鲁番县、鄯善县六个县市。管道全长476千米，管径610毫米，年输油量500万吨～1000万吨，总投资22.8亿元。

1998年11月，为理顺管道业务，中国石油天然气集团公司将西北石油管道建设指挥部划归中国石油天然气管道局。

一、西北石油管道建设指挥部领导名录（1992.12—1998.7）

指　　挥　张德国（1992.12—1998.7）

副 指 挥　王树宽（1992.12—1998.7）

闫久红（阎久红，1992.12—1998.7）

武敬洲（1993.3—1995.4）

张振勇（1993.3—1994.12）

张桂林（1995.6—1998.7）

于立新（1997.8—1998.7）

总工程师　武敬洲（1993.3—1995.4）

黄泽俊（1997.8—1998.7）

二、中共西北石油管道建设指挥部临时委员会领导名录（1992.12—1998.7）

书　　记　张德国（1992.12—1998.7）

副 书 记　于立新（1992.12—1997.8）

范卓瑛（1997.8—1998.7）

委　　员　王树宽（1992.12—1998.7）

闫久红（1992.12—1998.7）

张佩荣（办公室主任，正处级，1992.12—1995.3）

武敬洲（1993.3—1995.4）
张振勇（1993.3—1994.12）
范卓瑛（组织部长，正处级，1995.4—1997.8）
张桂林（1995.9—1998.7）
纪委书记　范卓瑛（1997.8—1998.7）

第五节　北京天然气集输公司（1991.7—1998.7）

1991年7月，总公司与北京市政府共同出资组建中国石油天然气总公司北京天然气集输公司，在北京市注册，注册资金10亿元（总公司出资6亿元、北京市出资4亿元），行政级别为正局级，为总公司直属单位。主要承担陕京输气管道工程的施工建设和运营管理，以及向北京、天津等城市输送天然气。机关办公地点在北京市亚运村汇园公寓J楼。

组建初期，机关设综合办公室、工程处、经营处。8月，成立北京天然气集输公司临时党委，臧珍年任临时党委书记。党组织关系隶属于总公司直属机关党委。

1996年3月，陕京（陕西—北京）一线开工建设。线路总长918.42千米，其中输气干线西起陕西省靖边，东至北京市石景山区，途经陕西、山西、河北、北京，长853.23千米；支线由北京琉璃河分输站经河北固安至永清分输站，可输向天津、沧州，长65.19千米。工程历时18个月，1997年9月30日全线竣工投产。初期不加压每年输气能力为13亿立方米，经一次加压每年可输气20亿立方米。

1998年，北京天然气集输公司对组织机构进行调整，实行两级管理模式，机关设部门5个：生产准备处、物资供应处、基地建设处、行政事务处、陕京一线工程项目部；所属单位3个：陕西输气处、山西输气处、北京输气处。在册职工69人。

一、北京天然气集输公司领导名录（1991.8—1998.7）

总 经 理　臧珍年（1991.8—1995.2）
杨承志（1995.2—1998.7）

副总经理　张　凭（1991.8—1995.2）
　　　　　单成吉（1991.8—1998.4）
　　　　　王金瑞（1993.7—1998.7）
　　　　　姚　伟（1995.7—1998.7）
总工程师　车庆斌（1991.8—1998.4）
总会计师　侯延友（女，北京市委派，1995.8—1998.7）
顾　　问　李芳百（1991.8—1995.2）

二、中共北京天然气集输公司临时委员会领导名录（1991.8—1998.7）

书　　记　臧珍年（1991.8—1995.2）
　　　　　杨承志（1995.2—1998.7）
委　　员　李芳百（1991.8—1995.2）
　　　　　张　凭（1991.8—1995.2）
　　　　　单成吉（1991.8—1998.4）
　　　　　车庆斌（1991.8—1998.4）
　　　　　王金瑞（1993.7—1998.7）
　　　　　姚　伟（1995.8—1998.7）
　　　　　侯延友（1995.8—1998.7）

三、北京天然气集输公司工会（1994.9—1998.7）

主　　席　单成吉（1994.9—1995.5）
　　　　　王淑华（女，正处级，1995.5—1998.7）

第六节　中国石油天然气运输公司（1988.9—1998.7）

1988年9月，石油工业部运输公司划归总公司管理，行政级别为正局级，党组织关系隶属于新疆维吾尔自治区党委。机关设处室19个、所属二级单位12个，在册职工8618人，车辆1200余辆。12月，石油工业部运输公司更名为中国石油天然气总公司运输公司。机关办公地址在新疆乌鲁木齐市阿勒泰路374号。

1991年5月，第一公司分立为第一公司和塔里木运输公司，办公地点分别在山东东营和新疆库车。

1992年1月，中国石油天然气总公司运输公司更名为中国石油天然气运输公司。

1993年4月，沙漠车队从塔里木运输公司划出，成立沙漠运输公司。

1994年9月，塔里木勘探开发指挥部五十铃汽车维修中心整体划入中国石油天然气运输公司。

1995年5月，受总公司扶贫办委托，中国石油天然气运输公司代表总公司与新疆维吾尔自治区木垒哈萨克自治县人民政府共同组建木垒中油新绿有限责任公司（股份制）。9月，中国石油天然气运输公司所属第三公司敦煌基地和留守人员划转青海石油管理局。

1998年1月，总公司将中国石油天然气运输公司所属第一公司、第三公司和2241名职工划转胜利石油管理局。

截至1998年7月，中国石油天然气运输公司机关设处室18个：党政办公室、党委组织部、党委宣传部、工会办公室、公司团委、机关党委、监察处（纪委办公室）、保卫处（武装部）、财务处（国有资产管理处）、劳动工资处、经营管理处（多种经营管理处）、生产调度处、技术安全处、技术处、审计处、教育处、物资供应处、基建办公室。所属二级单位20个：二公司、塔里木运输公司、沙漠运输公司、西北车辆厂、职工学校、子女中学、子女小学、技工学校、生活服务处、金泰公司、成品油总库、医疗用品公司、教育中心、职工总医院（卫生处）、建筑安装工程公司、通讯科、离退休职工管理处、房改公司、社会保险中心、小车队。在册职工6425人。固定资产原值4.44亿元，车辆1242辆。主要承担青海、新疆两个地区石油勘探物资运输和独山子至乌鲁木齐市的成品油运输工作。

一、中国石油天然气总公司运输公司—中国石油天然气运输公司

领导名录（1988.9—1998.7）

经　　理　李志敏（1988.9—1993.12）
　　　　　　喻新盛（1993.12—1998.7）

副 经 理　毛继昌（正局级，1988.9—1995.4）
　　　　　　喻新盛（正局级，1988.9—1993.12）
　　　　　　董建国（1988.9—1991.10）

陈远富（1988.9—1995.8）
姜逢春（1992.6—1995.8）
李志敏（正局级，1993.12—1995.8）
初延洪（1995.4—1998.7）
林　萌（1995.8—1998.7）
王宪顺（1995.8—1998.7）
赵太民（1995.8—1998.7）

总工程师　赖昆炎（1988.9—1993.12）
李志敏（1993.12—1995.8）
林　萌（1995.8—1998.7）

总经济师　孔　旭（1992.6—1995.8）

二、中共中国石油天然气总公司运输公司委员会—中共中国石油天然气运输公司委员会领导名录（1988.9—1998.7）

书　　记　张士清（1988.9—1993.12）
喻新盛（1993.12—1998.7）

副 书 记　姜善亭（1988.9—1998.7）
张士清（正局级，1993.12—1995.8）

常　　委　李志敏（1988.9—1995.8）
毛继昌（1988.9—1995.5）
任生杰（1988.9—1993.8）
陈远富（1995.8—1998.7）
初延洪（1995.5—1998.7）
林　萌（1995.8—1998.7）

纪委书记　任生杰（1988.9—1993.8）
姜善亭（1993.12—1998.7）

三、中国石油天然气总公司运输公司—中国石油天然气运输公司工会（1990.11—1998.7）

主　　席　杨泽民（1990.11—1995.8）
陈远富（1995.8—1998.7）

第七节　中国石油天然气总公司通信公司（1988.9—1998.7）

1988年9月，石油工业部通信公司划归总公司管理，作为石油专用通信网的专业管理单位，主要负责为石油工业油气生产和信息传输提供通信服务。行政级别为副局级，党组织关系隶属于总公司直属机关党委。设处级单位8个：通信处、经营管理处、技术开发处、总务处、办公室、固安中心地面站、北京通信站、通信技术服务站，在册职工290人。机关办公地址在河北省固安县。

12月，石油工业部通信公司更名为中国石油天然气总公司通信公司（简称通信公司）；北京通信站更名为中国石油天然气总公司通信公司北京站（对外称北京通信站），由通信公司和办公厅双重领导，以办公厅归口管理为主。北京通信站党组织关系隶属于总公司办公厅党总支。

1990年3月，总公司将隶属于通信公司的石油部无线电管理委员会办公室划归总公司办公厅领导。11月，石油专用通信网北京至固安光缆工程开通。12月，通信公司成立新疆塔里木石油通信工程公司。

1991年4月，中共通信公司第二次党员大会召开，选举产生第二届委员会和纪律检查委员会，何积庆为党委书记，朱自珍为纪委书记。

1995年7月，中共通信公司第三次党员大会召开，选举产生第三届委员会和纪律检查委员会，龚金伟为党委书记，姬宁为纪委书记。

1996年，通信公司与中国石油物资装备总公司联合成立中国石油物资装备总公司通信物资分公司，为全民所有制企业，隶属于中国石油物资装备总公司，业务上接受通信公司领导。

截至1998年6月，通信公司机关设职能处室6个，下属通信中心站、石油通信设计院等7个基层单位。在册职工265人，其中专业技术人员121人。固定资产净值7900余万元。石油通信全网拥有电话交换机总容量130万门，卫星通信地球站68座，微波线路12万波道千米，光缆线路3万芯千米，长途电路总数3.3万路，固定电话用户90万户，无线寻呼用户50万户。

一、中国石油天然气总公司通信公司领导名录（1988.9—1998.7）

经　　理　胡廷尧（1988.9—10）
王金瑞（1988.10—1993.6）
张敏文（1993.6—1998.7）

副 经 理　关祯元（1988.9—1990.9）
陈人炳（1988.9—1998.7）
张敏文（1988.9—1993.6）
余自强（1990.10—1996.6）
章顺义（1994.9—1996.6）
王新文（1996.6—1998.7）

总工程师　顾茂霖（1990.10—1996.6）

二、中共中国石油天然气总公司通信公司委员会领导名录（1988.9—1998.7）

书　　记　胡廷尧（1988.9—10）
何积庆（1990.10—1994.9）
龚金伟（1994.9—1998.7）

委　　员　张　棋（1988.9—1991.4）
王金瑞（1988.9—1993.6）
朱自珍（1988.9—1995.7）
张敏文（1988.9—1998.7）
余自强（1991.4—1996.6）

纪委书记　朱自珍（1988.9—1995.7）
姬　宁（女，1995.7—1998.7）

三、中国石油天然气总公司通信公司工会（1988.9—1998.4）

主　　席　王　智（1988.9—1991.4）
朱自珍（1991.4—1998.4）

第四章 经营服务单位

1988年9月，中国石油天然气总公司成立时，石油工业部所属中国石油开发公司划归总公司管理。10月，总公司成立深圳石油实业发展公司。

1989年1月，组建油田化学公司；1991年12月，正式注册名称为中国石油天然气油田化学公司。

1990年8月，为加强石油企事业单位内部审计工作，组建审计所。1993年3月，以总公司审计局、审计所为基础成立中国石油审计事务所。

1990年10月，成立中国石油天然气销售公司。

1992年5月，成立浦东开发办公室。8月，成立上海浦东华油实业公司，与浦东开发办公室一套机构两块牌子；中国石油开发公司更名为中国石油天然气勘探开发公司。10月，为贯彻“以油气为主、多元化经营”的方针，成立华油实业开发总公司。12月，按照国务院改革国家部委机关后勤服务业务的有关要求，撤销行政事务局，成立华油北京服务总公司。

1993年4月，为加快多种经营发展，成立廊坊经济技术开发办公室。8月，成立总公司咨询中心。

1994年5月，注册成立中油测井有限责任公司。

1995年12月，为提高资金管理水平，成立中油财务有限责任公司。

1997年3月，驻香港办事处更名为中国石油天然气香港有限公司。5月，为增强工程技术队伍在国际市场的竞争力，组建中国石油天然气技术服务总公司，并将中油测井有限责任公司等单位并入，1998年1月正式注册名称为中油技术服务有限责任公司。

截至1998年7月，总公司直接管理的经营服务类单位13个：中国石油天然气勘探开发公司、中油技术服务有限责任公司、中国石油天然气销售公司、华油实业开发总公司、华油北京服务总公司、中国石油天然气油田化学公司、上海浦东华油实业有限责任公司、中油财务有限责任公司、中国石油审计事务所、廊坊经济技术开发办公室、中国石油天然气总公司咨询中心、深圳石油实业有限责任公司、中国石油天然气香港有限公司。

第一节　中国石油开发公司—中国石油天然气勘探开发公司（1988.9—1998.7）

一、中国石油开发公司—中国石油天然气勘探开发公司（1988.9—1994.2）

1988年9月，中国石油开发公司划归总公司管理。机关设职能部门6个，在册人员30人。党组织关系隶属于总公司直属机关党委。机关办公地点在北京市西城区六铺炕街。

1989年5月，根据对外开放的需要，总公司明确中国石油开发公司的性质、任务、机构设置和人员编制。性质是对外合作经营油气勘探开发的企业，是自主经营、独立核算的具有法人资格的经济实体。任务是负责南方11省（区）以及内蒙古二连地区的对外合作，开采陆上石油资源，按照平等互利的原则，统一负责对外合作的谈判、签约和合同执行；依据总公司授权，经营管理南方新区部分自营勘探项目，并组建相应管理机构，具体负责合同的执行。机关设部室8个：办公室、合同条法部、公共关系部、计划发展部、勘探开发部、工程作业部、财务审计部、人事劳资部，人员编制70人。同时，总公司将广州代表处更名为中国石油开发公司广州公司，为具有法人资格的副局级单位，6月广州公司办公地点迁至广东省广州市海珠区江南西路紫龙大街5号。

1989年至1990年，中国石油开发公司作为甲方，分别与乙方江汉油田、滇黔桂油田和浙江石油勘探处签订合同，由乙方组建相应项目经理部实体，开展广东三水、广西赤水、百色、合浦三盆地和云南楚雄地区、南方区域的前期勘探及地质综合研究工作。

1990年12月，中国石油开发公司与新西兰石油勘探公司中国公司、美国圣太菲能源公司、诺米科中国石油公司签订《中国湖南省洞庭石油合同》。1991年3月，成立洞庭中外石油合作管理处。

1991年6月，中国石油开发公司在广东省工商管理局登记注册，机关办公地点迁至广东省广州市海珠区江南西路30号，同时撤销中国石油开发公司广州公司。在北京设立代表处，办公地点在北京市西城区六铺炕白孔雀艺术世界办公楼。9月，成立中国石油开发公司临时党委，党组织关系隶属于中共广东省委。

中国石油开发公司迁到广州后机关设部室10个：办公室、计划发展部、财务部、勘探开发部、采办作业部、人事劳资部、合同条法部、对外联络部、行政事务部、综合研究室，人员编制200人；所属单位6个：广东三水盆地石油勘探开发项目经理部、广西合浦盆地石油勘探开发项目经理部、南方区域勘查项目经理部、洞庭中外石油合作管理处、中国石油开发公司与壳牌中国公司合作研究组、南方石油经济技术开发公司。其中广东、广西、南方3个区域项目经理部的人员分别由江汉油田、滇黔桂油田、浙江石油勘探处3个单位的人员组成，不列入中国石油开发公司编制。

1991年10月，中国石油开发公司与美国能源开发公司签订《江西省鄱阳盆地石油合同》，成立鄱阳中外石油合作管理处；12月直接管理广东三水盆地石油勘探开发项目经理部，成立三水项目部，大部分人员由江汉石油管理局调入；1992年5月与美国阿莫科石油公司签订《安徽省阜阳地区石油合同》，成立阜阳中外石油合作管理处。

1992年8月，总公司决定，恢复使用中国石油天然气勘探开发公司（英文缩写为CNODC）名称，停止使用中国石油开发公司简称。

1993年1月，国务院批复总公司《关于扩大陆上石油对外合作的请示》，同意扩大陆上石油对外合作，并分风险勘探与合作开发和提高原油采收率两种类型进行；同时规定陆上石油对外合作的方式原则上采取招标办法进行，少数区块需要特殊勘探开发技术，也可以进行双边谈判签约。2月，总公司宣布油气风险勘探地区由南方10个省（区）和内蒙古二连地区扩大到21个省（区）市。正式启动扩大陆上石油对外合作第一轮招标，招标范围位于塔里木盆地的5个区块，总面积7.2万平方千米。同月，中国石油天然气勘探开发公司与美国路易斯安那勘探公司（中国）有限公司签订《渤海湾浅海地区赵东区块石油合同》，这是中国北方陆上（包括滩海）第一个石油合作双边谈判风险勘探合同；与壳牌勘探（中国）有限公司、美国派克顿东方公司签订《中国江苏省苏北盆地东部地区石油勘探、开发和生产合同》，成立苏北中外石油合作管理处。5月，与英国普雷米尔石油太平洋有限公司签订《中国西南南盘江区块联合研究协议》，成立南盘江中外石油联合研究组。12月，与韩国集团签订《中国贵州省黔南区块联合研究协议》，成立黔南中外石油联合研究组。同月，中标海南福山凹陷区块，除金凤地区以外的福山凹陷勘探开发权全部归中国石油天然气勘探开发公司所有，成立海南勘探项目经理部。

1993年3月，总公司中标秘鲁塔拉拉油田7区块，获得泰国邦亚区块石油开发作业权，国际化经营开始探索起步。

1993年12月，国家对外贸易经济合作部批准，中国石油天然气勘探开发公司办公地点迁回北京市朝阳区胜利饭店。同时，总公司决定在广州市组建南方石油勘探开发公司。

1994年1月，国务院批准总公司在黑龙江、吉林、河北、湖南、山东、青海、甘肃、湖北、内蒙古、天津等北方10个省（自治区、直辖市）的11个地区，17个含油气盆地和凹陷的26个风险勘探合作区块和11个提高石油采收率区块，进行第二轮国际招标。

1994年2月，中国石油天然气勘探开发公司正式迁回北京市。4月，总公司决定成立国际勘探开发合作局，与中国石油天然气勘探开发公司合署办公，设海外业务部、勘探开发部、合同条法部、经济事务管理部、办公室等5个部门，人员编制50人。

（一）中国石油开发公司—中国石油天然气勘探开发公司领导名录（1988.9—1994.5）

总　经　理　宋振明（正部级，1988.9—1990.6）
　　　　　　程守礼（1990.10—1994.5）
第一副总经理　程守礼（正局级，1988.10—1990.10）
副 总 经 理　杨泾安（1988.9—1993.2）
　　　　　　宋善昆（1988.9—1993.2）
　　　　　　戴宗林（1989.8—1992.8）
　　　　　　曾兴球（1992.4—1993.2）
　　　　　　王孟振（1993.2—1994.5）
　　　　　　高士魁（1993.2—1994.5）
总 工 程 师　胡乃人（1988.9—1994.5）
总 地 质 师　谢　展（1989.8—1991.8）
　　　　　　戴宗林（1991.9—1994.5）

（二）中共中国石油开发公司分党组成员名录（1988.9—1991.9）

书　　　记　宋振明（1988.9—1990.6）

成　　　员　杨泾安（1988.9—1991.9）
程守礼（1988.9—1991.9）

（三）中共中国石油开发公司临时委员会—中共中国石油天然气勘探开发公司临时委员会领导名录（1991.9—1994.5）

书　　　记　程守礼（1991.9—1994.5）
副　书　记　宋善昆（1991.9—1993.2）
委　　　员　杨泾安（1991.9—1993.2）
戴宗林（1991.9—1994.5）
曾兴球（正处级，1991.9—1992.4；1992.4—1993.2）
关　毅（正处级，1991.9—1994.5）
萧　翼（正处级，1991.9—1994.5）
王孟振（1993.2—1994.5）
高士魁（1993.2—1994.5）
蒋有卓（正处级，1993.2—1994.5）

二、中国石油天然气勘探开发公司（1994.2—1998.7）

1994年2月，中国石油天然气勘探开发公司从广州市迁回北京市后，领导班子成员基本留在南方石油勘探开发公司继续工作。5月，总公司重新组建中国石油天然气勘探开发公司领导班子，吴耀文为总经理。12月，总公司委托中国石油天然气勘探开发公司负责陆上石油对外合作合同的执行和统筹对外合作区油气产品等销售工作。

1995年1月，中国石油天然气勘探开发公司与美国、加拿大、日本等国家的8个公司组成作业集团，通过投标竞争，获得巴布亚新几内亚政府颁发的PPL.174区块勘探许可证，合同区面积506平方千米。

1995年6月，中国石油天然气勘探开发公司在总公司招待所临时办公，9月办公地点迁至北京市东城区青年湖南街1号；国务院批准，总公司对新疆维吾尔自治区塔里木盆地和准噶尔盆地的部分地区进行陆上石油合作第三轮国际招标。

1996年3月，吴耀文任总公司总经理助理，12月任总公司副总经理，仍兼任中国石油天然气勘探开发公司总经理。

1996年11月，总公司中标苏丹1/2/4区石油勘探开发项目，苏丹政府同意由总公司牵头组建国际石油投资集团，联合开发1/2/4区石油资源。1997年3月，与马来西亚国家石油公司、加拿大SPC公司和苏丹国家石油公司与苏丹政府在苏丹首都喀土穆正式签署《勘探开发产品分成协议》、《原油管道协议》等13个协议，合作区面积5万平方千米。随后，由中国石油天然气总公司（持股40%）、马来西亚国家石油公司（持股30%）、加拿大SPC（持股25%）和苏丹国家石油公司（持股5%）共同出资，成立苏丹1/2/4区联合作业公司——大尼罗石油作业有限公司。同时，与苏丹政府签署合资建设喀土穆炼油厂的协议，喀土穆炼油厂原油年加工能力250万吨，计划投资6.4亿美元，双方各出资50%。

1997年3月，总公司为发展石油天然气勘探开发对外合作，实现总公司国际化经营战略目标，决定调整中国石油天然气勘探开发公司职能和机构设置。调整后，仍与国际合作局合署办公，主要职责是：在国务院批准的石油陆上对外开放区域内，会同总公司有关厅局编制石油勘探开发对外合作的规划、计划、预算及实施方案，提出招标区块划分意见，制定招标工作计划，拟定标准合同并按规定程序完成报批手续，组织招标区块资料包的编制、销售和现场考察，组织招标、评标和合同谈判工作，负责石油合同执行的管理、协调、服务和监督；负责编制国外石油勘探开发合作的规划、计划、预算及实施方案，组织研究国外石油勘探开发合作的合同模式、合同条法和投资环境，负责国外石油勘探开发项目的评估及可行性研究的初审，并按规定程序完成立项手续，组织项目投标和谈判签约，负责国外石油勘探开发合同项目执行的管理、协调、服务、监督和统一经营；负责编制石油勘探开发对外合作人员的培训规划，会同总公司有关厅局和单位组织实施；对总公司投入的资本金及对项目的投资承担资产保值、增值责任。

同时，明确中国石油天然气勘探开发公司设立董事会。可根据海外项目需要，在海外设立子公司、分公司和合资公司，并将总公司所属中美公司、加拿大公司、国际苏丹公司、苏丹1/2/4区块、伊拉克绿洲公司、中油中亚石油公司、亚澳公司划归中国石油天然气勘探开发公司，作为其所属的分公司、子公司和合资公司进行管理。总公司在上述海外公司的权益、资产及派出人员一并划由中国石油天然气勘探开发公司统一管理。中国石油天然气勘探开发公司以“中国石油国际有限责任公司”（CNPC International Ltd.）名称在开曼群岛注册。

调整后，人员总编制200人，机关设办公室、对外联络部、法律事务部、国内项目管理部、国外项目管理部、勘探开发部、采办销售部、财务计划部、人事培训部、政治思想工作办公室等10个部门，人员编制95人，其中局级职数7人、处级职数30人（含总经理助理、副总师）。

1997年10月，总公司将南方石油勘探开发公司划入中国石油天然气勘探开发公司，行政级别调整为副局级。

12月，总公司批准，成立中国石油天然气勘探开发公司董事会，史训知任董事长，周吉平任常务董事兼任总经理。

1997年，中国石油天然气勘探开发公司抓住国际低油价的战略机遇，成功获取苏丹1/2/4、哈萨克斯坦阿克纠宾、委内瑞拉陆湖三大石油项目，海外业务进入迅速成长阶段。

截至1998年12月，中国石油天然气勘探开发公司先后组织中国陆上石油对外合作三轮国际招标、两次有限招标和多轮双边谈判，共推出43个风险勘探区块和11个提高采收率区块，累计签订石油合同或协议45个。海外原油作业产量325万吨、权益产量188.9万吨，海外天然气作业产量8.5亿立方米、权益产量5亿立方米，海外油气权益当量239.2万吨。负责海外核心业务的中方员工280余人，外籍员工600余人。海外投资的石油项目开始带动工程技术、工程建设、国际贸易、装备制造等专业领域和队伍进入国际市场。

（一）中国石油天然气勘探开发公司董事会（1997.12—1998.7）

董 事 长　史训知（1997.12—1998.7）

常务董事　周吉平（1997.12—1998.7）

董　　事　贡华章（1997.12—1998.7）

朱秉刚（1997.12—1998.7）

李怀奇（1997.12—1998.7）

曾兴球（1997.12—1998.7）

王明才（1997.12—1998.7）

王永杰（1997.12—1998.7）

张如椿（白族，1997.12—1998.7）

王乃举（1997.12—1998.7）

介　霖（1997.12—1998.7）

黄绍和（1997.12—1998.7）

王国樑（1997.12—1998.7）
刘希俭（1997.12—1998.7）
宋万超（1997.12—1998.7）
赵世温（1997.12—1998.7）
董培基（1997.12—1998.7）
王春江（1997.12—1998.7）

（二）中国石油天然气勘探开发公司领导名录（1994.5—1998.7）

总 经 理 吴耀文（1994.5—1996.3；兼任，1996.3—1997.12）
周吉平（1997.12—1998.7）

副总经理 曾兴球（1994.5—1998.7）
傅志达（满族，1994.5—1997.12）
童晓光（1994.5—1996.11）
寿铉成（1994.10—1998.7）
周吉平（1996.11—1997.12）
王明才（1997.12—1998.7）
汪东进（1997.12—1998.7）
王国樑（1997.12—1998.7）
黄绍和（1997.12—1998.7）
王莎莉（女，1997.12—1998.7）
李亚平（1997.12—1998.7）
李华林[1]（1997.12—1998.7）
康明章（1997.12—1998.7）
石彦民（1998.3—7）

总工程师 胡乃人（1994.5—1996.1）
黄绍和（1997.12—1998.7）

总地质师 童晓光（1994.5—1998.7）

总经济师 王莎莉（1996.11—1998.7）

总会计师 王国樑（1997.12—1998.7）

[1] 2013 年 8 月，李华林涉嫌严重违纪违法接受组织调查，后被依法开除党籍、行政开除。

（三）中国石油天然气勘探开发公司所属单位主要领导名录

1. **南方石油勘探开发有限责任公司**（1997.10—1998.7）

总 经 理 张宝庄（正局级，1997.10—1998.3）
石彦民（1998.3—7）
副总经理 高有楠（副局级，1997.10—1998.3）
张宝庄（正局级，1998.3—7）
总地质师 戴宗林（副局级，1997.10—1998.7）
党委书记 张宝庄（1997.10—1998.3）
石彦民（1998.3—7）

2. **中美石油开发公司**（1991.10—1998.7）

总 经 理 王明才（副局级，1995.9—1998.7）

3. **中油国际（委内瑞拉）公司**（1997.7—1998.7）

总 经 理 王明才（1997.12—1998.7）

4. **中油国际（尼罗）公司**（1998.4—7）

总 经 理 汪东进（1997.12—1998.7）
副总经理 王莎莉（常务，1998.4—7）

5. **中国石油加拿大公司[中油国际（加拿大）公司]**（1992.4—1998.7）

董 事 长 王乃举（兼任总经理，1992.4—1995.6）
李华林[1]（兼任总经理，1995.6—1998.5）
康明章（兼任总经理，1998.5—7）

6. **中意海外（荷兰）股份有限公司**（1997.12—1998.5）

中方经理 康明章（1997.12—1998.5）

7. **绿洲（艾尔瓦哈）石油有限责任公司—中油国际绿洲石油有限公司**（1996.5—1998.7）

总 经 理 王永杰（正局级，1996.6—1998.7）
副总经理 孙 波（副局级，1996.6—1998.7）

8. **中油国际（哈萨克斯坦）公司**（1997.8—1998.7）

总 经 理 童晓光（1997.8—1998.4）

---

[1] 2013 年 8 月，李华林涉嫌严重违纪违法接受组织调查，后被依法开除党籍、行政开除。

寿铉成（1998.4—7）

第二节　中国石油天然气技术服务总公司（工程技术局）—中油技术服务有限责任公司（1997.5—1998.7）

1996年11月，总公司任命中国石油天然气技术服务总公司（工程技术局）主要领导，负责具体组建工作，钻井工程局（已撤销）的新技术推广、标准资质管理、对外合作和反承包等管理乙方的职能划入。1997年5月，总公司组建中国石油天然气技术服务总公司（对内称总公司工程技术局），行政级别为正局级。同时，总公司直属的中油测井有限责任公司、中国石油工程建设公司所属的长城钻井分公司划入中国石油天然气技术服务总公司，成为其下属子公司。

主要业务和职责范围：负责统一组织国外油气勘探开发有关钻井、测井、录井、测试等井筒作业工程项目承包、劳务承包和国内对外合作勘探开发区块有关工程项目的反承包；承担总公司在国外经营油气田的相关工程技术服务；与国外有关公司实行合资联营和经济技术合作；负责行业钻井、测井、录井、测试等施工队伍的重点新技术推广和技术改造、技术培训；负责会同有关部门组织制定相关专业技术标准、规定以及组织有关专业队伍的资质认证工作。在实际运行过程中，为发挥整体优势，按照集团公司统一对外的原则，石油钻井系统进入国际市场投标，统一由长城钻井公司牵头，对外签约。

1997年6月，总公司明确中国石油天然气技术服务总公司机构设置和人员编制，机关设部室6个：综合办公室、计划财务部、市场开发部、作业部、管理部、党委办公室，人员编制45人，其中局级职数7人、处级职数16人（含副总师、助理3人）。所属子公司4个，其中长城钻井公司，人员编制95人；中油测井有限责任公司，人员编制170人；北京市金华龙油气测试技术开发公司，人员编制130人；北京地质录井技术公司，人员编制120人。党组织关系隶属于总公司直属机关党委。机关办公地址在北京市西城区六铺炕街6号。

1998年1月，在国家工商行政管理局正式注册名称为中油技术服务有限责任公司。

截至1998年12月，在册职工434人，其中各类专业技术人员329人。资产总额10.7亿元，实现年操作收入9849万元；相继开拓苏丹、加拿大、韩国、孟加拉、阿联酋等7个国家的技术服务市场，国外收入5347万元。

总 经 理 钟树德（锡伯族，1996.11—1998.7）

副总经理 张福祥（1996.11—1998.7）

吴铭德（1996.11—1998.7）

罗建新（1997.11—1998.7）

第三节 中国石油天然气销售公司（1990.10—1998.11）

1990年10月，总公司成立中国石油天然气销售公司，行政级别为正局级，为具有法人资格的经济实体，实行自主经营、独立核算。主要经营范围：原油和天然气、油气加工产品、油气伴生产品、钻遇矿藏及其加工产品的销售。主要职责：负责建立健全销售系统，按照国家规定归口经销原油、天然气及其产品；在国家计划指导下，负责统筹经营销售总公司所属企业生产的油气加工产品及其他产品、副产品；负责组织石油及其产品的进出口业务；负责为石油下游开发提供商品经济信息，促进合理利用油气资源和开发综合利用，增强石油企业活力；负责对外开展油气储运和计量的有偿服务、信息、技术咨询业务。机关办公地址在北京市西城区六铺炕街。

1990年11月，总公司决定，中国石油天然气销售公司与总公司运销局合署办公，机关设办公室、调度处、储运处、原油天然气经营处、石油产品经营处、综合计划处、财务处等7个处室，人员编制42人，其中局级职数3人。

1992年6月，经国务院经济贸易办公室批准，总公司正式成立中国石油天然气销售公司，明确为总公司的全资子公司，注册资金5000万元。主要从事所属炼厂生产成品油的经营销售。在经营国内成品油的批发零售和供应业务方面，与中国石油化工总公司生产企业享有同等权利。

1993年5月，总公司同意，成立五环高级润滑油联合公司，隶属于中国石油天然气销售公司。1994年12月，总公司决定，中国石油天然气销售公司增设原油进出口处，其主要职责是研究和提出国内原油及成品油进出口总量的预测，开展国际石油贸易。

1996年11月，总公司决定组建中国石油天然气销售公司企业集团。

1997年1月，为加快与委内瑞拉合作开发奥里乳化油项目，中国石油天然气销售公司与中国石油天然气管道局、辽河石油勘探局、中国联合石油公司在河北省秦皇岛市经济开发区共同组建国奥燃料油开发经营有限责任公司。

4月，总公司对中国石油天然气销售公司主要职责和机构编制进行调整。明确公司主要职责：根据国家和总公司原油、天然气配置计划，组织原油、天然气、成品油年度、季度产运销衔接和经营销售，负责编制和组织实施总公司油气销售环节的经营效益计划；负责组织原油、天然气、成品油运输，为油田和直属炼化企业的油气产运销提供协调和优质服务，创造良好的外部条件；根据总公司总体规划，协助有关部门编制油气储运设施规划，组织重大油气储运工程项目的预可行性研究、可行性研究、报批、实施、投产试运和验收，负责安全监察，组织制定油气储运管理规范和标准；根据国家批准的原油、天然气、成品油、石化产品进出口配额，组织进出口工作，并负责总公司对外合作开发原油的贸易业务；发展和完善油气销售网络，组织总公司各油田、直属炼化企业销售公司和地区公司经销原油、天然气、成品油和石化产品，组织专业公司开展专业化经营，提供专业化服务，提高市场占有率，提高经济效益，增强整体实力；负责地区集团分公司、专业子公司的业务管理、财务监督审计工作和经济效益考核，组织资产运营，负责指导搞好分公司、子公司精神文明建设。

机关设部门10个：综合计划处、调度处、天然气处、储运处（管道监察处）、对外合作处、市场开发处、企业管理处、财务处、政工处、办公室，人员编制67人，其中局级职数7人、处级职数（含副总师）26人；所属国奥燃料油开发经营有限责任公司、五环高级润滑油联合公司和船运公司3个独立经营、独立核算、自负盈亏的专业性子公司。

6月，国奥燃料油开发经营有限责任公司更名为中油秦皇岛燃料油有限责任公司。

1998年2月，成立中国石油天然气销售公司党委，刘勇为党委书记，党组织关系隶属于总公司直属机关党委。5月，总公司决定，成立中国石油天然气销售公司东北公司、西北公司、西南公司、华东公司等4个筹备组，负责各地区油田经营销售的组织管理工作。

1998年11月，中国石油天然气集团公司决定，在中国石油天然气销售公司基础上组建中国石油天然气销售总公司。

一、中国石油天然气销售公司领导名录（1991.9—1998.10）

经　　理　梁高才（1991.9—1995.3）
　　　　　　杨景民（1995.2—1996.11）
　　　　　　刘　勇（1996.11—1998.10）

副 经 理　高喜发（1991.9—1992.2）
　　　　　　杨景民（1991.9—1995.2）
　　　　　　韩文芳（女，1994.3—1998.10）
　　　　　　高润清（1996.11—1998.2）
　　　　　　陈治源（1996.11—1998.10）
　　　　　　李海元（1996.11—1998.10）
　　　　　　吴国志（1998.2—10）

总工程师　张庆成（1991.11—1996.11）
　　　　　　李　彬（1996.11—1998.10）

总会计师　高润清（1992.10—1998.2）

总经济师　陈耀华（1996.11—1998.10）

二、中共中国石油天然气销售公司委员会领导名录（1998.2—12）

书　　记　刘　勇（1998.2—12）

副 书 记　段振兴（1998.2—12）

纪委书记　段振兴（1998.2—12）

第四节　华油实业开发总公司（1992.10—1998.9）

1992年10月，为贯彻“以油气为主、多元化经营”的方针，总公司决定成立华油实业开发总公司，是隶属于总公司的全资子公司，行政级别为副局级，机关人员编制30人。主要从事生产和贸易、仓储运输、商业等经营活动。12月，总公司将中国石油天然气油田化学公司划入华油实业开发总公司，作为直属子公司，但在实际工作中，中国石油天然气油田化学公司仍独立运行。

1993年3月，华油实业开发总公司在国家工商行政管理总局正式注册成立，注册和机关办公地址在北京市西城区六铺炕街6号。

1994年1月，总公司同意成立华油远东实业开发公司，是隶属于华油实业开发总公司自主经营、独立核算、自负盈亏的法人经济实体，人员编制15人。

12月，成立华油实业开发总公司、中国石油天然气油田化学公司党支部，隶属于总公司直属机关党委。

1996年2月，总公司决定华油远东实业开发公司不再独立核算，与华油实业开发总公司整体合并。

截至1998年7月，华油实业开发总公司机关设职能部门7个：办公室、财务部、实业部、贸易一部、贸易二部、油田合作部、证券部，人员编制30人。

1998年9月，中国石油天然气集团公司决定，将华油实业开发总公司整体划归中国华油集团公司。

一、华油实业开发总公司领导名录（1992.10—1998.9）

总 经 理　金国梁（正局级，1992.10—1998.9）

副总经理　梁　彪（副局级，1996.11—1998.2）

胡继善（1998.2—9）

总经济师　胡继善（1996.11—1998.2）

二、中共华油实业开发总公司、中国石油天然气油田化学公司支部委员会领导名录（1994.12—1998.9）

书　　记　金国梁（1994.12—1998.9）

副 书 记　梁　彪（1994.12—1998.2）

第五节　华油北京服务总公司（1992.12—1998.7）

1992年12月，按照国务院改革国家部委机关后勤服务业务的有关要求，总公司撤销行政事务局，成立华油北京服务总公司，为总公司直属正局级单位，党组织关系隶属于总公司直属机关党委。机关办公地址在北京市西城区六铺炕街6号。

华油北京服务总公司主要由总公司办公厅相关部门和下属单位、总公司机关劳动服务公司等机构组成，主要负责总公司机关职工生活（职工食堂、生活副食品供应、理发、浴池）、医疗保健、幼教、办公设施维修、房产管理修缮、供暖、环境卫生、公务用车等项服务，为总公司机关提供服务保障。在做好对内服务的同时，开展生产、贸易、技术开发、房地产业、旅游业、商业、饮食业等经营活动。

1993年1月，华油北京服务总公司机关设职能部门6个：经理办公室、经营管理处、计划财务处、人事劳资处、党委办公室、工会；所属子公司6个：旅游服务公司、房地产公司、工程建设开发公司、科隆实业开发公司、生活服务公司、商业服务公司；直属单位4个：门诊部、车队、幼儿园、农场。在册职工646人。3月，行政处及其职工20人划转总公司办公厅。

1995年7月，总公司决定，在河北省廊坊市成立第二生活基地筹建处，隶属于华油北京服务总公司管理。

1996年12月，总公司成立机关住房制度改革办公室，日常工作由华油北京服务总公司负责。

截至1997年12月，华油北京服务总公司在册职工814人。

一、华油北京服务总公司领导名录（1992.10—1998.7）

总 经 理　曲广玲（女，1992.10—1994.9）
王忠华（1994.9—1998.7）

副总经理　李培宗（1992.10—1998.7）
董杰臣（1992.10—1993.5）
潘永祥（1992.10—1995.2）
段振兴（1993.12—1998.2）
季松花江（1993.12—1998.7）
赵国权（1998.2—7）

二、中共华油北京服务总公司委员会领导名录（1992.10—1998.7）

书　　记　曲广玲（1992.11—1994.9）
王忠华（1994.9—1998.7）

副 书 记　段振兴（1993.12—1998.2）
季松花江（1998.2—7）

委　　员　李培宗（1992.10—1998.7）
董杰臣（1992.10—1993.5）

潘永祥（1992.10—1995.2）
赵国权（1998.2—7）
纪委书记　曲广玲（1992.10—1994.9）
王忠华（1994.9—1998.7）

三、华油北京服务总公司工会（1992.10—1998.7）

主　　席　曲广玲（1992.10—1994.9）
王忠华（1994.9—1998.7）

第六节　中国石油天然气油田化学公司（1989.1—1998.9）

1988年8月，总公司任命李荣藻为中国石油天然气油田化学公司经理，负责启动筹建工作。

1989年1月，总公司批准组建中国石油天然气油田化学公司。1991年12月，正式注册成立中国石油天然气油田化学公司，是具有法人资格的全民所有制企业，注册资金1千万元，为总公司的全资子公司，行政级别为副局级。主要负责从事油田化学新产品的研制、生产、推广、销售等工作，并承担油田化学生产技术管理和标准、质量管理以及油田化学方面的总体规划和行政管理职能。注册和机关办公地点在北京市西城区旧鼓楼外大街。

1992年12月，总公司将中国石油天然气油田化学公司划入华油实业开发总公司，但在实际工作中，中国石油天然气油田化学公司仍独立运行。

1994年12月，成立华油实业开发总公司、中国石油天然气油田化学公司党支部，党组织关系隶属于总公司直属机关党委，日常工作由华油实业开发总公司具体负责。

1998年9月，中国石油天然气集团公司决定，将中国石油天然气油田化学公司整体划归中国华油集团公司。

经　　理　李荣藻（1988.8—1990.10）
金国梁（1992.10—1996.1）
纪士寅（1996.1—12）
陈安家（1996.12—1998.9）

副 经 理　李本忠（1988.9—1998.9）
李国璋（1989.8—1990.10）
段文东（正处级，1996.1—1998.9）

第七节　上海浦东华油实业公司—上海浦东华油实业有限责任公司（1992.8—1998.9）

1992年5月，总公司决定成立总公司浦东开发办公室，统一归口管理总公司所属企事业单位在上海市浦东地区的开发工作，负责有关建设项目的规划、组织、协调和服务等事宜，朱志贤任办公室主任。8月，总公司成立上海浦东华油实业公司，行政级别为正局级，与总公司浦东开发办公室两块牌子一套班子。9月，上海浦东华油实业公司第一届董事会第一次会议召开，董事39人，选举张轰为董事长。注册地址为上海市浦东即墨路95号2幢16层。

1994年1月，中国石油上海大厦开工建设。1995年1月，注册地址改为上海市浦东新区张扬路1050弄3号7楼。8月，成立上海浦东华油实业公司临时党委，党组织关系隶属于中共上海市浦东新区委员会。

1996年4月，经总公司批准，上海浦东华油实业公司改制为上海浦东华油实业有限责任公司，股东单位由总公司（控股）和大庆石油管理局、胜利石油管理局、辽河石油勘探局等26个单位组成。5月，上海浦东华油实业有限责任公司第一次股东会和董事会召开，董事13人，选举张轰为董事长。

改制后，上海浦东华油实业有限责任公司机关设部门6个：大厦工程处、经营管理处、计划财务处、人事劳资处、总经理办公室、党委办公室；所属贸易企业4个：上海华油高级润滑油有限公司、新疆华油新浦有限责任公司、塔里木华油实业公司、上海天元经济发展公司。

1997年8月，中国石油上海大厦建成并投入使用，注册地址改为上海市浦东东方路969号。

1998年7月，撤销大厦工程处，增设旅游酒店部，下属单位增加上海中油大酒店、常州华油天龙集团有限公司、苏州中油大酒店、美国分公司等4个单位。9月，中国石油天然气集团公司决定，将所持上海浦东华油实业有限责任公司的股权划转中国华油集团公司。

一、上海浦东华油实业公司董事会（1992.9—1996.5）

董 事 长　张　轰（1992.9—1996.5）

副董事长　吴宗英（1992.9—1996.5）

沈福权（1992.9—1994.10）

朱志贤（1994.10—1996.5）

二、上海浦东华油实业有限责任公司董事会（1996.5—1998.9）

董 事 长　张　轰（1996.5—1998.9）

副董事长　王煌今（1996.5—1998.9）

吴宗英（1996.5—1998.9）

董　　事　杨景民（1996.5—1998.9）

汪国良（1996.5—1998.9）

王永纯（1996.5—1998.9）

唐其烈（1996.5—1998.9）

杨润臣（1996.5—1998.9）

戴明梓（1996.5—1998.9）

王作然（1996.5—1998.9）

袁光明（1996.5—1998.9）

孙希敬（1996.5—1998.9）

职工董事　黄路光（1996.5—1998.9）

三、上海浦东华油实业有限责任公司监事会（1996.5—1998.9）

主　　席　李　波（1996.5—1998.9）

监　　事　沈文先（1996.5—1998.9）

郭宝林（1996.5—1998.9）

董仁平（1996.5—1998.9）

职工监事　张　菡（女，1996.5—1998.9）

四、上海浦东华油实业公司—上海浦东华油实业有限责任公司领导名录（1992.8—1998.9）

总 经 理　朱志贤（1992.8—1994.4）

王永纯（副局级，1994.4—10；1996.10—1998.9）

副总经理　沈福权（正局级，1992.12—1994.4）

卢言礼（1998.2—9）

李华民（1998.2—9）

五、中共上海浦东华油实业公司临时委员会—中共上海浦东华油实业有限责任公司临时委员会领导名录（1995.8—1998.9）

书　　记　王永纯（1995.8—1998.2）

卢言礼（1998.2—9）

副 书 记　王永纯（1998.2—9）

委　　员　严　冰（正处级，1995.8—1998.9）

吴熙荣（正处级，1995.8—1998.9）

黄路光（正处级，1995.8—1998.9）

李华民（1998.2—9）

六、上海浦东华油实业有限责任公司工会（1997.3—1998.9）

主　　席　吴熙荣（正处级，1997.3—1998.9）

第八节　中油测井有限责任公司（1994.5—1996.11）

1994年5月，总公司为促进石油测井专业技术水平的提高，筹备成立中国石油天然气总公司（联合）测井公司；8月，正式注册成立中油测井有限责任公司，由总公司所属油气田测井企业共同出资建立，注册资本为640万元，为总公司直属副局级单位，业务上归口总公司勘探局领导，人员编制100人。主营国内外地球物理测井、射孔技术服务，测井仪器、射孔器材制造销售，仪表配套设备、相关零部件经销、信息咨询服务等。公司注册地点为陕西省西安市南郊东八里村，办公地点在北京市西城区六铺炕街。

中油测井有限责任公司设市场开发部、生产作业部、人事财务部、经理办公室等管理部门，以及测井技术服务、研究开发、仪器制造等三个分公司。

1996年11月，总公司决定，将中油测井有限责任公司划归中国石油天然气技术服务总公司，成为其下属子公司。

总 经 理　吴铭德（1994.8—1996.11）
副总经理　李越强（1995.5—1996.11）
杨贻镐（1995.5—1996.11）

第九节　中油财务有限责任公司（1995.12—1998.7）

1995年12月，为适应总公司财务发展战略、协助总公司提高资金管理水平和资金效率，经中国人民银行批准，总公司决定成立中油财务有限责任公司，行政级别为正局级，系中国银监会直管的非银行金融机构。在国家工商管理总局注册，注册地址为北京市西城区六铺炕街6号。成立初期，设财务部、信贷部、证券业务部、总裁办公室等4个部室，在册职工13人。

中油财务有限责任公司具有中国银监会所规定的财务公司行业全部业务资格，主要包括：对成员单位办理财务和融资顾问、信用鉴证及相关的咨询、代理业务；协助成员单位实现交易款项的收付；经批准的保险代理业务；对成员单位提供担保；办理成员单位之间的委托贷款及委托投资；对成员单位办理票据承兑与贴现；办理成员单位之间的内部转账结算及相应的结算、清算方案设计；吸收成员单位的存款；对成员单位办理贷款及融资租赁；从事同业拆借；经批准发行财务公司债券；承销成员单位的企业债券；对金融机构的股权投资；有价证券投资；成员单位产品的消费信贷、买方信贷及融资租赁。

1995年12月，根据第一次股东大会决议，中油财务有限责任公司注册资本金8亿元（含3000万美元）。股东单位由总公司和大庆、胜利、辽河、新疆、华北、大港、中原、江苏、河南、长庆、四川、塔里木、江汉、玉门、冀东、南方石油勘探开发公司等16个油田企业和中国石油天然气管道局、华油实业开发总公司、中国石油物资装备总公司等4个非油田企业组成。

1997年4月，因经营需要增资扩股，根据第二次股东大会决议，中油财务有限责任公司增加资本金8亿元（含5000万美元），新增中国石油天然气勘探开发公司、中国石油天然气销售公司、中国石油工程建设公司、吐哈石油勘探开发指挥部等4个股东单位。增资扩股后，注册资本金增加至16亿元（含8000万美元），股东单位增至24个。

截至1998年7月，中油财务有限责任公司设部门6个：财务部、营业部、信贷部、证券业务部、国际业务部、总裁办公室，在册职工31人。资产总额264.3亿元（含1.1亿美元），比成立初期提高18倍。

一、中油财务有限责任公司董事会（1995.12—1998.7）

董 事 长 王　涛（1995.12—1998.7）

副董事长 贡华章（常务，1995.12—1998.7）

董　　事 王毓信（1995.12—1998.7）

朱秉刚（1995.12—1998.7）

周家俊（1995.12—1997.4）

纪永存（1997.4—1998.7）

孙宗绪（1995.12—1998.7）

王　革（1995.12—1998.7）

温宗卫（1995.12—1998.7）

王永祥（1995.12—1998.7）

金国梁（1995.12—1998.7）

王国樑（1996.7—1998.7）

二、中油财务有限责任公司监事会（1995.12—1998.7）

召 集 人 孙寿荣（1995.12—1998.7）

监　　事 李　波（1995.12—1998.7）

孙嘉阳（女，1996.7—1998.7）

三、中油财务有限责任公司领导名录（1995.10—1998.7）

总　　裁 王毓信（1995.10—1998.7）

副 总 裁 王国　（1995.10—1997.12）

第十节　审计所—中国石油审计事务所（1990.8—1998.7）

1990年6月，为加强石油企事业单位内部审计工作，总公司先后从玉门、华北、长庆、滇黔桂等4个油田企业和石油大学（华东）等单位抽调人员，筹建中国石油天然气总公司审计所。8月，审计所在河北省廊坊市成立，为总公司直属副局级事业单位，业务上由总公司审计局领导。主要任务：根据总公司审计局的计划、安排实施审计项目，负责审计业务干部的培训，承担石油内部审计业务及法律咨询。设处室7个：行政办公室、党委办公室、工业生产审计处、基本建设审计处、供销事业审计处、多种经营审计处、培训处。办公地址在河北省廊坊市银河大街125号。

1991年3月，成立审计所临时党委，党组织关系隶属于总公司直属机关党委，同时总公司任命审计所领导班子。1992年12月，在册职工81人。

1993年3月，为加强石油企事业单位的审计监督工作，经国家审计署批复，总公司决定，以总公司审计局、审计所为基础，在北京成立中国石油审计事务所，为总公司直属正局级事业单位。主要任务：受总公司委托并代表总公司从事石油企事业单位内部审计查证，对全行业审计业务进行指导，同时面向社会委托单位办理审计查证和咨询业务。同时，成立中国石油审计事务所临时党委。成立初期，机关机构设处室8个：办公室、党委办公室、审计一处、审计二处、多种经营审计处、供销事业审计处、培训咨询处、计划财务处。注册地址为北京市西城区德外大街安德路112号综合楼，办公地点分别在北京市六铺炕和河北省廊坊市。

1996年11月，总公司机关改革时恢复总公司审计局机关编制，将中国石油审计事务所承担的相关管理职能划归总公司审计局。12月，在册职工131人。

一、审计所（1990.8—1993.3）

（一）审计所领导名录（1991.3—1993.3）

所　　长　郭忠范（1991.3—1993.3）

副 所 长　刘　芬（1991.3—1993.3）

（二）中共审计所临时委员会领导名录（1991.3—1993.3）

书　　记　郭忠范（1991.3—1993.3）

副 书 记　杨纪昌（1991.3—1993.3）

委　　员　刘　芬（1991.3—1993.3）

二、中国石油审计事务所（1993.3—1998.7）

（一）中国石油审计事务所领导名录（1993.3—1998.7）

所　　长　孙寿荣（1993.3—1996.11）

　　　　　苗铁生（1996.11—1998.7）

副 所 长　郭忠范（1993.3—1996.3）

陈维忠（1993.3—1996.12）

刘　芬（1993.3—1998.7）

总审计师　白新贺（1993.3—1996.12）

（二）中共中国石油审计事务所临时委员会领导名录（1993.3—1998.7）

书　　记　孙寿荣（1993.3—1996.11）

苗铁生（1996.11—1998.7）

副 书 记　杨纪昌（1993.3—1998.7）

委　　员　郭忠范（1993.3—1996.3）

陈维忠（1993.3—1996.11）

刘　芬（1993.3—1998.7）

纪委书记　杨纪昌（1993.3—1998.7）

第十一节　廊坊经济技术开发办公室（廊坊华油经济技术开发公司—廊坊中油建材总公司）（1993.4—1998.9）

1993年4月，为支持并参加廊坊经济开发区建设，加快和促进石油工业多种经营发展，总公司决定，成立廊坊经济技术开发办公室，为总公司直属副局级单位，在册职工40人，挂靠华油实业开发总公司，机关办公地点在河北省廊坊市。

7月，总公司成立廊坊华油经济技术开发公司，廊坊经济技术开发办公室主任庄国成为企业法人。12月，廊坊华油经济技术开发公司与美国Good Fortune（U.S.）Inc合资组建华霖现代材料有限公司（简称预制板厂）。

1994年1月，廊坊华油经济技术开发公司与中国建设一局第四建筑公司、美国阳光信托投资公司合资经营廊坊阳光置业发展有限公司，主要经营工程设计、施工、管理、服务等业务。

1995年8月，廊坊华油经济技术开发公司组建华油化工产品综合销售中心。9月，成立华通混凝土管材制品厂；同时与台湾泰伍皇实业有限公司合资组建廊坊华泰监视器制造有限公司。12月，与意大利三迪工业环境股份公司合资经营廊坊华迪建材有限公司；与台湾晔联国际有限公司合资经营廊坊华晔塑料有限公司。

1996年5月，廊坊华油经济技术开发公司与美国美洲集团合资经营廊坊华顿机电设备有限公司。11月，成立华艺卫生洁具厂、廊坊开发区华油多种经营服务部。

1997年2月，廊坊华油经济技术开发公司投运加油站1座。4月，成立混凝土砌块厂——华亚新型建筑材料厂。7月，成立廊坊经济技术开发办公室党支部，王家宽为党支部书记，党组织关系隶属于总公司直属机关党委。

截至1998年6月，廊坊华油经济技术开发公司机关设部门5个：党政开发办、组织人事部、财务资产部、计划生产部、市场营销部，定员40人。7月，成立廊坊经济技术开发办公室临时党总支，张二林为党总支书记。同时，为适应市场需要，廊坊华油经济技术开发公司更名为廊坊中油建材总公司，取消华亚新型建筑材料厂、华通混凝土管材制品厂、华艺卫生洁具厂法人资格，并分别更名为廊坊中油建材总公司砌块厂、砼制管厂、卫生洁具厂。

截至1998年12月，在册职工60人，从管道局、石油地球物理勘探局借聘职工75人。总资产2.96亿元，产值2940万元。

1998年9月，中国石油天然气集团公司决定，将廊坊中油建材总公司整体划归中国华油集团公司。

一、廊坊经济技术开发办公室领导名录（1993.7—1998.9）

主　　任　庄国成（1993.7—1995.7）
　　　　　纪士寅（1995.7—1996.12）
　　　　　王家宽（1996.12—1998.2）
　　　　　张二林（1998.2—9）

副 主 任　李鹏杰（1997.9—1998.9）
　　　　　王家宽（1998.2—9）

总工程师　王家宽（1995.7—1998.2）

二、中共廊坊经济技术开发办公室支部委员会、临时总支部委员会领导名录（1997.7—1998.9）

（一）中共廊坊经济技术开发办公室支部委员会（1997.7—1998.7）

书　　记　王家宽（1997.7—1998.7）

委　　员　李鹏杰（1997.7—1998.7）

于映竹（1997.7—1998.7）
李长江（1997.7—1998.7）
马光辉（1997.7—1998.7）

（二）中共廊坊经济技术开发办公室临时总支部委员会（1998.7—9）

书　　记　张二林（1998.7—9）
委　　员　邵春泉（1998.7—9）
崔　华（1998.7—9）
王家宽（1998.7—9）
李鹏杰（1998.7—9）

第十二节　咨询中心（1993.8—1998.7）

1993年8月，为了充分发挥石油行业具有真才实学的专家、教授、高级工程技术人员、高级经济管理人员，特别是在国内外有影响、学术上有权威的老专家的作用，为重大决策提供科学依据，实现决策科学化、民主化，总公司决定成立咨询中心，为总公司直属单位。咨询中心设勘探部、开发部、工程部、经济部、综合部等5个部门，人员编制40人。12月，正式成立咨询中心，办公地点在北京市西城区六铺炕街6号。

咨询中心主要工作任务：接受总公司的委托，对新区、新盆地进行研究；对全国油气勘探布局、发展规划和重大部署提出咨询意见；对油气田开发方案进行评估；对油气田重大开发政策的制定与调整和技术复杂油气田开发提供咨询服务；对地面工程的大中型项目进行评估咨询；对国内外重大合作项目进行可行性研究和论证；对石油行业重大改革措施和政策调整进行超前研究和咨询。接受各石油企业的委托，对油气勘探方向、油气开发方案、重大建设工程和新技术开发等项目进行可行性研究和论证评估；对各单位合资合作项目的招标、谈判、签订协议或合同提供咨询服务。接受国内其他行业、单位委托的有关咨询服务工作。面向国际市场，接受国外公司的委托，对国外石油地质、工程、技术、经济等方面提供咨询服务。

1994年3月，成立咨询中心临时党支部，党组织关系隶属于总公司直属机关党委。5月，咨询中心成为中国工程咨询协会团体会员单位。12月，咨询中心取得甲级工程咨询单位资格证书，也是全国第一批取得甲级工程咨询资质证书的单位。

一、咨询中心领导名录（1993.12—1998.7）

主　　任　李天相（1993.12—1998.7）
副 主 任　周庆祖（1993.12—1998.7）
李虞庚（1993.12—1996.12）
金燕凯（1994.8—1996.12）
谭文彬（1996.2—1996.12）
王志武（1996.3—1998.7）
谢　宏（1996.12—1998.7）
王乃举（1996.12—1998.7）
孙希文（1996.12—1998.7）
王显骢（1997.12—1998.7）

二、咨询中心下属部门领导名录（1993.12—1998.7）

综合部主任　金燕凯（1993.12—1996.12）
孙希文（1996.12—1998.7）
综合部副主任　陈希吾（1993.12—1998.7）
勘探部主任　翟光明（1993.12—1998.7）
勘探部副主任　张文昭（1993.12—1996.12）
开发部主任　唐曾熊（1993.12—1998.7）
开发部副主任　万仁溥（1993.12—1996.12）
工程部主任　李虞庚（1993.12—1996.12）
贾金会（1996.12—1998.7）
工程部副主任　王炳诚（1993.12—1996.12）
经济部主任　周庆祖（1993.12—1998.7）
经济部副主任　齐小慧（女，1993.12—1996.12）
陆寿椿（1993.12—1996.12）
温厚文（1996.12—1998.7）

三、中共咨询中心支部委员会领导名录（1994.3—1998.7）

书　　记　金燕凯（1994.3—1997.1）
　　　　　　孙希文（1997.1—1998.7）
副 书 记　康竹林（1994.3—1998.7）

第十三节　深圳石油实业发展公司—深圳石油实业有限责任公司（1988.10—1998.7）

为发挥石油工业、深圳特区两个优势，开展实业性经营活动，为总公司和油气田筹集资金，支持油气勘探开发工作，1988年10月，总公司决定成立深圳石油实业（集团）公司，行政级别为正局级，以油气经销、物资进出口贸易和实业开发为主营业务，并作为总公司在深圳的窗口。12月，聘任孙延祯为总经理。后经深圳市人民政府批准，注册登记名称为深圳石油实业发展公司。

1990年3月，总公司为清理整顿各石油企业在深圳特区开办的公司，决定以深圳石油实业发展公司为主体企业，将各石油企业在深圳开办的符合保留条件的公司全部由深圳石油实业发展公司归口管理。7月，成立深圳石油实业发展公司临时党委。8月，总公司决定，将中国石油物资总公司代管的总公司深圳办事处划入深圳石油实业发展公司。

1991年5月，为加强领导、统一管理，总公司决定深圳石油实业发展公司实行董事会领导下的总经理负责制。1993年12月，董事会正式成立，董事27人，周庆祖为董事长。

1994年11月，总公司将深圳石油实业发展公司改组为深圳石油实业有限责任公司。

1998年7月，深圳石油实业有限责任公司划归中国石油天然气集团公司管理。

一、深圳石油实业发展公司—深圳石油实业有限责任公司董事会（1993.12—1998.7）

董 事 长　周庆祖（1993.12—1996.7）
　　　　　　张如椿（白族，1996.7—1998.7）
副董事长　梁德成（1996.7—1998.7）

二、深圳石油实业发展公司—深圳石油实业有限责任公司领导名录（1988.12—1998.7）

总 经 理　孙延祯（1988.12—1990.7）
张连生（1990.7—1996.7）
梁德成（1996.7—1998.7）

副总经理　彭昌忠（1988.12—1996.7）
严衍余（1990.11—1993.11）

总会计师　马猛龙（1991.9—1994.1）

三、中共深圳石油实业发展公司临时委员会—中共深圳石油实业有限责任公司临时委员会领导名录（1990.7—1998.7）

书　　记　彭昌忠（1990.7—1996.7）
张如椿（1996.7—1998.7）

副 书 记　张连生（1990.7—1996.7)
梁德成（1996.7—1998.7）

第十四节　中国石油天然气香港有限公司（1997.3—1998.7）

中国石油天然气香港有限公司的前身是总公司于1993年在香港设立的驻香港办事处，隶属于总公司外事局领导。

1996年7月，总公司任命中国石油天然气香港有限公司董事会组成人员和行政领导班子。

1997年3月，经国务院对外经济贸易合作部审批，香港办事处更名为中国石油天然气香港有限公司，机构规格为正局级。4月，总公司对董事会组成人员进行调整，吴耀文为董事长。

一、中国石油天然气香港有限公司董事会（1996.7—1998.7）

1996年7月至1997年4月：

董 事 长　周永康[1]（1996.7—1997.4）

副董事长　陈　耕（1996.7—1997.4）

张如椿（白族，1996.7—1997.4）

董　　事　林金高（1996.7—1997.4）

潘明方（1996.7—1997.4）

杨景民（1996.7—1997.4）

郑　虎（1996.7—1997.4）

林青山（1996.7—1997.4）

王煌今（1996.7—1997.4）

1997年4月至1998年7月：

董 事 长　吴耀文（1997.4—1998.7）

副董事长　张如椿（1997.4—1998.7）

董　　事　潘明方（1997.4—1998.7）

林金高（1997.4—1998.7）

王煌今（1997.4—1998.7）

刘　勇（1997.4—1998.7）

周吉平（1997.4—1998.7）

郑　虎（1997.4—1998.7）

林青山（1997.4—1998.7）

二、中国石油天然气香港有限公司领导名录（1996.7—1998.7）

总 经 理　张如椿（1996.7—1998.7）

副总经理　郭泽光（1996.7—1998.7）

梁德成（1996.7—1998.7）

徐晓鲁（1997.4—1998.7）

总会计师　徐晓鲁（1997.4—1998.7）

---

[1] 2014年7月，周永康涉嫌严重违纪违法，中共中央纪律检查委员会对其立案审查；12月，中共中央政治局会议审议并通过中共中央纪律检查委员会《关于周永康严重违纪案的审查报告》，决定给予周永康开除党籍处分。2015年6月，周永康被判处无期徒刑，剥夺政治权利终身。

第五章　科研事业单位

1988年9月，石油工业部所属的石油勘探开发科学研究院、石油规划设计总院、施工技术研究所、西北石油地质勘探研究所、石油管材研究中心、科学技术情报研究所、中国石油报社、石油工业出版社、中国石油画报社等9个科研事业单位划归总公司直接管理。12月，石油规划设计总院更名为规划设计总院，施工技术研究所更名为工程技术研究所，西北石油地质勘探研究所更名为西北地质研究所，科学技术情报研究所更名为情报研究所。

1992年7月，浙江省石油地质研究所由浙江省划归总公司直接管理，更名为杭州石油地质研究所。

1993年3月，情报研究所更名为信息研究所。7月，石油管材研究中心更名为石油管材研究所。

1994年3月，工程技术研究所更名为工程技术研究院。

1998年2月，中国石油画报社并入中国石油报社。

截至1998年7月，总公司直接管理的科研院所6个，信息、新闻、出版单位3个，均为国家人事部批准的事业单位。

第一节　石油勘探开发科学研究院（1988.9—1998.7）

1988年9月，石油勘探开发科学研究院（以下简称勘探院）划归总公司管理，行政级别为正局级，机关设19个职能部门、所属14个科研单位、1个实验工厂和直属管理廊坊分院、华北渤海湾研究所、江汉南方石油地质研究所3个京外单位，在册职工2800余人。机关办公地址在北京市海淀区学院路20号。

同月，总公司明确石油工业部与中国科学院合办的渗流流体力学研究所为勘探院下属的二级单位，由勘探院直接领导，对外使用中国石油天然气总公司中国科学院渗流流体力学研究所名称，对内使用石油勘探开发科学研究院渗流流体力学研究所名称。

1989年4月，中共石油勘探开发科学研究院第一次代表大会召开。党组织关系隶属于总公司直属机关党委。12月，确定石油勘探开发科学研究院英文缩写为“RIPED”。

1989年，勘探院先后派出200多名科研人员直接参与塔里木石油会战，系统开展塔里木盆地基础地质及综合评价研究，先后推出几十个重大油气勘探目标。

1990年10月，总公司决定将廊坊分院行政级别调整为副局级，仍为勘探院下属单位，人员编制628人。

1991年，勘探院先后派出近百名科研人员参加吐哈石油会战，主要在哈密—鄯善负责编制丘陵油田开发概念设计和油田开发建设总体方案，丘陵油田测井实施和解释、钻井地质设计、钻井跟踪监督、地层对比和综合研究等工作。

1993年12月，总公司副总经理邱中建兼任勘探院院长、党委书记。

1994年7月，将油气专委办公室职能移交总公司勘探局。

1997年4月，总公司决定在勘探院成立渤海湾分院。

截至1998年7月，勘探院机关设职能部门25个：院办公室（含院体制改革办公室）、党委办公室、党委组织部、党委宣传部、纪检办公室、监察室、工会、团委、企业管理处、技术后勤处、技术培训中心（研究生部）、人事处、计划财务处、档案处、国有资产管理办公室、保卫处、科研管理处（含石油学会）、审计处、物业管理处、基建办公室、离退休职工管理处、生活后勤服务公司、国际合作处、石油大院居民管理委员会、专家室。

所属单位18个：石油地质研究所、石油地球物理研究所、石油遥感地质研究所、石油地质实验中心、油气田开发研究所、采油工程研究所、热力采油研究所、石油采收率研究所、石油储量研究管理室、石油钻井工程研究所、石油机械研究所、油田化学研究所（含油田化学试验工厂）、计算机应用技术研究所、石油工业标准化研究所、石油科技文献中心、油气开发计算机软件工程研究中心、塔里木分院、渤海湾分院；所属公司3个：恒利源科贸公司、瑞德石油新技术公司和北京东西石油软件公司；附属单位3个：廊坊分院、渗流流体力学所、北京石油机械厂。在册职工3200余人，其中专业技术人员2000余人，党员1000余名。

总公司期间，勘探院不断加快实验分析技术、计算机与信息技术发展，广泛开展国际学术交流与技术合作，加大研究生教育、技术培训、学科人才培养力度，深化科技体制改革，各项事业全面发展，逐步发展成为业务涵盖勘探、开发、工程各领域，专业齐全、技术配套的科研体系。坚持面向一线、贴近生产，组建冀东科研—生产联合体和渤海湾分院，为冀东油田、渤海湾地区的勘探开发发挥了重要作用；积极参与塔里木、吐哈等油气田会战，为“稳定东部、发展西部” 提供了有力的技术支持。同时，培养造就了一批优秀人才，其中有5人当选中国科学院院士、2人当选中国工程院院士。

科研实力不断提升，整体处于国内领先地位。共获99项重大科技奖励，其中获国家级科技奖励35项（一等奖8项，二等奖13项，三等奖14项）；获省部级科技一等奖以上共29项（特等奖2项，一等奖27项）。其中“煤成油的形成环境和成烃机理”研究项目，为煤成油的勘探开发提供了理论依据；“中国石油天然气资源评价研究”“孤东海滩油田高效勘探开发与建设”“定向井、丛式井钻井技术研究”“KJ8920石油地质勘探油田开发大型数据处理系统”“大中型天然气田形成条件、分布规律和勘探技术研究”“石油水平井钻井成套技术”“聚合物驱油技术”等一批重要成果，解决了大量重大生产技术难题，为石油工业增储上产、战略决策、提高整体经济效益作出了重要贡献。

期间，勘探院石油采收率研究所党支部书记沈联蒂（女）当选中共十四大代表；中科院院士、重点课题负责人戴金星任第九届全国政协委员。

一、石油勘探开发科学研究院领导名录（1988.9—1998.7）

院　　长　翟光明（1988.9—1993.12）
邱中建（兼任，1993.12—1996.11）
沈平平（1996.11—1998.7）

副 院 长　沈平平（常务，正局级，1993.12—1996.11）
贾金会（1988.9—1993.12）
胡见义（1988.9—1993.12；正局级，1993.12—1998.2）
张邦杰（1988.9—1993.12）
郭尚平（正局级，1988.9—1994.3）
王盛基（1988.9—1997.2）
张家茂（1990.4—1993.7）
沈平平（1990.10—1993.12）
甄　鹏（1993.7—1998.7）
刘颂威（正局级，1994.6—1998.7）

李学志（1994.3—1998.7）
王家宏（1994.9—1998.7）
丁树柏（1995.6—1998.7）
赵文智（1997.2—1998.7）
薄启亮（1997.2—1998.7）
梁狄刚（正局级，1998.2—7）
贾承造（1998.2—7）

总工程师　韩大匡（总工程师室主任，1988.9—1990.8；1990.8—1997.2）
于炳忠（总工程师室副主任，1988.9—1990.8；1990.8—1994.3）
翁文波（1988.9—1994.11）
童宪章（1988.9—1996.1）
刘文章（1988.9—1994.3）
朱兆明（1988.9—1990.1）
刘翔鹗（1990.8—1997.2）
袁士义（1997.2—1998.7）

总地质师　李德生（1988.9—1998.7）
金毓荪（正局级，1990.8—1998.2）
吴震权（1990.8—1994.3）
梁狄刚（1992.2—1998.2）
林志芳（1994.9—1998.2）
胡见义（1998.2—7）

总经济师　傅诚德（1990.10—1992.10）

二、中共石油勘探开发科学研究院临时委员会、委员会领导名录（1988.9—1998.7）

书　　记　贾金会（1988.9—1993.12）
邱中建（1993.12—1996.11）
王福印（1996.11—1998.7）

副 书 记　孙希文（1988.9—1996.11）
沈平平（1993.12—1998.7）

委　　员 贾金会（1988.9—1993.12）
翟光明（1988.9—1993.12）
张邦杰（1988.9—1989.5）
胡见义（1988.9—1998.7）
韩大匡（1988.9—1989.5）
于炳忠（1988.9—1989.5）
李伯诚（1988.9—1989.5）
李学志（1989.5—1998.7）
潘维志（1989.5—1998.7）

纪委书记 李伯诚（1988.9—1989.4）
孙希文（1989.5—1996.11）

三、石油勘探开发科学研究院工会（1997.6—1998.7）

主　　席 李学志（1997.6—1998.7）

四、石油勘探开发科学研究院所属廊坊分院主要领导名录（1990.10—1998.7）

院　　长 张家茂（兼任，1990.4—1993.7）
甄　鹏（兼任，1993.7—1998.7）

副 院 长 卢林生（副局级，1990.10—1996.1）

党委书记 张家茂（1990.4—1993.7）
甄　鹏（1993.7—1998.7）

第二节　规划设计总院（1988.9—1998.7）

1988年9月，石油工业部石油规划设计总院划归总公司管理，机关设职能部门5个、业务部门8个，在册职工220人。行政级别为正局级，党组织关系隶属于总公司直属机关党委。

11月，总公司决定将由石油规划设计总院负责的设计管理工作划转总公司基建工程部，总院设计管理处相应撤销，业务范围发生较大变化，在设计工作方面保留重点项目初设审查、组织编制勘察设计标准规范及新技术开发推广等职责，行业管理工作在日常业务中的比重大幅降低。此后，随着企业经营自主权的加强，初设审查项目也逐渐减少，设计管理的职能逐渐弱化。

12月，石油工业部石油规划设计总院更名为中国石油天然气总公司规划设计总院（简称规划设计总院）。

1990年初，规划设计总院办公地点迁至北京市海淀区志新西路3号。12月，规划设计总院人员编制增加到281人。

1991年1月，总公司明确规划设计总院为综合性、指导性设计院。

1992年7月，国家人事部批准单位名称为中国石油天然气总公司石油规划设计总院，事业编制241人，经费自理。规划设计总院名称仅在内部使用。

1993年3月，总公司同意规划设计总院申报甲级工程设计院资质，同时提出，规划设计总院在继续搞好规划、可行性研究等前期工作的同时，要以工程设计为主，建成具有先进水平的石油工业综合指导性甲级设计院。管理体制上实行企业化管理，经济上独立核算，总公司指令性任务实行有偿服务，同时对现有机构按照设计业务需要进行相应调整。

1994年1月，规划设计总院增设经营财务处，强化经营管理职能；业务处室按照甲级设计院专业配置要求，设立规划处、油气集输工艺设计研究所、炼油化工设计研究所、建筑设计所、机电设计所、工程经济研究所、环境保护研究所、标准规范处、工程技术咨询公司和科技开发中心，逐步实现设计专业化；将后勤服务从机关职能剥离，设立后勤服务中心，逐步实现服务社会化。调整后，设机关职能部门5个、业务部门10个和后勤服务中心，人员编制为350人，在册职工280人。

1994年11月，在广东汕头成立粤东分院，作为规划设计总院在华南的窗口。

1997年1月，规划设计总院针对机构设置中存在的部分职能处室挂靠单位过多等问题，对组织机构进行微调。3月，在新疆库尔勒市成立塔里木分院，主要承揽塔里木油田和其他西部油田配套工程规划、设计和技术开发业务。8月，为加强和规范石油工程造价管理，合理确定和有效控制石油工程造价，总公司决定在规划设计总院组建总公司石油工程造价管理中心，总公司工程定额站职能移交该中心，中心业务上接受总公司规划计划局指导，人员编制15人，规划设计总院编制调整为365人。

截至1998年7月，规划设计总院机关设院长办公室、总工程师办公室、设计管理处、计划经营财务处、人事教育处、党委办公室、工会等7个职能部门；

规划处、咨询部、炼化所、工艺所、经济所、环保所、建筑所、机电所、计算机中心、监理中心、工程部、标准处、造价中心、信息期刊处等14个业务部门和后勤服务中心。共有职工322人。下属基层党委1个、党支部17个，共有党员180名。设计水平和科技实力不断提高，设计资质得到拓展。全年运行各类项目190项，其中前期项目89项，初设审查和定额编制4项，工程设计和工程总承包项目18项，科研项目27项，技术基础工作项目34项，工程监理项目18项。此外，标准制修订管理项目运行45项，完成审查报批38项。总公司时期，规划设计总院共获得国家及省部级奖励53项。

一、规划设计总院领导名录（1988.12—1998.7）

院　　长　胡象尧（1988.12—1993.12）
　　　　　　苗承武（1993.12—1998.7）
副 院 长　苗承武（1988.12—1993.12）
　　　　　　屈清华（正局级，1988.12—1995.12）
　　　　　　翁维珑（女，1994.4—1998.8）
　　　　　　王功礼（1996.6—1998.7）
　　　　　　王玉金（1996.6—1998.7）
总经济师　张今弘（女，1988.12—1994.1）
总工程师　周箴明（1988.12—1990.12）
　　　　　　陈茂祥（1991.7—1994.9）
　　　　　　李建民（1994.4—1998.7）
调 研 员　刘定江（副局级，1988.12—1998.8）

二、中共规划设计总院委员会领导名录（1988.12—1998.7）

书　　记　胡象尧（1988.12—1991.7）
　　　　　　乐秀民（1991.7—1995.2）
　　　　　　臧珍年（1995.2—1998.8)
副 书 记　乐秀民（1988.12—1991.7）
　　　　　　胡象尧（1991.7—1993.12）
　　　　　　苗承武（1993.12—1998.7）
　　　　　　王凤元（女，1993.12—1998.7）
委　　员　胡象尧（1988.12—1993.12）

周箴明（1988.12—1990.12）
苗承武（1988.12—1998.7）
乐秀民（1988.12—1995.2）
屈清华（1991.7—1995.10）
陈茂祥（1991.7—1994.9）
吴明胜（副总工程师，正处级，1991.7—1998.7）
王凤元（1993.12—1998.7）
翁维珑（1994.5—1998.7）
李建民（1994.5—1998.7）
臧珍年（1995.2—1998.8）
王玉金（1995.10—1998.7）

纪委书记　乐秀民（1991.7—1995.10）
臧珍年（1995.10—1998.8）

三、规划设计总院工会（1994.12—1998.7）

主　　席　王凤元（1994.12—1998.7）

第三节　施工技术研究所—工程技术研究所—工程技术研究院（1988.9—1998.7）

1988年9月，石油工业部施工技术研究所划归总公司管理，行政级别为正处级，设科研部门11个、行政管理部门6个、后勤服务单位2个，在册职工427人。12月，更名为中国石油天然气总公司工程技术研究所。机关办公地点在天津市塘沽区。

1989年1月，中共工程技术研究所第一次代表大会召开，选举产生第一届委员会，纪明申为党委书记。

1992年3月，中共工程技术研究所第二次代表大会召开，选举产生第二届委员会，曹开胜为党委书记。

同月，对组织机构进行调整，设机关职能部门12个：所长办公室、总工办公室、科研办公室、人事教育科、财务科、资产科、审计科、供应科、后勤办、基建办公室、离退休办公室、保卫科；科研服务机构18个：固井工程研究室、工程材料研究室、工程结构研究室、防腐技术研究室、保温技术研究室、工艺装备研究室、焊接技术研究室、微机应用研究室、设计室、标准室、经济室、定额站、物化室、《石油工程建设》编辑部、质检中心、情报室、中转站、中试生产基地；高科技公司3个：天正工贸发展公司、天升科技贸易公司、奥优新材料开发公司。在册职工454人。

1993年3月，工程技术研究所行政级别调整为副局级。6月，明确党政正职的行政级别为副局级，副职为正处级。

1994年3月，工程技术研究所更名为中国石油天然气总公司工程技术研究院。4月，党组织关系改为隶属中共天津市委科学技术工作委员会。下属16个党支部。

截至1998年7月，工程技术研究院机关设职能部门5个：院长办公室、科技管理处、计财处、劳动工资处、经营管理处；直属单位6个：多种经营处、行管处、离退办、供应科、卫生所、车队；科研主体5个：科技先导研究组、油井水泥及外加剂研究室、防腐保温技术研究室、工程材料研究室、工程结构研究室；行业服务系统机构7个：油井水泥质检中心、物化室、标准化研究室、工程建设定额站、信息档案室、《石油工程建设》编辑部、技术市场办公室；高科技公司2个：渤星工程技术开发中心、高科技开发公司。在册职工419人，其中专业技术人员352人。

工程技术研究院防腐保温技术研究室以总公司油气田工程建设管道和储罐为主要对象，结合不同环境条件的要求和施工特点，从事钻杆内防腐涂层技术、天然气减阻耐磨涂料等特色技术和相关评价方法研究，为工程建设提供技术支持；油井水泥外加剂研究室是我国第一个固井水泥外加剂研究室，开发了多系列的固井水泥外加剂，在总公司固井材料方面起到新的引领作用，为特殊井、疑难井固井提供技术支持。

一、施工技术研究所—工程技术研究所（1988.9—1994.3）

（一）施工技术研究所—工程技术研究所领导名录（1988.9—1994.3）

所　　长　纪明申（正处级，1988.9—1993.6；1993.6—1994.3）

副 所 长　张中廉（1988.9—1991.9）

周兴山（副处级，1988.9—1993.6；1993.6—1994.3）

石国栋（1988.12—1992.5）
袁中立（副处级，1988.12—1993.6；1993.6—1994.3）

总工程师 龚家森（副处级，1988.9—1993.6）
石国栋（副处级，1992.5—1993.6；1993.6—1994.3）

总经济师 赵修杰（副处级，1990.9—1993.6；1993.6—1994.3）

（二）中共施工技术研究所委员会—中共工程技术研究所委员会领导名录（1988.9—1994.3）

书　　记 纪明申（1988.9—1991.3）
曹开胜（副局级，1991.3—1994.3）

副 书 记 袁中立（1988.9—12）
刘希和（1993.11—1994.3）

委　　员 张中廉（1988.9—1991.9）
卢锡茂（纪检组组长，正科级，1988.9—12）
侯浩杰（党委办公室主任，正科级，1988.9—1992.3）
石国栋（1989.1—1994.3）
龚家森（1989.1—1992.3）
纪明申（1991.3—1994.3）
刘希和（党委办公室主任，正科级，1992.3—1993.11）
周兴山（1992.3—1994.3）

（三）施工技术研究所—工程技术研究所工会（1988.12—1994.3）

主　　席 袁中立（1988.12—1993.11）
刘希和（1993.11—1994.3）

二、工程技术研究院（1994.3—1998.7）

（一）工程技术研究院领导名录（1994.3—1998.7）

院　　长 纪明申（1994.3—10）
冯星安（1994.10—1998.7）

副 院 长 周兴山（1994.3—1996.9）
袁中立（1994.3—1998.7）
赵修杰（1996.9—1998.7）
屈建省（1996.9—1998.7）

总工程师　石国栋（1994.3—1996.9）

总经济师　赵修杰（1994.3—1996.9）

（二）中共工程技术研究院委员会领导名录（1994.3—1998.7）

书　　记　曹开胜（1994.3—10）

冯星安（1994.10—1998.7）

副 书 记　刘希和（1994.3—1998.7）

委　　员　石国栋（1994.3—1996.3）

纪明申（1994.3—10）

周兴山（1994.3—1997.1）

屈建省（1996.3—1998.7）

赵修杰（1996.3—1998.7）

纪委书记　刘希和（1994.3—1998.7）

（三）工程技术研究院工会（1994.3—1998.7）

主　　席　刘希和（1994.3—1998.7）

第四节　西北石油地质勘探研究所—西北地质研究所（1988.9—1998.12）

1988年9月，石油工业部西北石油地质勘探研究所划归总公司管理，行政级别为副局级，人员编制350人，党组织关系隶属于中共甘肃省委。机关办公地点在甘肃省兰州市。12月，更名为中国石油天然气总公司西北地质研究所。

1989年6月，为更好地参与塔里木、吐鲁番、巴音浩特等新区勘探，西北地质研究所调整组织机构，科研生产部门由电算中心、综合研究室、技术发展研究室扩展为电算处理中心、综合研究中心、油藏数值模拟研究室、科技情报研究室、技术服务室，增设经营管理办公室。机关设职能部门5个：所办公室、科研生产管理办公室、经营管理办公室、生活办公室、基建办公室。

11月，中共西北地质研究所第一次党员大会召开，成立第一届委员会，傅万祯为党委书记。

1990年2月，调整组织机构，机关设职能部门7个：所办公室、党委办公室、工会、纪委、科研生产办公室、经营管理办公室、基建办公室；所属单位6个：电算处理中心、综合研究中心、油藏数值模拟研究室、科技情报研究室、技术服务室、后勤办公室。

1993年5月，调整组织机构，机关设处室6个、下属单位6个。1993年，西北地质研究所推行干部聘任制和工人考核上岗制，实行岗位工资制，对干部职工实施全面考核。科研项目以“四定三保”（定任务、定人员、定进度成果、定经费，保成果质量与水平、保人才培养、保成果转化和经济效益）为内容，实行目标管理。根据科研项目来源、项目资金和各单位不同工作性质，分层次承包，推行多种形式的技术经济承包责任制。

1996年1月，调整组织机构，机关设处室7个：所办公室、党群工作处、科研生产处、技术市场处、劳动人事处、计划财务处、纪监审办公室；所属单位7个：综合研究中心、数据处理中心、方法软件中心、计算机服务中心、科技信息中心、综合服务公司、多种经营总公司。

3月，中共西北地质研究所第三次党员大会召开，方克礼为党委书记、纪委书记。

截至1998年12月，在册职工444人，其中科研生产部门316人，大专以上学历人员288人，高级工程师及以上职称52人。

西北地质研究所在地球物理新技术、新方法研究方面形成优势，地质综合研究能力显著提高。1991年9月，KJ8920石油地质勘探油田开发大型数据处理系统通过总公司验收并移交科研生产，达到国际先进水平，获1992年度国家科技进步一等奖。开展中俄物探技术合作，成功引进PARM波阻抗反演技术，处理成果在1992年总公司软件交流会上获得一等奖。1993年7月，“井约束条件下的波阻抗反演技术PARM”参加第二届中国专利新技术产品博览会获得金奖，被总公司评为1993年新技术推广十大优秀成果之一。技术服务市场涵盖全国各大油田和探区，扩展到中国石油化工总公司、中国海洋石油总公司、中国新星石油有限责任公司。先后承担国家、总公司级各类科研项目358项，获得国家科技进步一等奖1项、省部级科研奖25项。

1998年12月，中国石油天然气集团公司决定，将西北地质研究所划归石油勘探开发科学研究院，行政级别仍为副局级。

一、西北石油地质勘探研究所—西北地质研究所领导名录（1988.9—1998.12）

所　　长　于文铎（1988.9—1994.11）
　　　　　刘全新（1995.7—1998.12）
副 所 长　晁吉俊（1988.9—1995.12）
　　　　　张东明（1990.10—1995.12）
　　　　　王新民（1995.12—1998.12）
　　　　　秦顺亭（1992.7—12）
总工程师　王　愫（女，1988.9—1995.6）
　　　　　梁秀文（1995.12—1998.12）
　　　　　陈升安（1995.12—1998.5）
总地质师　邸世琪（1989.2—1991.11）
　　　　　王新民（1995.12—1998.12）

二、中共西北石油地质勘探研究所委员会—中共西北地质研究所委员会领导名录（1988.9—1998.12）

书　　记　傅万祯（1988.9—1990.12）
　　　　　方克礼（1990.12—1998.12）
委　　员　刘全新（1995.7—1998.12）
　　　　　王新民（1995.12—1998.12）
　　　　　于文铎（1988.9—1994.11）
　　　　　晁吉俊（1992.3—1998.12）
　　　　　赵　红（女，1988.11—1995.12）
　　　　　韩元生（1988.11—1994.12）
　　　　　陈升安（1988.11—1998.6）
　　　　　殷岐山（1992.3—1995.2）
纪委书记　赵　红（1991.7—1995.12）
　　　　　方克礼（1995.12—1998.12）

三、西北石油地质勘探研究所—西北地质研究所工会（1991.7—1998.12）

主　　席　韩元生（1991.7—1994.12）
　　　　　晁吉俊（1995.12—1998.12）

第五节　浙江省石油地质研究所—杭州石油地质研究所（1988.9—1998.12）

总公司杭州石油地质研究所的前身是浙江省石油地质研究所，1984年12月经国家科委批准正式成立，为浙江省省属事业单位，业务上由石油工业部领导。1988年9月，浙江省石油地质研究所设行政管理部门5个：办公室、行政基建科、条件科、人事保卫科、石油科技交流中心；科研部门6个：陆相研究室、海相研究室、东海盆地研究室、情报资料室、实验室、科技办公室。在册职工165人。机关办公地址在浙江省杭州市西溪路920号。

1989年3月，行政基建科和条件科合并，成立后勤办公室。10月，省科委明确石油地质研究所为浙江省政府部门所属全民事业性质自然科学研究与技术开发机构。

1990年4月，科研部门调整为10个：陆相盆地研究室、海相盆地研究室、台湾及海域室、沉积研究室、地层古生物研究室、物探计算机室、区域研究室、实验室、科技办公室、情报图书室。1990年底，在册职工188人，其中科技人员125人，高级职称26人。

1991年12月，浙江省编制委员会批准石油地质研究所下属石油科技交流中心为经费实行自收自支的事业单位，人员编制30人。1992年5月，石油地质研究所设党委办公室、所办公室、科技办公室、人事保卫科、后勤办公室、计划财务科、第一研究室、第二研究室、第三研究室、实验中心、情报图书室、技术服务部、杭州石油科技交流中心等13个部门。

1992年7月，经国家人事部批准，浙江省石油地质研究所调整为总公司的直属事业单位，并更名为中国石油天然气总公司杭州石油地质研究所，行政级别为县（团）级，人员编制200人。党组织关系隶属于浙江省石化厅党组。

1993年2月，增设综合规划室、油气研究室、构造研究室、储层研究室、天然气公司、经营办、杭州华能石油经济技术开发公司等7个单位；第一研究室更名为物探计算机室，实验中心更名为实验室，情报图书室更名为信息室。

1997年12月，杭州石油地质研究所机构调整为16个：碳酸盐岩储层研究室、区域评价研究室、区块评价研究室、计算中心、实验中心、信息中心、石油科技交流中心、所办公室、党委办公室、科技办公室、人事教育科、社会保险办公室、计划财务科、宣传保卫科、后勤办公室、基建办公室。截至1998年7月，在册职工165人，其中高级技术职称30人、中级技术职称72人，技术人员占职工总数的74.5%，共有党员50名。杭州石油地质研究所作为中国南方油气勘探研究中心和信息中心，逐渐形成了一套针对中国南方海相地层复杂构造的油气地质综合评价技术，初步建成南方油气勘探数据库和图形库。承担国家、总公司级各类科研项目115项，获得省部级科研奖20项。

1998年12月，中国石油天然气集团公司决定，将杭州石油地质研究所划归石油勘探开发科学研究院。

一、浙江省石油地质研究所—杭州石油地质研究所领导名录（1988.9—1998.12）

所　　长　刘友民（1988.9—1991.2）
钱奕中（1991.8—1997.9）
王根海（1997.9—1998.12）

副 所 长　邹鑫祜（1988.9—1994.3）
王根海（1988.9—1991.8）
陈继协（1988.9—1990.2）
黄正正（1993.1—1997.9）
杨晓宁（1997.9—1998.12）
杨　坚（1997.9—1998.12）

总工程师　王根海（1995.9—1997.9）

总地质师　李大成（1997.9—1998.12）

二、中共浙江省石油地质研究所委员会—中共杭州石油地质研究所委员会领导名录（1988.9—1998.12）

书　　记　刘友民（1988.9—1991.2）
徐立寿（1991.12—1998.12）

副 书 记　徐立寿（1988.9—1991.12）

委　　员　邹鑫祜（1988.9—1994.3）
陈清泉（1988.9—1991.11）

钱奕中（1991.12—1997.9）
黄正正（1991.12—1997.9）
张跃平（1991.12—1998.12）
王根海（1997.9—1998.12）
杨晓宁（1997.9—1998.12）
杨　坚（1997.9—1998.12）

纪委书记　陈清泉（1988.9—1991.11）

第六节　石油管材研究中心—石油管材研究所（1988.3—1998.7）

1981年9月，为加强对进口和国产石油专用管材的商品检验、技术质量鉴定及管材失效情况的分析研究工作，石油工业部成立石油专用管材料试验中心，后更名为石油管材试验研究中心，其工作由宝鸡石油机械厂中心试验室承担。1986年11月，为确保钻井、完井、油建等各项工程质量，严格控制对进口和国内提供的石油专用管的质量监督检验，保护国家利益，提高石油工业经济效益，石油工业部决定成立石油专用管质量监督检验测试中心，并由石油管材试验研究中心承担具体工作任务。

1988年3月，石油管材试验研究中心由宝鸡石油机械厂上划石油工业部直接领导。7月，石油管材试验研究中心改由总公司直接领导，并更名为中国石油天然气总公司石油管材研究中心，为总公司直属科研事业单位，行政级别为正处级。主要职责：负责进口石油管材的商品检验和国产石油管材、钢丝绳等产品的质量检验；承担国产石油管材、钢丝绳产品的评优、发放生产许可证的检验测试和新产品检验测试工作；石油专用螺纹量规的检定和量值传递；石油管材和其他石油设备、器材的失效分析和试验研究等工作。办公地点在陕西省宝鸡市。

石油管材研究中心设办公室、科技管理室2个行政管理机构；质量分析室、失效分析室、螺纹检测与研究室、综合研究室、试样准备室等5个科研检测单位。在册职工80人。宝鸡石油机械厂厂长王道纯兼任主任，李鹤林任常务副主任。

1991年7月，成立石油管材研究中心临时党委，党组织关系隶属于宝鸡石油机械厂党委。10月，成立工会。

1993年7月，石油管材研究中心更名为石油管材研究所，行政级别调整为副局级。10月，任命领导班子成员，并明确正职为副局级，副职为正处级。同时对组织机构进行调整，机关设职能处室5个：办公室、科技管理处、人事劳资处、财务处、条件处。所属专业研究室6个：质量监督与研究室、失效分析与预测预防研究室、管柱与管线力学研究室、螺纹检测与研究室、腐蚀防护及高分子材料研究室、科技信息与标准化研究室。

1994年1月，石油管材研究所办公地点迁至西安市。11月，党组织关系改为隶属陕西省石油化学工业局党组。12月30日，中共石油管材研究所第一次代表大会召开，选举产生第一届委员会，李鹤林为党委书记。下属党支部7个，共有党员48名。

1997年，李鹤林当选中国工程院院士。

截至1998年7月，石油管材研究所机关设职能处室5个：所长办公室、人事劳资处、科技管理处、财务处、条件处。所属专业研究室6个：失效分析及预防研究室、管柱与管线力学研究室、质量监督与研究室、腐蚀防护与非金属材料研究室、科技信息与标准化研究室、螺纹检测与研究室。在册职工110人。

石油管材研究所是国内外唯一集石油管材科学研究、技术监督和失效分析三位一体的综合性技术实体，是总公司石油管材质量监督检验检测中心、国家进出口商品检验局石油管材认可实验室、总公司石油专用螺纹计量检定站、总公司无损检测人员资格考核和发证机构、石油工业标准化技术委员会石油管材专业标准化委员会秘书处、中国科协失效分析及预防中心石油管材与装备分中心、国际标准化组织ISO/TC67/SC1、SC5中方技术归口单位、美国石油学会（API）第一委员会正式成员。

一、石油管材研究中心（正处级，1988.3—1993.7）

（一）石油管材研究中心领导名录（1988.3—1993.10）

主　　任　王道纯（1988.8—1991.3）

　　　　　　李鹤林（1991.3—1993.10）

常务副主任　李鹤林（1988.8—1991.3）

副　主　任　宋　治（1991.3—1993.10）
曾顺懋（1992.5—1993.10）
总工程师　李鹤林（1988.8—1991.3）

（二）中共石油管材研究中心临时委员会领导名录（1991.7—1993.10）

书　　记　李鹤林（1991.7—1993.10）
副 书 记　李凤媛（女，1991.7—1992.6）
曾顺懋（1992.6—1993.10）
委　　员　宋　治（1991.7—1993.10）
梁梅生（1991.7—1993.10）
李健鹏（1991.7—1993.10）
李凤媛（1992.6—1993.10）

二、石油管材研究所（副局级，1993.7—1998.7）

（一）石油管材研究所领导名录（1993.10—1998.7）

所　　长　李鹤林（1993.10—1998.7）
副 所 长　宋　治（1993.10—1998.3）
曾顺懋（1993.10—1995.12）
韩　勇（1995.12—1998.7）
李平全（1995.12—1998.7）

（二）中共石油管材研究所临时委员会领导名录（1993.10—1995.2）

书　　记　李鹤林（1993.10—1995.2）
副 书 记　曾顺懋（1993.10—1995.2）
委　　员　宋　治（1993.10—1995.2）
梁梅生（1993.10—1995.2）
李健鹏（1993.10—1995.2）
李凤媛（1993.10—1995.2）

（三）中共石油管材研究所委员会领导名录（1995.2—1998.7）

书　　记　李鹤林（1995.2—1998.7）
副 书 记　王宗芳（女，1995.12—1998.7）

委　　员　宋　治（1995.2—1998.3）
李平全（1995.2—1998.7）
王宗芳（1995.2—12）
韩　勇（1995.2—1998.7）
纪委书记　王宗芳（1995.12—1998.7）

（四）石油管材研究所工会（1995.5—1998.7）

主　　席　王宗芳（1995.5—1998.7）

第七节　情报研究所—信息研究所（1988.9—1998.7）

1988年9月起，科学技术情报研究所划归总公司管理，行政级别为正局级，党组织关系隶属于总公司直属机关党委。机关设职能部门5个、业务部门9个，在册职工234人，其中各类专业技术人员187人。机关办公地址在北京市东城区和平里7区16号楼。

12月，科学技术情报研究所更名为中国石油天然气总公司情报研究所。

1990年11月，根据总公司批复，情报研究所设机关职能部门9个：党委办公室、工会、行政办公室、人事教育处、老干部处、业务处、基层情报管理处、专利管理处、财务科；业务部门8个：石油地质勘探室、石油工程室、油田装备室、石油化工情报研究室、石油经济室、文献资料服务部、计算机室、电影录像服务部。人员编制为280人。

1992年初，机关办公地点迁至北京市朝阳区安华里二区3号楼，基层情报管理处、专利管理处和专利服务中心仍留在原址办公。

1993年3月，总公司决定，将情报研究所更名为信息研究所。主要职责：搜集国内外石油科技信息，跟踪研究国外石油科技发展趋势；搜集研究国内外有关石油方面的技术、产品等经济信息；建立与国外有关单位的信息联系渠道，利用现代科技手段建立石油技术、经济信息库，为总公司经营决策提供依据，为石油企业经济发展服务。机关设管理部门5个：党委办公室、办公室、人事教育处、业务处、财务科；业务部门8个：综合研究室、经济研究室、科技研究室、报刊室、计算机检索室、文献部、影视部、国内信息研究组和1个科技评价中心；

所属公司2个：北京华油科技信息工程公司、劳动服务公司。同时，设立石油天然气工业科技信息管理处、石油工业专利管理处，由信息研究所代管，行使总公司的管理职能。

1995年，将办公室管理的基建、房产、资产业务划出，与财务科合并，成立计划财务部；接收太科公司，由业务处代管。在册职工244人。

1998年，信息研究所设行政管理部门5个、业务部门9个、行使总公司管理职能的部门2个、下属公司2个，在册职工261人。

期间，信息研究所副总工程师张朝琛任第八届、第九届全国政协委员。

一、科学技术情报研究所—情报研究所（1988.9—1993.3）

（一）科学技术情报研究所—情报研究所领导名录（1988.9—1993.3）

所　　长　吴德琪（1988.9—1990.5）
　　　　　李昭仁（1990.5—1992.12）
　　　　　章兆淇（1992.12—1993.3）

副 所 长　毛华鹤（1988.9—1993.3）
　　　　　彭守义（1992.12—1993.3）

总工程师　胡文海（1988.9—12）

（二）中共科学技术情报研究所委员会—中共情报研究所委员会领导名录（1988.9—1993.3）

书　　记　徐文野（1988.9—1991.5）
　　　　　章兆淇（1992.12—1993.3）

副 书 记　李昭仁（1990.9—1992.12）
　　　　　谈立平（主持工作，1991.5—1992.12；1992.12—1993.3）

委　　员　毛华鹤（1988.9—1993.3）
　　　　　章兆淇（1988.9—1992.12）

二、信息研究所（1993.3—1998.7）

（一）信息研究所领导名录（1993.3—1998.7）

所　　长　章兆淇（1993.3—1997.11）
　　　　　傅志达（满族，1997.11—1998.7）

副 所 长　毛华鹤（1993.3—12）
　　　　　彭守义（1993.3—1998.7）

谈立平（1997.11—1998.7）

张振明（正局级，1993.7—1998.7）

（二）中共信息研究所委员会领导名录（1993.3—1998.7）

书　　记　章兆淇（1993.3—1997.11）

张振明（1997.11—1998.7）

副 书 记　谈立平（1993.3—1997.11）

傅志达（1997.11—1998.7）

委　　员　毛华鹤（1993.3—12）

第八节　中国石油报社（1988.9—1998.7）

1988年9月起，中国石油报社划归总公司管理，行政级别为正局级，党组织关系隶属于总公司直属机关党委。设8个部门，在册职工173人，报纸年发行量9.68万份。办公地点在河北省涿州市冠云路。

1989年1月，由中国石油报社、中国石油企业新闻工作者协会、中国石油新闻学会联合主办的《石油新闻工作者之友》更名为《新闻之友》。

1991年9月，中国石油报社人员编制调整为230人。10月，采编部门调整为8个：总编室、经济部、政治教育部、科普文艺部、新闻采访部、记者群工部、新闻研究室、《中国石油报》驻总公司机关新闻工作部。

1992年1月，经国家新闻出版总署批准，《中国石油报》由周二刊改为周三刊，每周三、五、日出版。4月，由中国石油报社承办、塔里木石油勘探开发指挥部主办的《塔里木石油报》正式创刊。7月，经国家人事部批准，中国石油报社事业编制100人，经费自理。

1994年1月，《中国石油报》从周三刊改为周四刊，每周一、三、五、日出版。12月，对组织机构进行调整，设新闻编辑部、专版部、星期刊部、编委办公室、记者群工部、北京机关新闻工作部、影视部、塔里木石油报社；党政办公室、劳动人事处；经营管理部、广告信息部、印刷厂、财务计划资产科。

1995年9月，由中国石油报社承办、西北石油管道建设指挥部主办的《西北石油管道报》正式创刊。1998年12月，《西北石油管道报》停办，中国石油报社人员撤回。

1996年3月，文学季刊《地火》由中国石油文联正式移交中国石油报社承办。

1997年9月，中国石油报社人员编制调整为265人。10月，对内部机构进行调整，撤销新闻编辑部、专版部、记者群工部、经营管理部、生活公司、发行公司。机关设管理部门5个：党政办公室、劳动人事处、综合管理处、计划财务处、行政生活管理处；业务部门15个：经济新闻、要闻、社会新闻、副刊、社会周刊、地火、政工研究、星期刊等8个编辑部，经济新闻、社会新闻2个采访部，北京新闻、摄影、通联3个工作部，以及总编室、新闻研究室（新闻之友编辑部）；副处级单位4个：印刷厂、广告信息部、发行部、信息中心。

1998年1月，《中国石油报》由周四刊变更为周六刊，每周二、三、四、五、六、日出版。2月，总公司将中国石油画报社并入中国石油报社，在中国石油报社成立《中国石油画报》编辑部，为正处级单位，对外仍称中国石油画报社。

截至1998年7月，中国石油报社在册职工240人。1998年，《中国石油报》每期发行14.31万份。

一、中国石油报社领导名录（1988.9—1998.7）

社　　长　张恕基（1988.9—1991.6）
魏宜清（1991.6—1996.12）
李秋杰（1996.12—1998.7）

副 社 长　张江漪（1988.9—1990.5）
魏宜清（1988.9—1991.6）
薛时文（1994.6—1996.12）
方崇滋（1996.12—1998.7）

总 编 辑　魏宜清（1988.9—1996.12）
方崇滋（1996.12—1998.7）

二、中共中国石油报社委员会领导名录（1988.9—1998.7）

书　　记　张恕基（1988.9—1991.6）
王福印（1991.6—1993.12）
李秋杰（1994.6—1998.7）

副 书 记 张江漪（1988.9—1990.5）
委　　员 魏宜清（1988.9—1996.12）
牛治国（副总编辑、工会主席，正处级，1988.9—1994.4）
薛时文（1994.6—1996.12）
王毅锴（1995.2—1998.7）
杨合厚（杨宏广，副总编辑，正处级，1995.2—1997.7）
方崇滋（1996.12—1998.7）

第九节 石油工业出版社（1988.9—1998.7）

1988年9月，石油工业出版社是隶属总公司管理的中央级出版社，行政级别为正局级，党组织关系隶属于总公司直属机关党委。设部门10个，人员编制130人。

1990年5月，出版发行部分设为出版部、发行部；人事教育科更名为人事处。

1991年4月3日，中共石油工业出版社第二次党员大会召开，选举产生第二届委员会和纪律检查委员会，张江一为党委书记，殷俊平为党委副书记、纪委书记。1991年，经总公司批准，注册成立石油工业出版社印刷厂，与石油工业出版部一个机构两块牌子。

1994年2月，石油工业出版社对组织机构进行调整，设处级部门11个：办公室、党委办公室、计财处、业务管理处（总编室）、人事处、石油科技图书编辑部、标准教材编辑部、综合图书编辑部、出版印务部、发行部、技术咨询部。同月，成立《China Oil and Gas》（中国油气）英文期刊编辑部。7月，组建《今日世界石油》期刊编辑部，承担美国海湾出版公司授权的《今日世界石油》中文本出版任务。

1995年11月，组建《中国石油天然气工业年鉴》编辑部。12月，在石油工业部展览工作室建制基础上组建石油展示中心。

截至1998年7月，石油工业出版社设总编室、办公室、党委办公室、人事处、计财处等5个机关处室；科技编辑部、教材标准编辑部、综合编辑部、出版印务部、发行部、展览工作室、技术咨询部等7个业务处室。在册职工243

人，其中高级专业技术人员33人、中级专业技术人员71人。

石油工业出版社坚持"为人民服务，为社会主义服务"的出版方向和"为石油工业发展服务，为广大石油职工服务"的办社宗旨，紧密配合总公司"稳定东部、发展西部"的战略部署和科技进步的要求，先后出版《中国含油气盆地论》《中国油藏开发模式丛书》《低渗透油田开发》《实用稠油热采工程》《英汉石油大词典》《塔里木油气勘探丛书》等书籍；配合总公司推进"两个根本性转变"，满足深化改革，加强管理的需求，出版《现代企业管理系统工程》《公司理论与实务》《石油企业班组管理》等书籍。完成激光照排系统的技术更新，引进彩色印刷系统；建立28个油田、院校、研究院（所）直销网点；加强对外交往，与德国斯普林格出版公司、美国海湾出版公司、新加坡世界科技出版公司建立版权贸易关系。15种图书获得全国性奖励，其中1997年被列为"全国科技出版十大工程"之一的《中国石油地质志》在第八届全国优秀科技图书评选中荣获全国一等奖。固定资产原值8927万元。1998年出版图书704种，总印数130万册，总码洋2900万元；实现销售收入1153万元。

一、石油工业出版社领导名录（1988.9—1998.7）

社　　长　张江一（张江漪，1990.5—1993.7）
张家茂（1993.7—1996.12）
魏宜清（1996.12—1998.7）

副 社 长　陈炳泉（1988.9—1993.9）
李昭仁（1988.9—1990.5）
殷俊平（1991.4—1993.9）
宋善昆（1993.9—1996.12）
李　斌（1996.12—1998.7）

总 编 辑　张家茂（1996.12—1998.7）

二、中共石油工业出版社委员会领导名录（1988.9—1998.7）

书　　记　张江一（1990.5—1993.7）
张家茂（1993.7—1998.7）

副 书 记　于　瑛（1988.9—1990.5）
殷俊平（1990.6—1993.9）

宋善昆（1993.9—1996.12）
魏宜清（1996.12—1998.7）
委　　员 李昭仁（1988.9—1990.5）
陈炳泉（1988.9—1993.9）
牛　　（女，人事处长，正处级，1988.9—1998.7）
彭宪章（正处级，1991.4—1998.7）
李　斌（1997.1—1998.7）
纪委书记 殷俊平（1991.4—1993.9）

第十节　中国石油画报社（1987.11—1998.2）

1987年11月，经国家新闻出版署批准，石油工业部决定，由中国石油摄影协会、石油工业部管道局、大庆石油管理局联合创办《中国石油画报》，为季刊。设编辑部、记者部、群工部、广告部、综合办公室等5个部门，并在各石油企业建立40个记者站，配备专职记者76人。1988年正式创刊。办公地址在河北省廊坊市新开路46号。

1989年10月，总公司商得国家新闻出版署同意，将中国石油画报社机构规格调整为副局级，人员编制10人以内。历任社长廖华志、张金华。

1993年12月，《中国石油画报》改为总公司主管主办。1994年起改为双月刊。

截至1996年6月，《中国石油画报》共出版发行37期，37万余册；1990年获河北省第一届社科期刊一等奖。1995年，获河北省第三届社科期刊优秀印刷质量奖、优秀编校质量奖。

1998年2月，总公司将中国石油画报社并入中国石油报社，仍为双月刊，部分资产划转中国石油天然气管道局。

第六章　石油院校

1988年9月，石油大学、大庆石油学院、西南石油学院、江汉石油学院、西安石油学院、承德石油高等技术专科学校、重庆石油学校、培黎石油学校等8所大中专院校和石油大学广州培训部、石油管理干部学院2个专业培训机构划归总公司管理。

1989年6月，根据总公司《关于石油大学办学若干问题的通知》，石油大学设石油大学（北京）、石油大学（华东）、石油大学石油管理干部学院、石油大学广州培训部等4个办学单位，前2个为石油高校，后2个为总公司的培训机构，同时承担部分专业的专科学历教育。

1992年6月，石油大学广州培训部更名为石油大学（广州）。同年，承德石油高等技术专科学校更名为承德石油高等专科学校，行政级别调整为副局级。

1994年3月，经国家教委批准，在重庆石油学校的基础上组建重庆石油高等专科学校，行政级别调整为副局级。

截至1997年12月，总公司直接管理的大中专院校9所、培训机构2个。

第一节　石油大学—石油大学（华东）（1988.9—1998.7）

一、石油大学—石油大学（华东）（1988.9—1998.7）

1988年2月，华东石油学院更名为石油大学后，逐步形成山东、北京两地办学的格局，山东部分实行由总公司与山东省双重领导，以总公司为主的管理体制。9月，石油大学设党委办公室、校长办公室、教务处、科研处、学生工作处等22个党政管理部门；石油勘探系、石油开发系、石油炼制系、石油机械系、自动化系等10个教学系部；图书馆、电化教育中心、出版社、胜华炼油厂、劳动服务公司、附属中学等10个教辅单位。校址在山东省东营市。党组织关系隶属于中共山东省委。

1989年6月，中国石油天然气总公司在《关于石油大学办学若干问题的通知》中，正式使用石油大学（华东）名称，作为石油大学的组成部分。7月，总公司党组任命华泽澎任石油大学（华东）党委书记兼校长，实行党委领导下的校长负责制。

1994年1月，中共石油大学（华东）第七次代表大会召开，由委员制改为常委制，选举产生第七届委员会和纪律检查委员会，李秀生为党委书记，钱锡俊、郑其绪为党委副书记。

1997年11月，国家计划委员会正式批准石油大学“211工程”立项。

截至1998年7月，石油大学（华东）设党委办公室、校长办公室、教务处、科研处等32个党政管理机构；石油资源科学系、石油工程系、石油炼制系、石油机械系、自动化系等13个教学系；图书馆、电化教育中心、出版社、胜华炼油厂、附属中学等13个教辅单位。共有博士后流动站3个，博士点13个，硕士点25个，本科专业27个，1个国家级重点学科，1个国家级重点实验室。教职工3000多人，专职教师1000余人，其中教授近100人。全日制在校生7000余人，累计培养本专科毕业生4万余人、研究生1600余人。固定资产总值6.5亿元；校址占地173万平方米，建筑面积近45万平方米。

（一）石油大学（1988.9—1989.6，总校成立之前）

1. **石油大学领导名录**（1988.9—1989.6）

校　　长　杨光华（1988.9—1989.6）

副 校 长　张一伟（1988.9—1989.6）

张炳林（1988.9—1989.6）

方华灿（1988.9—1989.6）

尹建华（1988.9—1989.6）

2. **中共石油大学委员会领导名录**（1988.9—1989.6）

书　　记　华泽澎（1988.9—1989.6）

副 书 记　李秀生（1988.9—1989.6）

委　　员　杨光华（1988.9—1989.6）

张一伟（1988.9—1989.6）

刘应元（1988.9—1989.6）

蒋南华（1988.9—1989.6）

陆介明（1988.9—1989.6）

李玉琛（1988.9—1989.6）
杜金亮（1988.9—1989.6）
纪委书记　刘应元（1988.9—1989.6）

3. **石油大学工会**（1988.9—1989.6）

主　　席　陈如恒（1988.9—1989.6）

（二）石油大学（华东）（1989.6—1998.7）

1. **石油大学（华东）领导名录**（1989.6—1998.7）

校　　长　华泽澎（1989.7—1992.2）
李秀生（1992.2—1998.3）
仝兆岐（1998.3—7）
副 校 长　李秀生（1989.7—1992.2）
方华灿（1989.7—1992.2）
陆基孟（1992.2—1995.5）
王耀斌（1992.2—1995.12）
段景泰（1992.2—1995.12）
仝兆岐（1992.2—1998.3）
李阳初（1995.12—1998.7）
孙起瑞（1995.12—1998.7）
鞠晓东（1998.3—7）
仝兴华（1998.3—7）
孙海峰（1998.3—7）
秘 书 长　王耀斌（1989.8—1992.2）
教 务 长　陆基孟（1989.8—1992.2）
总 务 长　段景泰（1989.8—1992.2）

2. **中共石油大学（华东）委员会领导名录**（1989.7—1998.7）

1989年7月至1994年1月：

书　　记　华泽澎（1989.7—1992.2）
李秀生（1992.2—1994.1）
副 书 记　刘应元（1989.7—1994.1）
钱锡俊（1989.7—1994.1）

郑其绪（1992.2—1994.1）

委　　员　李秀生（1989.7—1992.2）

李玉琛（1989.7—1994.1）

陆介明（1989.7—1994.1）

杜金亮（1989.7—1994.1）

纪委书记　刘应元（1989.7—1994.1）

1994年1月至1998年7月：

书　　记　李秀生（1994.1—1998.3）

郑其绪（1998.3—7）

副 书 记　钱锡俊（1984.1—1995.12）

郑其绪（1994.1—1998.3）

李玉平（1995.12—1998.3）

仝兆岐（1998.3—7）

纪效田（1998.3—7）

常　　委　陆基孟（1994.1—1995.5）

王耀斌（1994.1—1995.12）

仝兆岐（1994.1—1998.3）

李玉琛（1994.1—1998.7）

纪委书记　郑其绪（1994.1—1998.3）

纪效田（1998.3—7）

3. **石油大学（华东）工会**（1988.9—1998.7）

主　　席　钱锡俊（1988.9—1996.4）

郑其绪（1996.4—1998.7）

二、石油大学（总校）（1989.6—1998.7）

1989年6月，总公司在《关于石油大学办学若干问题》的通知中，明确石油大学是总公司所属的以工为主、理工管结合、文理渗透、软硬学科兼备的综合性国家重点大学。主要任务：为总公司培养和输送适应石油工业发展需要的各类高层次、高质量的专业技术人才、科研人才和经营管理人才，并兼顾海洋石油、石油、石化3个总公司以及地方生产建设需要，同时担负对在职中、高级人员的继续教育和石油高等函授教育。同时，总公司明确石油大学由石油大学（北京）、石油大学（华东）、石油大学石油管理干部学院、石油大学广州培训部等4个办学单位组成,其中承担高等教育的核心部分是石油大学（华东）和石油大学（北京）。

1989年7月，总公司商得中共北京市委、中共山东省委同意，任命杨光华为石油大学校长，华泽澎、张一伟为常务副校长，赵国珍为副校长。同月，石油大学4个组成部分的党政领导在北京召开第一次全体领导成员会议,集中讨论成立校本部等事宜，在北京石油学院原址南教学楼成立石油大学校本部校长办公室及其下设的外事办公室、总经济师办公室。

1991年9月，总公司下发《关于成立石油大学研究生院的批复》，批准成立石油大学研究生院。11月，校本部召开石油大学第六次领导成员会议，明确研究生院是校本部统一管理北京、华东两地研究生招生、培养、学位授予和高层次学科建设的职能管理机构。研究生院建立相对独立的管理机构，院长1人、副院长2人，设4个副处级机构：研究生招生办公室、培养办公室、学位办公室、华东研究生管理办公室。

1992年2月，总公司任命张一伟为石油大学校长，组建石油大学第二届校本部领导班子。

1994年11月，为适应石油大学从整体上进入“211工程”的需要，总公司成立石油大学校务委员会，张一伟为主任，李秀生、李云鹏、张嗣伟、陆基孟为副主任，仝兆岐、熊继辉、王耀斌、罗维东为委员。

1995年2月，成立石油大学理事会，由中国石油天然气总公司、中国石油化工总公司、中国海洋石油总公司及其所属的部分大型企业集团联合组成。选举中国石油天然气总公司总经理王涛为理事长，中国石油化工总公司总经理李毅中、中国海洋石油总公司副总经理陈炳骞、中国石油天然气总公司副总经理张永一、北京市政协副主席及教工委书记陈大白、山东省副省长张瑞凤、石油大学校长张一伟为副理事长。秘书处设在石油大学校本部，张一伟兼任秘书长。

7月，总公司明确校务委员会及校本部的运行机制。校本部是校务委员会的办事机构，也是石油大学理事会的秘书处，主要职能是制定和实施“211工程”规划，负责石油大学理事会的日常事务，负责两地办学中重大问题的调查、协调和服务等。设校长办公室、“211工程”办公室和离退休人员管理办公室，以及总公司委托代管的机构。

1997年11月，国家计划委员会向总公司发出《国家计委关于石油大学“211工程”建设项目可行性研究报告的批复》，同意石油大学作为“211工程”项目院校在“九五”期间进行建设。

1998年4月，总公司组建第二届校务委员会，张一伟为主任，张嗣伟、李秀生、郑其绪、李云鹏、仝兆岐为副主任，李阳初、罗维东、鞠晓东、金之钧、仝兴华、孙起瑞、黄述旺、孙海峰为委员。

第二节　石油大学（北京）（1988.9—1998.7）

1988年2月，华东石油学院更名为石油大学后，逐步形成在山东东营和北京昌平两地办学的格局，校本部在北京市。北京校区实行由总公司和北京市双重领导，以总公司为主的领导管理体制。

1988年9月，中共北京市委教工委同意接收石油大学北京校区党组织关系，并批准成立石油大学（北京）临时党委。学校成立宣教、校务、教务、科研、后勤等部门；石油地质、地球物理、石油工程、机电工程、化工、基础科学、经济管理等7个系部。

1989年6月，总公司在《关于石油大学办学若干问题的通知》中，正式使用石油大学（北京）名称，仍作为石油大学的组成部分。7月，总公司决定，张一伟任石油大学（北京）校长。10月，石油大学（北京）在昌平新校址举行开学典礼。

1997年11月，国家计划委员会正式批准石油大学（北京）“211工程”立项。

截至1998年，石油大学（北京）共有教职工920人，专职教师320人，其中中国工程院院士1人，教授49人，博士生导师25人。设7个系部：地球科学系、石油工程系、机电工程系、经济管理系、基础科学系、化工学部、人文及社会科学部，博士学位点13个，硕士学位点25个。全日制在校生2024人，其中本科生1229人、硕士研究生648人、博士研究生147人。

1997年8月，成立总公司影视中心，依托石油大学（北京）电教中心，实行一套机构两块牌子。具体负责《中国石油节目联播》的采访和节目制作；

负责与中央电视台及有关影视部门的联系；负责对石油企业电视台（站）工作的指导、协调和服务以及总公司系统有关音像资料的管理。影视中心设总编室、新闻采访部、专题节目部、教学技术部等4个部门。9月，影视中心承担中国石油电视协会秘书处工作。

一、石油大学（北京）领导名录（1988.9—1998.7）

校　　长　张一伟（1989.5—1994.11）
张嗣伟（1994.11—1998.3）
李云鹏（1998.3—7）

副 校 长　张嗣伟（1989.7—1994.11）
葛家理（1989.7—1994.11）
范玉琦（1992.2—1996.3）
熊继辉（1994.11—1998.3）
罗维东（1994.11—1998.7）
黄述旺（1998.3—7）
金之钧（1998.3—7）

二、中共石油大学（北京）临时委员会领导名录（1988.9—1995.6）

书　　记　张一伟（1989.5—1992.2）
华泽澎（1992.2—1994.11）
李云鹏（1994.11—1995.6）

副 书 记　刘汝洵（女，1988.11—1994.11）
张一伟（1992.2—1994.11）
熊继辉（1992.6—1994.11）
张嗣伟（1994.11—1995.6）
刘少斌（1994.11—1995.6）
蒋庆哲（1994.11—1995.6）

纪委书记　刘汝洵（1989.5—1992.6）
刘少斌（1992.6—1995.6）

三、中共石油大学（北京）委员会领导名录（1995.6—1998.7）

书　　记　李云鹏（1995.6—1998.3）
李秀生（1998.3—7）

副 书 记　张嗣伟（1995.6—1998.3）
刘少斌（1995.6—1997.12）
蒋庆哲（1995.6—1998.7）
李云鹏（1998.3—7）
张来斌（1998.3—7）

纪委书记　刘少斌（1995.6—1997.12）
蒋庆哲（1998.3—7）

四、教材编译室—总公司石油教育与人才研究所（1988.9—1998.7）

1988年9月，教材编译室挂靠石油大学（北京），主要负责部分石油工业急需的专业外文教材的翻译工作。

1992年9月，为加强石油教育和人才资源开发的研究工作，总公司决定，在教材编译室基础上组建总公司石油教育与人才研究所。主要任务：做好石油工业人才资源开发战略研究工作，为人才开发、规划、决策提供科学依据；做好石油教育（包括在职职工的培训与教育）发展战略研究工作，形成与石油工业发展战略协调一致的办学机制和体制，为石油教育的发展和提高提供理论根据和科学对策；做好石油教育与人才管理现代化的研究工作，为人事、教育管理科学化提供基础和方法；建立信息网络系统，掌握、跟踪国内外发展与改革的动态，及时为管理和决策提供信息；完成人事教育局和劳动工资局下达的研究课题；承担石油院校教材规划、编审及教研任务。

石油教育与人才研究所为总公司直属事业单位，党群、行政工作由石油大学（北京）管理，业务上由总公司人事教育局和劳动工资局领导，人员编制20人。

第三节　石油大学广州培训部—石油大学（广州）（1988.9—1998.7）

一、石油大学广州培训部（1988.9—1992.6）

1988年7月，为了加快培养外语、外经、管理等专业人才，总公司决定，将石油工业部广州外语培训中心更名为石油大学广州培训部，行政级别为正处级，实行总公司与广东省双重领导，以总公司为主的管理体制，办学规模为1000人。办公地址在广东省广州市沙太南路169号。

1989年6月，行政级别调整为副局级。主要任务是开展石油系统中、高级科技人员的外语培训，石油外语专门人才的培养、石油系统在职职工的外语和财会培训，同时也作为石油教育学术交流和教工活动基地。石油大学广州培训部是石油大学的4个组成部分之一，在教学、行政管理、经费使用、干部管理等方面，具有相对的独立性，自主办学；在办学方向、发展规模、基建规划、学科及专业设置等方面由石油大学统一规划；在总公司内部的工作渠道保持不变；按属地化管理原则成立党委，建立党的组织机构。

9月，正式开始培养全日制普通高等专科学历学生。

1990年1月，中共石油大学广州培训部党员大会召开，选举产生中共第三届委员会和纪律检查委员会，聂国栋为党委书记、苏志为党委副书记，聂国栋为纪委书记。下属4个党支部，共有党员47名。3月，党组织关系由中共广东省石油化工厅机关委员会改为隶属中共广东省委高校工委。

截至1992年6月，石油大学广州培训部设机关部门8个：部办公室、党委办公室、党委组织部、党委宣传部、人事处、教务处、学生科、团委；教学系部2个：外语系、基础部；教辅部门2个：电化教学室、图书馆；后勤服务单位3个：总务处、膳食科、贸易服务公司。人员编制190人，在职教职工166人。

（一）石油大学广州培训部领导名录（1988.7—1992.6）

主　　任　苏　志（正处级，1988.7—1989.12；1989.12—1992.6）

副 主 任　沈尧年（副处级，1988.7—1989.12；1989.12—1992.6）

潘社吟（1989.12—1992.6）

（二）中共石油大学广州培训部委员会领导名录（1988.7—1992.6）

书　　记　聂国栋（正处级，1988.7—1989.12；1989.12—1992.6）

副 书 记　苏　志（1988.7—1992.6）

委　　员　朱　海（行政管理科科长，正科级，1988.7—1990.1）

王惠华（女，副教授，1988.7—1990.1）

赖汉坤（中心办公室主任，正科级，1988.7—1990.2；部办公室主任，副处级，1990.2—1991.1；人事处处长，副处级，1991.1—1992.6）

潘社吟（1990.1—1992.6）

余刚强（学生科科长，正科级，1990.1—1991.1；人事处副处长，正科级，1991.1—1992.6）

纪委书记　聂国栋（1990.1—1992.6）

（三）石油大学广州培训部工会（1988.7—1990.12）

主　　席　苏　志（1988.7—1990.12）

二、石油大学（广州）（1992.6—1998.7）

1992年6月，为更好发挥我国改革开放前沿的地区优势，总公司决定，将石油大学广州培训部更名为石油大学（广州），行政级别仍为副局级，实行总公司与广东省双重领导，以总公司为主的管理体制。业务上接受广东省高等教育局和石油大学的领导，在校生1200人。主要职能：举办高等专科学历教育，培养外语、外经、文秘、计算机等专业大专生，继续为石油系统培训英语与俄语、财会、管理等方面的干部。

1993年2月，设立函授部，开办成人高等专科学历教育。

1994年1月8日，中共石油大学（广州）第四次党员大会召开，选举产生第四届委员会和纪律检查委员会，聂国栋为党委书记、纪委书记。下属6个党支部，共有党员67名。

1995年起，石油大学（广州）停止招收普通教育大专生，转轨为总公司干部培训教育基地。

截至1998年7月，石油大学（广州）机关设部门8个：办公室、党委办公室、财务科、人事科、保卫科、教务处、学生科（团委）；教学系部3个：外语系、涉外经济系、综合培训部；教辅部门3个：计算中心、电化教育中心、图书馆；后勤服务单位2个：总务处、校办产业处。在职教职工158人。下属党支部8个，共有党员78名。

（一）石油大学（广州）领导名录（1992.6—1998.7）

校　　长　苏　志（1992.6—1996.3）

戴向东（1998.3—7）

副 校 长　沈尧年（1992.6—1993.3）

潘社吟（1992.6—1998.3）

祝启波（1993.3—1998.7）

马旭东（1998.3—7）

（二）中共石油大学（广州）委员会领导名录（1992.6—1998.7）

书　　记　聂国栋（1992.6—1998.3）
　　　　　戴向东（1998.3—7）
副 书 记　苏　志（1992.6—1994.1）
委　　员　赖汉坤（人事处处长，副处级，1992.6—1994.1）
　　　　　潘社吟（1992.6—1998.7）
　　　　　余刚强（人事处副处长，正科级，1992.6—1996.6；
　　　　　　　　党委办公室主任，副处级，1996.6—1998.7）
　　　　　祝启波（1994.1—1998.7）
　　　　　刘远东（女，党委组织部部长，副处级，1994.1—1996.6；
　　　　　　　　工会副主席，副处级，1996.6—1998.7）
纪委书记　聂国栋（1992.6—1998.7）

第四节　石油管理干部学院（直属机关党校）（1988.9—1998.7）

一、石油管理干部学院（1988.9—1998.7）

1988年9月，石油管理干部学院行政级别为正局级，党组织关系隶属于总公司直属机关党委。设管理和业务部门8个：院办、党办、人事处、基建办、总务处、教务处、政教系、企管系，在册教职工近200人。在北京市海淀区西三旗和昌平区两地办学。

1989年开始，石油管理干部学院办学方向从以大专学历教育转向短期培训为主。1月，成立国际贸易系。经总公司同意，按教职工与学员1:2.1比例，相应增加教学、管理、服务人员，远郊区建校增加编制7.5%。

6月，总公司组建石油大学后，石油管理干部学院在办学方向、发展规模、基建规划、学科及专业设置等方面由石油大学统一规划；在教学行政管理、经费使用、干部管理等方面具有相对的独立性，在总公司内部的现有工作渠道保持不变。同时，总公司明确规定，石油管理干部学院是以经营管理为主要培训内容，以现职局厂党政领导干部、“四总师”为主要培训对象，培训现职高级企业管理干部的培训中心。由于教学目的与教学对象不同于普通高校，在办学方针、教学内容、教学方法、管理方法上都保持自身的特点。学院机关办公地点在北京市西三旗，教职工控制在500人以内。9月，撤销干部教育研究室，成立科研处，在政教系设立思想政治教育研究所，在企业管理系设立企业管理研究所。

1990年，按照总公司要把石油管理干部学院办成在职干部的培训中心、经济管理研究中心和人才开发中心的指示精神，结束了两年制成人大专班的教学任务。3月，总公司将中国石油企协的咨询培训部、学术研究部设在学院。12月，总公司明确石油管理干部学院设职能部门13个：党委办公室、组织部、宣传部、纪律检查委员会、工会（筹备组）、团委、院办公室、人事处、教务处、科研处、学员工作处、基建办公室、总务处；教学科研及辅助部门5个：思想政治教育系、经营管理系、国际经济贸易系、图书馆、经济管理研究中心。人员编制227人。为加强西三旗和昌平两地办学的协调和管理，设立昌平综合办公室，为临时机构。

截至1991年12月，石油管理干部学院建有3系5室1站1馆：思想政治教育系、企业经营管理系、国际经济贸易系、马列主义理论与思想政治工作教研室、石油工业经济教研室、石油企业经营管理教研室、石油劳动经济教研室、石油对外经济贸易教研室、计算机站、图书馆。累计培训各级各类干部3459人，其中局处两级干部1679人。同年，总公司将中国石油企协主办的《石油企业管理》编辑部设在石油管理干部学院。

1991年6月10日，中共石油管理干部学院第一次代表大会召开，选举产生第一届委员会和纪律检查委员会，张永一为党委书记，廖国芳为党委副书记、纪委书记。

1991年10月，石油管理干部学院正式办公地点在北京市西三旗，12月，昌平教学人员全部撤回西三旗，撤销昌平综合办公室。

1992年3月，总公司成立直属机关党校，设在石油管理干部学院。

1992年7月，国家人事部批准，石油管理干部学院名称为北京石油管理干部学院，事业编制267人，石油管理干部学院名称仅在内部使用。

1992年至1993年，石油管理干部学院对机关部门进行调整，教学部门仍为5个；行政管理部门8个：院长办公室、教务处、学员工作处、人事处、计财处、总务处、基建处、校办产业管理处；党群部门4个：党委办公室、工会办公室、总公司机关党校办公室、团总支；科研单位3个：石油经济管理研究中心、科技政策研究室、《石油企业管理》杂志编辑部。

1994年4月，总公司成立经济研究中心，为总公司直属正局级事业单位，设在石油管理干部学院。

1995年12月，石油管理干部学院提出高层次培训、高水平研究、高质量服务工作目标。累计举办培训班276个，培训1.12万人次。其中在职干部培训班260个，培训1.08万人次。在职干部学员中，局级干部220人，处级干部4022人。

截至1998年7月，石油管理干部学院设科研处、教务处、学工处、图书馆、电教中心、经营管理系、国际贸易系、企业管理编辑部、社科系、科技政策研究室、计算中心、纪检监察处、院长办公室、党委办公室、工会、人事处、离退休职工管理处、计划财务处、组织部、宣传部、总务处、文体馆、校办产业处、基建处等24个管理和教学部门，在册教职工400人。

（一）石油管理干部学院领导名录（1988.9—1998.7）

院　　长　赵国珍（1988.9—1990.3）
张永一（1990.3—1992.5）
尹道墨（1992.5—1996.11）
王孝先（1996.11—1997.11）
段大钧（1997.11—1998.7）

副 院 长　郑　虎（1990.5—1992.7）
王明德（1988.9—不详）
王庭树（1988.9—1994.4）
闫国志（1988.9—1996.11）
田小雪（1992.6—1997.11）
刘少斌（1997.11—1998.7）

（二）中共石油管理干部学院委员会领导名录（1988.9—1998.7）

书　　记　白凤仪（1988.9—1990.3）
张永一（1990.3—1992.5）
尹道墨（1992.5—1996.11）
王孝先（1996.11—1998.7）

副 书 记　廖国芳（女，1988.9—1996.11）
段大钧（1997.11—1998.7）

刘少斌（1997.11—1998.7）

委　　　员　王庭树（1988.9—1994.4）

闫国志（1988.9—1996.12）

田小雪（1993.4—1997.11）

于秀珍（女，1997.3—1998.7）

纪 委 书 记　廖国芳（1991.6—1996.12）

（三）石油管理干部学院工会（1991.12—1998.7）

主　　　席　廖国芳（1991.12—1996.12）

二、总公司直属机关党校（1992.3—1998.7）

石油管理干部学院成立以来，承担了石油工业部和总公司机关党校的职能，承办中央党校国家机关石油班。自1986年2月第六期中央党校石油班之后，基本保持每年开办两期。

1992年3月，总公司成立直属机关党校，设在石油管理干部学院，下设党校办公室。

校　　　长　任学忠（兼任，1992.3—1996.11）

王孝先（1996.11—1998.7）

副　校　长　张宽信（兼任，1992.3—1998.7）

郑　虎（兼任，1992.3—1992.7）

王孝先（兼任，1992.3—1996.11）

尹道墨（常务，1992.7—1998.6）

于秀珍（女，1996.11—1998.7）

三、总公司经济研究中心（1994.4—1998.10）

1994年4月，总公司决定，在石油管理干部学院经济管理研究中心基础上，按高层次、小实体、大网络的要求，组建总公司经济研究中心，为总公司直属正局级事业单位，设在石油管理干部学院，人员编制20人，纳入学院管理。

主　　　任　吴宗英（1994.1—1996.11）

杨景民（1996.11—1998.10）

副　主　任　尹道墨（1994.4—1998.6）

副局级调研员　胡朝元（1994.1—1997.7）

第五节　大庆石油学院（1988.9—1998.7）

1988年9月，大庆石油学院划归总公司管理，党组织关系隶属于大庆石油管理局党委。校址在黑龙江省安达市。

1990年5月24日至26日，中共大庆石油学院第五次代表大会召开，选举产生第五届委员会和纪律检查委员会，金国梁为党委书记，李云鹏、姜淑卿为党委副书记，姜淑卿为纪委书记。10月，成立大庆石油学院党校。

1992年11月，总公司正式授予大庆石油学院石油天然气地质与勘查、油气田开发工程、化学工程及工业化学、石油天然气机械工程、自动控制等5个学科的副教授评审权。

1993年12月，国务院学位委员会批准大庆石油学院油气田开发工程专业为博士学位授予点。

1995年7月20日，中共大庆石油学院第六次代表大会召开，选举产生第六届委员会和纪律检查委员会，姜淑卿为党委书记，郑广汉、孙彦彬为党委副书记，孙彦彬为纪委书记。

1997年12月20日，由大庆石油学院与大庆石油管理局、辽河石油勘探局等单位联合承担的"八五"国家重点科技攻关项目"石油水平井钻井成套技术"获国家科技进步一等奖。

1998年1月，黑龙江省学位委员会批准大庆石油学院增设防灾减灾工程及防护工程、电力电子与电力传动2个专业硕士学位点。

截至1998年，大庆石油学院设13个教学系部、1个成人教育学院，1个博士学位点、13个硕士学位点、16个本科专业、16个专科专业。在校生5000余人，共有教职工1831人，其中教学科研人员864人、具有高级职称人员367人，以及享受政府特殊津贴的科技专家和教育专家23人。累计培养各级各类人才4万余人。固定资产总值2.9亿元，学校占地110万平方米，建筑面积29万平方米。

一、大庆石油学院领导名录（1988.9—1998.7）

院　　长　陶景明（1988.9—1989.10）

　　　　　　李云鹏（1989.10—1994.11）

郑广汉（1994.11—1998.7）

副 院 长　潘秉智（1988.9—1989.10）

韩德旺（1988.9—1991.11）

李云鹏（1988.9—1989.10）

黄匡道（1988.9—1989.10）

姜淑卿（女，1988.9—1989.10）

刘业厚（1989.10—1994.7）

郑广汉（1989.10—1994.11）

张少南（1991.11—1998.7）

李世安（1991.11—1998.3）

魏兆胜（1995.3—1998.7）

徐延卿（1995.3—1998.7）

刘　扬（1998.3—7）

调 研 员　朱国兴（1990.8—不详）

二、中共大庆石油学院委员会领导名录（1988.9—1998.7）

书　　记　龙　昌（1988.9—1989.10）

金国梁（1989.10—1992.11）

李云鹏（1992.11—1994.11）

姜淑卿（1994.11—1998.7）

副 书 记　金国梁（1988.9—1989.10）

李云鹏（1989.10—1992.11）

姜淑卿（1989.10—1994.11）

孙彦彬（1991.11—1998.7）

郑广汉（1994.11—1998.7）

委　　员　陶景明（1988.9—1990.5）

韩德旺（1988.9—1990.5）

朱国兴（1988.9—1990.4）

申宝库（1988.9—1998.7）

刘业厚（1989.11—1994.7）

郑广汉（1989.11—1994.11）

梁　彪（1990.5—1990.11）
张少南（1992.2—1998.7）
李世安（1992.2—1995.7）
徐延卿（1993.5—1998.7）
魏兆胜（1995.7—1998.7）

纪委书记　朱国兴（1988.9—1990.4）
姜淑卿（1990.5—1994.11）
孙彦彬（1995.3—1998.7）

三、大庆石油学院工会（1988.9—1998.7）

主　　席　戴献永（1988.9—1992.12）

第六节　西南石油学院（1988.9—1998.7）

1988年9月，西南石油学院划归总公司管理，党组织关系隶属于中共四川省委。校址在四川省南充市。

1989年9月，联合国开发计划署援建中国的油井完井技术中心在西南石油学院正式成立，1992年3月正式定名为总公司油井完井技术中心。

1991年11月，中共西南石油学院第五次代表大会召开，选举产生第五届委员会和纪律检查委员会，党委委员7名，林维澄为党委书记，黄建民为党委副书记、纪委书记。

1991年，设立“地质勘探、矿业、石油”博士后科研流动站。

1993年2月，撤销生产设备处，成立设备处；纪委与监察审计处合署办公；成立人才交流中心，与劳动就业管理处合署办公；团委与学工部合署办公。

1995年，西南石油学院院长罗平亚当选中国工程院院士。

1996年6月，中共西南石油学院第六次代表大会召开，选举产生第六届委员会和纪律检查委员会，党委委员7名，董保真为党委书记，高卫东为党委副书记，曾宪平为纪委书记。

截至1998年12月，西南石油学院设教学系部15个，拥有本科专业16个。专职教师700余人，其中中国工程院院士1人、博士生导师24人、正副教授300

余人、国家级有突出贡献的中青年科技专家1人、国家级优秀教师4人、享受政府特殊津贴的专家33人。全日制在校生5100余人，其中博士研究生73人、硕士研究生430人、本专科生4600余人。拥有国家级重点学科“油气田开发工程”，1个博士后流动站，5个博士点，15个硕士点；国家级重点实验室“油气藏地质及开发工程”，省部级重点实验室2个。

一、西南石油学院领导名录（1988.9—1998.7）

院　　长 张绍槐（1988.9—1990.11）
罗平亚（1990.11—1998.7）

副 院 长 林维澄（1988.9—1990.11）
李士伦（1988.9—1995.8）
罗平亚（1989.10—1990.11）
张　斌（1989.10—1998.7）
董保真（1991.2—1995.12）
李　允（1994.5—1998.7）
向小壮（1995.8—1998.7）
罗　强（1996.6—12）
焦　棣（1998.3—7）

二、中共西南石油学院委员会领导名录（1988.9—1998.7）

书　　记 张永一（1988.9—1989.10）
曹开胜（1989.10—1990.11）
林维澄（1990.11—1995.12）
董保真（1995.12—1998.7）

副 书 记 曹开胜（1988.9—1989.10）
林维澄（1989.10—1990.11）
黄建民（1991.2—1994.7）
曾宪平（1991.12—1998.7）

委　　员 李士伦（1990.12—1995.12）
张　斌（1990.12—1998.7）
董保真（1991.11—1995.12）
张应光（1991.11—1996.6）

罗平亚（1994.5—1998.7）
李　允（1994.5—1998.7）
向小壮（1996.6—1998.7）
罗　强（1996.6—12）

纪委书记　黄建民（1991.2—1994.7）
曾宪平（1995.2—1998.7）

三、西南石油学院工会（1988.9—1998.7）

主　　席　崔汝梁（1988.9—1990.11）
曾宪平（1992.4—1998.7）

第七节　江汉石油学院（1988.9—1998.7）

1988年9月，江汉石油学院划归总公司管理，党组织关系隶属于中共湖北省委。校址在湖北省荆沙市。

截至1998年7月，江汉石油学院设石油地质系、地球物理勘探系、石油工程系、机械工程系、建筑工程系、化学工程系、电子与信息工程系、计算机科学系、经济管理系、基础科学系等13个教学系部，拥有6个省部级重点学科和4个部级重点实验室，7个硕士点，26个本专科专业。各类在校生6400余人，累计为国家培养各类专业人才3万余名。共有教职工1481人，其中教师近800人、教授72人、副教授、高级工程师218人，以及享受政府特殊津贴的专家20人。固定资产2亿元，学校占地面积40万平方米，建筑面积23万平方米。学院主办的《江汉石油学院学报》（自然科学版）被列为中文核心期刊。

一、江汉石油学院领导名录（1988.9—1998.7）

院　　长　章贻俊（1988.9—1992.6）
林壬子（1992.6—1994.6）
华北庄（1994.6—1998.7）

副 院 长　宗有葆（1988.9—1993.2）
郑基英（1988.9—1991.6）
凌克宽（1988.9—1993.3）

林壬子（1990.10—1992.6）
华北庄（1992.6—1994.6）
金振武（1992.6—1996.5）
蒋发太（1993.2—1995.2）
胡文宝（1995.3—1998.7）
戴向东（1995.12—1998.3）
张昌民（1998.3—7）
张玉清（1998.3—7）

二、中共江汉石油学院委员会领导名录（1988.9—1998.7）

书　　记　牟　杰（1988.9—1989.12）
张树平（1989.12—1995.2）
蒋发太（1995.2—1998.7）

副 书 记　白光第（1988.9—1998.7）
蒋发太（1990.10—1993.2）
章贻俊（1991.5—1992.6）
林壬子（1992.6—1994.6）
华北庄（1995.3—1998.7）

委　　员　章贻俊（1988.9—1991.5）
宗有葆（1988.9—1993.2）
马秀奇（1988.9—1995.12）
凌克宽（1988.9—1993.3）
刘绍沛（1990.12—1995.12）
林壬子（1990.12—1992.6）

纪委书记　张学义（1988.9—1990.10）
马秀奇（1990.10—1997.12）
熊开源（1997.12—1998.7）

三、江汉石油学院工会（1988.9—1998.7）

主　　席　熊开源（1990.10—1998.7）

第八节　西安石油学院（1988.9—1998.7）

1988年9月，西安石油学院划归总公司管理，党组织关系隶属于中共陕西省委，校址在陕西省西安市。

1992年11月，中共西安石油学院第五次代表大会召开，选举产生第五届委员会和纪律检查委员会，屈维章为党委书记，辛希贤为党委副书记。

1996年3月，西安石油学院设党群部门14个：党委办公室、党委组织部、党委宣传部、统战部、院报编辑部、广播电视中心、团委、学生工作部、保卫部、人武部、机关第一党总支、机关第二党总支、纪委、工会；行政教辅部门20个：院长办公室、国际交流中心、人事处、离退休职工工作管理处、教务处、科研处、学生工作处、实验教学处、高教研究室、财务处、监察处、总务处、审计处、保卫处、基建处、图书馆、劳动服务公司、校办产业处、石油工业技术监督编辑部、出版印刷中心；系部单位13个：石油工程系、机械工程系、电子工程及自动化系、经济管理系、化学工程系、计算机系、基础课部、社会科学部、体育部、成人教育部、研究生部、钻井信息中心、高能气体压裂中心。

1997年1月，为适应学院改革与发展需要，对系部建制进行调整，将电子工程及自动化系分设为电子工程及仪器系、自动化及电子工程系；将隶属于基础课部的外语教研室划出，成立外语系；化学工程系更名为石油化学工程系。

4月17日至18日，中共西安石油学院第六次代表大会召开，选举产生第六届委员会和纪律检查委员会，屈维章为党委书记，杨正一、辛希贤为党委副书记，辛希贤为纪委书记。

截至1998年7月，西安石油学院设8个系4个部1个二级学院：石油工程系、机械工程系、电子工程及仪器系、自动化及电力工程系、化学工程系、经济管理系、计算机系、外语系、基础课部、社会科学部、体育部、研究生部、成人教育学院；10个硕士点，15个本科专业，9个专科专业。在校生3400余人，教职工1380人，其中专职教师572人、教授35人、副教授167人，以及国家级有突出贡献的专家2人、享受政府特殊津贴的专家24人、全国优秀教师3人。资产总值2.3亿元，校园占地35万平方米，建筑面积19万平方米。

一、西安石油学院领导名录（1988.9—1998.7）

院　　长　邢汝霖（1988.9—1990.12）
张绍槐（1990.12—1994.6）
林壬子（1994.6—1996.8）
杨正一（1996.8—1998.7）

副 院 长　赵乃禄（1988.9—1989.11）
余国安（1988.9—1989.11）
李　茜（1988.9—1989.11）
杨正一（1989.11—1996.8）
薛中天（1992.7—1998.7）
乔学光（1996.8—1998.7）
张宁生（1996.8—1998.7）

调 研 员　李　茜（1989.11—不详）

二、中共西安石油学院委员会领导名录（1988.9—1998.7）

书　　记　吴林祥（1988.9—1990.12）
邢汝霖（1990.12—1992.7）
屈维章（1992.7—1998.7）

副 书 记　屈维章（1988.9—1992.7）
辛希贤（1992.7—1998.7）
林壬子（1994.6—1996.8）
杨正一（1996.8—1998.7）

委　　员　张绍槐（1990.12—1994.6）
薛中天（1992.11—1998.7）
李原平（1992.11—1994.10）
乔学光（1997.4—1998.7）
张宁生（1997.4—1998.7）
祝亚荣（1997.4—1998.7）

纪委书记　辛希贤（1992.11—1998.7）

第九节　承德石油高等技术专科学校—承德石油高等专科学校（1988.9—1998.7）

1988年9月，承德石油高等技术专科学校划归总公司管理，当年开始恢复招收大学专科学生。党组织关系隶属于中共承德市委。校址在河北省承德市。

1992年，承德石油高等技术专科学校更名为承德石油高等专科学校，行政级别为副局级。8月，下属承德石油机械厂将生产电机类产品的分厂注册成立承德司达石油装备开发公司，具有法人资格，实行独立核算。

1993年，学校两个项目首次获河北省优秀成果奖；内燃机等专业相继被教育部确定为高等工程专科教学改革试点专业。

1995年8月，下属承德石油机械厂划转中国石油物资装备总公司。

截至1998年7月，承德石油高等专科学校设教学与辅助单位9个：机械系、电气与电子系、热能工程系、化学工程系、管理工程系、基础教学部、成人教育部、教育技术中心、工业技术中心；普通专科和高职专业22个。共有教职工602人，专职教师189人，其中具有高级职称人员54人、中级职称人员101人、享受政府特殊津贴专家2人。全日制在校生2400余人，累计培养各类毕业生8600余人。固定资产1.2亿元，校舍建筑面积10万余平方米。

一、承德石油高等技术专科学校—承德石油高等专科学校领导名录（1988.12—1998.7）

校　　长　陈志荣（1988.12—1994.4）
　　　　　　喻祥隆（1994.4—1998.7）

副 校 长　崔士文（1988.12—1996.8）
　　　　　　关四福（1988.12—1998.7）
　　　　　　王宗政（1988.12—1998.7）
　　　　　　丁德全（1994.2—1998.7）
　　　　　　王纪安（1996.9—1998.7）
　　　　　　辛宝林（1996.9—1998.7）

二、中共承德石油高等技术专科学校委员会—中共承德石油高等专科学校委员会领导名录（1988.12—1998.7）

书　　记　陈志荣（1988.12—1990.2）

赵显文（1990.2—1994.4）

喻祥隆（1994.4—1998.7）

副 书 记　刘兴安（女，1988.12—1990.12）

王宗政（1990.12—1996.8）

纪委书记　刘兴安（1988.12—1990.12，1996.9—1998.7）

王宗政（1990.12—1996.9）

第十节　重庆石油学校—重庆石油高等专科学校（1988.9—1998.7）

1988年9月，重庆石油学校划归总公司管理，党组织关系隶属于四川石油管理局党委。校址在重庆市渝中区。

1990年3月，成立离退休工作科。7月，撤销职教科，成立监察审计科、马列主义教研室、计划生育办公室。9月，增设给水排水、内燃机运用与维修2个专业；矿场机械专业科更名为机械专业科，设矿机、金工、机制、制图、汽车、内燃机等6个教研组；财经专业科更名为建筑工程专业科，设结构、施工、财会、企管等4个教研组，后增设给排水教研组。

1994年3月，经国家教委批准，在重庆石油学校的基础上组建重庆石油高等专科学校，7月正式更名为重庆石油高等专科学校，实行由总公司和四川省双重领导，以总公司为主的管理体制。9月，首次招收335名大专生和321名职工中专生，在校生规模定为3000人。10月，总公司批准学校机构设置方案，设4个教学系部：勘探开发系、机械工程系、建筑工程系、基础教学部；机关管理部门14个：党委办公室、党委组织部、党委宣传部、纪监办、工会、校长办公室、教务处、学生处、人事处、计财处、保卫处、总务处、校办产业办公室、审计科。

1997年6月，党组织关系改为隶属于中共重庆市委。

1998年7月17日，中共重庆石油高等专科学校第一次代表大会召开，选举产生第一届委员会和纪律检查委员会，李玉平为党委书记，刘业厚、武金陵为党委副书记，武金陵为纪委书记。

截至1998年7月，重庆石油高等专科学校设石油工程系、机电工程系、建筑工程系、工商管理系、基础教学部、社会科学部、成人教育部等7个系部，开设19个专业。共有教职工566人，其中高级专业技术职称人员82人、中级专业技术职称人员204人。在校生2000余人，在册函授生1300余人。先后培养各级各类人才2万余人。学校占地面积24.3万平方米，建筑面积12万平方米。

一、重庆石油学校（1989.9—1994.7）

（一）重庆石油学校领导名录（1989.9—1994.7）

校　　长　夏树华（1988.9—10）

江立生（1989.9—1990.12）

高国炎（1990.12—1994.7）

副 校 长　蒋德芳（代理校长，1988.10—1989.9；1989.9—1991.11）

侯忠勇（1988.9—1994.7）

高国炎（1988.9—1990.12）

萧义昭（1990.12—1994.7）

郭万源（1992.3—1994.7）

（二）中共重庆石油学校委员会领导名录（1988.9—1994.7）

书　　记　邹水生（1988.9—1994.7）

二、重庆石油高等专科学校（1994.7—1998.7）

（一）重庆石油高等专科学校领导名录（1994.7—1998.7）

校　　长　刘业厚（1994.7—1998.7）

副 校 长　高国炎（1994.7—1998.3）

郭万源（1994.7—1998.7）

武金陵（1994.7—1998.7）

郑航太（1998.3—7）

（二）中共重庆石油高等专科学校委员会领导名录（1994.7—1998.7）

书　　记　黄建民（1994.7—1998.3）

李玉平（1998.3—7）

副 书 记　邹水生（1994.7—1998.3）

　　　　　刘业厚（1994.7—1998.7）

纪委书记　邹水生（1994.7—1998.3）

（三）重庆石油高等专科学校工会（1994.7—1998.7）

主　　席　周永珍（1994.7—1998.7）

第十一节　培黎石油学校（1988.9—1998.7）

1988年9月，培黎石油学校划归总公司管理，党组织关系隶属于中共兰州市委。校址在甘肃省兰州市。学校占地面积15万余平方米，建筑面积8万多平方米，固定资产总额5000余万元。

1994年8月，国家教委确定培黎石油学校为国家级重点中专。

1997年11月28日，培黎石油学校举办纪念路易·艾黎诞辰100周年活动，总公司高级顾问王涛、总经理助理史训知等领导参加活动。

截至1998年7月，培黎石油学校设党委工作部、教学工作部、汽修专业科、矿焊专业科、计物专业科、后勤工作部、多种经营管理科、实习工厂、研究室、校工会、劳动服务公司；工科类专业8个：汽车运用与维修、石油矿场机械、机电设备维修、焊接工艺与技术、计量与测试技术、石油钻采、石油地质、计算机及应用；管理类专业7个：电算财会、礼仪与公关、物资营销与管理、商品质量监督、外事服务、物业管理、家电商品导购。教职工248人，其中专职教师119人，在校生1800余人。累计培养近1.5万名中等专业人才。

一、培黎石油学校领导名录（1988.9—1998.7）

校　　长　刘期楚（1988.9—1998.7）

副 校 长　袁泽溪（1988.9—1991）

　　　　　陈如皋（1988.9—1990.7）

　　　　　张永强（1991.8—1998.7）

　　　　　黄克勤（1991.8—1998.7）

二、中共培黎石油学校委员会领导名录（1988.9—1998.7）

书　　记　刘祖泰（1988.9—1993.5）

刘期楚（1993.11—1998.7）

副 书 记 李万寿（1991.8—1996.1）

刘期楚（1991.9—1993.11）

王惠芳（女，1996.7—1998.7）

纪委书记 李万寿（1992.9—1996.1）

王惠芳（1996.7—1998.7）

三、培黎石油学校工会（1996.7—1998.7）

主　　席 王惠芳（1996.7—1998.7）

第七章　参股单位、社会团体

1988年9月，石油工业部管理的全国储量委员会石油天然气专业委员会改为挂靠总公司管理；1994年7月，地质矿产部全国矿产储量委员会重组为全国矿产资源委员会，石油天然气专业委员会也随之更名为石油天然气储量委员会。

1988年9月，中国石油学会、中国石油企业管理协会和中国石油体育协会3个社会团体改为总公司管理。1989年8月，总公司组建教育指导委员会。1990年12月，总公司成立中国石油文联。1992年8月，国家教育委员会批准，成立中国石油教育学会，挂靠总公司。12月，中国石油天然气总公司与中国化工进出口总公司合资组建中国联合石油公司。1994年7月，总公司教育指导委员会与中国石油教育学会合署办公。1996年3月，中国石油天然气总公司、煤炭工业部和地质矿产部联合组建中联煤层气有限责任公司。

截至1998年7月，总公司管理的社会团体共有5个，办公地点均在北京市，党组织关系隶属于总公司相关业务归口部门党支部和直属机关党委。

第一节　中国联合石油公司—中国联合石油有限责任公司（1992.12—1998.7）

1992年12月，国务院批准，中国石油天然气总公司与中国化工进出口总公司（以下简称中化总公司）合资组建中国联合石油公司（以下简称中联油公司）；1993年1月，完成工商注册，注册资金1亿元。机关办公地址在北京市西城区西直门外大街135号展览馆宾馆。

主要职责：负责经营国内原油出口业务、中石油系统石油石化产品的进出口业务、石油生产建设所需设备、器材和技术的进出口业务、进出口石油的仓储运输业务等。中联油公司设部室5个：总经理办公室、计划财务部、项目开发部、营销一部、营销二部，人员编制98人。11月，中联油公司在大连、青岛设立子公司，负责执行中联油公司原油、成品油的进出口合同，承办中外合资经营、合作生产、来料加工、易货贸易及转口贸易等业务。

1992年，中联油公司进出口额达9.3亿美元，其中出口额8.1亿美元。在当年“中国进出口额最大的500家企业”和“出口额最大的200家企业”中列第19位和第9位。

1994年初，机构调整为10个部室。3月，在香港成立中国石油（香港）有限公司。8月，成立中国联合石油公司临时党委。

1996年7月，中联油公司对组织机构进行调整，设部室11个：总裁办公室、党委办公室、人事部、财务部、计划统计部、项目投资管理部、石油一部、石油二部、综合贸易部、装备进出口部、仓储运输部。12月，成立中联油（美国）有限公司。当年，进出口总额12.2亿美元，其中出口额9.5亿美元、进口额2.7亿美元。

1997年，撤销计划统计部，仓储运输部与石油一部合并。

1997年3月，中共中国联合石油公司第一次代表大会召开，选举产生第一届委员会和纪律检查委员会，林青山为党委书记，高山为党委副书记，王立华为纪委书记。7月，中国联合石油公司更名为中国联合石油有限责任公司，机关办公地点迁至北京市西城区阜成门外大街2号万通新世界广场A座22层。

截至1998年7月，中国联合石油有限责任公司设部室9个，上海、青岛、大连3个境内子公司，香港、日本、美国、新加坡、哈萨克斯坦等5个海外机构，烟台联油实业公司、宇光国际运输公司2个控股公司和21个联营公司。

一、中国联合石油公司—中国联合石油有限责任公司董事会（1992.12—1998.7）

董　事　长　周庆祖（1992.12—1995.6）
杨景民（1995.6—1996.1）
韩根生（中化总公司，1996.1—1998.7）

副 董 事 长　梁高才（1992.12—1993.1）
富　勇（中化总公司，1992.12—1995.5）
高润清（1993.1—1996.1）
韩根生（1995.5—1996.1）
黄　炎（1996.1—1998.7）
高　山（中化总公司，1996.1—1998.7）

董　　　事　安郁培（1992.12—1996.1）
曾兴球（1992.12—1996.1）
朱元仁（中化总公司，1992.12—1994.9）
岳泽民（中化总公司，1992.12—1995.5）
张希森（中化总公司，1992.12—1996.2）
姜爱平（中化总公司，1994.9—1996.2）
林青山（1996.1—1998.7）
杨景民（1996.1—1998.7）
吴耀文（1996.1—1998.7）
朱秀兰（女，中化总公司，1995.5—1998.7）
王可强（中化总公司，1996.2—1998.7）

二、中国联合石油公司—中国联合石油有限责任公司监事会（1996.1—1998.7）

监　　　事　常露莎（女，1996.1—1998.7）
于　腾（1996.1—1998.7）

三、中国联合石油公司—中国联合石油有限责任公司领导名录（1992.12—1998.7）

总　经　理　张希森（1992.12—1996.1）
林青山（1996.1—1998.7）
常务副总经理　安郁培（1992.12—1996.1）
高　山（1996.1—1998.7）
副总经理　赵德祯（1992.12—1996.1）
王立华（女，1996.1—1998.7）
蒋汝根（中化总公司，1997.11—1998.7）
沈定成（1997.11—1998.7）

四、中共中国联合石油公司临时委员会—中共中国联合石油有限责任公司委员会领导名录（1994.8—1998.7）

1994年8月至1997年4月：

书　　　记　安郁培（1994.8—1996.1）
副　书　记　刘文治（1994.8—1997.4）

委　　员　张希森（1994.8—1996.2）
　　　　　　赵德桢（1994.8—1997.1）
　　　　　　常露莎（1994.8—1997.4）

1997年4月至1998年7月：

书　　记　林青山（1997.4—1998.7）
副 书 记　高　山（1997.4—1998.7）
委　　员　王立华（1997.4—1998.7）
　　　　　　常露莎（1997.4—1998.7）
　　　　　　郑源遥（1997.4—1998.7）
纪委书记　王立华（1997.4—1998.7）

五、中国联合石油有限责任公司工会（1995.2—1998.7）

主　　席　章建人（1995.2—1998.7）

第二节　中联煤层气有限责任公司（1996.3—1998.7）

1996年3月，经国务院批准，由中国石油天然气总公司、煤炭工业部、地质矿产部联合组建中联煤层气有限责任公司（以下简称中联公司）。5月，中联公司在北京注册成立，注册资本1亿元，由总公司、煤炭工业部、地质矿产部各自筹三分之一。中联公司设董事会和监事会，正副董事长、正副总经理及监事会主席实行三家委派人员交叉轮流任职。

中联公司的主要任务是从事煤层气资源的勘探、开发、输送、销售和利用，并经国务院授权享有对外合作进行煤层气勘探、开发、生产的专营权。挂靠煤炭工业部，煤层气资源勘探开发管理工作暂由国家计划委员会归口管理。

1996年6月，成立中联煤层气有限责任公司临时党支部，陈明和任党支部书记，王慎言、孟广鏄任党支部副书记。中联公司设办公室、人事部、经济事务部、综合项目部、国际合作部、经营部等6个部门。12月，国家对外贸易经济合作部同意中联公司经营对外贸易业务，进出口业务由煤炭工业部归口管理。

1997年，根据国务院批复精神，国家计划委员会同意中联公司从1998年起在国家计划中实行单列，中联公司在固定资产投资、吸收外商直接投资等方面享有国家规定的自主决策权。1998年，国家科技部、人事部批准中联公司在科技计划和人事计划实行单列，国家财政部同意中联公司作为一级预算单位单列，中联公司的财务关系在财政部内归口基建司管理。

1998年3月，撤销地质矿产部，其所持中联公司股权划归国土资源部持有。4月，撤销煤炭工业部，其所持中联公司股权划归国家煤炭工业局持有。7月，总公司所持中联公司股权由中国石油天然气集团公司承继。

一、中联煤层气有限责任公司董事会（1996.5—1998.7）

董 事 长　陈明和（煤炭工业部，1996.5—1998.7）

副董事长　王慎言（1996.5—1998.7）

许宝文（地质矿产部，1996.5—1998.7）

董　　事　郦建人（煤炭工业部，1996.5—1998.7）

张树明（1996.5—1998.7）

刘泽英（地质矿产部，1996.5—1998.7）

孙茂远（煤炭工业部，1996.5—1998.7）

二、中联煤层气有限责任公司监事会（1996.5—1998.7）

主　　席　赖文生（地质矿产部，1996.5—1998.7）

三、中联煤层气有限责任公司领导名录（1996.5—1998.7）

总 经 理　王慎言（1996.5—1998.7）

副总经理　郦建人（1996.5—1998.7）

张树明（1996.5—1998.7）

刘泽英（1996.5—1998.7）

孙茂远（1996.5—1998.7）

总会计师　袁长永（煤炭工业部，1996.5—1998.7）

四、中共中联煤层气有限责任公司临时支部委员会领导名录（1996.6—1998.7）

书　　记　陈明和（1996.6—1998.7）

副 书 记　王慎言（1996.6—1998.7）

孟广鐏（1996.6—1998.7）

委　　员　刘泽英（1996.6—1998.7）

杜　明（1996.6—1998.7）

五、中联煤层气有限责任公司工会（1997.8—1998.7）

主　　席　丘沛哲（地质矿产部，1997.8—1998.7）

第三节　全国储委石油天然气专业委员会—全资委石油天然气储量委员会（1988.9—1998.7）

1988年9月，全国矿产储量委员会（简称全国储委）石油天然气专业委员会（简称油气专委）改为挂靠总公司。全国储委油气专委办公室（简称油气专委办）仍设在石油勘探开发科学研究院，作为油气专委的办事机构，行政级别正处级。

1994年7月，地质矿产部机构改革，全国矿产储量委员会重组为全国矿产资源委员会（简称全资委），石油天然气专业委员会也随之更名为石油天然气储量委员会（简称油气储委）。同月，油气专委办职能移交石油地球物理勘探局，行政级别仍为正处级，对外称全资委油气储委办公室，对内称石油地球物理勘探局储量处，分别管理全国和总公司的油气储量。

1995年1月，总公司经全国矿产资源委员会批准，将石油天然气储量委员会办公室行政级别调整为副局级，并从石油地球物理勘探局分立出来，由总公司直接领导。

1998年国务院机构改革时，国家地质矿产部重组为国土资源部，撤销全国矿产资源委员会，在国土资源部设立矿产资源储量司并成立国土资源部矿产资源储量评审中心，负责评审全国矿产资源储量。油气作为国家一级管理的矿产资源，单独设立国土资源部矿产资源储量评审中心石油天然气专业办公室，挂靠中国石油天然气集团公司。

一、全国矿产储量委员会石油天然气专业委员会领导名录（1988.9—1994.7）

主　　任　阎敦实（兼任，1988.9—1994.6）

办公室主任　杨通佑（副局级，1988.9—1992.6）

刘雨芬（副局级，1992.6—1994.7）

二、全国矿产资源委员会石油天然气储量委员会领导名录（1994.7—1998.7）

主　　任　周永康[1]（兼任，1994.7—1998.7）

办公室主任　刘雨芬（1994.7—1995.1）

吕鸣岗（副局级，1995.1—1996.11）

查全衡（正局级，1996.11—1998.7）

第四节　中国石油学会（1988.9—1998.7）

中国石油学会成立于1978年，是由中国石油、石化、海洋石油广大科技工作者组成的学术性群众团体，是中国科学技术协会的组成部分，英文名称为Chinese Petroleum Society（简称CPS）。主要任务是团结石油、石化、海洋石油科技工作者，积极开展国内外学术交流活动，推动石油、天然气和石油化工科学技术的发展并迅速转化为生产力；普及石油、天然气和石油化工科学技术知识；出版学术期刊；开展对石油、天然气和石油化工发展战略及经济建设重大决策的咨询服务。办公地址在北京市西城区六铺炕街6号。

1989年4月，总公司核定中国石油学会办事机构，设学术交流部、编辑出版部、办公室等3个部室，人员编制（事业编制）25人。

1989年5月30日，中国石油学会在大连召开第三次全国会员代表大会，选举产生第三届理事会，理事161人，常务理事35人，共有会员4.5万人。

中国石油学会第三届理事会期间，经中国科学技术协会同意，建立石油统计专业学会。海南省建立地方石油学会，使全国地方石油学会总数达27个。

1992年5月，总公司同意中国石油学会机构调整为办公室、学术交流部、学报编辑出版部、科技咨询科普教育部等4个部门。

1995年4月22日，中国石油学会在北京召开第四次全国会员代表大会，选举产生第四届理事会，理事179人，常务理事47人，共有会员6.09万人。

7月，总公司直属机关党委批复同意中共中国石油学会支部委员会由陆基

[1] 2014年7月，周永康涉嫌严重违纪违法，中共中央纪律检查委员会对其立案审查；12月，中共中央政治局会议审议并通过中共中央纪律检查委员会《关于周永康严重违纪案的审查报告》，决定给予周永康开除党籍处分。2015年6月，周永康被判处无期徒刑，剥夺政治权利终身。

孟、鲍新建、杨茁等3人组成，陆基孟任支部书记。

1997年3月，总公司直属机关党委批复同意中共中国石油学会支部委员会由陈立滇、何庆华、杨茁等3人组成，陈立滇任支部书记。

中国石油学会第四届理事会期间，经中国科学技术协会同意，石油炼制学会、海洋石油学会更名为石油炼制分会、海洋石油分会，环境保护学组更名为环境保护专业委员会，建立质量可靠性专业委员会。福建省建立地方石油学会，使全国地方石油学会总数达28个。

自20世纪80年代以来，中国石油学会与国际石油工程师学会（SPE）建立了密切联系，设立SPE北京联络部、SPE大庆分部、SPE胜利分部、SPE蛇口分部、SPE中国海洋天津分部，国内SPE会员（未含港、澳、台地区）1000余人。此外，（国际）测井分析家协会（SPWLA）、勘探地球物理家学会（SEG）也分别于1990年和1994年设立了北京分会，并相继在华举办多次国际学术会议暨展览。

一、第二届理事会领导名录（1988.9—1989.5）

理 事 长　侯祥麟（1988.9—1989.5）

副理事长　张文佑（中国科学院，1988.9—1989.5）

闵　豫（1988.9—1989.5）

申力生（1988.9—1989.5）

朱　夏（上海海洋地质调查局，1988.9—1989.5）

沈　晨（1988.9—1989.5）

张皓若（中国石油化工总公司，1988.9—1989.5）

秘 书 长　刘同刚（1988.9—1989.5）

二、第三届理事会领导名录（1989.5—1995.4）

理 事 长　李天相（1989.5—1995.4）

副理事长　李虞庚（1989.5—1995.4）

李毅中（中国石油化工总公司，1989.5—1995.4）

尤德华（中国海洋石油总公司，1989.5—1995.4）

孙　枢（中国科学院，1989.5—1995.4）

关士聪（地质矿产部，1989.5—1995.4）

闵恩泽（中国石油化工总公司，1989.5—1995.4）

秘 书 长　刘同刚（1989.5—1995.4）

三、第四届理事会领导名录（1995.4—1999.6）

理 事 长　金钟超（1995.4—1998.7）

副理事长　邱中建（1995.4—1998.7）

张永一（1995.4—1998.7）

李毅中（中国石油化工总公司，1995.4—1998.7）

袁晴棠（女，中国石油化工总公司，1995.4—1998.7）

尤德华（中国海洋石油总公司，1995.4—1998.7）

陈炳骞（中国海洋石油总公司，1995.4—1998.7）

陈洲其（地质矿产部，1995.4—1998.7）

王佛松（中国科学院，1995.4—1998.7）

孙　枢（国家自然科学基金委员会，1995.4—1998.7）

秘 书 长　陆基孟（1995.4—1997.3）

陈立滇（1997.3—1998.7）

第五节　中国石油企业管理协会（1988.9—1998.7）

中国石油企业管理协会（以下简称石油企协）于1984年8月由石油工业部成立。按照国家民政部门有关政策文件和《中国石油企业管理协会章程》规定，石油企协作为一个全国性的行业社团组织，会员代表大会是其最高权力机构，理事会是其执行机构，秘书处是其常设机构。领导人员除专职副会长或专职秘书长外均为兼职。专职副会长或专职秘书长在会长及其他副会长的领导、协调下主持开展日常工作。

1989年3月，石油企协在京召开石油企协理事会议，对第二届理事会负责人进行调整。

1988年9月，石油企协改为挂靠总公司。

1989年11月，总公司将石油企协秘书处从总公司企业管理部企管处划出，作为石油企协常务理事会独立对外的办事机构，日常工作由石油企协常务理事会直接领导。石油企协秘书处在行政上仍归口总公司企管部管理，其人员编制2人由当时的企管部企管处划出，专职负责人员按处级配备。

1990年3月，石油企协成立咨询培训部、学术研究部，设在北京石油管理干部学院。10月，成立石油企协装备企业分会。

1991年1月，成立《石油企业管理参考》编辑部，设在石油管理干部学院。

1992年7月，经民政部社会团体管理司批准，中国石油企业管理协会正式注册登记，成为具有独立法人资格的全国性社团组织。

1994年11月29日至12月2日，石油企协成立十周年纪念大会暨第三届理事会议在北京召开，选举第三届理事会领导机构。

1995年1月，由《石油企业管理参考》改版的《石油企业管理》杂志在国内外公开发行，杂志编辑部仍设在石油管理干部学院，王庭树任主编，王学功任副主编，钟艳阳任编辑部主任。

1996年11月，石油企协成立海洋石油分会。12月，成立公路运输分会，分会办公地址设在山东省东营市胜利石油管理局运输处。

一、第二届理事会领导名录（1987.9—1994.11）

会　　长　李　敬（1987.9—1989.3）

周永康[1]（1989.3—1994.11；法人代表，1992.7—1994.11）

常务副会长　康心浩（1989.3—1994.11）

副 会 长　康心浩（1987.9—1989.3）

唐克伦（1987.9—1994.11）

单永复（1987.9—1994.11）

尤德华（1987.9—1994.11）

李芳白（1987.9—1994.11）

彭振南（1987.9—1994.11）

陆寿椿（1987.9—1994.11）

郑国平（1987.9—1994.11）

王镜心（1989.3—1994.11）

秘 书 长　康心浩（1987.9—1989.3）

---

[1] 2014年7月，周永康涉嫌严重违纪违法，中共中央纪律检查委员会对其立案审查；12月，中共中央政治局会议审议并通过中共中央纪律检查委员会《关于周永康严重违纪案的审查报告》，决定给予周永康开除党籍处分。2015年6月，周永康被判处无期徒刑，剥夺政治权利终身。

赵　毅（1989.3—1994.11）

二、第三届理事会领导名录（1994.11—1998.7）

会　　长　周永康（1994.11—1998.7）

常务副会长　陈　耕（1994.11—1998.7）

副 会 长　卫留成（1994.11—1998.7）

周家俊（1994.11—1998.7）

王煌今（1994.11—1998.7）

尹道墨（1994.11—1998.7）

许宗荫（1994.11—1998.7）

秘 书 长　许宗荫（1994.11—1998.7）

第六节　教育指导委员会（1989.8—1994.7）

为加强对石油教育的宏观指导，努力提高各级各类石油教育质量，1989年8月，组建中国石油天然气总公司教育指导委员会，石油工业部教育指导委员会随即撤销。教育指导委员会是在中国石油天然气总公司领导下的石油教育工作的参谋、咨询、指导机构。主要任务是：结合石油工业的实际，认真贯彻党中央、国务院关于教育的方针、政策和决定；研究论证石油专门人才的预测和石油教育的规划；督促检查石油院校和企事业单位的教育和培训工作，反映、研究石油教育存在的问题；促进石油教育的改革，提高石油教育的质量和效益；研究加强石油教育的队伍建设、教材建设和物质条件建设，改善办学环境；组织开展石油教育研究。

教育指导委员会的办事机构设在总公司人事教育部，设主任1人、副主任5人，秘书长1人，专职副秘书长1人，委员共25人。

1994年7月，中国石油天然气总公司教育指导委员会换届。总公司明确教育指导委员会和中国石油教育学会合署办公，一个办事机构两块牌子。

一、第一届委员会领导名录

主　任　黄　凯

副主任　贾　皞　杨光华　赵国珍　白凤仪　陈鸿璠（专职）

委　员　黄　凯　贾　皞　杨光华　赵国珍　白凤仪　陈鸿璠　王者春　白正之　陈　耕　尹道墨　孟尔盛　秦同洛　张鸿飞　梁翕章　安锦高　陶景明　邢汝霖　牟　杰　阿瓦哈力　崔汝梁　承光武（女）　张克庸　王锡光　荀永年　徐怀平

秘书长　尹道墨

二、第二届委员会领导名录

主　任　黄　凯

副主任　贾　皞　杨光华　赵国珍　白凤仪　陈鸿璠　徐梦虹

委　员　黄　凯　贾　皞　杨光华　赵国珍　白凤仪　陈鸿璠　徐梦虹　王者春　尹道墨　孟尔盛　安锦高　张乐家　陶景明　邢汝霖　牟　杰　华泽澎　章贻俊　张绍槐　崔汝梁　李文振　邱志远　王锡光　荀永年　徐怀平　郑厚光　孟繁杰

秘书长　邱志远（正处级）

第七节　中国石油教育学会—中国石油教育学会（总公司教育指导委员会）（1992.8—1998.7）

1992年8月，国家教育委员会正式批准成立中国石油教育学会（CHINA PETROLEUM EDUCATION SOCIETY），挂靠总公司。1993年5月19日，经民政部准予注册登记，为独立的社会团体法人。主要任务：组织会员单位根据党和国家的教育方针及总公司关于教育工作的部署，开展石油教育改革和发展中重大问题的研究，并提出建议；组织会员单位开展石油教育研究工作中的学术与经验交流和横向协作；接受委托开展关于石油教育的考核、督导、评估；开展咨询服务；组织书刊和资料编辑出版等活动；开展有关教育方面的国际合作与交流，提供信息服务。

1994年10月，中国石油教育学会召开首届代表大会，选举产生理事会和常务理事会，学会常务副理事长和秘书长为专职人员，会员单位为总公司所属的高等院校、中等职业学校、普通中小学校、职工院校以及有关企事业单位。

经总公司批准，中国石油教育学会和总公司教育指导委员会实行一个办事机构两块牌子。设秘书处、学术研究部、科技开发部、国际交流部和《石油教育》编辑部等5个部门。

经民政部批准，中国石油教育学会设6个分支机构：高等教育专业委员会、职业教育专业委员会、干部教育专业委员会、技工教育专业委员会、继续教育专业委员会、基础教育专业委员会。

名誉理事长　王　涛　黄　凯　朱亚杰

理　事　长　张永一

常务副理事长　陈鸿

副 理 事 长　贾　皞　杨光华　张一伟　华泽澎　赵国珍　尹道墨　徐梦虹　李文振　关晓红（女）　张宗义　邱志远

常 务 理 事　张永一　贾　　杨光华　张一伟　华泽澎　赵国珍　陈鸿璠　尹道墨　徐梦虹　李文振　关晓红　张宗义　于万祥　刘海胜　邱志远

秘　书　长　邱志远（正处级）

第八节　中国石油体育协会（1988.9—1998.7）

中国石油体育协会（简称石油体协，英文名称CHINA PETROLEUM SPORTS ASSOCIATION）是具有法人地位的非盈利性全国性社会团体，接受国家体育总局的业务指导、民政部的监督管理，于1984年11月12日成立。总公司成立后，石油体协改为挂靠总公司，协会主席孙晓风，第一副主席王福臻。1989年8月，总公司批准石油体协人员编制5人。

1990年6月，召开第二次全国团体会员代表大会，主席金钟超，常务副主席康书丛。

1994年11月，召开第三次全国团体会员代表大会，主席金钟超，常务副主席张书玺。

石油体协已形成老将田径、国际马拉松、铁人三项、风筝、门球、传统武术、信鸽、健美、毽球、现代拔河、健身秧歌、中国象棋、桥牌、台球、网球、体育舞蹈、健身操、篮球、乒乓球、航模、体育集邮等一批传统优秀项目，在国内外产生了一定的影响。

第九节　中国石油文化艺术工作者联合会
（1990.12—1998.7）

1989年11月，总公司筹备成立中国石油文化艺术工作者联合会（简称中国石油文联）。1990年12月，中国石油文联在胜利油田黄河饭店召开成立大会，选举产生中国石油文联第一届委员会，金钟超为主席。

中国石油文联是中国石油天然气总公司所属企事业单位文联和系统内文化艺术专业协会及中国海洋石油总公司有关企业文联自愿结成的群众性文化艺术团体，是我国较早成立的产业文联之一，系中国文联团体会员，并在国家民政部正式注册登记的国家一级社团法人。

1991年5月，总公司批准中国石油文联下设办公室为日常办事机构，人员编制5人，其中主任1人。编制在总公司思想政治工作办公室2人（不另增编），中国石油报社3人。1993年4月，总公司同意中国石油文联增加编制1人，主要负责《地火》期刊编辑工作，编制设在中国石油报社。

中国石油文联于1984成立摄影协会，之后相继成立了文学、美术、书法、音乐舞蹈、电视、集邮等7个协会。文学协会和中国石油文联合署办公，其余各协会分别挂靠总公司办公厅、大港石油管理局、石油地球物理勘探局、管道局、胜利石油管理局、情报研究所等单位。

第三编
附　　录

第一章　总公司组织机构名录及沿革图

一、1988年12月总公司组织机构名录

单　　位		所 在 地
（一）总部机关职能部门（21个）		
1	办公厅	北京市
2	计划部	北京市
3	财务部	北京市
4	勘探部	北京市
5	开发生产部	北京市
6	基建工程部	北京市
7	经营销售部	北京市
8	装备部	北京市
9	科技发展部	北京市
10	人事教育部	北京市
11	企业管理部	北京市
12	劳动工资部	北京市
13	审计部	北京市
14	监察室	北京市
15	外事局	北京市
16	油气资源管理局	北京市
17	钻井司	北京市
18	宣传思想工作办公室	北京市
19	党委工作部	北京市
20	行政事务部（行政附属编制）	北京市
21	老干部局（行政附属编制）	北京市
（二）油田、勘探企业（15个）		
1	大庆石油管理局	黑龙江省大庆市
2	华北石油管理局	河北省任丘市
3	胜利油田会战指挥部	山东省东营市
4	中原石油勘探局	河南省濮阳市
5	江苏石油勘探局	江苏省江都县

续表

单　　位		所　在　地
6	河南石油勘探局	河南省南阳市
7	长庆石油勘探局	甘肃省庆阳县
8	新疆石油管理局	新疆克拉玛依市
9	江汉石油管理局	湖北省潜江市
10	滇黔桂石油勘探局	云南省昆明市
11	青海石油管理局	青海省海西州
12	四川石油管理局	四川省成都市
13	冀东石油勘探开发公司	河北省唐海县
14	浙江石油勘探处	浙江省杭州市
15	石油地球物理勘探局	河北省涿州市
（三）管道、运输、通信、机械、建设企业（21 个）		
1	中国石油天然气总公司管道局	河北省廊坊市
2	东北输油管理局	辽宁省沈阳市
3	华东输油管理局	江苏省徐州市
4	中国石油天然气总公司运输公司	新疆乌鲁木齐市
5	中国石油天然气总公司通信公司	河北省固安县
6	中国石油天然气总公司第一建设公司	河南省洛阳市
7	中国石油天然气总公司第六建设公司	广西桂林市
8	中国石油天然气总公司第七建设公司	山东省胶州市
9	中国石油天然气总公司第八建设公司	辽宁省抚顺市
10	中国石油天然气总公司华东勘察设计院	山东省胶州市
11	中国石油工程建设公司	北京市
12	沧州器材库	河北省沧州市
13	中南供应办事处	湖北省武汉市
14	华北供应办事处	天津市
15	东北供应办事处	辽宁省沈阳市
16	广州供应办事处	广东省广州市
17	西南供应办事处	四川省成都市
18	华东供应办事处	上海市
19	西北供应办事处	陕西省西安市
20	郑州供应办事处	河南省郑州市
21	中国石油物资公司	北京市
（四）科研院所（5 个）		
1	石油勘探开发科学研究院	北京市

续表

单　　位		所 在 地
2	规划设计总院	北京市
3	工程技术研究所	天津市
4	西北地质研究所	甘肃省兰州市
5	石油管材研究中心	陕西省宝鸡市
（五）石油院校（11 个）		
1	石油大学（北京）	北京市
2	石油大学（华东）	山东省东营市
3	石油大学广州培训部	广东省广州市
4	石油管理干部学院	北京市
5	大庆石油学院	黑龙江省安达市
6	西南石油学院	四川省南充市
7	江汉石油学院	湖北省荆沙市
8	西安石油学院	陕西省西安市
9	承德石油高等技术专科学校	河北省承德市
10	重庆石油学校	四川省重庆市
11	培黎石油学校	甘肃省兰州市
（六）信息、新闻、出版单位（4 个）		
1	情报研究所	北京市
2	石油工业出版社	北京市
3	中国石油报社	河北省涿州市
4	中国石油画报社	河北省廊坊市
（七）经营服务公司（2 个）		
1	中国石油技术开发公司	北京市
2	中国石油开发公司	北京市

注：单位所在地名称均为当时名称。

二、1988—1998年总公司组织机构沿革图

机构沿革图例说明

1. 本图主要按编年记事的方式简要绘制组织机构的沿革变化，主要包括机构的成立、更名、合署办公、合并、撤销、划转等事项。

2. 本图中机构沿革变化以“机构名称”中首字对应年份为时间节点。机构名称在一年中发生多次变革的，只显示最终名称。

3. 机构延续用“→”符号表示；撤销用“‖”符号表示；合并用“∃”符号表示。

4. 两个机构合署办公，用“⊃”符号表示。

5. 机构转化为机关部门或所属单位用“◊”符号表示。

6. 某机构整体划转其他单位，用“□”符号表示，并用“↑”符号或在其后括号内标注具体去向。

7. 机构由下级组织上划用“︽”符号表示。

8. 由地方划入的，用“▲”符号表示，并在括号内直接表明来源。

9. 具体图例符号使用详见每页机构沿革图下的“图例说明”。

（一）总公司总部机关部门沿革图

总公司总部机关部门沿革图（一）

1988	1989	1990	1992	1996	1998（年度）
办公厅				办公厅（政策研究室）	办公厅
		政策研究室		↑ 设在办公厅	
体制改革办公室				政策法规局	发展研究部
计划部		计划局		规划计划局	规划计划部
财务部		财务局（国有资产管理局）			财务资产部
勘探部		勘探局			勘探部
开发生产部		开发生产局			开发生产部
基建工程部		基建工程局	基建局	‖	
钻井司	钻井工程局			‖	
		炼油化工局			炼油化工部
经营销售部		运销局 ⊃（中国石油天然气销售公司）	- - -	- - -	‖
装备部		装备局	◇（中国石油物资装备总公司）		
		多种经营局			多种经营局
科技发展部		科技发展局			科技发展部
人事教育部		人事教育局			人事劳资部（合并）
劳动工资部		劳动工资局			↗ 并入人事劳资部

图例说明：→：延续　⇉：合并　- - →：不列机关序列　↑：设在××单位　‖：撤销　⊃：合署办公　◇：转化为企业

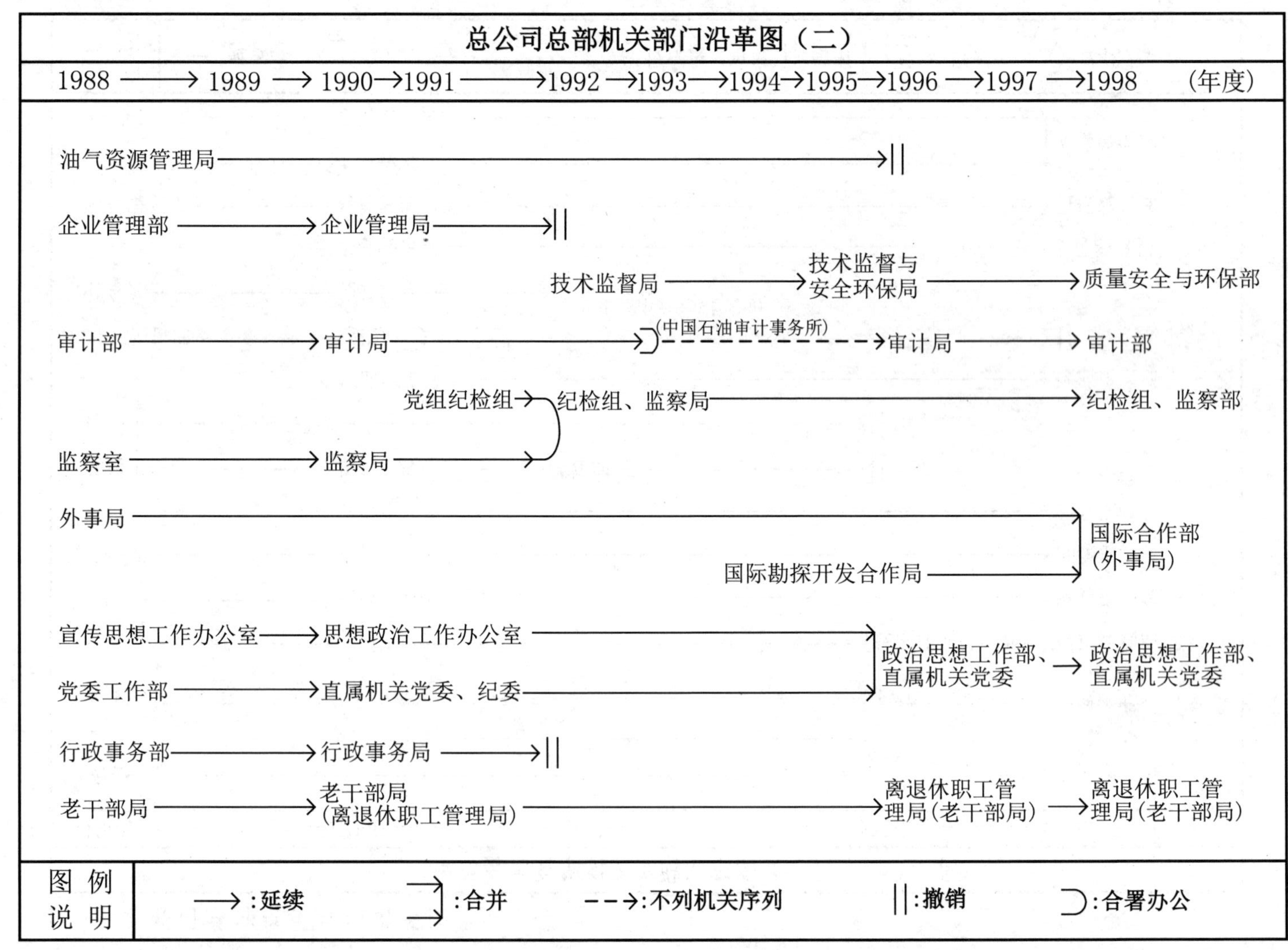
总公司总部机关部门沿革图（二）
1988 → 1989 → 1990 → 1991 → 1992 → 1993 → 1994 → 1995 → 1996 → 1997 → 1998 （年度）
油气资源管理局
企业管理部
企业管理局
技术监督局
技术监督与安全环保局
质量安全与环保部
审计部
审计局
（中国石油审计事务所）
审计局
审计部
党组纪检组
纪检组、监察局
纪检组、监察部
监察室
监察局
外事局
国际合作部（外事局）
国际勘探开发合作局
宣传思想工作办公室
思想政治工作办公室
政治思想工作部、直属机关党委
政治思想工作部、直属机关党委
党委工作部
直属机关党委、纪委
行政事务部
行政事务局
老干部局
老干部局（离退休职工管理局）
离退休职工管理局（老干部局）
离退休职工管理局（老干部局）
图例说明
→：延续
：合并
- - →：不列机关序列
||：撤销
：合署办公

（二）总公司所属单位沿革图

总公司所属单位沿革图（一）

1988 ⟶ 1989 ⟶ 1990 ⟶ 1995 ⟶ 1998 （年度）

1. 油田勘探开发、炼化企业(一)

大庆石油管理局 ⟶ 大庆石油管理局

胜利油田会战指挥部 ⟶ 胜利石油管理局 ⟶ 胜利石油管理局

↑(辽宁省)辽河石油勘探局 ⟶ 辽河石油勘探局

华北石油管理局 ⟶ 华北石油管理局

新疆石油管理局 ⟶ 新疆石油管理局

中原石油勘探局 ⟶ 中原石油勘探局

⇑中原石油化工有限责任公司 ⟶ 中原石油化工有限责任公司

↑(天津市)大港石油管理局 ⟶ 大港油田集团有限责任公司 ⟶ 大港油田集团有限责任公司

四川石油管理局 ⟶ 四川石油管理局

长庆石油勘探局 ⟶ 长庆石油勘探局

河南石油勘探局 ⟶ 河南石油勘探局

江汉石油管理局 ⟶ 江汉石油管理局

↑(甘肃省)玉门石油管理局 ⟶ 玉门石油管理局

图例说明　⟶：延续　⇑：由下级组织上划　↑：由地方划入

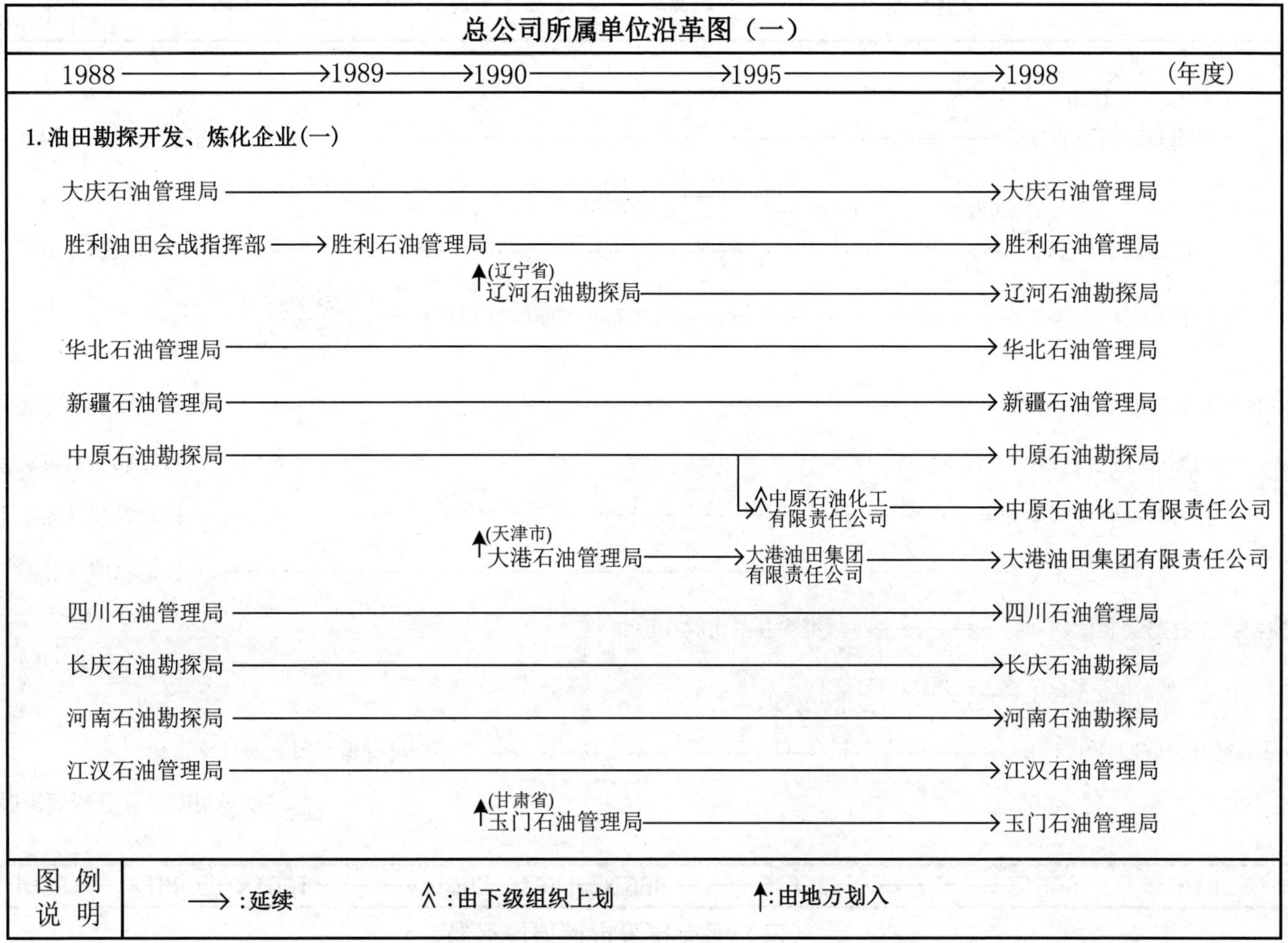

总公司所属单位沿革图（二）

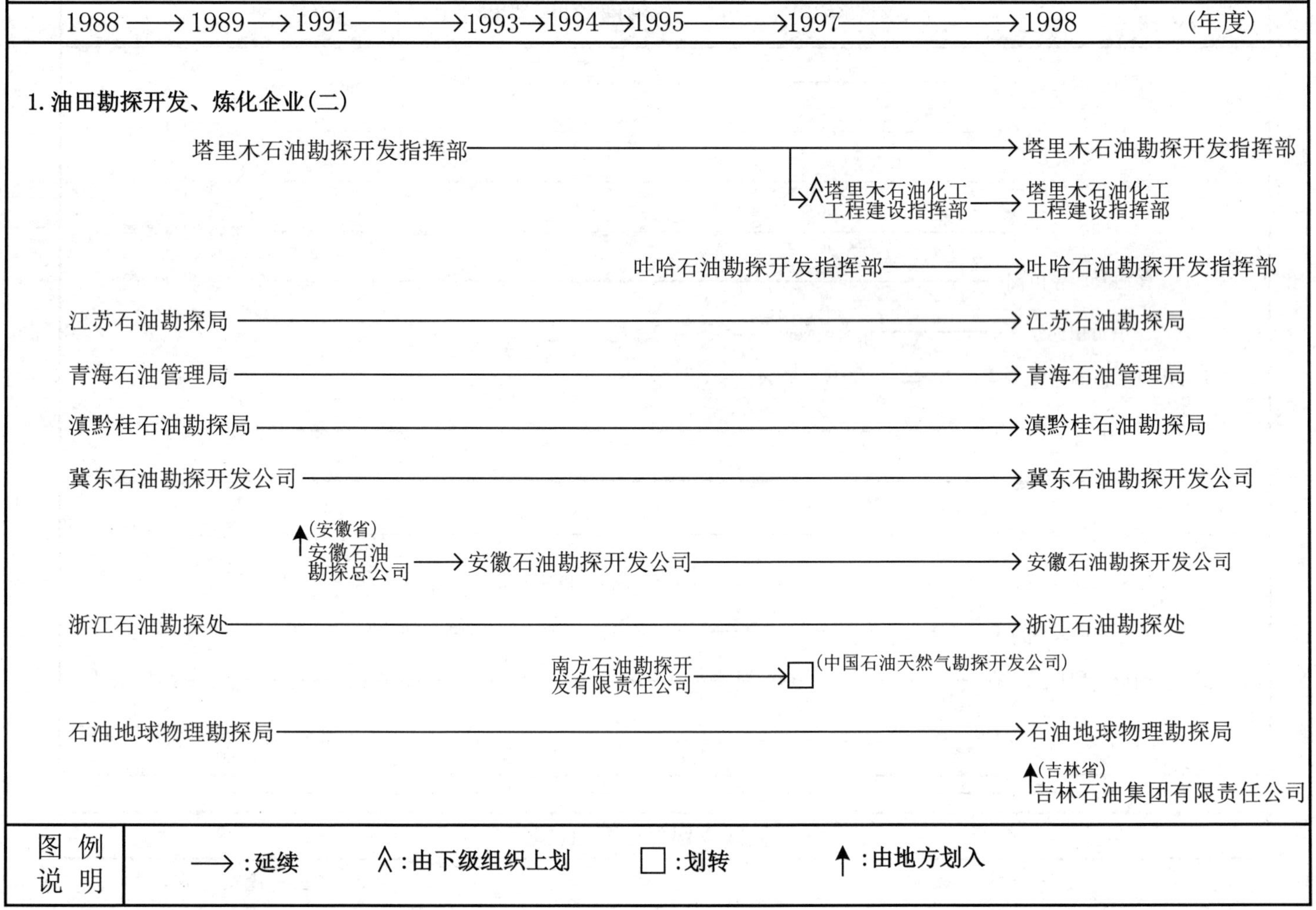

1988 → 1989 → 1991 → 1993 → 1994 → 1995 → 1997 → 1998 （年度）

1. 油田勘探开发、炼化企业（二）

塔里木石油勘探开发指挥部 → 塔里木石油勘探开发指挥部

（1997）↑ 塔里木石油化工工程建设指挥部 → 塔里木石油化工工程建设指挥部

吐哈石油勘探开发指挥部 → 吐哈石油勘探开发指挥部

江苏石油勘探局 → 江苏石油勘探局

青海石油管理局 → 青海石油管理局

滇黔桂石油勘探局 → 滇黔桂石油勘探局

冀东石油勘探开发公司 → 冀东石油勘探开发公司

↑（安徽省）安徽石油勘探总公司 → 安徽石油勘探开发公司 → 安徽石油勘探开发公司

浙江石油勘探处 → 浙江石油勘探处

南方石油勘探开发有限责任公司 → □（中国石油天然气勘探开发公司）

石油地球物理勘探局 → 石油地球物理勘探局

↑（吉林省）吉林石油集团有限责任公司

图例说明	→ ：延续	↑（双线箭头）：由下级组织上划	□ ：划转	↑ ：由地方划入

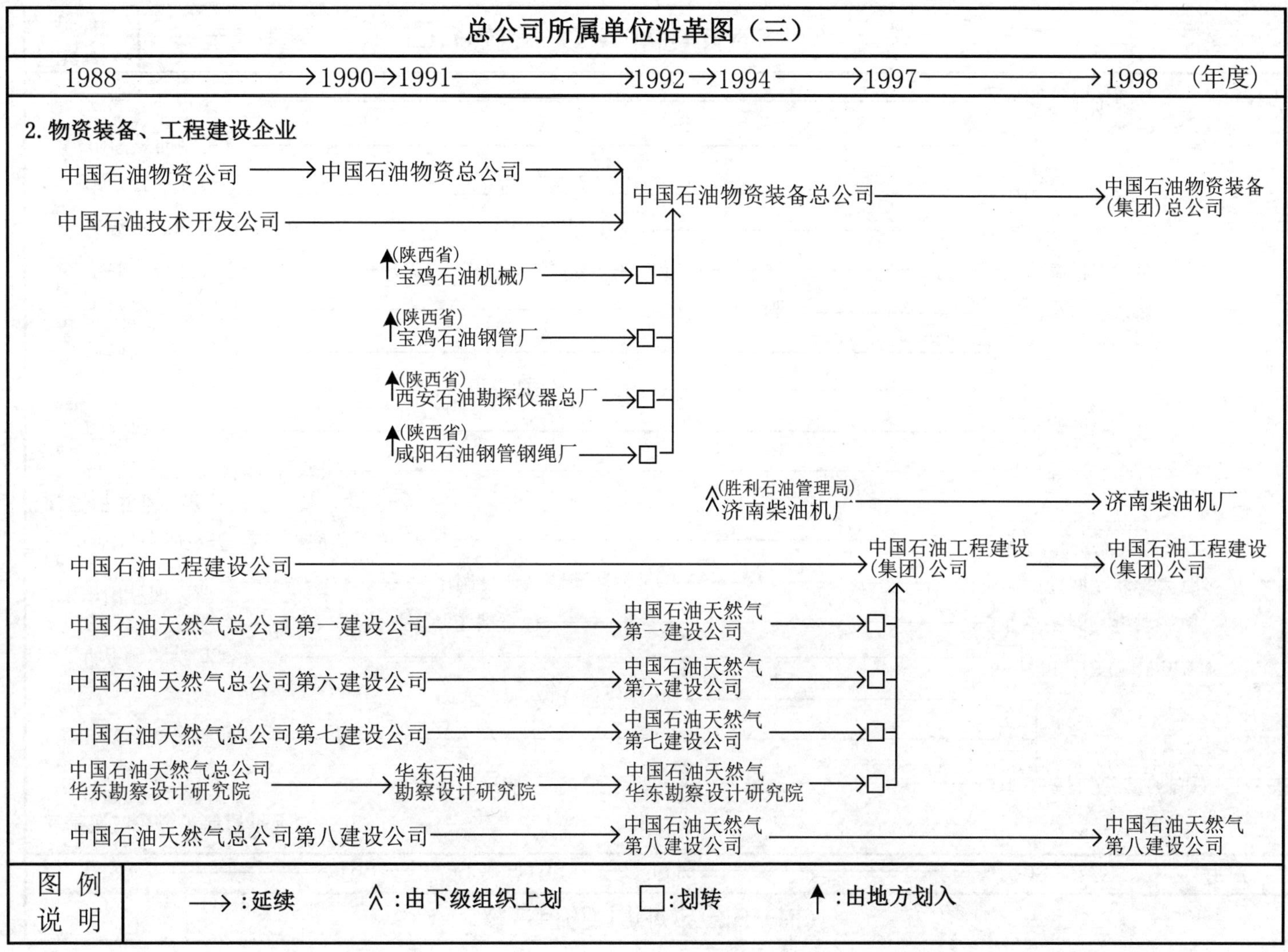
总公司所属单位沿革图（三）
1988 1990 1991 1992 1994 1997 1998 （年度）
2. 物资装备、工程建设企业
中国石油物资公司
中国石油物资总公司
中国石油技术开发公司
中国石油物资装备总公司
中国石油物资装备(集团)总公司
(陕西省)宝鸡石油机械厂
(陕西省)宝鸡石油钢管厂
(陕西省)西安石油勘探仪器总厂
(陕西省)咸阳石油钢管钢绳厂
(胜利石油管理局)济南柴油机厂
济南柴油机厂
中国石油工程建设公司
中国石油工程建设(集团)公司
中国石油工程建设(集团)公司
中国石油天然气总公司第一建设公司
中国石油天然气第一建设公司
中国石油天然气总公司第六建设公司
中国石油天然气第六建设公司
中国石油天然气总公司第七建设公司
中国石油天然气第七建设公司
中国石油天然气总公司华东勘察设计研究院
华东石油勘察设计研究院
中国石油天然气华东勘察设计研究院
中国石油天然气总公司第八建设公司
中国石油天然气第八建设公司
中国石油天然气第八建设公司
图例说明
:延续
:由下级组织上划
:划转
:由地方划入

总公司所属单位沿革图（四）

1988 ——→ 1991 ——→ 1992 ——→ 1993 ——→ 1994 ——→ 1998 （年度）

3. 管道、运输、通信企业

- 中国石油天然气总公司管道局 ——→ 中国石油天然气管道局 ——→ 中国石油天然气管道局
- 东北输油管理局 ——→ □（划转）→ 中国石油天然气管道局
- 西北石油管道建设指挥部 ——→ □（划转）→ 中国石油天然气管道局
- 华东输油管理局 ——→ □（中国石油化工集团公司）
- 北京天然气集输公司 ——→ 北京天然气集输公司
- 中国石油天然气总公司运输公司 ——→ 中国石油天然气运输公司 ——→ 中国石油天然气运输公司
- 中国石油天然气总公司通信公司 ——→ 中国石油天然气总公司通信公司

4. 科研事业单位

- 石油勘探开发科学研究院 ——→ 石油勘探开发科学研究院
- 西北地质研究所 ——→ □（划转）→ 石油勘探开发科学研究院
- ↑（浙江省）杭州石油地质研究所 ——→ □（划转）→ 石油勘探开发科学研究院
- 规划设计总院 ——→ 规划设计总院
- 工程技术研究所 ——→ 工程技术研究院 ——→ 工程技术研究院
- 石油管材研究中心 ——→ 石油管材研究所 ——→ 石油管材研究所
- 情报研究所 ——→ 信息研究所 ——→ 信息研究所
- 中国石油报社 ——→ 中国石油报社
- 中国石油画报社 ——→ □（划转）→ 中国石油报社
- 石油工业出版社 ——→ 石油工业出版社

图例说明　——→：延续　□：划转　↑：由地方划入

总公司所属单位沿革图（五）

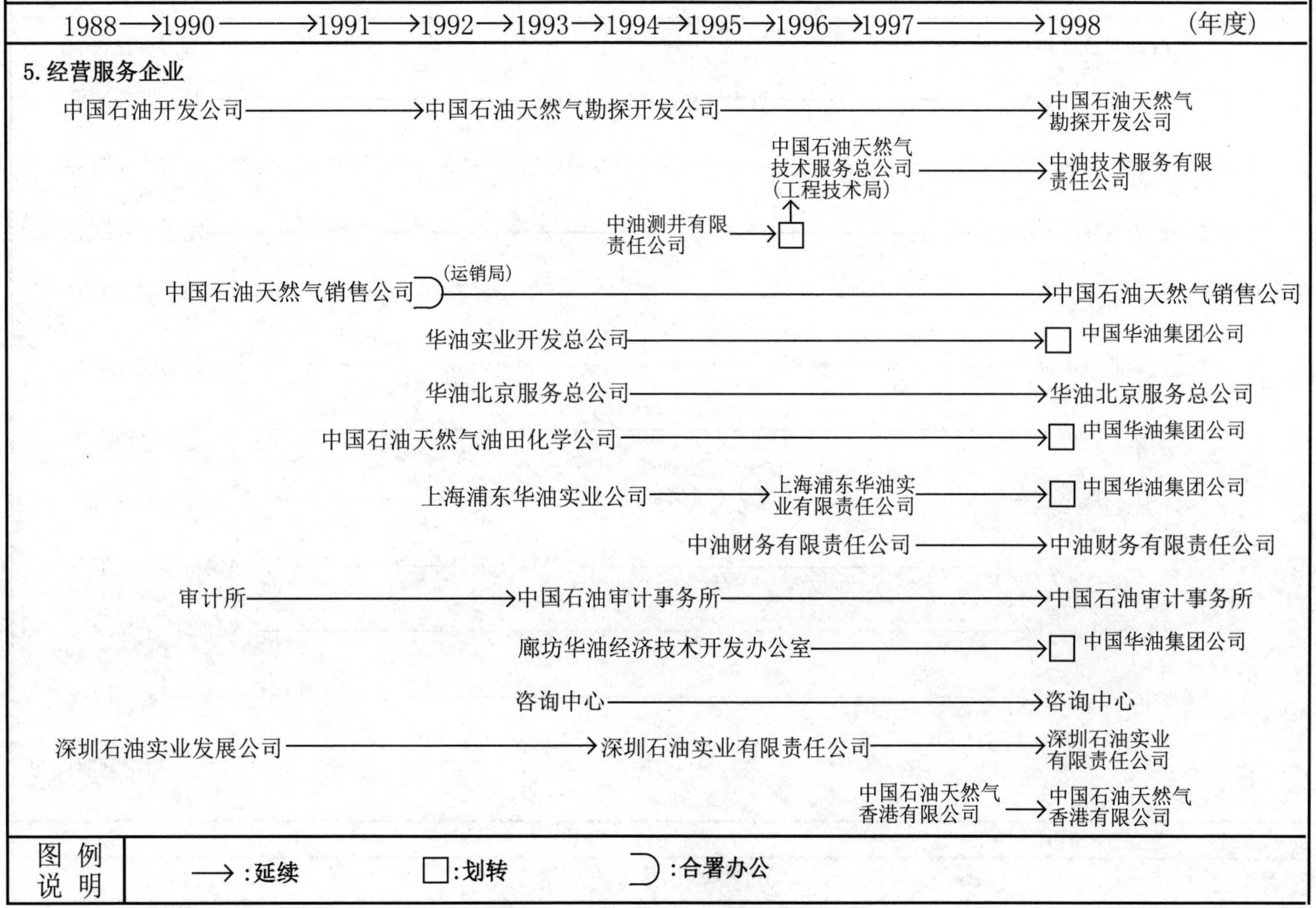

1988→1990→1991→1992→1993→1994→1995→1996→1997→1998 （年度）

5. 经营服务企业

中国石油开发公司→中国石油天然气勘探开发公司→中国石油天然气勘探开发公司

中油测井有限责任公司→□→中国石油天然气技术服务总公司（工程技术局）→中油技术服务有限责任公司

中国石油天然气销售公司⊃（运销局）→中国石油天然气销售公司

华油实业开发总公司→□ 中国华油集团公司

华油北京服务总公司→华油北京服务总公司

中国石油天然气油田化学公司→□ 中国华油集团公司

上海浦东华油实业公司→上海浦东华油实业有限责任公司→□ 中国华油集团公司

中油财务有限责任公司→中油财务有限责任公司

审计所→中国石油审计事务所→中国石油审计事务所

廊坊华油经济技术开发办公室→□ 中国华油集团公司

咨询中心→咨询中心

深圳石油实业发展公司→深圳石油实业有限责任公司→深圳石油实业有限责任公司

中国石油天然气香港有限公司→中国石油天然气香港有限公司

图例说明	→：延续	□：划转	⊃：合署办公

总公司所属单位沿革图（六）

1988 ——→ 1989 ——→ 1992 ——→ 1994 ——→ 1998 （年度）

6. 石油院校

1988	1989	1992	1994	1998
石油大学	→石油大学(华东)			→石油大学(华东)
石油大学(北京)				→石油大学(北京)
石油大学广州培训部		→石油大学(广州)		→石油大学（广州）
石油管理干部学院		→石油管理干部学院(直属机关党校)		→石油管理干部学院(直属机关党校)
大庆石油学院				→大庆石油学院
西南石油学院				→西南石油学院
江汉石油学院				→江汉石油学院
西安石油学院				→西安石油学院
承德石油高等技术专科学校		→承德石油高等专科学校		→承德石油高等专科学校
重庆石油学校			→重庆石油高等专科学校	→重庆石油高等专科学校
培黎石油学校				→培黎石油学校

图例说明：——→ :延续

总公司所属单位沿革图（七）

1988 ——→1989——→1990→1992——→1994——→1996→1997——→1998　（年度）

7. 参股单位、社会团体

中国联合石油公司——→中国联合石油有限责任公司——→中国联合石油有限责任公司

中联煤层气有限责任公司——→中联煤层气有限责任公司

全国储委石油天然气专业委员会——→全资委石油天然气储量委员会——→全资委石油天然气储量委员会

中国石油学会——→中国石油学会

中国石油企业管理协会——→中国石油企业管理协会

中国石油教育学会、总公司教育指导委员会（合署办公）——→中国石油教育学会（总公司教育指导委员会）——→中国石油教育学会（总公司教育指导委员会）

中国石油体育协会——→中国石油体育协会

中国石油文联——→中国石油文联

图例说明　——→：延续　⊃：合署办公

三、1998年6月总公司组织机构名录

单位		所在地
（一）总部机关职能部门（17个）		
1	办公厅（政策研究室）　下属：信息中心	北京市
2	规划计划局	北京市
3	财务局（国有资产管理局）	北京市
4	勘探局　下属：新区勘探事业部	北京市
5	开发生产局	北京市
6	炼油化工局	北京市
7	多种经营局	北京市
8	科技发展局　下属：新技术推广中心	北京市
9	技术监督与安全环保局	北京市
10	人事教育局　下属：人才交流中心	北京市
11	劳动工资局　下属：社会保险中心	北京市
12	政策法规局	北京市
13	外事局　下属：北京中油对外服务公司	北京市
14	审计局	北京市
15	纪检组、监察局	北京市
16	政治思想工作部、直属机关党委	北京市
17	离退休职工管理局（老干部局） 下属：北京华油经济技术开发公司	北京市
（二）企业集团（2个）		
1	中国石油物资装备（集团）总公司	北京市
	中国石油技术开发公司	北京市
	宝鸡石油钢管厂	陕西省宝鸡市
	宝鸡石油机械厂	陕西省宝鸡市
	咸阳石油钢管钢绳厂	陕西省咸阳市
	西安石油勘探仪器总厂	陕西省西安市
	承德司达石油装备开发公司	河北省承德市
	中国石油物资上海公司	上海市
	中国石油物资天津公司	天津市
	中国石油物资沈阳公司	辽宁省沈阳市
	中国石油物资西安公司	陕西省西安市
	中国石油物资武汉公司	湖北省武汉市

续表

单　　位		所　在　地
	中国石油物资成都公司	四川省成都市
	中国石油物资广州公司	广东省广州市
	中国石油物资沧州公司	河北省沧州市
	中国石油物资郑州公司	河南省郑州市
	中国石油物资昆山公司	江苏省昆山市
2	中国石油工程建设（集团）公司	北京市
	中国石油天然气第一建设公司	河南省洛阳市
	中国石油天然气第六建设公司	广西桂林市
	中国石油天然气第七建设公司	山东省胶州市
	中国石油天然气华东勘察设计研究院	山东省胶州市
（三）油田、勘探、炼化企业（24 个）		
1	大庆石油管理局	黑龙江省大庆市
2	辽河石油勘探局	辽宁省盘锦市
3	大港油田集团有限责任公司	天津市大港区
4	华北石油管理局	河北省任丘市
5	胜利石油管理局	山东省东营市
6	江苏石油勘探局	江苏省江都县
7	中原石油勘探局	河南省濮阳市
8	河南石油勘探局	河南省南阳市
9	江汉石油管理局	湖北省潜江市
10	四川石油管理局	四川省成都市
11	滇黔桂石油勘探局	云南省昆明市
12	长庆石油勘探局	甘肃省庆阳县
13	玉门石油管理局	甘肃省玉门市
14	吐哈石油勘探开发指挥部	新疆哈密市
15	青海石油管理局	甘肃省敦煌市
16	新疆石油管理局	新疆克拉玛依市
17	冀东石油勘探开发公司	河北省唐山市
18	塔里木石油勘探开发指挥部	新疆库尔勒市
19	安徽石油勘探开发公司	安徽省合肥市
20	浙江石油勘探处	浙江省杭州市
21	石油地球物理勘探局	河北省涿州市
22	中原石油化工有限责任公司	河南省濮阳市

续表

单　位		所　在　地
23	塔里木石油化工工程建设指挥部	新疆库尔勒市
24	四川炼油化工总厂筹建组	四川省成都市
（四）管道、运输、通信、机械制造企业（8 个）		
1	中国石油天然气管道局	河北省廊坊市
2	东北输油管理局	辽宁省沈阳市
3	华东输油管理局	江苏省徐州市
4	西北石油管道建设指挥部	陕西省西安市
5	北京天然气集输公司	北京市
6	中国石油天然气运输公司	新疆乌鲁木齐市
7	中国石油天然气总公司通信公司	河北省固安县
8	济南柴油机厂	山东省济南市
（五）经营、服务单位（12 个）		
1	中国石油天然气勘探开发公司	北京市
	南方石油勘探开发有限责任公司	广东省广州市
2	中油技术服务有限责任公司	北京市
	长城钻井公司	北京市
	中油测井有限责任公司	陕西省西安市
	北京市金龙华油气测试技术开发公司	北京市
	北京地质录井技术公司	北京市
3	中国石油天然气销售公司	北京市
4	华油实业开发总公司	北京市
5	华油北京服务总公司	北京市
6	中国石油天然气油田化学公司	北京市
7	上海浦东华油实业有限责任公司	上海市
8	中国石油天然气第八建设公司	辽宁省抚顺市
9	中油财务有限责任公司	北京市
10	中国石油审计事务所	河北省廊坊市
11	廊坊经济技术开发办公室	河北省廊坊市
12	咨询中心	北京市
（六）石油院校（11 个）		
1	石油大学（华东）	山东省东营市
2	石油大学（北京）	北京市
3	石油大学（广州）	广东省广州市
4	石油管理干部学院（直属机关党校）	北京市

续表

单　　位		所 在 地
5	大庆石油学院	黑龙江省安达市
6	西南石油学院	四川省南充市
7	江汉石油学院	湖北省荆沙市
8	西安石油学院	陕西省西安市
9	承德石油高等专科学校	河北省承德市
10	重庆石油高等专科学校	重庆市
11	培黎石油学校	甘肃省兰州市
（七）科研院所（6 个）		
1	石油勘探开发科学研究院	北京市
2	规划设计总院	北京市
3	工程技术研究院	天津市
4	西北地质研究所	甘肃省兰州市
5	杭州石油地质研究所	浙江省杭州市
6	石油管材研究所	陕西省西安市
（八）信息、新闻、出版单位（3 个）		
1	信息研究所	北京市
2	石油工业出版社	北京市
3	中国石油报社	河北省涿州市
（九）参股单位（2 个）		
1	中国联合石油有限责任公司	北京市
2	中联煤层气有限责任公司	北京市
（十）社会团体（6 个）		
1	全资委石油天然气储量委员会	北京市
2	中国石油学会	北京市
3	中国石油企业管理协会	北京市
4	中国石油教育学会（总公司教育指导委员会）	北京市
5	中国石油体育协会	北京市
6	中国石油文联	北京市

注：单位所在地名称均为当时名称。

第二章　总公司基本情况统计表

一、总公司基本情况

年份 项目	1988	1989	1990	1991	1992	1993	1994	1995	1996	1997	1998
一、工业总产值（亿元）	311.26	377.41	444.56	532.84	639.85	966.24	1334.00	1328.37	1470.00	1675.50	2127.1
二、工业增加值（亿元）	180.50	223.82	296.69	339.59	399.95	603.32	796.65	898.04	982.35	1113.20	1018.70
三、利税（亿元）	39.68	14.88	-2.08	9.99	-29.43	41.16	191.41	208.58	233.93	269.48	313.88
四、主要产品产量											
1.原油（万吨）	13619	13665	13692	13722	13803	13913	13900	13981	14141	14322	10737
2.天然气（亿立方米）	139.10	144.90	147.20	148.40	151.10	154.90	159.90	161.50	164.40	171.80	149.72
五、主要生产能力											
1.原油（万吨/年）	13751	13954	13890	13829	13802	13727	13597	13688	13971	14212	10749
2.天然气（亿立方米/年）	99.57	106.50	109.47	113.62	107.68	115.64	120.54	125.21	121.69	132.97	137.33

注：1. 工业总产值按现价计算，自 1995 年起按新规定计算（1995 年按旧规定为 1549.48 亿元）。

2. 1998 年数据为按中国石油天然气集团公司新口径统计。

二、职工岗位分类、工资与劳动生产率情况

项目＼年份		1988	1989	1990	1991	1992	1993	1994	1995	1996	1997	1998
一、职工岗位分类												
1.年末职工人数	合计（人）	1315828	1356231	1408506	1463484	1496566	1514118	1535810	1556512	1572073	1565665	1543093
	女（人）	391249	411381	433842	459795	474464	493411	508955	518292	522951	527387	522759
2.工人（人）		685977	701156	728084	741316	762469	765945	771315	781474	783242	787023	822071
3.学徒（人）		27178	22365	24998	26319	21474	28923	21223	19405	9125	5672	3080
4.工程技术人员（人）		95640	113839	120691	130944	138017	140541	143134	147543	155559	159864	159430
5.管理人员（人）		157229	158387	169329	179682	182603	182972	188168	194316	202464	205238	210200
6.服务人员（人）		282085	290654	298465	311892	312924	302678	294363	300337	296982	287589	245836
7.其他（人）		67719	69830	66939	73331	79079	93139	117607	113437	124701	120276	102476
二、工资总额（万元）		305504.87	361705.54	431719.43	492882.09	574721.15	789374.37	1160912.57	1479974.80	1759228.60	1971704.71	1948803.22
三、平均工资（元/人）		2387	2723	3144	3438	3889	5294	7618	9581	11237	12616	12610
四、劳动生产率												
1.工业生产（全员）（元/人）		31780	30818	66215	64245	62895	67980	71142	74717	—	80480	74557
2.施工单位（全员）（元/人）		17998	21515	22826	24987	28602	45232	52554	65456	68792	93949	22118.65
3.采油工人实物（吨/人）		1256	1173	1109	1070	1040	997	—	967	1003	445	484.37
4.炼油工人实物（吨/人）		361	336	357	399	531	378	—	437	—	478	587.40

注：工业生产全员劳动生产率 1990 年以前按 1980 年不变价格计算，1990 年以后按 1990 年不变价格计算。

三、职工队伍人数分类情况

单位：人

项目＼年份	1988	1989	1990	1991	1992	1993	1994	1995	1996	1997	1998
合计	1296990	1339352	1402221	1458449	1492170	1514118	1535810	1556512	1572073	1565665	1543093
地质勘探	98334	92132	94094	98734	105854	94708	93135	91092	95778	73069	53723
钻井	233220	243321	252911	261800	265930	270704	261271	259307	161608	136594	86042
采油（气）	301593	323659	349338	362237	379035	396776	409272	405230	303223	333290	223037
井下作业	45340	47060	46379	48778	48843	46548	44956	48566	64674	51338	39419
炼油（化工）	28075	32956	39472	40011	40997	49844	56620	63209	54512	55258	183249
油田（炼厂）建设	114595	127072	131119	135905	138446	130310	127845	126340	—	—	—
输油气管线	51624	41861	43838	45403	45532	43820	43696	44594	49958	43859	58065
水电通信	41120	43403	45838	53058	53106	54765	57233	58015	62074	66187	59472
运输	53440	54528	55550	56132	54654	51353	50267	47742	74413	63838	49177
机械制造	98602	100082	102699	103198	102908	100586	101541	95520	109997	96027	92273
供应	32410	32957	34289	34862	34613	33856	34012	36302	42966	50821	39835
勘察设计	10105	10830	11042	11035	11139	10719	10868	11112	10918	11193	10531
科研	31916	31898	30855	33280	33679	37322	37709	36613	38581	—	30509
文教卫生	69315	69907	72538	74632	76220	78317	83027	90832	103479	120953	108173
管理机关	32292	31270	33342	35472	36069	34090	32294	33522	15269	15956	17340
其他	55009	56416	58917	63912	65145	80400	92064	108516	231361	447282	16253

注：1992 年以前数据不含长期学习、出国留学等不在岗人员，1992 年以后相关人员按原岗位纳入统计。

四、职工文化、年龄结构情况

项目		1988年		1989年		1990年		1991年		1992年		1993年		1994年		1995年		1996年		1997年		1998年	
		人数（万人）	构成比重	人数（万人）	构成比重	人数（万人）	构成比重	人数（万人）	构成比重	人数（万人）	构成比重	人数（万人）	构成比重	人数（万人）	构成比重	人数（万人）	构成比重	人数（万人）	构成比重	人数（万人）	构成比重	人数（万人）	构成比重
文化结构	合计	128.2		132.5		138.6		144.2		147.6		149.8		151.9		154.2		155.8		155.5		154.3	
	大学及以上	12.4	9.6%	14.2	10.7%	16.0	11.5%	17.9	12.4%	19.2	13.0%	9.1	6.1%	9.5	6.3%	10.2	6.6%	11.1	7.1%	11.8	7.6%	12.2	7.9%
	大专											11.7	7.8%	12.3	8.1%	13.6	8.8%	14.9	9.5%	16.5	10.6%	17.5	11.3%
	中专	11.7	9.1%	12.7	9.6%	13.8	9.9%	14.9	10.3%	15.7	10.7%	16.4	10.9%	17.2	11.3%	18.2	11.8%	18.8	12.1%	19.6	12.6%	17.8	11.5%
	技校	14.0	10.9%	16.0	12.0%	17.5	12.6%	19.5	13.5%	21.5	14.5%	23.7	15.8%	25.8	17.0%	27.3	17.7%	28.9	18.5%	28.7	18.4%	25.8	16.7%
	高中	18.6	14.5%	18.8	14.2%	20.1	14.5%	20.9	14.5%	22.0	14.9%	23.7	15.8%	24.9	16.4%	26.0	16.8%	26.7	17.1%	27.2	17.5%	31.6	20.5%
	初中	51.0	39.7%	51.5	38.9%	52.5	37.9%	53.3	36.9%	52.8	35.7%	52.7	35.2%	51.2	33.7%	49.0	31.8%	46.2	29.7%	43.7	28.1%	42.6	27.6%
	小学以下	20.6	16.0%	19.3	14.6%	18.7	13.5%	17.8	12.3%	16.5	11.1%	12.5	8.4%	11.0	7.3%	10.0	6.5%	9.2	5.9%	8.0	5.1%	5.6	3.6%
年龄结构	20岁以下	8.1	6.3%	7.5	5.7%	7.9	5.7%	7.5	5.2%	6.7	4.6%	6.8	4.5%	6.2	4.1%	5.2	3.4%	4.6	2.9%	3.5	2.3%	2.1	1.3%
	21至35岁	66.7	52.0%	68.8	51.9%	71.2	51.4%	74.2	51.4%	76.7	52.0%							90.0	57.7%	91.4	58.8%	85.5	55.4%
	36至45岁	51.5	40.1%	53.8	40.6%	56.6	40.9%	58.8	40.7%	60.2	40.8%	141.4	94.4%	144.3	95.0%	147.4	95.6%	39.7	25.5%	38.8	24.9%	43.6	28.2%
	46至55岁																	20.1	12.9%	20.6	13.3%	20.6	13.4%
	55岁以上	2.0	1.6%	2.4	1.8%	2.9	2.0%	3.8	2.6%	3.9	2.7%	1.6	1.1%	1.4	0.9%	1.6	1.0%	1.5	0.9%	1.2	0.7%	1.4	0.9%

注：1998年以前数据不含计划外用工。

五、主要专业队数及人数

项目	年份	1988	1989	1990	1991	1992	1993	1994	1995	1996	1997	1998
地质队	队数（个）	79	66	67	64	83	119	122	141	220	210	121
	职工数（人）	4876	4163	4740	4537	4652	3554	3856	3777	2676	2639	1583
地震队	队数（个）	279	265	265	268	268	266	265	246	223	236	171
	职工数（人）	33513	34691	34181	36048	35319	34564	33638	33149	29208	30014	21172
电测队	队数（个）	337	339	390	416	443	405	435	418	406	422	294
	职工数（人）	4695	4943	5434	5628	6021	5321	5920	5607	5322	5265	3630
射孔队	队数（个）	127	130	132	120	131	151	166	159	183	176	106
	职工数（人）	1685	1667	1736	1810	2024	2053	2294	2199	2104	2073	1203
气测队	队数（个）	177	175	176	158	155	147	138	157	138	98	42
	职工数（人）	1509	1445	1436	1398	1536	1255	1186	1238	1055	759	342
钻井队	队数（个）	1001	1005	1002	1010	1002	1000	957	909	784	846	574
	职工数（人）	60688	60632	60818	63117	60734	59136	57238	53146	44726	45605	30694
固井队	队数（个）	60	61	59	66	70	68	67	63	69	82	48
	职工数（人）	5292	5502	5226	5659	5509	5440	5393	5209	5256	4532	3522
综合录井队	队数（个）	—	63	38	74	88	93	97	126	94	125	98
	职工数（人）	—	1584	1464	1835	2169	2005	1923	1914	1574	2483	1945
采油队	队数（个）	865	932	1018	1074	1114	1150	1177	1249	1353	1389	941
	职工数（人）	56582	60034	68636	73646	72527	78550	82312	88872	92847	91888	69669
采气队	队数（个）	38	42	43	46	54	62	67	68	73	78	63
	职工数（人）	5374	5668	5909	6662	6526	7035	8196	8511	8667	8694	7976
试油队	队数（个）	192	205	210	210	194	189	205	196	176	208	145
	职工数（人）	6643	6883	6938	7720	7376	6707	7100	6628	5606	5747	4016
大修(井)队	队数（个）	103	130	137	148	151	161	159	169	133	154	114
	职工数（人）	3779	4709	5389	5490	5724	5827	6116	7694	3841	4276	3622
井下作业队	队数（个）	794	891	963	1033	1071	1052	1062	1064	1070	1128	633
	职工数（人）	25821	27508	28849	31704	31633	32509	32213	30796	27807	29728	18840
试井队	队数（个）	112	118	127	210	171	151	146	165	166	164	123
	职工数（人）	4855	5287	5487	7720	7056	6303	6656	7193	7185	6719	4912
油田建筑安装队	队数（个）	347	359	364	492	482	510	371	379	433	406	307
	职工数（人）	31126	31366	32574	32372	29733	29684	31463	31151	31626	25247	19215
管道施工队	队数（个）	49	50	57	63	63	66	77	90	95	168	—
	职工数（人）	5490	5433	6206	5998	5789	5712	5676	5676	5363	8933	—
输油(气)队	队数（个）	288	307	339	337	319	381	402	419	388	507	242
	职工数（人）	22238	23268	27098	28397	26400	30573	31236	33793	29901	34739	15767
汽车运输队	队数（个）	508	521	558	553	566	570	559	558	638	573	376
	职工数（人）	40111	39263	41370	41003	41917	39763	42108	39880	39824	35001	23836

六、主要单位职工人数

单位：人

年份 单位	1988	1989	1990	1991	1992	1993	1994	1995	1996	1997	1998
大庆石油管理局	209504	218949	226177	233911	241256	245054	250709	255701	259540	262535	262520
辽河石油勘探局	101406	107158	112390	117445	122151	122096	124992	127486	129399	130948	130945
华北石油管理局	99934	101096	104539	107277	106284	108591	110691	112281	111155	108654	105335
大港油田集团有限责任公司	60100	61337	63613	65778	67781	68081	69429	70675	71738	72398	72050
胜利石油管理局	162068	167616	173666	180213	185239	188214	187175	189980	192442	193016	—
中原石油勘探局	73486	77198	80869	84495	87705	89208	90492	89667	89245	87682	—
江苏石油勘探局	17404	18464	18886	19530	19914	19961	20242	20642	20930	21160	—
河南石油勘探局	30980	32498	34285	36225	37440	38238	38963	39657	40227	—	—
长庆石油勘探局	47176	47492	49242	51224	52876	53767	54842	56827	57678	58378	55086
新疆石油管理局	101901	103637	105777	109387	113620	116820	116718	117109	119488	118831	101259
江汉石油管理局	48531	50266	52181	53888	52932	54838	55568	56914	56381	56716	—
滇黔桂石油勘探局	10504	10654	10987	11305	11590	11845	12046	13063	13188	13024	—
玉门石油管理局	29769	29904	33682	34166	35035	30933	36435	18968	19033	19018	18876
吐哈石油勘探开发指挥部	—	—	—	—	—	—	—	18383	18659	18941	18875
青海石油管理局	21264	21521	22467	23816	24258	24259	24296	24932	25320	25735	25730
四川石油管理局	100847	101947	103817	106133	107692	107414	109080	108681	108397	107898	107491
冀东石油勘探开发公司	1981	2914	4092	4614	4746	4798	4876	4949	4949	5000	4997
塔里木石油勘探开发指挥部	—	536	1295	2399	3247	3528	3658	3906	4618	4080	4077
安徽石油勘探开发公司	2403	2471	2574	2612	2673	2766	2763	2785	2800	2680	—
浙江石油勘探处	1319	1315	1329	1323	1325	1100	964	941	929	913	800
石油地球物理勘探局	25080	24661	24471	25175	25087	25614	26114	26514	26471	26423	26180
管道局	49871	50046	51216	52329	50518	49393	48019	48975	49581	49620	37405
运输公司	8618	8702	9021	9167	8981	8934	8912	8286	8762	—	6428
西北管道建设指挥部	—	—	—	—	—	197	348	446	472	446	420
通信公司	226	225	228	282	300	315	315	315	290	290	265
中国石油工程建设（集团）公司	—	—	—	—	—	—	—	—	—	14085	14078
第一建设公司	6163	6297	6533	6815	7093	6824	6899	6968	7018	—	—
第六建设公司	2740	2878	3016	3150	3202	3110	3086	3061	3075	—	—
第七建设公司	2735	2845	2948	3058	3063	3064	3087	3062	3092	—	—
第八建设公司	1573	1586	1650	1681	1712	1737	1745	1681	1674	1694	1658

续表

单位＼年份	1988	1989	1990	1991	1992	1993	1994	1995	1996	1997	1998
中国石油工程建设公司	122	151	158	116	126	154	162	171	177	—	—
工程技术研究院	475	464	475	495	49	462	460	458	458	458	455
抚顺石油机械厂	3337	3354	3375	3479	3299	—	—	—	—	—	—
中国石油物资装备（集团）总公司	—	91	104	105	177	18878	18943	19702	19263	19007	16983
宝鸡石油机械厂	6523	6554	6610	6721	6670	—	—	—	—	—	—
宝鸡石油钢管厂	3288	3356	3505	3623	3698	—	—	—	—	—	—
西安石油勘探仪器总厂	5550	5742	6002	6211	6275	—	—	—	—	—	—
咸阳石油钢管钢绳厂	1699	1729	1754	1882	1935	—	—	—	—	—	—
石油勘探开发科学研究院	2881	2889	2990	3045	3065	2995	2879	2848	2807	2695	3215
规划设计总院	226	240	242	255	277	289	304	314	320	325	343
信息研究所	260	260	271	277	281	270	262	262	263	256	242
华东勘探设计研究院	381	—	587	623	641	656	670	680	682	—	—
西北地质研究所	375	370	398	412	426	427	434	437	444	444	444
杭州石油地质研究所	165	176	179	180	191	182	174	173	181	177	165
石油管材研究所	78	88	92	95	103	93	103	112	117	119	113
大庆石油学院	1840	1882	1984	2066	2060	2066	2067	2017	1984	—	1835
石油大学（北京）	—	—	—	—	—	891	963	963	975	976	901
石油大学（华东）	3651	3756	3944	4143	4145	3323	3396	3411	3410	3410	3220
江汉石油学院	1873	1940	1994	2015	2028	1988	1929	1869	1734	1570	1481
西南石油学院	1998	2030	2074	2085	2087	2044	1976	1984	1984	1956	1895
西安石油学院	1096	1150	1233	1256	1325	1377	1387	1380	1380	1380	1350
石油管理干部学院	241	264	243	245	243	243	246	246	260	260	260
承德石油高等专科学校	1670	1646	1750	1786	1805	1805	1770	701	678	678	629
重庆石油高等专科学校	663	656	660	659	638	621	619	623	605	602	598
培黎石油学校	449	450	446	424	422	427	431	422	350	324	310
石油大学（广州）	141	145	151	162	180	205	199	190	175	171	151
中国石油报社	187	190	215	233	233	239	245	248	250	265	267
石油工业出版社	205	216	225	231	235	233	237	239	241	249	243

注：单位名称均采用1998年6月时的名称。

七、职工增加情况

单位：人

项目＼年份	1988	1989	1990	1991	1992	1993	1994	1995	1996	1997	1998
合计	73516	64317	75217	74440	67846	89726	58201	70202	51069	46356	36227
从农村、城镇招收	20322	9435	22904	13487	12474	33378	4675	7169	4824	3044	4016
复原、转业军人	4355	4680	6215	6892	6064	7025	5876	5322	5622	5206	5285
大学毕业生	8954	10403	10127	12295	9742	8978	9049	10084	12193	11715	9370
中专、技校毕业生	26797	28066	27753	30258	29017	30384	31060	29660	23018	18489	15083
系统外调入	12698	11518	7970	7648	8070	6844	5855	15709	4042	3855	1644
其他	390	215	248	3860	2479	3117	1686	2258	1370	4047	829

八、干部基本情况

单位：人

项目＼年份		1988	1989	1990	1991	1992	1993	1994	1995	1996	1997	1998
干部人数	合计	347723	366233	389789	424297	433452	431922	454249	451868	464272	467533	458358
	女	100066	107957	119570	132780	138812	143095	152615	154905	161391	130944	163386
	少数民族	10984	12486	13833	15644	16514	16852	17334	17184	17804	17889	24916
	党员	159096	164390	172652	132780	181227	171894	178653	180132	187102	190608	191180
文化程度	大学以上	105329	65737	70313	78383	83982	87517	92243	94012	101398	110028	118041
	大专	—	57985	67645	78457	84835	91024	101113	106315	116139	123508	135782
	中专	98363	108206	115565	126423	132419	135889	145553	142849	144437	139043	119661
	高中	41610	43030	46103	52531	52312	57684	60164	60758	60465	58368	84874
	初中及以下	97119	91275	90163	88503	79904	59808	55176	47934	41833	36586	
年龄	25岁以下	62544	63829	66514	72258	74742	78568	77849	73674	71000	67384	307141
	26至40岁	14116	154995	164963	183298	191207	204146	223021	227770	241692	249511	
	41至54岁	128377	134381	142828	141528	140379	134595	138105	135353	138023	139013	142148
	55岁及以上	10686	13028	15484	27213	27124	14613	15274	15071	13557	11625	9059

九、各类专业技术人员情况

单位：人

项目		1988	1989	1990	1991	1992	1993	1994	1995	1996	1997	1998
合计		263493	287914	301254	321216	367657	334148	387916	403833	409150	414914	403202
专业	工程技术人员	109943	123184	130696	141903	149738	154963	161080	169663	174737	180060	178615
	卫生技术人员	27807	29030	30121	32797	33289	32971	33745	34190	34320	34248	28865
	各类院校技术人员	65902	70540	73405	76683	75082	76371	75127	74482	72648	71163	60657
	会计审计人员	18342	19140	19691	20943	21058	21725	23154	25390	27055	27819	30690
	统计人员	4999	4799	5008	5285	5242	5120	4943	5052	4789	4661	4994
	经济人员	29079	32959	33591	34233	34281	34242	35623	35885	35490	35321	43888
	其他	7421	8262	8742	9372	48967	8756	54244	59171	60111	61642	54042
职称	高级	14467	19408	19065	18768	21704	21111	26098	28689	30084	29675	26842
	中级	58496	72696	71203	70505	88124	75561	93939	104974	111700	117411	120768
职务	局级	323	367	365	381	—	471	635	630	600	673	—
	处级	5188	5435	5772	6684	—	7344	10339	10868	11677	12457	—

十、工程技术人员情况

单位：人

项目		1988	1989	1990	1991	1993	1994	1995	1996	1997
合计		109943	123184	130696	141903	154963	161080	169663	174737	180060
地质勘探类		23366	22708	23095	25925	28799	30663	32017	31302	31544
其中:	石油地质勘探	11751	10781	11278	13229	14661	15286	15991	16748	16997
	地球物理勘探	6510	6413	6267	6950	7684	7999	8395	7195	7730
	矿场地球物理	2941	3441	3549	3681	4887	5252	5459	5553	5240
	地球化学	263	329	374	419	381	466	376	463	428
矿业类		27009	27790	27815	28061	31234	33656	34823	34879	36311
其中:	钻井工程	9223	10011	10018	10036	10959	11410	11540	11119	11647
	油气田开发	4900	5324	7007	7026	7818	6980	7418	8397	9003
	采油气工程	9891	11467	9839	9761	11387	14197	14543	13890	14107
机械类		24206	21724	22657	24334	25168	25955	26671	27112	27316
其中:	矿业机械	—	8572	9531	10513	11894	11830	12802	13017	12492
	炼油、化工机械	—	2067	2429	2772	3905	3797	4100	3989	4107
炼油、化工类		3755	6379	7271	8129	11178	11480	11990	12714	13810
其中:	石油加工	—	2222	2682	3136	5354	5405	5045	5384	5705
	油田化学	—	2585	2775	3110	3726	3769	4092	4123	3975
基本建设类		5729	7408	7288	8127	8275	8401	9514	9901	11349
其中:	工民建工类	—	4265	4297	4970	5455	5430	5686	6041	6869
运输类		1936	5263	5567	5949	6491	6555	7364	7615	8073
其中:	油气储运	—	2717	3157	3303	4248	4029	4457	4763	5112
其他		23942	31912	37003	41378	43818	44370	47284	51214	51657

十一、职工培训、教育情况

项目＼年份		1991	1992	1993	1994	1995	1996
职工人数（人）		1414837	1539744	1458229	1476294	1404033	1465212
合计（人次）	学习	807574	834960	830689	823422	898722	924856
	结业	745018	615868	650527	722902	810121	836028
岗位培训（人次）	学习	338404	357072	431406	682967	225976	785770
	结业	310864	366017	414941	643721	724260	752793
适应性培训（人次）		413485	373412	227170	173632	166204	199356
继续教育（人次）	学习	—	40180	44988	49377	—	—
	结业	—	37154	40526	43534	—	—
高等教育（人次）	学习	25474	32122	34182	34431	44299	60801
	结业	7216	9073	9065	7454	40687	28005
中专教育（人次）	学习	18228	18727	18578	15648	6037	15033
	结业	5965	5540	5158	4668	647	4528
文化教育（人次）	学习	9570	13447	9837	12129	4242	8758
	结业	5075	5639	3255	5203	228	3619

十二、石油高校、大专学校基本情况

年份＼项目	学生（人）			教职工（人）	办学条件		
	招生	毕业生	在校生		校舍面积（平方米）	实验室数（个）	藏书（万册）
1988	7292	4047	21548	12259	1303366	418	—
1989	6400	5337	22259	12640	1344645	302	—
1990	6556	6384	23790	13027	1526770	318	—
1991	6779	6375	22865	13161	1574659	354	—
1992	7491	6707	23898	13343	1684328	372	—
1994	8614	6000	28673	13572	1827452	—	413
1995	8499	7903	29104	13651	1877006	—	429.7
1996	8783	8761	28714	13327	1939800	—	435.4
1997	9006	8441	29048	13041	1977287	—	457.7
1998	7516	6984	28289	12597	1921779	—	452.5
总计	76936	66939	—	—	—	—	—

十三、石油中专学校基本情况

年份＼项目	学生（人）			专业设置数（个）	教职工（人）		
	招生	毕业	在校生		校本部	校办工厂、农场人员	其他附属机构人员
1988	7796	6654	21861	124	7054	392	458
1989	6862	6690	22852	136	6914	426	459
1990	6602	6415	22742	145	7118	379	579
1991	7771	7470	23724	146	6849	354	1028
1992	7457	6587	22455	146	6232	384	1034
1994	7996	5703	25210	187	6017	408	662
1995	10791	6770	28338	—	6159	436	571
1996	11037	7165	33307	—	6023	468	548
1997	10279	7969	33580	—	2832	579	641
1998	8245	7074	26602	—	4938	489	308
总计	84836	68497	—	—	—	—	—

十四、石油技工学校基本情况

年份＼项目	学校数（所）	招生（人）	毕业生（人）	在校生（人）	教职工总数（人）	经费支出（万元）	培训职工（人）	
							招收	毕业
1988	73	22482	19783	60630	15271	9568	12865	11898
1989	72	22364	22374	60308	15750	10395.1	10544	8696
1990	74	22388	21023	62806	16275	11201.4	10402	8265
1991	73	22720	22045	62381	16361	12300.1	15087	13139
1992	73	23243	21888	63290	16503	14354.3	23087	21411
1993	70	20311	21885	60948	15346	17712	16478	13787
1994	70	15285	23077	55429	14146	25365.3	19295	13843
1995	68	13926	21742	46631	14754	30475.9	22763	13612
1996	66	11376	18524	39483	—	—	—	—
1997	61	11994	15814	32409	12173	38769	38786	31202
1998	51	4447	12247	22349	9394	30017	38349	35953
总计	—	190536	220402	—	—	200158.1	207656	171806

第三章　院士、专家名录

一、两院院士名录

序　号	当选时间	姓　名	称　号	单　　位
1	1991	童宪章	中国科学院院士	石油勘探开发科学研究院
2		李德生	中国科学院院士	石油勘探开发科学研究院
3	1995	戴金星	中国科学院院士	石油勘探开发科学研究院
4		郭尚平	中国科学院院士	石油勘探开发科学研究院
5	1997	田在艺	中国科学院院士	石油勘探开发科学研究院
6	1994	侯祥麟	中国工程院院士	总公司机关
7		王德民	中国工程院院士	大庆石油管理局
8	1995	翟光明	中国工程院院士	咨询中心
9		顾心怿	中国工程院院士	胜利石油管理局
10		李庆忠	中国工程院院士	石油地球物理勘探局
11		罗平亚	中国工程院院士	西南石油学院
12		时铭显	中国工程院院士	石油大学（北京）
13	1997	胡见义	中国工程院院士	石油勘探开发科学研究院
14		李鹤林	中国工程院院士	石油管材研究所

说明：1. 中国科学院院士是国家设立的科学技术方面的最高学术称号，为终身荣誉。原名中国科学院学部委员。

2. 中国工程院院士是国家设立的工程科学技术方面的最高学术称号，为终身荣誉。

二、享受政府特殊津贴人员名单（1990—1998）

1. **总公司机关（9 人）**

侯祥麟（1990）；翟光明　李克向　陆邦干　李虞庚　谭文彬　万仁溥　张文昭　唐曾熊（1991）

2. **大庆石油管理局（163 人）**

郭福民　杨育之　杨继良　冯家潮　王思钧　刘丁曾　王德民　王启民（1991）；蔡民立　金培孚　张兆琦　严世才　刘善德　牛超群　梅　江　周家俊　钱棣华　胡博仲　郭其安　高瑞祺　方凌云　巢华庆　谢平安　曹存义　李麒鑫　冀宝发　李忠荣　刘春发　孟庆敦　赵世远　邵元良　常明澈　张宝群　郑雪祥　乔贺堂　侯贤忠　尹立柱　周　望　赵学昌　陈永生　王树椿　贾身乾　邢英明　周　明　康文荣　杨伍林　陈道宏　叶得泉　张景存　袁庆峰　李伯虎　杨玉哲　赵世发　吴永刚　张伯良　于克信　胡英华　焦连泉　吴恩政　王允良　崔已男（1992）；沈宗约　唐本翔　高瑞祺　邢英明　巢华庆　张兆琦　谢平安　方凌云　蔡民力　郭其安　胡英华　张伯良　周　望　杨伍林　于克信　刘春发　乔贺堂　李麒鑫　叶得泉　冀宝发　何思孝　代明午　白执松　万年福　冯永杰　李安璜　冯健明　张世瑛　王玉山　刘　恒　苟永年　唐其烈　起凤梧　孙铁森　蒋德珍　耿秀文　胡景隆　张广瑜　廖炎光　黎孔昭　李凤林　赵振明　李春森　李福成　张自坚　李世固　谢文俊　金东明　高俊才　荣学义　康贵男　赵东颂　王寿美　曲贤才　徐作明　李宝谦　孙希宽　杨君恺　何师荣　王世湖　陈大方　刘素珍　杨今朝　陈国璋　王建新　黄美森　方德彰　刘尚福　陈重生　赵云程　王长海　孙英魁　李景鹤　蔡贤桢　薛维志　王树平　吴士安　张大陆　熊玉华（1993）；王德安　刘富润　刘　学（1994）；白秉全　刘永湖　刘国儒　董福州　周清华（1995）；丁贵明　王　维　宋志文　何新民（1996）；袁敬先　刘赫志　纪士寅　萧德铭　瞿国忠（1997）；张广成　马尚贤　刘顺生　徐绍铭　王瑞泉　苏树林[1]（1998）

说明：姓名后括号内年份为该批次聘任人员批准时间。

[1] 2017 年 7 月，苏树林严重违纪违法被开除党籍。

3. **胜利石油管理局**（150 人）

宁玉川　刘兴材　叶蜚庭　顾心怿　曾文冲（1991）；王德新　王晨钟　蒋希文　叶大信　张人和　罗大山　沈瑞林　于万祥　帅德福　赵良才　赖正乐　陆人杰　王秉海　庞学海　陈德坦　孙建成　颜捷先　宋万超　马富才　刘震泽　余成刚　潘瑾台　王哲然　王　捷　周光甲　周维四　曾旭初　刘成正　安　舆　吕宣义　彭忠勋　胡守成　曾德钊　杨云岭　杜贤樾　潘春钰　张鸿仁　刘景唐　蒲健康　解浚昌　周凤石　蒋传新（1992）；王志信　郝东瑞　刘鸿祥　潘元林　才汝成　魏学仪　胡世义　瞿鸿德　李开荣　叶大信　于万祥　王秉海　曾旭初　张人和　颤捷先　赖正乐　蒲健康　庞学海　罗大山　杜贤樾　安　舆　郝敦典　张长和　周长桢　马述先　张忠信　张雅瑞　刘照庚　郑星斋　宗承云　李际全　汤兴辉　邵兴发　沙济忠　刘福贵　卢春喜　陈余廉　刘时霖　徐寿根　李顺晟　刘孝儒　熊新畴　杨裔庚　何生厚　张世家　朱德福　郝洪友　毕研鹏　吕连海　刘仁君　郑定杰　王华芬　巫正礼　孙尔均　李　祥　刘豪祥　王成龙　张贵荣　陈寿廉　陈明贵　霍广荣　罗进先　魏忠武　戴颂周　方开璞　江武敏　朱　铃　郭再耕　陈　越　刘宝和　吴佳豪　刘泽凯　燕书能　尹祚昌　何富荣　汪庆余　李金德　姚远勤　李　泌　余庆云（1993）；王玉岭　杨申镳　陈德华（1994）；姚益民　黄建中　周志齐　田宗民　张慧峰　刘汝山（1995）；王金荣　陈显琅　孙启忠　孙龙德（1996）；赖志荣　范乃福　张宗义　李秀元　吴道存（1997）；侯文斌　宋和凤　宋祥林　孙东昌　郑和荣（1998）

4. **辽河石油勘探局**（92 人）

王树芝　张林生　王秋华（1991）；侯振文　胡智勉　刘景伊　王汉高　初宝明　尹凤吉　潘至东　马立山　蒋麟湘　杨　录　汪锡茂　葛泰生　黄嘉麟　时庚戌　赵建元　甄　鹏　程生祥　陈义贤　赵世温　李志明　贾庆仲　任汝星　金尚柱　陈才祥　路九华　姚继峰　吴铁生　马玉龙　吕素茹　马化甫（1992）；刘玉林　曹里民　程继华　朱德宜　唐开宁　廖兴明　李更来　廖润康　蔡厥珩　李真济　胡用久　黄竹安　牛仲仁　张桐义　武宝生　张文新　王春鹏　刘振才　李厚国　李峻阁　冯慰先　王瑞璞　韩博文　宋金仕　陶润琛　侯建瑛　张宏昌　朱成林　赵长发

王仲瑞　龚　举　艾万荣　张培昕　詹述星　张振国　崔仁义　辛一平　朱章华　沈季文　郭惠民　蔚少华　马明德　王春寅　汪纯夫　李丕训　王纪民（1993）；吴泽坚　郑良宏（1994）；李明义　刘俊荣（1995）；白永芳　王正江　曹维赓（1996）；王如久　李咸宏　张敬华（1997）；程金财　张学汝　刘坤芳（1998）

5. **华北石油管理局**（57 人）

游静裕（1991）；陈宪侃　吴华元　唐　智　杨万里　梁生正　杨培山　仇射洋　周玉平　刘仁达　廖周急　杜雅轩　尹　定　范泰雍　李功治　刘加乘　于德昌　陈乐亮　刘廷奋　徐惠峰　田　复（1992）；李康中　黄　炎　秦荣章　刘磊石　胡孟启　刘　钺　柏松章　蒋尽基　洪培云　杨启万　刘福刚　费宝生　潘世奎　刘震远　朱连儒　杨服民　王　勤　王仲芝　聂文善　徐玉山　关鹏昌　王福年　赵树栋　张朝宗　李玉贞　张统尉　翟昌年（1993）；段大钧（1994）；汪志山　赵克敬（1995）；郭步英　于英太（1996）；张志魁　彭瑞林（1997）；刘海胜　张宽智（1998）

6. **新疆石油管理局**（47 人）

李立诚　李溪滨　李庆昌　杨生汉　尼亚孜·阿不都拉　沈增鑫　戴菊生　谢志强　赵立春　张国俊　姜建衡　吴振杰　周德明　杨文孝　林隆栋　薛连达　欧远德　杨瑞麒　李春敏　房全堂　张载欣　姜　彬　马国栋　龚爱元　张汝安　朱醒民　许高达　吾甫尔·买买提　刘治凡　唐文初　邹义声　孙川生　全志清（1993）；胡复唐　刘振武（1994）；顾方闰　甘遐安　徐玉清（1995）；陈汉扬　王宝贤（1996）；汤一信　赵　炎（1997）；陈长庚　刘景奎　高鼎城　唐成久　武兆俊（1998）

7. **中原石油勘探局**（52 人）

李允子　介　霖（1991）；杜晓瑞　张晋仁　李宗信　路彦德　赵远纲　梁军歧　朱家蔚　吴牟基　廖洋贤　申汉才　杨春林　彭邦文　郑斯耕　云大铭　王福昌　李根明　刘庆湘　陈红石（1992）；车卓晋　李宗信　杜晓瑞　路廖德　杜成武　赵春元　李明春　何　军　李玉堂　左新华　杨生贤　江　山　李贻祯　郭际唐　王桂文　吕振祥　嘉兴柱　杨昌蔼　吴登民　熊友全　弋翠侠　林　峰（1993）；蔡世启（1994）；卢明厚（1995）；彭鹏商　王法轩　张志远（1996）；石志英　李宗田（1997）；刘月臣

袁政文　耿宪良（1998）

8. **大港油田集团有限责任公司**（55 人）

李国才（1991）；李绍光　王寿增　陈后勇　陈光虞　郑长明　于庄敬　孙希敬　毛立言　宋伯韬　马世煜　王永杰　薛士荣　魏震球　侯世俊　吴　涛　许　钰　郭锡禄　刘鸿斌　安治华　李延美（1992）；张树明　张大德　王永杰　郑长明　宋伯韬　马世煜　李文瑞　曲经文　杨天吉　高有楠　李学文　谢久志　李学琦　李国良　胡九章　崔学成　冯星安　苗树富　蒋厚良　李开文　周学仁　宫文欣　王兆洪　王德明　李振权　曹克定（1993）；边国柱（1994）；倪方天（1995）；杨在岩　姚和清（1996）；石彦民（1997）；吴国臻　朱敬成　吴永平（1998）

9. **四川石油管理局**（75 人）

周学厚　包　茨　王宓君　马兴峙（1991）；聂勋禹　吴铭德　张长盛　韩明智　王贤达　高如增　陈太源　唐泽尧　王鸣华　兰家通　潘祖福　徐文渊　史鉴生　胡光灿　夏述明　游开诚　朱清澄　文华川　刘同斌　曾时田　任康生　王季明　李荫柑　李安静　张鸣歧　程文江　张铁生　胡连壁　邱伯堂（1992）；张士坤　李开曦　沈振中　朱清澄　游开诚　徐文渊　文华川　王贤达　高如曾　唐泽尧　张鸣岐　王鸣华　吴铭德　刘同斌　潘祖福　杨勋尧　夏先禹　孙世忠　唐明华　冉隆辉　孙金祥　谢国柱　林德高　刘云鹤　刘仲宜　张　瑛　白克仁　马继祥　陈寿先　熊楚才（1993）；张荫本　吴继余（1994）；刘长栋　陈国章（1995）；邵成勋　魏廉敦　施顺基（1996）；王荫丹　蒋祖光　高碧桦（1997）；魏明扬　朱北舜（1998）

10. **长庆石油勘探局**（27 人）

杨俊杰　龚伟安（1991）；李德渊　王天增　卢文昱　李银德　徐超杰　朱义吾　史兴全　刘惠英（1992）；王天增　卢文昱　王声远　宋国初　裴锡古　续　燕　赵作滋　赵春发　张春发　杨呈德（1993）；郑炽藩（1994）；姜兆凯（1995）；雍应新　金忠臣（1996）；杨洪志（1997）；何自新　蒋加钰（1998）

11. **河南石油勘探局**（22 人）

潘玉琦（1991）；王点玉　徐世庸　王元弟　杨春林　霍家英　宋振宇

周蔚云（1992）；唐光裕　杜有年　徐世庸　程绍志　李培杰　邵汉刚　华伟棠　王殿昌　苏华中（1993）；李辉长（1994）；朱绍璧（1995）；赵俊祥（1996）；钟超群（1997）；邱荣华（1998）

12. **江汉石油管理局**（11 人）

杨寿山　黄嘉瑗　訾祖耀　谢国光　赵中坚　彭章涛　何国裕　王显骢　汪仕忠　姜恩承　何清源　赵应龙　陈积德　吴国明　卫祖德　汪启麟（1992）；江荣沛　洪志一　梁增武　钟国强　甄启民　王典敖　叶金枝　许洪心　李渝生　彭治国　陈义正　唐正荣　朱俊元　徐守文　罗扬棣　朱世洲　丁光能（1993）；戴金林（1994）；戴世昭（1995）；程焕清（1996）；郭令余（1997）；刘恩学（1998）

13. **玉门石油管理局**（24 人）

温羡藩　王昌桂　屈政治　杨秀森　翟树人　赵熙寿　唐　锴　许光亨（1992）；唐世荣　路锡良　陶惠鑫　王世信　崔　辉　邱光东　罗　昭　周永华（1993）；霍永录（1994）；程述涛（1995）；房昭元（1996）；孔繁瑾（1997）；熊湘华（1998）

14. **塔里木石油勘探开发指挥部**（12 人）

王炳诚　张仲珉（1991）；王秋明　欧阳健　王家宏　钟树德（1992）；俞新永　罗春熙（1993）；马振武（1994）；杨润臣（1995）；邸　超（1996）；廖永远[1]（1997）

15. **吐哈石油勘探开发指挥部**（4 人）

罗英俊（1995）；曾晓明（1996）；李保明（1997）；刘宏斌（1998）

16. **江苏油田勘探局**（18 人）

王彦达　杨巨谟　张载褒　陈瑞庚　马　力　秦顺亭（1992）；马力行　俞　力　沈立铭　韩新民　朱松元　关福喜　汤玉玲（1993）；牟书令（1994）；张永康（1995）；侯德源（1996）；熊光绶（1997）；丁　侠（1998）

17. **青海石油管理局**（19 人）

顾树松（1991）；宋克显　徐中清　樊德仁　杨　藩　马崇煊　陈其正（1992）；樊德仁　苗玉辰　周铭涛　马力行　张宜锋　吴光藩　屈平廖（1993）；

[1] 2015 年 6 月，廖永远严重违纪违法被开除党籍、行政开除。

江裕彬（1994）；杨秀东（1995）；张　臣（1996）；彭礼浩（1997）；张永高（1998）

18. **滇黔桂石油勘探局**（10 人）

吴令英　周仁安（1992）；李伯忠　古慈隆（1993）；黄永明（1994）；李士富（1995）；牟德刚　陆荣生（1996）；钟　端（1997）；疏壮志（1998）

19. **冀东石油勘探开发公司**（9 人）

施鸣鹤　余守德（1992）；余守德　朱永安　贾书棋　刘崇亮（1993）；姜连成（1994）；刘树义（1996）；赵正庭（1997）

20. **安徽石油勘探开发公司**（2 人）

吴少华（1993）；娄建青（1996）

21. **浙江石油勘探处**（2 人）

蒋维三　徐克定（1993）

22. **石油地球物理勘探局**（48 人）

李庆忠　俞寿朋　袁秉衡　陈祖传　吴奇之　王宏琳（1991）；孟尔盛　张奎祥　何振香　裘慰庭　程金箴　刘颂威　赵中全　钟辛生　钱荣钧　范祯祥　潘显灿　熊　翥　吴永金　周继康　王达昌　缪学明　罗维炳　钟国森（1992）；柴桂林　王见仁　赵振文　周兴元　王小牧　吕友生　梅林森　王家宽　田树人　刘前志　赵瑞平　许大坤　李　玲　王宜昌　严　伦　廉大浩（1993）；杨克绳　牛毓荃　梁秀文（1994）；曾自成（1995）；曾庆全（1996）；王有新　段书府（1997）；徐文荣（1998）

23. **中原石化有限责任公司**（1 人）

杨建国（1997）

24. **物资装备总公司**（10 人）

田清锦　黄志潜　闫家正　赵宗仁　安锦高　徐社周（1993）；陈泽轩（1994）；邹高荣（1995）；　彭树华（1997）；邢祖侗（1998）

25. **宝鸡石油机械厂**（5 人）

朱绍曾　石康才（1992）；卢国忠（1993）；李一澄（1995）；罗世和（1998）

26. **宝鸡石油钢管厂**（1 人）

田秀婷（1997）

27. **西安石油勘探仪器总厂**（17 人）

杨焕成（1991）；刘永年　李宇衡　张在陆　徐莉莉　林　峰　何国信（1992）；何国信　徐莉莉　胡昌旭　汤雄　万文曼　吴绍基　龚厚生　曾玉昌　邓克全　姚振典（1993）

28. **咸阳石油钢管钢绳厂**（3 人）

张桂林（1992）；唐明洋（1993）；曹家麟（1996）

29. **济南柴油机厂**（4 人）

程尚敏　刘其珉（1992）；万德玉（1995）；杜在和（1997）

30. **工程建设公司**（6 人）

陈清旺（1992）；韩瑞兴（1993）；　康卫平（1994）；刘金湘（1995）；孙天珏（1996）；秦安民（1997）

31. **第一建设公司**（5 人）

何应训　樊正鸿（1992）；吴惠起（1993）；上官寻国（1995）；徐文俊（1997）

32. **第六建设公司**（4 人）

廖长森（1992）；聂顶华（1993）；曾旭东（1995）；邹学绅（1998）

33. **第七建设公司**（3 人）

许烨烨（1993）；时家俊（1995）；邓德利（1998）

34. **第八建设公司**（1 人）

隋绍春（1992）

35. **华东勘察设计研究院**（9 人）

江希驹（1991）；王建基　李化民　刘宗良（1992）；何风友　张　金（1993）；王宝珠（1995）；李利珍（1996）；董福春（1997）

36. **管道局**（29 人）

曲慎杨　潘家华（1991）；罗塘湖　杨基广　程光荣　张铭嘉　陈吉庆（1992）；周亮臣　郭光昭　吕中士　邢振亚　杨源开　刘荫学　李成仁　张福录　宋正治　丁明东　陈尚公　沈善策　权忠舆　汤墨朝（1993）；崔学良（1994）；夏宏器　高探贵（1995）；王茂棠　畅忠民（1996）；马志祥（1997）；黄益兴　张玉藏（1998）

37. **东北输油管理局**（15 人）

张昭明　张维东　李绍忠　戴秀庠　刘希坤（1992）；戴秀庠　武敬洲　李裕晨　李绍明　田树槐（1993）；余景春（1994）；刘宗秀（1995）；吕方辰（1996）；范金凯（1997）；李德铭（1998）

38. **华东输油管理局**（13 人）

王　喆　盛沛伦　李春光　葛斗福（1992）；盛沛伦　马海恋　翁永基　陈纯美　许宝兴（1993）；韩谭贻（1994）；潘希柏（1995）；肖行科（1996）；李　言（1997）

39. **西北石油管道建设指挥部**（2 人）

尹国耀（1995）；闫久红（1997）

40. **运输公司**（1 人）

师厚礼（1995）

41. **通信公司**（1 人）

顾茂霖（1992）

42. **勘探开发公司**（4 人）

谢　展　陆　勇（1992）；程守礼（1993）；胡乃人（1997）

43. **石油勘探开发科学研究院**（100 人）

翁文波　童宪章　李德生（1990）；田在艺　朱兆明　秦同洛　黄汝昌　刘文章　刘慈群　郭尚平　黄第藩　韩大匡　裘怿楠　胡见义　梁狄刚(1991)；白家祉　徐　旺　张克勤　钱绍新　杨通佑　张　恺　褚人杰　樊世忠　应凤祥　范成龙　甘克文　周振生　陈元顿　吴震权　杨宝善　常承永　于炳忠　王文彦　齐与峰　谢竹庄　黄延章　周煜辉　刘翔鄂　卢林生　谭廷栋　廖明书　薛叔浩　赖维民　李淑贞　林志芳　桓冠仁　牛亚斌　方宏长　蒋　阒　陈立滇　沈平平（1992）；贾金会　牛亚斌　蒋　闻　陈元顿　常承永　方宏长　陈立滇　应凤祥　薛叔浩　卢林生　黄廷章　谯汉生　宋建国　张金泉　戴金星　王　雪　刘明新　张志松　李秉智　韩用光　杨普华　陈元千　苏义脑　马家骥　刘雯林　吴廷栋　丁余庆　关增森　王家栋　吕牛顿　金毓荪　程克明　张家茂　王盛基　方义生　张　锐　李宇乡　刘丽芬　石广仁　赵　众　禹长安　钱　凯　袁士义（1993）；刘友民　王少昌（1994）；张盛宗（1995）；李晋超　钱玉怀（1996）；

肖敬修（1997）

44. **规划设计总院**（10 人）

梁翕章（1990）；杨端蓉　龙怀祖（1991）；周箴铭　苗承武（1992）；胡象尧　金德馨　陈茂祥（1993）；翁维珑（1995）；李建民（1996）

45. **工程技术研究所**（8 人）

龚家森（1991）；莫理京　田广墅　毛　骞　黄柏忠　石国栋（1992）；孙　健　林愿平（1993）

46. **西北石油地质勘探研究所**（4 人）

王　涤　于文铎　王愫　邢世琪（1993）

47. **杭州石油地质研究所**（2 人）

邸世琪（1993）；金　善（1995）

48. **石油管材研究中心**（2 人）

李鹤林（1991）；宋治（1993）

49. **信息研究所**（9 人）

张朝琛　胡文海　贾映萱　章兆淇（1992）；张　焱　徐云英　高寿柏　孙济元　刘长生（1993）

50. **石油工业出版社**（2 人）

孔秀兰（1993）；李昭仁（1994）

51. **石油大学**（49 人）

朱亚杰　蔡强康　杨光华（1990）；张怀祖　沈　复　刘希圣　沈忠厚　牟永光　葛家理（1991）；袁恩熙　张家环　陈庭蕤　戈　革　王曰才　戴　衡　徐述华　张履芳　赵正修　王鸿勋　顾伯鄂　赵国珍　尹宏锦　方华灿　张庚骥　梁文杰　黄荣樽　郑远扬　刘蔚宁　胡湘炯　张万选　张一伟　郎兆新　朱　墨　范耀华　赵徵林　袁　璞　杜世通　郭学增　张嗣伟　蔡镜仑　陈世廉　李健鹰　万邦烈　苏贻勋　张　琪　段道顺　鞠晓东（1992）

52. **石油大学（北京）**（30 人）

汤楷孙　冯增昭　陈如恒　钱家麟　任　瑛　郭天民　胡泽明　崔孝秉　林世雄　时铭显　严大凡　孙镇城（1991）；薛敦松　张厚福　郝石生　杨九金　陈钦雷　秦匠东　刘隽人　吴　律　乐光尧　齐国光　高德利

朱建林（1993）；吕英民（1994）；王亚禧（1995）；熊琦华　王仁安（1996）；吕明瑾（1997）；吴肇亮（1998）

53. **石油大学（华东）**（35人）

顾永泉　信荃麟（1991）；黄隆基　徐依吉　赵福麟　吴铭方　张庆冀　张　琪　段道顺　范耀华　韩志勇　岳泊谦　刘泽容　雍世和　陈月明　栾志安　王德新　黄祖祺　寿德清　彭广兰　黄德先　赵怀文　翟玉生　李正清　范玉久　王基鹏　贾生胜　张晶祥（1993）；阙国和（1994）；侯加根（1995）；张玉贞　周瑶琪（1996）；仝兆岐（1997）；李根生（1998）

54. **石油大学（广州）**（1人）

祝启波（1993）

55. **石油管理干部学院**（1人）

司瑞祺（1998）

56. **大庆石油学院**（28人）

黄匡道　王惠德　杨敏嘉　范家齐　曾慕蠡　戴超仁　陈家琅　翟云芳　陈章明　王宗祥　林　骥　陶景明　韩德旺（1992）；李云鹏　王子文　胡靖邦　崔振华　潘秉智　陈抡元　陈森鑫　张和光　唐士炽　张协隆(1993)；吴继周（1994）；张建群（1995）；张勃立（1996）；罗光熹（1997）；刘　扬（1998）

57. **西南石油学院**（32人）

郝俊芳　任书泉　马德坤　罗平亚（1991）；洪庆玉　李士伦　张本奎　张仲良　张明洪　彭良译　黄逸仁　杨坤鹏　刘崇健　施太和　李　允　方少仙　佟曼丽（1992）；廖荣庆　侯方浩　王廷栋　张明洪　陈良浩　陈　平　赵必荣　侯季康　罗肇丰　张先普（1993）；曹起荣（1994）；袁祥忠（1995）；林维澄（1996）；李　健（1997）；杜志敏（1998）

58. **江汉石油学院**（29人）

章贻俊　林壬子　王培荣　王铁冠　孔昭瑞　符达良　刘卓钧　姜书时　李自俊　王冠贵　钟兴水　金振武　李淑廉（1992）；章贻俊　王冠贵　符达良　林壬子　高振中　张柏年　夏位荣　梅博文　朱德怀　程立新　钟宁宁　张林祥　陈水利　谭鼎（1993）；胡文宝（1994）；华北庄（1996）

59. **西安石油学院**（29 人）

张绍槐（1991）；姜衍智　余国安　付则绍　李　鎏　王遇冬　庞巨丰　齐家昌　周春虎　王家华（1992）；姜衍智　王遇冬　王家华　杨正一　王世清　吕　郊　马宝岐　闫庆来　许水法　刘兆琦　王安仕　胡　健　卢宏定（1993）；米春亭（1994）；张宗命（1995）；成绥民（1996）；陈茂涛（1997）；高承泰（1998）

60. **承德石油高等专科学校**（2 人）

张克庸（1992）；董至庸（1993）

61. **重庆石油高等专科学校**（2 人）

高国炎（1995）；刘业厚（1996）

三、教授级高级职称人员名单（1950—1998）[1]

1. 总公司机关（206 人）

教　授：

侯祥麟（1950）；张永一　赵国珍（1986）；陆基孟（1991）；金国梁（1992）；徐凤银（1994）；刘殿升（1997）

教授级高级工程师：

翟光明　李道品　胡象尧　陈立滇　王　平（1987）；邱孝培　钟树德（1988）；张文昭　陈家巽　王乃举　冯力胜　杨生汉　史训知　王　涛　邱中建　李天相　阎敦实　胡福元　胡乃人　陈建新　唐曾熊　张兴儒　蒋其垲　胡朝元　何振鹏　赵宗仁　安锦高　张　荫　蒋学明　陈效期　杨树桂　于善玮　张献放　王治同　常　熹　冈秦麟　李虞庚　金燕凯　李国玉　陆邦干　万仁溥　李克向　谭文彬（1989）；高瑞祺　王显聰　周永康[2]　丁贵明　潘兴国　孙振纯　查全衡　罗英俊　白世荫　门存贵　童晓光　张庆成　曾宪义　周成勋　罗迪强　王贤清　王慎言　迟瑛琳　李章亚　王广顺　徐辅深　何锦兰　王镜心　程宗明　潘树琪　顾迪成　陈鸿璠　吕志良　程威远　齐小慧（1992）；吴耀文　张　轰（1993）；黄　炎　王优龙　李干生　赵政璋　欧阳健　徐同台　石宝珩　范成中　徐梦虹　杨　震　崔耀南　李海元　孙希文　王明太　吴　湘　贾金会　金衍泰　李培宗　赵　芬　赖婉琦　姚振年　王子江　刘允正　高锡五　赵凯民　谢熙池　孟慕尧（1994）；马富才　李文绮　赵化昆　闫存章[3]　姜文达　程希荣　吴振烈　张福祥　陈生官　高大康　杨景民（1995）；陈永武　陆大卫　张德忠　孙　宁　俞伯炎　孙　平　邱贤明（1996）；吕鸣岗　龙庆晏　邓隆武　刘宝和　刘万赋　黄新生　刘振武　金志俊　林如锦　王伟平　康竹林　蔡淑志　王明才　贾　铎（1997）；傅诚德　周　虬　陈笃恭　韩大宇　张耀臣　岳登台　汤洪昌　马振炎　张永明（1998）

---

[1] 姓名后括号内年份为该批次聘任人员批准时间。名单含 1998 年以前离退休人员，不含 1998 年底前已去世人员。

[2] 2014 年 7 月，周永康严重违纪违法，中共中央纪律检查委员会对其立案审查；12 月，被开除党籍；2015 年 6 月，周永康被判处无期徒刑，剥夺政治权利终身。

[3] 2014 年 4 月，闫存章接受组织调查并免职；2016 年 8 月，因严重违纪违法被开除党籍、行政开除。

教授级高级会计师：

李蕴兰　陆寿椿（1989）；汪璇玉（1994）；张裕昌　韩文华（1995）；林金高　李　波　王毓信（1997）；贡华章（1998）

教授级高级经济师：

周庆祖　殷　杰　吴康玉　尤乃文　郑国平　李维谌　王守忠（1989）；温厚文　周炳元　康心浩（1992）；陈　耕　沈柳芳　姚学民　崔凤文　张今弘（1994）；陈治源（1995）；林传礼　王煌今（1996）；白倬生　吴瑞澄　蔡国光　裴德海（1997）；林其胜　潘明方　李春伍　许宗荫　杨志勋（1998）

教授级高级审计师：

孙寿荣（1997）；白新贺（1998）

教授级高级统计师：

孙志超（1989）；崔素兰（1995）

教授级高级政工师：

金钟超　王正棠（1993）；徐世仁　严家发　程文学　张文仁　王翔书　张江漪（1994）；李克成　王竹君　刘　勇（1996）；张宽信　王海森（1998）

研究员：

周　俭（1995）；张云福（1996）

译　审：

傅志达（1997）

2. 大庆石油管理局（203 人）

编　审：

周克良（1994）

教　授：

欧阳超（1988）；闵长泰　范文质（1993）；王德启（1996）

教授级高级工程师：

井文渊　赵玉良　王志武　王德民　严世才　杨育之　牛超群　袁庆峰　杨继良　郭福民　蔡民立　王世湖　叶得泉　邢顺铨　强永祯　何裕民（1989）；钱棣华　胡博仲　唐其烈　方凌云　谢平安　方德彭

陈永生　廖炎光　刘　恒　万恒祚　何思孝　焦连泉　耿秀文　邵元良
李麒鑫　赵学昌　赵　鹏　王启民　刘丁曾　李伯虎　王思钧　邢英明
杨伍林　周　明　冯家潮　王允良　周　望　张宝群　张兆琦　李安璜
黄保明　黄淑敏　田肇英　黎孔昭　吴恩政　仲永寿　曹存义　刘春发
周帝城　童永澄　杨君恺　张景存　金长礼　徐培钰　贺英任　王树椿
周荣成　王玉山　郑雪祥　王效祖　王衡鉴　常明澈　陈毓柱　余名茂
冯健明（1992）；梅　江　袁敬先　崔己男　郭其安　杨玉哲　赵世发
潘光坦　张广瑜　侯贤忠　黄正秋　杨　群　贾仲宣　孟宪臣
刘　睿（1994）；薛维志　蔡贤祯　苏树林[1]　周抚生　张自竖　代明午
唐建人　赵世远　冀宝发　郭书昌　李永康　李景宝　宋承毅　王梦舜
张万昌　徐志良　郭占谦　赵耀五　沈宗约　尹立柱　唐宗黄　陈重生
李忠荣　罗昌燕（1995）；杨荫祖　卞贵新　李保树　苗希仁　李世荣
赵传本　董　贵　杜学峰　张建杰　金明仁　郭殿杰　张岳山　李　志
赵子亨　李勤学　刘富润（1996）；程一飞　萧德铭　蔡希源　曲贤才
乔贺堂　李彦民　刘赫志　胡景隆　董福州　龙海骧　徐成才　程杰成
刘　学　王瑞泉　杨立中　孙铁森（1997）；陈道宏　李剑浩　谢荣华
刘顺生　何新民　冯志琨　卿　路　李福成　黄秀祯　崔永春　张建民
陈国璋　高俊才（1998）

教授级高级会计师：

陈泽奎（1989）；纪永存（1998）

教授级高级经济师：

黄彬文（1989）；籍维扬　周家俊　刘振文（1992）；卢云云　杨世廷（1996）；
张世琪（1998）

教授级高级政工师：

李智廉　李凤歧　张星礼　张书德　陈灼华　王平珊　任积文　张树平（1994）；
徐绍铭　赵俊琦（1995）；苏冠玉　杨嘉春　张必信（1996）；孙淑光
陈志德　吴印玺（1997）；韩福奎　于宝祥　张九生　祖凤鸣　朱鼎科（1998）

---

[1] 2017 年 7 月，苏树林严重违纪违法被开除党籍。

主任药师：

邹本田（1992）；张晓友（1997）

主任医师：

张伯良　孟春庆　于克信　曹家缘（1982）；胡英华（1985）；张骥远　孙英魁　张元洪　傅汝仁（1987）；战义三　潘玉琴　褚策良　崔云庆　王东菊　史淑范　于作泰　赵承胤　宫本贤（1992）；曹明智　徐振民　朴京浩　李贤昌　艾恩光　宋宗华（1993）；韩传贤　胡德刚（1994）；修杰川（1995）；于瑞清　耿成彬　田　钧　王海潮　于景芳（1997）

3. 胜利石油管理局（173 人）

教　授：

唐守真（1992）；王纯德　单新一　闵宪忠（1995）

教授级高级工程师：

王绍祖　顾心怿　刘兴材　帅德福　叶蜚庭　沈瑞林　张人和　宁炳龙　张鸿仁　龚自卿　宁玉川　解浚昌　周凤石　周自立　刘成正（1989）；赖正乐　颜捷先　杨云岭　王成龙　杜贤樾　李开荣　杜公瑾　陈德坦　刘时霖　曾文冲　陈明贵　赵良才　叶大信　于万祥　罗大山　蒋希文　蒲健康　邬齐超　饶殿钰　丁怀芳　朱　玲　富士温　欧炎仁　蒋应华　郭再耕　杨裔庚　潘瑾台　刘洪尧　刘泽凯　倪嘉松　曾旭初　周光甲　王　捷　沈娟华　刘景唐　叶亮秀　潘春钰　郝敦典（1992）；张宗义　宋万超（1994）；牟书令　潘元林　才汝成　霍广荣　戴颂周　赵从楷　陈复生　陆凤根　曲寿利　王振光　张世家　巫正礼　孙龙德　朱德福　李俊荣　刘仁君　孙建成　马中海　李　祥　姚益民　陈　广　赖志荣　王秉海　张世章　刘鸿祥　吴佳豪（1995）；何生厚　江武敏　郝洪友　蒋传新　吕功训　周维四　冯时林　陈少石　魏学仪　魏忠武　张长和　陈寿康　陈　越　姚　铣　尹凯平　王哲然（1996）；宋祥林　董　伟　孙尔均　孙怀福　谷祖德　宁廷伟　马述先　罗进先　范乃福（1997）；杨申镳　苏长明　毕研鹏　李　阳　沈永翔　沈　琛　何富荣　侯文斌（1998）

教授级高级会计师：

单乐亭　刘继修（1989）；孙宗绪（1992）；王光汉　张洪甫（1995）；

李长亮　夏长庚（1996）；李东汉（1998）

教授级高级经济师：

金传乃（1989）；李宏瑛（1992）；陆人杰（1994）；高迎章　郭桂伦　戴廷振（1995）；董丕久　刘厚玲（1996）；裘国泰　刘五洲（1997）；夏大国（1998）

教授级高级政工师：

李入学　赵芳清　周德山　丁恩海（1994）；黄　敏　李继顺（1995）；齐玉德　朱家臣　徐怀评（1996）；田素华　刘　瑞（1997）；王作然　朱广盈（1998）

译　审：

张宏逵（1998）

主任医师：

朱松岑（1981）；尹祚昌　瞿鸿德　尹成龙　郝月夫　黄道恒（1989）；李增琪　刘正华　刘振中　邹海宁　张芳园　索班西　张玉琢　胡守成　燕书能　王兆玉　王宗先　张云彩（1994）；江忠亚　高纪明　王吉恒　孟祥淇（1995）

4. 辽河石油勘探局（49人）

教授级高级工程师：

赵世温　王春鹏　张桐义　李明义　贾庆仲　刘坤芳（1995）；田荫怀　曹里民　刘俊荣　吴泽坚　王　旭　黄竹安　张宏昌　陈文森（1996）；李俊阁　张学汝　谭时勇　邢景奎　韩博文（1997）；李宗飞　刘风亮　王德有　蔡厥珩　朱仲仁　刘　斌　王新卯　丁元德（1998）

教授级高级会计师：

张相国（1995）；王　革（1996）

教授级高级经济师：

赵大雄　陈志淦　宋振民（1995）；赵介平（1996）；苏忠学（1997）；张伟光（1998）

教授级高级政工师：

宋道堂　王福成　刘　毅　姚亚元（1995）；赵进礼　杨兴洲（1996）；

臧守德　张传玉（1997）；于凌安（1998）

主任药师：

李培超（1996）

主任医师：

徐振义　王富贵　梁多才　李裕民（1995）

5. 华北石油管理局（114 人）

教授级高级工程师：

梁生正　游静裕　吴华元　唐　智　梁树魁　秦荣章　袁　申　陈乐亮　张江溶　柏松章　崔　辉　黄剑谦　王炳国（1989）；杨培山　李康中　陈宪侃　聂文善　籍永昌　徐惠峰　金维绎　张宝山　董子亭　胡景玉　关鹏昌　蔡秋生　萧南平　罗治中　熊英俊　胡孟启　仇射洋　周世贤　朱德龄　廖周急　尹　定　黄希陶　李厚义　武思训　吴蕴辉　田　复　何永安　郭兆考　谭信德　郭维璋（1992）；刘　钺　杜雅轩　潘宝胜　蒋尽基　孙月明　李玉贞　张统蔚（1994）；段大均　耿志宏　费宝生　杨启万　樊立新　魏景琳　周玉平　杨治恒　王国华　罗义显（1995）；罗景琪　王晓香　吴俊德　朱亚东　黄代国（1996）；于英太　杨服民　孙钟金　庄佩生　郑国光　秦建中　司锡沿　刘福刚（1997）；党振荣　祝玉衡　徐玉山　王树涛　李羡阳　孟凡泽　谢怀兴（1998）

教授级高级会计师：

俞善根（1992）

教授级高级经济师：

朱良久　袁致中　西家宾（1992）；张玉生（1995）；张贵元（1998）

教授级高级政工师：

扈连才　蒋自强　刘应昌（1994）；金龙欣　熊世纲（1995）；陈宝坤　乔振泽（1996）；石　毅　宋长生（1997）；于溶源　董立国（1998）

主任医师：

孙学思（1982）；刘加乘　于德昌　高振东　马承林　李东山　刘雅洁　陈秉熙　杨嘉政（1988）；郭步英　张志魁　白　鸥　孙淑凡　曹鑫芳　黄继强（1993）；汪志山（1995）；李庆才（1996）

6. 新疆石油管理局（124人）

教授级高级工程师：

严宽亮 卢连生 朱醒民 欧远德 李国璞 谢 宏 戴菊生 尼亚孜 刘允祥 沈增鑫 张国俊 刘志泉 姜国清 周兆麟 徐怀正 商振平 陈佩章 赵立春 李溪滨 刘昌瑶 陆铭宝 李立诚 姜 彬 李庆昌 汪祖铎 赵 白 彭顺龙 彭希龄 张振纪 刘汝腾 黄洪泽 张铸华 秦寅生 张载欣 喻权平 林祖彬 夏公君 周鸣周 靳仰廉 苏复生 印承忠 陈龙宝 张本立 王鸿文 傅 煦 王天佑 黄元福 杨良贤 李淑贞 宁瑞芝 易 能 潘昌平 杨行超 顾方闰 薛连达 雍天寿 林隆栋 杨文孝 乐嘉行 冀中奇 张建华 张泽江 许高达（1989）；张 毅（1994）；董培基 王宜林 张育慈 孙川生 张纪易 刘治凡 吾甫尔·买买提 赵至善（1995）；孙永达 武兆俊（1996）；高鼎城 胡婉英 杨梭杰 李玉冠 余德广 汤承锋 张义杰 王文质 宋锡熊（1997）；姜建衡 匡立春 杨万盛 闻玉贵 王嘉淮 袁克勇 齐天喜 王玉田 单金榜 段 伟 杨瑞麒（1998）

教授级高级会计师：

温宗卫（1997）

教授级高级经济师：

宋世权 戴明梓（1994）；杨廷云（1997）；闫海渊（1998）

教授级高级政工师：

司马义·托乎提 傅玉林（1994）；张庆鹏 王国光（1996）；伍明成（1998）

主任医师：

黄一中 赵生明 翁爱莲 任灏远 王福成 柴刚乾 徐基方 王景昶 武经文（1989）；何光济 鲁浩云 邓丽生 陈殿和 赵国柱（1991）；林玺安（1992）；丁发忠 鲍现泽 叶万安（1993）；朱凤岐（1994）；申彦华（1996）

7. 中原石油勘探局（57人）

教授级高级工程师：

朱家蔚 张晋仁 车卓吾 李宗信 赵远纲 杜晓瑞 李允子 杜成武 杨春林 苏蔚华 潘宏智 郭见隆 方颂扬（1992）；蔡世启 肖 敏

卢明厚　马振都　汤克亮　彭鹏商　谢英涵　李清璧（1994）；云大铭　郑斯耕　袁政文　左新华（1995）；穆绍珩　田庆鲁　张同冉　余绪杰　吴明林　王法轩　张书明　易岳洲　郭升超（1996）；徐胜贤　齐兴宇　李明春　彭邦文　刘月臣　李宗田　潘生秦（1997）；焦大庆　许化政　熊有全　虞炳法　李学忠　耿宪良　王福昌　刘积松（1998）

教授级高级审计师：

潘义纯（1998）

主任医师：

何　军　胡　琛　张守亮（1993）；王孔英（1994）；李再兴　焦守中（1995）；王恒才（1996）

8. 大港油田集团有限责任公司（87 人）

教　授：

苏鸣钧（1988）

教授级高级工程师：

刘介人　朱　玄　陈后勇　陈光虞（1989）；孙希敬　于庄敬　薛士荣　郑长明　黄桂生　张鹤龄　赵学平　李学文　顾尚洪　马世煜　李国才　张大德　王寿增　沙润荣　许　钰　胡九章　王德一　郭锡录　石长顺　孙克铮　黎智灵　王德仁　杨作雄　宋伯韬　王志忠（1992）；张树明　李文瑞　曲经文　周学仁　谢久志　崔学成　毛立言（1994）；吴振雅　田克勤　倪方天　徐志龙　许金福　魏震球　马双才　吴克信（1995）；王顺达　石耕福　郑花锡　贝鸣刚　秦若辙　杨再岩　官文欣　胡余生　杨天吉（1996）；穆华东　何　鲜　朱敬成　石彦民　周嘉玺（1997）；熊金良　苗树富　路继臣　张立高　杨芳云　解春贵（1998）

教授级高级会计师：

吴　生（1998）

教授级高级经济师：

俞叔武（1992）；陈一桥（1997）；高金水（1998）

教授级高级政工师：

黄锦章　王　琦　王　鹏（1994）；姚和清　张德寿（1995）；石玉呈（1996）；高兰成（1997）；郭德宝　陈玉瑾（1998）

主任药师：

赵传祖（1980）

主任医师：

安治华　王廷忠　曹克定　胡秉轩　张之翰　苑道学　陈掬生（1988）；李希贤（1993）

9. 四川石油管理局（132 人）

教授级高级工程师：

包　茨　陈　遵　陈定宝　陈太源　高　宏　韩明智　郝凤台　胡光灿　蓝家通　李荫柑　刘荫藩　罗安合　马兴峙　梅俊尧　聂勋禹　潘祖福　邱伯堂　任康生　沙云和　沈振中　史鉴生　唐泽尧　王季明　王宓君　王贤达　夏述明　肖芝盛　徐和笙　徐文渊　杨民听　张　琪　张长盛　张鸣岐　张铁生　张仲珉　周学厚（1989）；白克仁　陈庚良　陈中华　程文江　范恩泽　关昌伦　金裕方　李懋钧　刘二本　吕元康　罗齐原　马继祥　王涵云　王开岳　王鸣华　文华川　吴其正　肖明德　熊庆云　杨先杰　杨勋尧　银雪滨　游开诚　曾时田（1992）；蒋长安　刘继远　刘同斌　冉隆辉　唐明华　王全生　熊松文　张士坤　章申远（1994）；邵成勋　陈子恩　程常修　李联奎　李鹭光　滕耀坤　魏廉敦　吴继余　谢国柱　徐中英　易　良　郑基垣　朱清澄（1995）；白贵林　戴弹申　罗启后　罗自立　苏建华　孙世忠　魏明扬　徐德明　张　化　赵良孝　朱有鉴（1996）；蒋祖光　孔金祥　刘长栋　谭刚强　夏鸿辉　夏先禹　肖姹莉　许可方　原青民　张有渝　张治林（1997）；谢姚祥　王良杰　袁吉诚　何玉春　张恒晨　贺鼎元　钟孚勋　杨川东　沈成之　陈作礼　张良鹤（1998）

教授级高级经济师：

陈　群　侯国珍　栗源林（1992）；涂年玺（1994）；王立臣（1998）

教授级高级政工师：

史培君　袁光明　朱昌南（1994）；陈国宪　陈应权　魏洪伦（1995）；高杰先　王　懑（1996）；张传书（1997）；陈会金（1998）

主任医师：

胡连壁　周家骥（1988）

10．长庆石油勘探局（54 人）

教授级高级工程师：

李德渊（1990）；续　燕　张树杰　宋国初　裴锡古　龚伟安　朱义吾　王天增　徐超杰　王锡福　胡善长　杨俊杰　卢文昱　俞　杰　赵稼生（1992）；史兴全　施少筌　赵作滋　李银德　王声远（1994）；贾明欧　金忠臣　雍应新　蒋加钰（1995）；唐瑞林　王文炯（1996）；杨洪志　郭忠铭　赵祥生　杨宪立　杨呈德　邹大文　鄢景余（1997）；侯哲国　郑炽藩　何自新　李兴业　胡文瑞（1998）

教授级高级会计师：

宋成敏　沈云卿（1992）

教授级高级经济师：

曲贯星（1995）；李庆宁（1997）；牛世长（1998）

教授级高级政工师：

王树荣（1995）；孙玉辰　张继昌（1996）；张敬堂（1997）；袁家　（1998）

主任医师：

刘惠英　佟秉权　张增贵　陈道明（1988）；姜兆凯　马瑞元（1994）

11．河南石油勘探局（42 人）

教授级高级工程师：

万道生　王寿庆　王点玉　刘绍龙　杨春林　顾汝杰　徐世庸（1989）；马存仁（1990）；李培杰　宋振宇　潘玉琦（1992）；唐光裕　周蔚云　邵汉刚　程绍志　朱绍璧　霍家英（1994）；钟超群　罗洪友　刘　欣　唐天忠　蒋春云　杜有年（1996）；邱荣华　华伟棠（1997）；王　敏　白理明　黄盛崇　彭生明（1998）

教授级高级会计师：

王永凡（1992）

教授级高级经济师：

陈培基（1992）；李清亮（1994）；宫　军（1997）；曹明华（1998）

教授级高级政工师：

魏光强　张文彦（1994）；杨国珍　赵冬安（1995）；姚大富（1996）；张振山（1997）；陈永正（1998）

主任医师：

王殿昌（1996）

12. 江汉石油管理局（75 人）

编　审：

丘昌济（1993）

教授级高级工程师：

谢国光　杨寿山　何仁里（1989）；戴世昭　赵中坚　訾祖耀　窦茂泽　黄嘉瑗　高士谦　丁淑君　周成教　华震宇　陈秉衡　张元槊　贾光美　钟振千　吴国明　傅中义　宁正义　薛　中　秦居信　汪启麟　刘世泽（1992）；江继纲　龙菊蓉　李瑞炎　拜自新（1994）；甄启民　汪仕忠　洪志一　李渝生　卓凤池　邓天洲（1995）；曹祖贤　何　义　郭东润（1996）；江荣沛　李毅忠　王裕满　储昭坦　黄鹤奎（1997）；戴彦爵　钟国强　冯玉链（1998）

教授级高级会计师：

俞荷瑾（1992）

教授级高级经济师：

徐达人（1992）

教授级高级政工师：

文光辉（1994）；张义发（1995）；翁青山（1996）；郭永诚（1997）；李援选（1998）

主任药师：

张远培（1993）

主任医师：

黄凤翔（1992）；陈义正　王仪德　张嘉齐　唐正荣　沈善康　石耀楣　徐佑梅　曹国权　向庆典　张经智　朱俊元　高如岳　杨家立（1993）；吴厚盛　马竟逵　郭怀宸　曾繁荣　戴儒琴　王志光　王正磊　邵晓丽（1994）

13. 玉门石油管理局（12 人）

教授级高级工程师：

屈政治　杨秀森　霍永录（1988）；唐　锴　翟树人（1989）；罗　昭　周永华（1994）；吴恩来（1997）；孔凡瑾（1998）

教授级高级经济师：

彭立垣（1998）

教授级高级政工师：

刘世洲　黄亦纯（1996）

14. 塔里木石油勘探开发指挥部（18 人）

教　授：

邹义声（1992）；苟光汉（1994）

教授级高级工程师：

林志方（1987）；王秋明（1988）；王炳诚（1991）；梁狄刚　金唯一（1992）；俞新永（1994）；贾承造　杨长祜　沈成喜　汪道源（1995）；廖永远　张师本（1996）；马振武　石　林（1997）

教授级高级政工师：

王凤国（1998）

15. 吐哈石油勘探开发指挥部（18 人）

教授级高级工程师：

王昌桂　崔　辉　温羡藩（1988）；罗英俊　吴　涛（1992）；唐世荣　王世信　路锡良　许光亨（1994）；王武和（1995）；陶惠鑫　杨昌龙（1996）；张立群（1997）；　李国诚　周绪岷（1998）

教授级高级经济师：

安　歧（1998）

教授级高级政工师：

李志新（1996）

主任医师：

张赛时（1997）

16. 江苏石油勘探局（29 人）

教授级高级工程师：

王彦达　朱松元　杨巨谟　张载褒　陈瑞庚（1989）；韩新民　顾崇义　关福喜　沈立铭（1992）；陆　敬　俞　力（1994）；吕连海　杨　桐　汤玉玲　徐开华（1996）；秦顺亭　侯德源　汪东进（1997）；张永康　朱曰荣　熊光绥（1998）

教授级高级经济师：

董国庆（1992）

教授级高级政工师：

陈济中（1995）；王厚德（1996）；王蕙茹（1997）；袁连中（1998）

主任医师：

刘鼎钧（1988）；张建国（1993）；罗菊英（1994）

17. 青海石油管理局（15 人）

教授级高级工程师：

杨　藩（1989）；宋克显　杨秀东　顾树松　樊德仁　赵大年（1992）；张　臣　彭礼浩（1996）；周铭涛（1997）；张永高　崔宪鹏（1998）

教授级高级经济师：

严振鸣（1997）

教授级高级政工师：

刘杨寿（1998）

主任医师：

潘效昌（1986）；于进彩（1992）

18. 滇黔桂石油勘探局（14 人）

教授级高级工程师：

陆荣生　杜全义　吴令英（1992）；汤昌钧（1994）；李朝鑫　李士富　古广才（1995）；王剑波（1996）；古兹隆（1998）

教授级高级经济师：

王凤琛（1992）；王苏民（1994）；杨志远（1998）

教授级高级政工师：

李木林（1995）；　吴绍安（1998）

19. 冀东石油勘探开发公司（7 人）

教授级高级工程师：

朱水安（1989）；施鸣鹤　余守德　李　明（1992）；李　斌（1996）

教授级高级经济师：

李应群（1997）

教授级高级政工师：

李允富（1998）

20. 安徽石油勘探开发公司（3 人）

教授级高级工程师：

吴少华（1990）；娄建青（1995）；苗玉辰（1998）

21. 浙江石油勘探处（2 人）

教授级高级工程师：

蒋维三　徐克定（1992）

22. 南方石油勘探开发有限责任公司（8 人）

教　授：

林平一（1987）

教授级高级工程师：

谢　展（1987）；程守礼　陆　勇（1989）；范泰雍（1992）；刘能强（1994）；高有楠（1995）；何更生（1996）

23. 石油地球物理勘探局（57 人）

编　审：

汪廷璋（1994）

教授级高级工程师：

王宏琳　陈祖传　李庆忠　袁秉衡　裘慰庭　孟尔盛　潘　瑗　俞寿朋（1989）；吴奇之　何振香　张奎祥　柴桂林　王见仁　潘显灿　范祯祥　牛毓荃　孙廷举　金学政　陈丕珩　罗维炳（1992）；钱荣钧　周兴元（1994）；

程金箴　赵中全　吕友生　许大坤　杨克绳　邓小力（1995）；王小牧　王　强　王顺根　王有新　吴永金　熊　翥　赵振文　刘前志（1996）；钟辛生　王家宽　凌　云　赵振飞　徐文荣　史　骊　刘素庚（1997）；谢晓安　王达昌　王　愫　赵瑞平　管忠（1998）

教授级高级会计师：

许国华（1992）

教授级高级经济师：

王业胜（1995）；孙玉岭（1996）

教授级高级政工师：

李玉超　陈启发（1994）；吴宗明（1997）

主任医师：

曾自成（1993）；尹世忻（1996）

24. 中原石油化工有限责任公司（4 人）

教授级高级工程师：

樊正鸿（1994）；裴广乐（1996）；林锡庆（1997）；杨建国（1998）

25. 塔里木石油化工工程建设指挥部（2 人）

教授级高级工程师：

卓庚溥（1998）

教授级高级政工师：

韩建业（1998）

26. 中国石油物资装备总公司（61 人）

教授级高级工程师：

王河林　徐莉莉　徐杜周　闫家正　林　峰　李宇衡　黄继贞　马洪云　杨焕成　金毓麟　吴嘉淼　尹皋文　米　涛　宋蜀杰　王敬耀　李清超　黄火荣　吴道荣　石康才　王道纯　朱绍曾　郑恩锡　蔚长春　蒋洪谟　杨玉璧（1989）；何国信　赵元惠（1991）；赵之善　黄志潜（1992）；朱志贤　王祖成　于维华　李康琪　曾庆昌　谢明廉　卢国忠　胡坚石（1994）；贺明华　李一澄　吴绍基（1995）；孙祖臣　邓克全　乐美瑜　田清锦　蒋建华　金时麟（1996）；邢祖侗　刘　珉　张在陆　张冠军（1997）；

彭　琥　孙以睿　刘天民　田秀婷　罗世和（1998）

教授级高级经济师：

夏培清　沈裕祖（1995）；钱　珏（1996）；简世信（1997）

教授级高级政工师：

傅泉清（1995）；潘茂祥（1998）

27. 中国石油工程建设公司（9 人）

教授级高级工程师：

韩瑞兴　韩其佛　陈清旺（1989）；张岱域　李华滨（1995）；张纬九（1996）；武俊成（1997）；周延抗（1998）

教授级高级经济师：

安郁培（1994）

28. 第一建设公司（9 人）

教授级高级工程师：

何应训　张世维（1989）；上官寻国（1994）；李玉明　王学政（1996）；曾世民（1998）

教授级高级会计师：

甘志兴（1995）；高忻元（1998）

教授级高级经济师：

张志昌（1995）

29. 第六建设公司（3 人）

教授级高级工程师：

廖长森　聂顶华（1996）；邱康源（1997）

30. 第七建设公司（3 人）

教授级高级工程师：

许烨烨（1994）；葛墨轩（1995）；伍金堂（1997）

31. 华东勘察设计研究院（7 人）

教授级高级工程师：

何凤友（1989）；王宝珠　刘宗良　江希驹（1992）；张　金（1997）；

李胜山（1998）

教授级高级政工师：

于存孚（1996）

32. 中国石油天然气管道局（78 人）

教　授：

施　奈　应铜诚（1988）；郑英裴　王茂堂（1993）

教授级高级工程师：

潘家华　曲慎阳　高俊凯　李绍聃　金　越　俞乐群　李保淳（1989）；黄志刚　陈国彬　李振奇　徐林发　杨基广　戴家齐　程光荣　战韵祥　叶德丰　周亮臣　陈冠卿　卢世瑜　罗塘湖　李　炯（1992）；陈吉庆　邢振亚　张铭嘉　俞渭森　宋正治　宋　宏（1994）；尹尧筠（1995）；高探贵　黄维和　刘荫学　权忠舆　胡通年　丁明东（1996）；杨祖佩　畅忠民　张奇兴（1997）；虞献正　姜笃志　崔学良（1998）

教授级高级会计师：

于嘉禾（1992）

教授级高级经济师：

蔡适生（1992）；宋之开（1997）；陈孝厚（1998）

教授级高级政工师：

张福录　王广礼　张礼仪　刘　安（1994）；惠泽人　王鹏林（1995）；白兴荣（1996）

主任医师：

郭光昭（1981）；毛会亭（1982）；袁宗信　关兆民　夏宏器　张子宽　蒋学圣　王春寅（1988）；周岐源　黄益兴　杨启斌　贾宜春　黄永福　黄慧筠　夏士杰　虞至忠　于志恒　秦继新　刘国权　石冠文　白曼曼　朱　亮　宋　敏（1993）

33. 东北输油管理局（15 人）

教授级高级工程师：

张昭明（1989）；戴秀庠　张维东　田树槐　李绍明（1994）；余景春（1995）；李绍忠　李裕晨（1996）；吕方辰（1997）；刘希坤　刘宗秀（1998）

教授级高级经济师：

罗玉琮（1996）

教授级高级政工师：

李　钊（1994）；李玉祥（1995）；吴云海（1997）

34. 华东输油管理局（10人）

教授级高级工程师：

盛沛伦　王　　（1992）；李春光（1994）；潘希柏　钱建华（1996）

教授级高级会计师：

马猛龙（1992）

教授级高级经济师：

刘厚骧　戴　鹏（1998）

主任医师：

张文筠　江淑贞（1988）

35. 西北石油管道建设指挥部（4人）

教授级高级工程师：

张桂林（1989）；王树宽（1997）；尹国耀（1998）

教授级高级政工师：

张德国（1994）

36. 北京天然气集输公司（2人）

教授级高级工程师：

车庆斌（1994）

教授级高级经济师：

杨承志（1994）

37. 济南柴油机厂（12人）

教授级高级工程师：

程尚敏（1989）；刘铭仁　冯宝新　沙济忠　邵兴发　刘其珉（1992）；杜在和　万德玉（1995）；温泽民　张力人（1996）；戴宪德（1997）；李宝森（1998）

38. 通信公司（4 人）

教授级高级工程师：

胡廷尧　顾茂霖　张世英　易铁铮（1992）

39. 审计所（1 人）

教授级高级经济师：

苗铁生（1995）

40. 石油勘探开发科学研究院（186 人）

编　审：

龚自家　陆英理（1994）

教授级高级工程师：

白家祉（1952）；刘慈群　黄延章（1986）；周煜辉　方宏长　裘怿楠
赵　众　胡见义　刘颂威　韩大匡　刘翔鹗　李德生　林志芳　郭尚平
谭廷栋　桓冠仁　吴震权　蒋　阗　王文彦　廖明书　钱绍新　杨通佑
李秉智　樊世忠　应凤祥　常承永　甘克文　吴廷栋　谢竹庄　唐养吾
李淑贞　齐与峰　赖维民　陈元顿　黄第藩　王　平　于炳忠　窦耀奎
靳锡庚　张维亚　陈有德　向同水　陈泽鉴　朱兆明　田在艺　张　恺
褚人杰　范成龙　秦同洛　刘文章　张传淦（1987）；吴桦梁　徐　旺
张克勤　方淑珠（1988）；张金泉　金敏荪　卢林生　丁余庆
刘友民（1989）；张盛宗　薛叔浩　刘雯林　王家宏　甄　鹏　姚荣魁
李林传　计中权　周振生　戴金星　张志松　陈元千　苏义脑　马家骥
杨普华　刘明新　谯汉生　宋建国　韩用光　沈平平　钱　凯　王家栋
王少昌　关增淼　刘植春　王　雪（1992）；牛亚斌（1993）；周　坤
徐树宝　程克明　方义生　肖敬修　李宇乡　刘玉章　张　锐　吉宗梧
范从武　杨承志　石广仁　王盛基　吕牛顿　李晋超　万吉业　谢荣院
俞绍诚　赵忠扬　康一孑　沈联蒂　詹　谦　邬立言　戚厚发　禹长安
刘雨芬（1994）；赵文智　沈成喜　徐志川　赵旭东　叶和飞　杨长祜
王　彪　陈荣振　钱玉怀　卢尔丰　梁振军　汤　磊　李　宁　陈丽华
袁士义　盛志伟　申瑞臣　胡雅　蒋助生　单文文　沈燮泉　岳清山
杨贤梅　贾文瑞　周兴熙（1995）；顾家裕　丁树柏　俞启泰　谢兴礼

刘继德　赵源泰　张大江　顾信章　赵良武　钱鑫芳　王绍贤　邓亚平　孙天美　陈文兰　庄惠农（1996）；姜乃煌　王智贻　姚逢昌　刘雨晴　董　杰　薛培华　武若霞　张宗愚　于连成　周　娟（1997）；董爱正　李国平　白仰民　金长文　关春林　王荷美　穆龙新　吴则中（1998）

教授级高级政工师：

王福印（1993）；许茂森　梁　新　王拴增　张宏毅（1994）；刘兴汉　石维峰　潘维志（1995）；张树义　严元昌（1997）；李学志（1998）

主任医师：

刘平安　岳湘萍（1996）

41. 规划设计总院（21 人）

教授级高级工程师：

胡象尧　梁翕章　周箴铭　江士昂　何　宇　龙怀祖（1988）；陈茂祥　金德馨　苗承武　杨承汉（1992）；翁维珑（1994）；李建民　王维钧　迟尚忠（1995）；赵鸿贵　彭贤安（1996）；杨本安（1997）；蔡春知　王　湛（1998）

教授级高级经济师：

李玉琦（1997）

教授级高级政工师：

乐秀民（1994）

42. 工程技术研究院（11 人）

教授级高级工程师：

毛　骞（1987）；张家骐　黄兰谷　龚家森（1988）；黄柏宗　莫里京（1992）；田广墅　石国栋（1994）；冯星安（1997）；高光第（1998）

教授级高级政工师：

曹开胜（1994）

43. 西北地质研究所（4 人）

教授级高级工程师：

邸世琪（1987）；王　涤（1996）；刘全新（1997）；梁秀文（1998）

44. 杭州石油地质研究所（5 人）

教授级高级工程师：

朱国华（1983）；金善　　杨　斌（1989）；钱奕中（1992）；王行信（1996）

45. 石油管材研究所（6 人）

教　授：

张平生（1994）；路民旭（1995）

教授级高级工程师：

李鹤林（1992）；宋　治（1994）；李平全（1997）；冯耀荣（1998）

46. 信息研究所（26 人）

编　审：

张　焱（1983）；范伟粹（1992）；亓永荣（1994）；孙济元（1996）；林淑凤（1997）；曾国寿（1998）

教授级高级工程师：

徐云英　张朝琛（1988）；贾映萱　胡文海（1989）；刘长生　朱恩灵　章兆淇（1992）；金静芷　任　俞　李文玉　王文祥（1994）；吴永甫（1997）；王同良（1998）

教授级高级政工师：

徐文野　毛华鹤（1994）

研究馆员：吕学谦（1996）

译　审：

王福松（1989）；于福忠　胡征钦（1992）；高寿柏（1996）

47. 中国石油报社（3 人）

高级记者：

方崇滋（1996）

教授级高级政工师：

张恕基（1993）；李秋杰（1994）

48. 石油工业出版社（9 人）

编　审：

陈振之（1982）；安作相（1992）；李希文（1994）；孔秀兰　叶敬东（1995）；吕德本（1998）

高级编辑：魏宜清（1994）

教授级高级工程师：

李昭仁（1989）；张家茂（1994）

49. 石油大学（北京）（167 人）

编　审：

陆庆邦（1987）；云　川（1991）；张志廉（1996）

教　授：

王祖尧（1951）；蔡强康　杨光华（1978）；张怀祖　戈　革　冯世暄
陈廷蕤　王曰才　沈　复（1980）；戴　衡　李志强　张家环
汤楷孙（1982）；任　瑛　钱家麟　时铭显　陈如恒　刘希圣
沈忠厚（1983）；张履芳　徐述华　牟永光　冯增昭　郭天民　方华灿
胡泽明　崔孝秉　沈本善（1985）；张嗣伟　顾伯锷　刘　璞　张万选
郝石生　张厚福　林世雄　秦匡宗　袁　璞　黄荣樽　胡湘炯　王鸿勋
郎兆新　严大凡　霍来健　吴震霄　黄宗鑫　杨廷昕　汤渭龙　吕英民
刘慰宁　朱　墨（1987）；葛家理　白鹏飞　李有栋　彭振南　黄醒汉
余世诚　赵澄林　董敏煜　尚作源　赵永丰　罗　纬　郭学增
张一伟（1988）；陈世忠　陈　玉　华泽澎　孙镇城（1989）；赵碧华
陆克政　冯启宁　郑远扬　王仁安　陆绍信　徐亦芳　薛敦松　张崇高
王亚禧　王祖相　黄咸先　陈钦雷　许震芳　马玉书　蔡镜仑
管守锐（1991）；李象蓉　谢振全　王铁冠　吴　律　田崇鲁　李承楚
楚泽涵　熊琦华　潘慧芳　殷慧玲　杨继涛　刘耀芳　王剑秋　柴勤忠
吕明瑾　孙宏寿　卢明高　徐可华　汪云英　张丽华　俞康胤
张长根（1992）；董人瑞　李德同　吴肇亮　陈月珠　刘淑藩　傅雅林
董守平　王修斋　杨筱蘅　高德利（1993）；李云鹏　王尚旭　朱筱敏
张来斌　毛　羽　于洞滋　文世鹏（1994）；马爱梅　漆家福　鲍晓军
李术元　汤景凝　樊启蕴　郑富明　金之钧　陈　勉　李相方　庞雄奇
吴芳云　翟应虎（1995）；陶　果　朱建华　苏　　吴元燕　张　宏
张劲军（1996）；刘　震　董　鹏　邓金根　董秀成　刘洛夫　关长春
杨小远　黄述旺　樊洪海　高维东　双　凯（1998）

教授级高级工程师：

杨九金　刘隽人（1992）；李昆三（1994）；翁永基　郭荣坤（1996）

研究员：

张富清　刘汝洵　范玉琦　张炳林　蒋南华（1993）；梅凤翔　关洪涛　齐国光　单嘉华　王志成（1994）；司潮春　经庭山（1995）；曹文举　夏月泉（1996）

译　审：陈鲁生　齐玉龙　朱德一（1988）

50. 石油大学（华东）（147 人）

编　审：

李兰芝（1995）

教　授：

顾永泉　赵正修　邵钟武（1985）；卢爱珠　赵怀文　万邦烈　梁文杰　黄祖祺　施　侠　王光埙　杨秋水　苏贻勋　张伯良　尹宏锦　张庚骥　信荃麟　杜世通　黄超凡　吴铭方　陈世廉　范耀华　曹重远　陈庭根（1987）；姚德惠　李奉孝　张砚秋　张　琪　倪丙荣　周照鸿（1988）；施兆福　鲍　冲（1989）；冯德田　沈惠坊　岳伯谦　石临嵩　庄长松　冯叔初　张昌祥　阙国和　董松琦　张连生　寿德清　贺安敬　李健鹰　赵福麟　陈月明　鞠晓东　雍世和　刘孟慧　王才经　任兰亭　毛宝瑚（1991）；路永明　李继志　陈　弘　郭光臣　周坤瑞　贾生盛　李希舫　段道顺　杨勤为　李阳初　韩志勇　黄隆基　刘泽蓉　霍守诚　张广禄　张新义　王黛君　李文瀛　黄纪华　柏　松　林柏华（1992）；吴开源　王弥康　仇伟德　吴宗祥　向逐聪　李怀禄　陈泽辉　张才箐　冯成武　李沛明　李秀生　仝兆歧　夏俭英　栾志安　刘仲一　王者生　夏显庭　严炽培　韩寿萍　王荣德（1993）；仝兴华　刘晨光　李根生　纪友亮　姜在兴　吴德元　卢子馨　徐振贤　刘文钦　李新安　王汝元　赵永兴　赵化学　何维望（1994）；狄明信　罗万象　罗东坤　陈国明　阎国超　左明伦　董映珉　周世新　贺礼清　吴晓东　周瑶琪　金　强　黄德先　袁福学　陈海亮　富嘉文　韩树铠　劳永新　李　秀　施宝正　王基鹏（1995）；阎相桢　王瑞和　张延庆　张建芳　张荣华　孙起瑞　戴启德　李　元　王清亭（1996）；乔文孝　钟建华　管志川　徐依吉　孙在春　王从岗

刘中良　翟玉生　李世春　田学民　叶飞跃　张在旭　周开学　梁孟华　周光迅　李国华（1998）

教授级高级工程师：

姜义忠（1988）

教授级高级政工师：

刘应元　钱锡俊　李玉琛（1994）

研究馆员：

何新中（1995）

研究员：

卢国仪　吴大刚（1994）；张　冈（1995）；陆介明（1996）

51. 石油大学（广州）（3人）

教　授：

黄浩枢（1992）；祝启波　何鸿举（1993）；戴向东（1998）

52. 石油管理干部学院（16人）

教　授：

郭维华（1991）；王庭树　王可仲　单怀沧（1992）；彭剑琴（1993）；李吾道　韩学功　司瑞琪（1995）；王立真　张效陶（1996）

教授级高级工程师：

尹道墨（1992）

教授级高级政工师：

王孝先　廖国芳（1994）

研究员：

王才良　田小雪（1994）；杨达生（1998）

53. 大庆石油学院（94人）

教　授：

王宗祥（1978）；陈抡元　陈家琅　林　骥　杨敏嘉　王惠德　陶景明　潘秉智（1986）；高　弼（1987）；陈章明　黄匡道（1988）；李泰明　吴顺和　胡靖邦　张勃立　范家齐　蒋伯英　韩德旺（1989）；张守谦　周书欣　翟云芳　张建群　高玉青　罗光熹　黄秀仪　钟伯明　黄兆芝　张宝琪　陈森鑫　项新耀　张协隆　崔振华　戴超仁（1991）；陈秉麟

孙维林　李邦达　张洪亮　张子香　唐士炽　张学鸿　刘玉泉　彭高华　孙礼煌　刘兆元　姜廷奎　王子文（1992）；李彦芳　李占咸　方祖康　周大千　刘路加　王永信　李振钢　翟长欣　张少南（1993）；张兴金　黎文清　夏春山　周　安　汤淑文　张守林　王云山　王学孔　邵善根　栾绍信　吴继周　刘　扬（1994）；刘永建　孔庆祥　刘广舜　张建中　段玉波　刘铁男　邵华开　王当芳　莫经纶　翟　兵　李世安（1995）；卢双舫　王秀明　崔海清　贺　杰　史云沛　陈仁华　杨德海　王兴国　任福山　闫　铁　孙彦彬（1996）

教授级高级政工师：

姜淑卿（1994）

研究员：

魏嘉荃（1992）；高振环（1994）；孙建刚 1996）

主任医师：

太史佩（1988）

54. 江汉石油学院（63 人）

教　授：

康　德　钟兴水　王冠贵　李自俊　张柏年　孔昭瑞　李淑廉　谭　鼐　郑基英（1987）；赖志云　符达良　叶维文　李光祖　王培荣（1988）；朱德怀（1989）；高振中　田时芸　刘卓钧　庞天海　张林祥　姜书时（1992）；夏位荣　蔡尔范　黄宏度　雷一鸣　王域辉　林金婉　张继武　梅博文（1993）；胡文宝　刘银斌　郭海敏　黄清世　甘光奉　关治洪　陈水利　邓胜华　熊经裕（1994）；梅　平　王新海　吴锡令　朱广生　肖立志　刘德华　李继灿　程立新　姜衍文　朱忠德（1996）；包建平　张昌民　李罗照　林克湘　郭建华　傅绍斌　张晓东　孙传友　马成松　刘洪泉（1997）

教授级高级工程师：

潘国恩（1994）

教授级高级政工师：

白光第　牟　杰（1994）；郭俊文（1996）

研究员：

华北庄（1993）

55. 西南石油学院（94 人）

教　授：

马德坤　郝俊芳　任书泉（1986）；罗平亚　李士伦　洪庆玉　侯方浩　方少仙　张先普　肖芳淳　曾自强　李光耀　彭克琮　陈良浩（1987）；张本奎　杨继盛（1988）；施太和　雷　晓　杨坤鹏　董奉诚（1989）；高家碧　袁祥忠　孙良田　强子同　蒋　武　沈明道　王廷栋　陈景山　赵必荣　罗肇丰　崔　岚　周锡荣　张明洪　曾彦一　张仲良　苏美容　杨世良　阎　醒　佟曼丽　潘迎德（1991）；李　允　廖荣庆　刘崇健　林维澄　李君裕　孟坤六　侯季康　彭胜商　李绍基（1992）；陈碧珏　江茂泽　陈本义　黄森楠　颜其彬　杨远聪　杜春常　蒋　平　赵立志　韩显卿　马德岩（1993）；焦　棣　尹代益　刘育骥　王　元　王文福　王启为　荀光汉　华寅初　黄汉光（1994）；苏其明　郑永坚　黄继祥　赵金洲　黄林基　胡星琪　苏万勇　胡祖修　赵　敏　吕荣才（1995）；杜志敏　陈福煊　梁　政　李　健　贾永禄　宋　瑜　孟英峰　黄春生　张弘逊（1996）；张廷山　沈昭国（1997）

教授级高级政工师：

曾宪平　张应光（1994）；李　波（1996）

研究馆员：

徐成孝（1996）

56. 西安石油学院（85 人）

教　授：

吕瑞昌（1982）；张绍槐　姜衍智（1986）；付则绍　马宝岐　张金钟　张廷汉　郑德馨　高俊敏　陈达秀　陈效正（1987）；阎庆来　李　王启伟　余国安（1988）；成绥民　傅鑫生　胡　启　李泽鹭　张　超　赵乃逯　王维娟　周春虎　李　恪　潘玉成（1991）；杨正一　沈金根　王家华　邬亦炯　张宗命　许水法　沈迪成（1992）；王世清　刘兆奇　陈茂涛　赖茂宏　贺富考　秦发动　谢　锟　景天佑　吕　郊　邢汝霖　金友煌　王　玮　刘光汉　高纪念（1993）；邬　锟　欧阳克智　谭常静　许炳如　刘嗣贤　袁振斌　王一公　薛中天　张宁生　赵广长　贺登武　樊西惊　黄璞生　李闻馥　冯信一　王觉民（1994）；何光渝　胡　健

杨铭震（1995）；吴九辅　刘冲茂　郭志胜　白玉宝　张广泰　曾广锡　迟云鹏　李育良　宋子齐（1996）

教授级高级工程师：

王遇冬（1992）；高承泰（1993）

教授级高级政工师：

屈维章　陈宝江　薛纪元（1994）；　李金良（1998）

研究馆员：

张景何（1988）；武国英（1993）；李发忠（1996）

研究员：庞巨丰（1986）；王水泉（1996）

57. 新疆石油学院（8 人）

教　授：

安吉庆(1988);邹义声(1992);梁肇基　杨树槐　吕海燕　赵英海(1994);丁跃潮（1995）

教授级高级工程师：

木拉提・包尔汉（1989）

58. 承德石油高等专科学校（5 人）

教　授：

胡世军　郑若芝（1993）；冯健璋　刘　藻（1996）

教授级高级政工师：喻祥隆（1997）

59. 重庆石油高等专科学校（4 人）

教　授：

刘业厚（1993）；高荫桐（1995）；嵇彭年（1996）

教授级高级政工师：邹水生（1995）

60. 吉林石油集团有限责任公司（5 人）

教授级高级工程师：

王永春　康伟力（1998）

教授级高级经济师：陈　有（1998）

教授级高级会计师：隋明仁（1998）

教授级高级政工师：侯殿才（1998）

四、1997 年总公司技术能手名单

序号	姓　名	工　种	技能水平	工作单位
1	刘永会	车工	高级技师	大庆石油管理局第二机械厂
2	林晓峰	集输工	中级工	大庆石油管理局天然气公司
3	诸霞光（女）	测井仪修工	技师	大庆石油管理局测井公司
4	席彬彬（女）	市话测量工	技师	大庆石油管理局通信公司
5	刘学清（女）	采油工	中级工	大庆石油管理局采油六厂
6	赵福前	射孔取心师	技师	大庆石油管理局试油试采公司
7	张树春	电工	技师	大庆石油管理局采油九厂
8	赵春林	泵修工	技师	大庆石油管理局物业管理公司
9	张荣伟	钳工	高级技师	大庆石油管理局第一机械厂
10	巩连喜	电工	技师	大庆石油管理局供电公司
11	朱严华（女）	输油工	中级工	大庆石油管理局采油一厂
12	吴西湖	化验工	技师	大庆石油管理局研究院
13	曲　明	固井工	技师	大庆石油管理局钻技公司
14	刘景斌	采油工	高级技师	胜利石油管理局滨南采油厂
15	孙秀锋（女）	变电运行工	中级工	胜利石油管理局电力总公司
16	王绍智	电焊工	高级技师	胜利石油管理局油建一公司
17	刘克杰	井架安装工	技师	胜利石油管理局钻井集团二公司
18	代旭升	采油工	高级技师	胜利石油管理局东辛采油厂
19	景德安	管线安装工	技师	胜利石油管理局总机械厂
20	温德顺	电工	中级工	胜利石油管理局油建二公司
21	朱建陆	采油工	高级技师	胜利石油管理局临盘采油厂
22	魏　锋	采油工	高级技师	胜利石油管理局孤岛采油厂
23	于庆吉	汽修工	高级技师	胜利石油管理局物探公司
24	宋正华	车工	技师	胜利石油管理局河口采油厂
25	黄　鹤	钻井工	技师	辽河石油勘探局钻井一公司
26	张殿杰	电焊工	技师	辽河石油勘探局油建一公司
27	王　勇	采油工	技师	辽河石油勘探局锦州采油厂
28	齐家志	汽车驾驶员	高级工	辽河石油勘探局运输公司
29	李云（女）	配电线路工	中级工	辽河石油勘探局供电公司
30	柳江滨	井下作业工	高级技师	辽河石油勘探局井下作业公司
31	孟庆华	采油工	高级技师	辽河石油勘探局高升采油厂
32	赵宏伟	采油工	中级工	辽河石油勘探局兴隆台采油厂
33	盛学方	采油工	高级工	新疆石油管理局采油一厂
34	李铁新	汽车修理工	中级工	新疆石油管理局测井公司
35	兰松森	电焊工	中级工	新疆石油管理局油建公司
36	罗蜀钧	采油工	中级工	新疆石油管理局采油三厂

续表

序号	姓　名	工　种	技能水平	工作单位
37	潘文燕（女）	采油地质工	中级工	新疆石油管理局采油二厂
38	朱培军	铆工	技师	新疆石油管理局独山子石化总厂
39	陈力新	维修钳工	中级工	新疆石油管理局克石化厂
40	古平华	钻井工	中级工	新疆石油管理局钻井公司
41	余兴佐	管子修理工	技师	华北石油管理局钻井二公司
42	王继春	电焊工	高级技师	华北石油管理局油建一公司
43	郭连升	采油工	技师	华北石油管理局采油一厂
44	黄　树	井下作业工	技师	华北石油管理局采油二厂
45	袁治华	地层测试工	技师	华北石油管理局测试公司
46	童志荣	车工	技师	华北石油管理局综合二处
47	时念峰	钻井工	技师	中原石油勘探局钻井二公司
48	刘家福	车工	技师	中原石油勘探局机械制造总厂
49	施为民	线务员	技师	中原石油勘探局通信管理处
50	臧家英（女）	保管员	高级工	中原石油勘探局物资公司
51	李凤翔（女）	采油实验工	技师	中原石油勘探局油层改造研究所
52	贾建华	地震勘探工	技师	大港油田集团地球物理勘探公司
53	周小东	采油工	技师	大港油田集团油气开发公司
54	周义林	中式烹调师	高级工	大港油田集团中心生服务公司
55	孙国海	井下作业工	中级工	大港油田集团油气开发公司
56	吴伟（女）	采油工	高级工	吉林石油集团扶余采油一厂
57	张绍国	电焊工	高级工	吉林石油集团安装公司
58	邢恩福	仪表工	技师	吉林石油集团第一压裂工程公司
59	王　财	钳工	高级技师	吉林石油集团机械厂
60	刘立新	车工	中级工	河南石油勘探局采油机修厂
61	裴四清	采油工	技师	河南石油勘探局第一采油厂
62	李　钦	管工	中级工	河南石油勘探局油建公司
63	安心社	地震勘探工	技师	江苏石油勘探局物探技术研究院
64	沙　浩	采油工	高级工	江苏石油勘探局试采一厂
65	李振田	采油工	技师	冀东油田开发生产部
66	王从劳	钻井工	高级技师	四川石油管理局钻探公司
67	蒋茂林	钻井工	中级工	四川石油管理局川中油气公司
68	邓永康	压缩机工	技师	四川石油管理局川西南矿区
69	杨　固	钻井柴油机工	技师	四川石油管理局川西北矿区
70	李　豪	地震仪器工	技师	四川石油管理局地调处
71	刘永清	射孔弹工	技师	四川石油管理局测井公司
72	刘春雷（女）	采气工	中级工	四川石油管理局川南开发公司
73	吕建华	钳工	技师	江汉石油管理局钻头厂

续表

序号	姓　名	工　种	技能水平	工作单位
74	刘世杰	注水泵工	高级技师	江汉石油管理局采油厂
75	王学德	钻井泥浆工	技师	江汉石油管理局钻井工程公司
76	吕少庆	炼油工	高级工	滇黔桂石油勘探局北海石化厂
77	徐华安	仪修工	技师	青海石油管理局地质测井公司
78	李金良	管工	高级工	青海石油管理局管道输油处
79	李敏学	井下作业工	技师	玉门石油管理局采油厂
80	骆　玉	炼油工	中级工	玉门石油管理局炼油化工总厂
81	于建平	采油工	中级工	长庆石油勘探局采油一厂
82	梁东平	井下作业工	中级工	长庆石油勘探局采油二厂
83	李润年	钻井工	高级技师	长庆石油勘探局钻井三处
84	李天恩	气焊工	中级工	长庆石油勘探局油建工程处
85	尹凤权	电工	高级技师	石油地球物理勘探局地调二处
86	李宗启	物探测量工	技师	石油地球物理勘探局地调四处
87	宁孝文	电焊工	技师	管道二公司
88	曹壁江	中式烹调师	技师	管道局接待处
89	付松军	输油工	技师	东北输油管理局锦州公司
90	张庆辉	电工	技师	华东输油管理局沧州管理处
91	熊　勤	汽车驾驶员	高级工	中国石油天然气运输公司
92	孙国华	电焊工	技师	中国石油天然气第一建设公司
93	唐新德	电焊工	中级工	中国石油天然气第六建设公司
94	王明堂	钳工	技师	中国石油天然气第七建设公司
95	李君（女）	电焊工	中级工	吐哈勘探开发指挥部油田建设工程公司
96	邓周强	汽车驾驶员	中级工	塔里木石油指挥部运输服务公司
97	张国昭	钳工	技师	西安石油勘探仪器总厂
98	胡吉运	车工	高级工	宝鸡石油机械厂
99	丁玉龙	车工	技师	承德石油机械厂
100	王巍巍	铣工	中级工	济南柴油机厂
101	常晓辉（女）	采油工	初级工	大庆石油管理局采油二厂
102	刘丽（女）	采油工	初级工	大庆石油管理局采油二厂

注：常晓辉、刘丽为参加 1997 年“全国青年岗位能手技能运动会”采油工技术比赛获第二、三名的选手，根据比赛规定，授予总公司技术能手称号。

第四章　全国党代表、人大代表、政协委员及获得国家级表彰的先进集体和先进个人

一、全国党代表、人大代表、政协委员人员名单

（一）当选全国党代表人员名单

届　次	姓　名	工作单位及职务	备　注
中共十四大（1992.10）	马　军	大庆石油管理局钻井三公司1202钻井队队长	
	王志武	大庆石油管理局局长	中央候补委员
	王　涛	总公司党组书记、总经理	中央委员
	邓月华	大港石油管理局采油一厂二矿二队采油工	
	刘　安	辽河石油勘探局党委书记	
	李秋杰	青海石油管理局党委书记	
	沈联蒂（女）	石油勘探开发研究院采收率研究所党支部书记	
	张　轰	总公司副总经理、大庆石油管理局党委书记	中纪委委员
	周永康[1]	总公司党组副书记、副总经理	中央候补委员
	段大钧（回族）	华北石油管理局党委书记	
	段雨欣（女）	石油地球物理勘探局研究院党委书记	
	谢志强	新疆石油管理局党委书记	
中共十五大（1997.9）	王启民	大庆石油管理局勘探开发研究院院长	中央候补委员
	王福成	辽河石油勘探局党委书记	
	陈应权	四川石油管理局党委书记	
	周永康	总公司党组书记、总经理	中央委员
	钟小莉（女，锡伯族）	塔里木石油勘探开发指挥部实验检测中心总支书记	
	段大钧（回族）	华北石油管理局局长	
	黄亦纯（女）	玉门石油管理局党委书记	
	谢志强	新疆石油管理局党委书记	
	戴秀庠	东北输油管理局党委书记、局长	

注：人员名单按姓氏笔画排列，工作单位及职务均为当选时所在单位和所担任主要职务。

[1] 2014年7月，周永康涉嫌严重违纪违法，中共中央纪律检查委员会对其立案审查；12月，中共中央政治局会议审议并通过中共中央纪律检查委员会《关于周永康严重违纪案的审查报告》，决定给予周永康开除党籍处分。2015年6月，周永康被判处无期徒刑，剥夺政治权利终身。

（二）当选全国人大代表人员名单

届 次	姓 名	工作单位及职务	备 注
第八届（1993.3）	王显聰	辽河石油勘探局局长	
	王德民	大庆石油管理局副局长	
	李松旺	四川石油管理局川南矿区高级工程师	
	杨久礼（回族）	大庆石油化工总厂厂长	
	周占鳌	大庆油建公司工会主席	
	秦德荣（女）	辽河石油勘探局研究院高级工程师	
	黄　炎	华北石油管理局局长	
	韩兴旺	四川石油管理局川西南矿区净化二厂厂长	
	戴明梓	新疆石油管理局副局长、总经济师	
第九届（1998.3）	马　军	大庆油田钻井三公司一大队副大队长	
	马合木提·买买提（维吾尔族）	新疆石油管理局塔西南勘探开发公司石化厂化肥分厂合成车间副主任	
	王　涛	总公司高级顾问	常委、环保委员会副主任委员
	王福成	辽河石油勘探局局长	
	史兴全	长庆石油勘探局局长、党委书记	
	朱廉宝	兰州化学工业公司经理	
	刘宝林	锦西炼油化工总厂厂长	
	刘海胜	华北石油管理局局长	
	孙　纯	四川石油管理局南充炼油厂厂长	
	杨文通	辽阳石油化纤公司党委书记	
	张树平	大庆石油管理局党委书记	
	张新志	抚顺石油化工公司经理	
	张良鹤	四川石油管理局四川设计院总工程师	
	陈守杰	兰州炼油化工总厂厂长	
	陈　明	总公司监察局监察副专员	
	柏承强	吉林石油集团有限责任公司董事长、总经理	
	姚和清	大港油田集团有限责任公司董事长、总经理	
	贺荣芳	大庆石油化工总厂党委书记	
	夏鸿辉	四川石油管理局局长	
	蒋洁敏[1]	青海石油管理局局长、党委书记	
	焦海坤	吉化集团公司经理	
	戴明梓	新疆石油管理局局长	

注：人员名单按姓氏笔画排列，工作单位及职务均为当选时所在单位和所担任主要职务。

[1] 2014 年 6 月，蒋洁敏严重违纪违法被开除党籍、行政开除；2015 年 10 月，蒋洁敏被判处有期徒刑 16 年。

（三）担任全国政协委员人员名单

届　次	姓　名	工作单位及职务	备　注
第八届（1993.3）	田　复	华北石油管理局设计院总工程师	
	李天相	总公司副总经理	
	杨继良	大庆勘探开发研究院总地质师	
	张朝琛	总公司信息研究所副总工程师	
	高汝曾（女）	四川石油管理局地调处高级工程师	
第九届（1998.3）	史训知	总公司总经理助理	
	杨继良	大庆勘探开发研究院总地质师	
	邱中建	塔里木石油勘探开发指挥部指挥、党工委书记	
	张朝琛	总公司信息研究所副总工程师	
	胡文瑞	长庆石油勘探局常务副局长	
	高汝曾	四川石油管理局地调处高级工程师	
	戴金星	石油勘探开发科学研究院重点课题负责人、中科院院士	

注：人员名单按姓氏笔画排列，工作单位及职务均为当选时所在单位和所担任主要职务。

二、全国劳动模范和全国先进工作者人员名单

时间	荣誉称号	获奖者姓名	单　位
1989年	全国劳动模范	王志武	大庆石油管理局
		申　冠	大庆石油管理局钻井三公司1205钻井队
		王德民	大庆石油管理局
		陈全友	大庆石油管理局第二采油厂第45队
		谭远红	辽河石油勘探局油建二公司
		木　沙	青海石油管理局运输处
		沈天阳	大港石油管理局钻井公司32183队
		任炳栋	长庆石油勘探局油建处四大队十中队
		安润清	长庆石油勘探局6015钻井队
		张炳全	四川石油管理局测井公司隆昌测井
		梁狄刚	华北石油管理局开发研究院
		陈金良	塔里木石油勘探开发指挥部
		刘金广	吉林油田钻井一公司二大队
		李　军	大庆石化公司炼油厂
		员华亭	抚顺石油化工公司石化一厂
		霍荣华	吉化公司
		石利军（女）	吉化公司安装四公司
		李玉民	辽阳石化公司
		罗学信	兰州炼油化工总厂机械厂
		买买提·依力	新疆石油管理局独山子炼油厂常减压车间工艺班
		魏翊存	新疆石油管理局泽普石油天然气开发公司6048钻井队
		陈利全	四川销售雅安销售分公司
		柴桂林	石油地球物理勘探局
		汤振清	宝鸡石油机械厂
		李秀元	大庆石化公司化工一厂
		崔飞云	华北石油管理局钻井四公司
		赵林华	锦州炼化厂催化车间
		剡学文	玉门石油管理局老君庙油矿
		韩春生	管道局三公司四队
	全国先进工作者	孟庆芬（女）	大庆石油管理局大庆师范学院
		魏兴柱	大庆石油管理局井下作业公司
		谭文彬	中国石油天然气总公司

续表

时间	荣誉称号	获奖者姓名	单　　位
1995年	全国劳动模范	黄玉良	大庆石油管理局第一采油五矿
		马　军	大庆石油管理局井下作业分公司生产准备一大队
		刘宝林	锦西石化公司
		王化国	哈尔滨石化公司
		贺鼎元	四川石油管理局西南矿
		梁龙智	塔里木石油勘探开发指挥部
		高立元	吉林省油田管理局
		艾热提·吐尔逊	新疆石油管理局钻井一分公司4539钻井队
		高　森	华北石油管理局钻研院
		薛恩仁	青海石油管理局建筑安装总公司
		赵纯义	大庆石化公司炼油厂
		张贞泉	吉林石化公司化肥厂
		马学民	辽阳石油化纤公司检修分公司
		宋遂帮	兰州石化公司橡胶厂
		陈宏章	兰州石化公司油品储运厂原油车间
		胡友国	乌鲁木齐石油化工总厂生活服务公司
		徐础桥	宁夏石化公司安装检修公司
		牛亚斌	石油勘探开发科学研究院油田化学所
		张海军	管道局管道一公司
		史兴全	长庆石油勘探局
		蒋加钰	长庆石油勘探局物探处研究所
		高增海	石油地球物理勘探局地质研究院
		杨均凤（女）	大港油田采油四厂采油一队
		张淑蓉（女）	抚顺石化公司石油二厂
		杨学庄	锦州石化公司
		王安顺	大连西太平洋公司
		宋　光	四川石油管理局采气7队
		张秉华	玉门石油管理局钻井处生产调度科
		秦安民	中国石油工程建设公司
		刘树林	吉化公司
		孙川生	新疆石油管理局勘探开发研究院
	全国先进工作者	王启民	大庆石油管理局
		乔淑芳（女）	大庆师范学校
		王显聰	辽河石油勘探局
		牛亚斌	石油勘探开发科学研究院
		阿不拉·朱马	新疆和田销售公司

注：1.“全国劳动模范”和“全国先进工作者”是党中央、国务院授予在社会主义建设事业中作出重大贡献者的荣誉称号。
2. 国家从1950年开始实施该项评选表彰制度。
3. 表彰活动基本形成每五年一次的固定届次，每次表彰先进个人3000名左右，由国务院授予“全国劳动模范”或“全国先进工作者”称号。
4. 本名单包括1998年后划转到中国石油天然气集团公司管理的部分石化和销售单位获奖人员。

三、全国五一劳动奖章人员名单

授予年份	姓　名	单　　位
1988年	吴训东	大庆石油管理局钻井二公司钻井一大队1513队
	刘　钢	大庆石油管理局采油一厂三矿一队
	谭远红	辽河石油勘探局油建二公司二大队三中队
	金淑祥（女）	华北石油管理局设计院油气室
	张立业	吉林油田管理局
	郭毓汾	新疆石油管理局采油二厂
	罗启后	四川石油管理局地质开发研究院
	邓月华（女）	大港石油管理局采油一厂二矿二队
	邸再印	东北输油管理局储运公司衬套厂
	王安顺	洛阳炼油厂
	孙守信	吉林化学工业公司有机合成厂
	杨恒胜	抚顺石油三厂
	黄尚伦	乌鲁木齐石油化工总厂化肥厂
	李　军	大庆石化总厂炼油厂硝铵车间
	叶奕林	辽阳石油化纤公司计划处
1990年	袁福生	大庆石油管理局物探公司二大队
	王思钧	大庆石油管理局油田建设设计研究院
	戴树华（女）	大庆实验中学
	张春华（女）	辽河石油勘探局曙光采油厂
	刘宝华	华北石油管理局钻井一公司
	薛世和	大港石油管理局采油二厂
	乌斯曼·艾力	新疆石油管理局井下作业处
	王碧华（女）	四川石油管理局地调处地震2318队
	周有奎	抚顺石油机械厂
	滕明月	东北输油管理局生产调度处
	王化国	哈尔滨炼油厂
	辛　喆	吉林化学工业总公司染料厂九呈车间
	李功宽	抚顺石油化工二厂生活服务公司
	刘树才	锦西化工总厂
	赵纯义	大庆石化总厂炼油厂供水车间
	刘世候	四川省石油公司
	陈永孝	甘肃省石油公司汽车队
1991年	李万仁	大庆石油管理局公路工程公司
	翟光明	石油勘探开发科学研究院
	姜玉杰	华北石油管理局井下公司二大队

续表

授予年份	姓　名	单　　位
1991年	周绪臣	辽河石油勘探局曙光采油厂采油一大队
	金贵臣	东北输油管理局农安输油站
	王雪英（女）	大庆石油管理局采油四厂三矿
	卢　杰	四川石油管理局川中矿区职工医院
	徐忠吾	四川石油管理局工会生产部
	吕元平	石油地球物理勘探局地调三处
	荀寿朝	新疆石油管理局钻井三公司32873钻井队
	刘永田	吉林化学工业公司炼油厂
	徐　鸿	兰州炼油厂安装公司
	丁存德	兰州化学工业公司化肥厂
	李国柱	锦州炼油厂
	何景泉	大庆石化总厂热电厂
	李文成	兰州炼油化工总厂
	刘佐卿	黑龙江省石油公司
	刘宝林	锦西炼油化工总厂
1992年	孙振纯	总公司钻井工程局
	史兴全	长庆石油勘探局
	夏述明	四川石油管理局
	马宗金	四川石油管理局
	曾真贵	四川石油管理局
	吴仕荣	四川石油管理局
	史常贵	四川石油管理局
	向　军	四川石油管理局
	黄志枢	四川石油管理局川西北矿钻井大队
	马　军	大庆石油管理局钻井三公司一大队1202队
	毛金泉	大庆石油管理局作业公司103队
	王云海	辽河石油勘探局沈阳采油厂
	黄启本	华北石油管理局井下作业二大队13队
	党喜坤	青海石油管理局工会
	魏金明	新疆石油管理局百口泉采油厂特车三队
	胡志家	东北输油管理局太阳升输油站
	王海荣	延长油矿管理局甘谷驿油矿
	张淑荣（女）	抚顺石化公司石油二厂
	杨学庄	锦州炼油厂
	周　君	大庆石化总厂化工一厂
	马学民	辽阳石油化纤公司化工三厂
	陈万忠	辽宁省石油公司辽阳容器安装公司

续表

授予年份	姓　名	单　　位
1993 年	王玉章	辽河石油勘探局钻采工艺研究院
	李绍忠	东北输油管理局生产处
	徐作明	大庆石油管理局运输公司
	范云龙	大庆石油管理局房产公司
	阿里根·艾海提	新疆石油管理局油建公司第二工程队
	刘玉政	大庆石油化工总厂化肥厂合成车间
	靳占忠	华北石油管理局采油二厂
	廖桂芳（女）	四川石油管理局川东开发公司采气一队
	刘金生	大港石油管理局钻井一公司 32988 队
	张景达	辽宁省石油总公司阜新市公司
	杨万胜	吉化公司水泥厂机修车间管工班
1996 年	姜保泉	辽河石油勘探局钻井一公司 32455 钻井队
	刘向玲（女）	长庆石油勘探局采油三厂
	彭瑞林	华北石油管理局采油四厂
	蒋茂林	四川石油管理局川西钻探公司 58 队
	王玉环（女）	新疆石油管理局百口泉采油厂
	杨均凤（女）	大港油田集团有限责任公司采油四厂
	刘方福	石油地球物理勘探局地调三处
	张吉海	管道局管道三公司
	李瑞民	大庆石油管理局第八采油厂
	吴贵举	大庆石油管理局钻探集团钻井二公司 1583 队
	焦海坤	吉化公司
	刘维彬	吉林石油集团公司建设公司安装三公司
	侯绍键	乌鲁木齐石化总厂
	张　义	大连石油化工公司
	尹　生	锦西炼油化工总厂
	李庆连	抚顺石化公司石油二厂工程公司
	赵立文	前郭石化公司仪表车间
	方维平	抚顺石油化工研究院
	罗文田	大庆石化总厂房产公司
	班　文	庆阳石油化工总厂
1997 年	牛星壮	大港油田集团有限责任公司钻井公司
	刘　安	管道局
	束滨霞（女）	辽河石油勘探局欢喜岭采油厂 104 队 33 号站
	徐丽艳（女）	吉林石油集团公司采油一厂

续表

授予年份	姓　名	单　　位
1997 年	谭秀鑫	大庆石油管理局采油五厂二矿 13 – 1 联合站
	孟宪吉	大庆石油管理局钻井一公司长城二队
	王启民	大庆石油管理局勘探开发研究院
	周华安	四川石油管理局川东钻探公司泥浆公司
	尹克生	新疆石油管理局路桥公司
	李晓明	长庆石油勘探局第三钻井处 60144 钻井队
	腾广喜	吉林石化公司有机合成厂芳烃车间
	李玉江	大庆石化总厂
	朱振欧	华北石油管理局机械厂
	张洪伟	东北输油管理局长春输油公司管道劳务处
	陈守杰	兰州炼油化工总厂
	吴铭东	宁夏化工厂
	吴宣旗	大连化学工业集团公司
1998 年	苏　龙	大庆石油管理局油建公司
	焦集群	大庆石油管理局第二采油厂井下作业公司
	龙清秀（女）	辽河石油勘探局曙光采油厂
	赵文光	吉林油田建设公司船运队
	蒋洁敏❶	青海石油管理局
	宁孝文	管道局第二工程公司
	翟俊伟	青海销售公司汽车运输公司
	郑万有	锦西炼化总厂
	赵光印	吉林化学工业总公司炼油厂
	王世信	吐哈石油勘探开发指挥部
	周晓东	大港石油管理局第二采油作业区二队 18 站
	邓永康	西南油气田公司蜀南气矿
	陈　勇	新疆石油管理局油气储运公司四泵站
	王小国	华北石油管理局采油二厂岔河采油三队
	张瑞祥	大连石油化工公司工会
	李树茂	辽阳石油化纤公司鞍山炼油厂
	左成玉	大庆石油化工总厂化工一厂
	周修乐	兰州化学工业公司化工建设公司
	任延顺	兰州石油化工机械总厂
	韩学忠	大庆石化总厂运输处

说明：1. “全国五一劳动奖章”和“全国五一劳动奖状”是中华全国总工会授予在中国特色社会主义建设中作出突出贡献的劳动者和企事业单位、机关团体的光荣称号，是中国工人阶级最高奖项之一，首次颁授于 1985 年，此后每年在全国范围内开展一次评选表彰活动。

2. 本名单包括 1998 年后划转到中国石油天然气集团公司管理的部分石化和销售单位获奖人员。

❶ 2014 年 6 月，蒋洁敏严重违纪违法，经中央纪律常委会议研究并报告中共中央政治局会议审议，决定给予蒋洁敏开除党籍处分；由监察部报请国务院批准给予其行政开除处分。2015 年 10 月，蒋洁敏被判处有期徒刑 16 年。

四、全国五一劳动奖状单位名单

授予年份	获奖单位
1988 年	胜利油田会战指挥部
1990 年	江汉石油管理局
	新疆石油管理局独山子炼油厂
	大庆石油管理局采油二厂一矿 43 队
	胜利石油管理局胜采 29 队 1 班
	辽河石油勘探局井下作业公司试油 097 小队
	吉林石油管理局扶余采油二厂 10 排 9 井组
	四川石油管理局川东开发公司采气 5 队 4 井组
	玉门石油管理局老君庙矿综合采油 2 队 5 号井组
	江汉四机厂铆焊车间钳工 3 班
	河南石油勘探局测井公司电测 9 小队
	石油地球物理勘探局 1832 地震队
	东北输油局辽阳钢管厂大管车间精整班
1991 年	吉林石油管理局
	四川石油管理局川东开发公司
	玉门石油管理局
	新疆石油管理局地质调查处 2126 队
	大庆石油管理局油田建设公司第三分公司十一中队
	胜利石油管理局钻井总公司钻前公司井架安装一队一班
1992 年	胜利石油管理局纯梁采油厂采油九队乔庄注水站
	中原石油勘探局测井公司深测四队
	四川石油管理局油气田建设工程公司第二安装工程处三队一小队
1993 年	抚顺石油机械厂装备车间车工一班
	胜利石油管理局油建二公司电气分公司一中队二班
	中原石油勘探局采油一厂采油一队
	江汉石油管理局钻井工程处 32326 队钻井一班
	新疆石油管理局采油二厂采油五队 3 号计量站
	四川石油管理局川东钻探公司
	长庆石油勘探局
1996 年	四川石油管理局川东开发公司采气十一队七里七井
	独山子石化总厂乙烯厂聚丙烯车间工艺二班
	胜利石油管理局纯梁采油厂一矿
	胜利石油管理局无杆采油泵公司一矿梁北管理区
	东北输油管理局新庙站电工班
	玉门石油管理局采油厂采油七队 603 岗位
	大庆石油管理局采油四厂一矿杏六站
1997 年	吉林石油集团公司钻井二公司 32758 钻井队
	胜利石油管理局海洋钻井公司胜利九号平台钻井二班
	江汉石油管理局采油厂采油七队采油一班
	新疆石油管理局钻井公司钻前工程公司安装四队架子班
	辽河石油勘探局
	青海石油管理局
	长庆石油勘探局第三采油厂
	新疆石油管理局独山子石油化工总厂

五、中华技能大奖、全国技术能手人员名单

届次	授予年份	姓名	单位
中华技能大奖			
一	1995 年	张贞泉	吉林化工股份有限公司（吉林石化分公司）
		王为民	胜利石油管理局
三	1997 年	左成玉	大庆石油化工总厂
全国技术能手			
一	1995 年	吴仲琪	四川石油管理局
		裴成斌	大庆石油管理局
		李玉江	大庆石油化工总厂
		任定文	兰州石油化工机器总厂
二	1996 年	吴　杰	辽河石油勘探局
		何　强	中原石油勘探局
		郭来福	河南石油勘探局
		董乐山	江汉石油管理局
三	1997 年	苏伟东	吉林石油管理局
		李敏学	玉门石油管理局

注：1. “中华技能大奖”的评选表彰，是政府对优秀技能人才的最高荣誉。

2. 原劳动部从1995年开始会同46个行业主管部门和各省市建立了中华技能大奖评选表彰制度，每年表彰10名左右。

3. “全国技术能手”是国家对优秀技能人才设立的荣誉称号。

4. 劳动部从1995年建立了全国技术能手评选表彰制度，此后每年在全国范围内开展一次评选100名全国技术能手的表彰活动。

5. 本名单包括 1998 年后划转到中国石油天然气集团公司管理的部分石化和销售单位获奖人员。

第五章　总部机关部门内设处室干部情况简明表

1. 办公厅（1988.8—1998.10）

处室名称	职务	姓名（任职年月）
综合处	处　长	严绪朝 1988.10
	副处长	朱树振 1988.12
		曹政言 1991.12
办公室	主　任	王戎 1988.10
		王益岭 1994.9
		高午（聘任）1997.3
	副主任	王东 1988.12
		王益岭 1991.12
		王少征 1997.3
		李怀延（女，正处级）1994.9
临时党总支	专职副书记	宋太明（正处级）1991.12
党总支	副书记	王戎（正处级）1994.9
		李怀延 1997.3
秘书处	处　长	李怀奇 1988.10
		孙京平 1990.8
		李润生 1994.9
		梁国藩 1997.3
	副处长	孙京平 1988.10
		毕跃明 1990.8
		沈定成（正处级）1997.3
		阎效山（正处级）1997.3
	正处级秘书	俞明康 1992.8
		施哲彦 1993.1
		高栋平 1993.8
		毕跃明 1994.9
		梁国藩 1994.9.
		吴奇伟 1998.2

续表

处室名称	职务	姓名（任职年月）
秘书处	副处级秘书	俞明康 1989.3
		吴奇伟 1990.11
		高栋平 1992.8
		李华林 [1] 1992.10
		沈定成 1993.1
		李斌 1993.1
		张德亮 1993.1
		高午（聘任）1994.9
		张继光（聘任）1994.9
		邱伟法 1995.9
		李雪峨（女）1995.9
		何京 1998.3
		韩峰 1998.3
	副处级干部	李楠
调研处	处　长	许永发 1988.10
保卫处	处　长	范敏昌 1988.10
		范敏昌 1993.1
		潘建全 1996.11
	副处长	张世显 1988.10
	处　级	乔志谱
行政处（1993 年划入）	处　长	赵国权 1993.1
	副处长	周会安 1993.3
信访处	处　长	宋太明 1988.10
		刘类根 1991.12
	副处长	刘类根 1988.10
		沙贵仁（回族）1991.12
机关财务处	处　长	李秀英（女）1993.1
保密委员会办公室	主　任	李怀延 1994.9
	副主任	耿振华（女）1991.12
		李怀延 1993.1
档案处	处　长	许淑珍（女）1993.1
		耿振华 1995.9
	副处长	耿振华 1988.10
		许淑珍 1988.10
		裴永年 1991.12
		尚真（女）1995.9

[1] 2013 年 8 月，李华林涉嫌严重违纪违法接受组织调查，后被依法开除党籍、行政开除。

续表

处室名称	职务	姓名（任职年月）
绿化办公室	主　任	刘家明 1993.1
	副主任	王志国 1995.9
文印处	处　长	朱树振 1993.1
	副处长	朱树振 1991.8
		张彦龄 1991.8
		姜贤耀 1993.1
	副主任工程师	姜贤耀 1991.8
通信站	站　长	郑清和 1989.11
	副站长	王宝兴 1989.11
		宋永安 1993.3
	主任工程师	宋永安 1993.3
无线电委员会办公室	主　任	范敏昌 1993.1
	副主任	许明轩 1993.1
《石油工业通讯》编辑组	主　编	黄望平（正处级）1988.10
机关信息中心（北京通信站）		
处室名称	职务	姓名（任职年月）
主　任		陈建新（兼）1990.8
副主任		郑清河（兼，正处级）1990.8
		吕志良 1990.8
		王汉良
综合组		王汉良
综合管理室	主　任	张耀臣
机关应用室	主　任	陈通照
系统运行室	主　任	陈勤生
信息工程室	主　任	文新辉

2. 计划部—计划局—规划计划局（1988.8—1998.10）

计划部（1988.8—1990.11）		
处室名称	职务	姓名（任职年月）
副总经济师		尤乃文 1988.9
		沈柳芳（女）1988.9
		周炳元 1988.9
副总工程师		杨震 1988.9
办公室	主　任	徐枝芳（女）1988.9
规划处	副处长	林其胜 1988.9
		吴瑞澄 1989.4
项目处	处　长	张孔法 1988.9
	副处长	白倬生 1988.9
投资处	处　长	蔡国光 1988.9
	副处长	赵厚学 1988.9
		李惠芬（女）1988.9
生产处	处　长	陈治源 1988.9
统计处	处　长	崔素兰（女）1988.9
	副处长	刘滨（女）1988.9
炼化处	副处长	蔡淑志（女）1988.9
计划局（1990.11—1996.11）		
处室名称	职务	姓名（任职年月）
副总经济师		蔡国光 1991.10
		陈治源 1992.12
		徐锭明 1993.7
综合规划处	处　长	吴瑞澄 1992.12
	副处长	崔凤文 1992.12
		陈方红（女）1994.8
项目处	处　长	白倬生 1992.12
	副处长	连建家 1992.12
		刘凯信 1994.2
投资处	处　长	汪国良 1992.4
		赵厚学 1994.1
	副处长	连建家 1994.1
		尹成昌 1994.8
计划生产处	处　长	陈治源 1992.12
	副处长	王立华（女）1992.12
外资计划处	处　长	林其胜 1992.12
	副处长	陈路（女）1992.12

续表

规划计划局（1996.11—1998.10）		
处室名称	职务	姓名（任职年月）
副总地质师		马振炎 1996.12
副总工程师		王优龙 1996.12
副总经济师		蔡国光 1996.12
		吴瑞澄 1996.12
		赵厚学 1996.12
综合处	处　长	彭元正 1997.3
	副处长	陈方红 1996.12
		尹成昌 1996.12
	副处级干部	崔凤文
规划一处	处　长	刘圣志 1996.12
规划二处	处　长	刘凯信 1996.12
	副处长	陈正惠 1996.12
规划三处	处　长	林其胜 1996.12
	副处长	李明达 1998.4
设计管理处	处　长	龙庆晏 1996.12
	副处长	张民森 1996.12
		李自林 1996.12
生产计划处	处　长	连建家 1996.12
	副处长	赵金法 1996.12
投资计划处	处　长	吴枚（女）1997.5
	副处长	刘岩 1996.12
	副处长	江夕根 1996.12
统计处	处　长	刘滨 1996.12
	副处长	吴卫星 1996.12
	正处级干部	崔素兰 1996.1
进出口办公室	副主任	陈路 1996.12
		赵忠勋 1996.12
土地管理办公室	副主任	张维权 1998.4
基建办公室	副主任	乌力吉图（达斡尔族,正处级）1996.12
		苏海山 1996.12
		杨象平 1996.12

3. 财务部—财务局（国有资产管理局）（1988.8—1998.10）

财务部（1988.8—1990.11）		
处室名称	职务	姓名（任职年月）
副总会计师		贡华章 1990.11
		王毓信 1990.11
综合经营财务处	处　长	韩文华（女）1990.8
	副处长	纪成岐 1988.11
基建财务处	处　长	吴玉兰（女）1988.11
	副处长	王国樑 1988.11
生产财务处	处　长	张裕昌（女）1988.11
	副处长	常青（回族）1988.11
外事财务处	处　长	马扬中 1988.11
	副处长	徐小鲁（回族）1988.11
事业财务处	副处长	李波 1988.11
财务局（国有资产管理局）（1990.11—1998.7）		
处室名称	职务	姓名（任职年月）
副总会计师		韩文华 1993.2
		吴诗敦 1993.2
		张裕昌 1993.2
		李波 1994.8
		常青 1996.12
		屈延龄（女）1996.12
		吴东山 1997.6
		兰立鹏（挂任）1996.8
综合处	处　长	韩文华 1993.2
	处　长	温青山[1]1998.3
	副处长	梁森林 1993.2
		曹惠丽（女）1993.2
		孙嘉阳（女）1995.6
		沈芳萍（女）1996.12
资金会计处	处　长	黄楠（女）1996.12
	副处长	贾亿民 1996.12
		柴守平 1996.12

[1] 2013 年 12 月，温青山涉嫌严重违纪违法接受组织调查，后被依法开除党籍、行政开除。

续表

财务局（国有资产管理局）（1990.11—1998.7）		
处室名称	职务	姓名（任职年月）
预算成本处（1994.1 设立）	副处长	贾东 1996.12
外资财务处	处　长	徐小鲁 1993.2
		陆凌（女）1996.12
	副处长	陆凌 1995.6
		卢宏 1993.2
		宋欲鸣 1994.1
		魏国良 1996.12
事业财务处	处　长	汪璇玉（女）1993.2
		纪成岐 1995.6
		梁萍（女）1998.3
	副处长	纪成岐 1991.2
资金管理处（1994.1 设立）	副处长	贾亿民 1995.6
国有资产管理处	处　长	李波 1991.2
		李波 1994.2
资产管理处	处　长	梁森林 1996.12
	正处级	梁萍 1998.3
国有资产处	副处长	曲延龄 1993.2
基建财务处（1994.1 撤销）	处　长	王国樑 1993.2
	副处长	马东涛 1991.10
		黄楠 1992.4
		陈芷明 1992.4
生产财务处（1994.1 撤销）	处　长	常青 1993.2
	副处长	吴东山 1992.4
		陆凌 1993.2
税收价格处（1994.1 设立）	处　长	吴东山 1995.6
	副处长	向泽 1995.6
综合经营财务处	副处长	屈延龄 1991.2

4. 勘探部—勘探局（1988.8—1998.10）

勘探部（1988.8—1990.11）		
处室名称	职务	姓名（任职年月）
副总工程师		程威远 1988.8
综合处	处　长	吕鸣岗 1988.10
	副处长	周吉平 1989.3
办公室	副主任	张福灵 1988.8
勘探处	处　长	李干生 1988.8
	副处长	康竹林 1988.8
物探处	处　长	潘树琪 1988.8
	副处长	赵化昆 1988.8
		叶玉铎 1989.3
钻井试油处	处　长	高锡五 1988.10
	副处长	高锡五 1988.8
测井处	副处长	陆大卫 1988.8
		胡玉麟 1990.8
天然气处	副处长	马振炎 1988.10
勘探局（1990.11—1998.10）		
处室名称	职务	姓名（任职年月）
副总工程师		潘树琪 1991.12
		高锡五 1991.12
		常熹 1991.12
		高锡五 1992.12
		欧阳健 1995.10
		陆大卫 1997.3
副总地质师		吕鸣岗 1991.12
		邓隆武 1997.3
		费安琦（满族）1997.3
综合处	处　长	吕鸣岗 1991.12
		韩红（女）1997.3
	副处长	赵贤正 1997.3
办公室	主　任	周虬 1991.12
	副主任	廖启勋（女）1992.5

续表

勘探局（1990.11—1998.10）		
处室名称	职务	姓名（任职年月）
综合规划处	处 长	陈永武 1995.10
	副处长	马振炎 1992.12
		赵贤正 1995.10
		韩红 1995.10
储量处	副处长	程永才 1997.3
管理处（1991 年设立）	处 长	周虬 1992.5
	副处长	徐祖成 1992.5
井筒技术处	处 长	高锡五 1992.12
	副处长	陆大卫 1992.12
勘探处	处 长	邓隆武 1992.12
		王树林 1997.3
	副处长	邓隆武 1991.12
		张国栋 1991.12
		廖启勋 1992.12
		王树林 1992.12
		郭黔杰 1995.10
勘探技术处	处 长	阎世信 1997.3
	副处长	徐明会 1997.3
		安涛 1997.3
		赵邦六 1998.5
矿产资源登记处	处 长	刘殿升 1997.9
		徐祖成 1998.5
	副处长	赵贻福（女）1997.3
物探处	处 长	潘树琪 1991.12
		赵化昆 1992.12
		叶玉铎 1995.10
天然气处（1997.3 撤销）	副处长	费安琦 1993.8
天然气勘探处（1997.3 设立）	处 长	郭黔杰 1997.3
	副处长	穆剑 1997.3
试油处	处 长	高锡五 1991.12

续表

全国储委油气专委办公室		
处室名称	职务	姓名（任职年月）
副主任		程永才 1995.10
综合办公室	副主任	钱玉宝
新区勘探事业部		
处室名称	职务	姓名（任职年月）
副主任		张国栋（正处级）1997.3
		陈笃恭（正处级）1997.6
总会计师		纪成岐（正处级）1997.3
副总会计师		纪成岐 1996.10
总工程师		职均（正处级）1997.3
		周虬 1997.3
综合办公室	主　任	曹清志 1997.3
	副主任	钱玉宝 1997.7
监督办公室	主　任	阎世信（兼）1997.3
	副主任	姚超 1997.6
计划财务部	副经理	王亮 1997.9
项目管理部	经　理	吴国干 1997.3
	副经理	徐祖成 1997.3
		李华启 1997.3
项目处	处　长	张国栋 1993.8
	副处长	徐祖成 1993.8
		吴国干 1993.8
技术处	处　长	周虬 1993.8
	副处长	胡玉林 1993.8
经营处	处　长	马东涛 1993.11
	副处长	郭平生 1994.8

5. 开发生产部—开发生产局（1988.8—1998.10）

<table>
<tr><th colspan="3">开发生产部（1988.8—1990.11）</th></tr>
<tr><th>处室名称</th><th>职务</th><th>姓名（任职年月）</th></tr>
<tr><td colspan="2" rowspan="2">油藏副总工程师</td><td>蒋兰（女）1988.9</td></tr>
<tr><td>潘兴国 1988.9</td></tr>
<tr><td colspan="2">采油副总工程师</td><td>罗英俊 1988.9</td></tr>
<tr><td>办公室</td><td>主　任</td><td>丁丙申 1988.9</td></tr>
<tr><td rowspan="2">规划发展处</td><td>处　长</td><td>黄新生（女）1988.9</td></tr>
<tr><td>副处长</td><td>宋树元 1988.9</td></tr>
<tr><td rowspan="3">油藏管理处</td><td>处　长</td><td>崔跃南（回族）1988.9</td></tr>
<tr><td rowspan="2">副处长</td><td>岳登台 1988.9</td></tr>
<tr><td>姜文达 1988.9</td></tr>
<tr><td>采油工艺处</td><td>处　长</td><td>刘万赋 1988.9</td></tr>
<tr><td>油田管理处</td><td>处　长</td><td>尹治德 1988.9</td></tr>
<tr><td>天然气开发处</td><td>副处长</td><td>孟慕尧 1988.9</td></tr>
<tr><td rowspan="3">生产调度处</td><td>处　长</td><td>李克明 1988.9</td></tr>
<tr><td rowspan="2">副处长</td><td>王泰富 1988.9</td></tr>
<tr><td>王国良 1988.9</td></tr>
<tr><th colspan="3">开发生产局（1990.11—1998.10）</th></tr>
<tr><th>处室名称</th><th>职务</th><th>姓名（任职年月）</th></tr>
<tr><td colspan="2" rowspan="7">副总工程师</td><td>王明才 1992.3</td></tr>
<tr><td>刘万斌 1992.8</td></tr>
<tr><td>黄新生 1992.8</td></tr>
<tr><td>孟慕尧 1992.8</td></tr>
<tr><td>刘国钧 1994.2</td></tr>
<tr><td>王泰富 1997.1</td></tr>
<tr><td>姜文达 1997.1</td></tr>
<tr><td>办公室
（1992.12 与生产调度处合并）</td><td>主　任</td><td>丁丙申 1988.9</td></tr>
<tr><td rowspan="3">规划发展处</td><td>处　长</td><td>张正卿 1994.2</td></tr>
<tr><td rowspan="2">副处长</td><td>张正卿 1991.1</td></tr>
<tr><td>刘圣志 1994.2</td></tr>
<tr><td rowspan="3">油藏管理处</td><td>处　长</td><td>岳登台 1997.1</td></tr>
<tr><td rowspan="2">副处长</td><td>孙寄萍（女）1994.2</td></tr>
<tr><td>王元基 1997.1</td></tr>
</table>

续表

开发生产局（1990.11—1998.10）		
处室名称	职务	姓名（任职年月）
开发技术处	处　长	郦建侯 1997.1
	副处长	吴奇 1997.1
采油工程处	处　长	刘万斌 1992.8
	副处长	郦建侯 1992.8
		吴奇 1992.12
		魏顶民（挂任）1996.8
机动电力处	处　长	刘国钧 1992.12
	副处长	王泰富 1992.12
设备电力处	副处长	张喜庭 1997.1
生产调度处（综合调度处）	处　长	李克明 1992.12
	副处长	朱一清 1992.12
		丁丙申（正处级）1997.1
天然气处	处　长	孟慕尧 1992.8
		王怀孝 1997.1
	副处长	王怀孝 1992.12
		李海平 1994.2
天然气开发处	处　长	孟慕尧 1991.1
综合发展处	处　长	张正卿 1997.1
	副处长	李志勋 1997.1
	副处级	杨能宇

6. 基建工程部—基建工程局（1988.8—1996.11）

基建工程部（1988.8—1990.3）		
处室名称	职务	姓名（任职年月）
副总工程师		胡福元 1988.11
		厉朝和 1988.11
		顾迪成 1989.4
综合处	处　长	王林林 1990.11
	副处长	白福臣 1988.11
		王林林 1989.4
设计管理处	副处长	龙庆晏 1988.11
		刘志 1988.11
		李文绮（女）1990.11
工程管理处	处　长	杜建荣（女）1988.11
	副处长	骆忠志 1988.11
		陈希吾 1989.4
		苏海山 1990.8
企业管理处	处　长	张岱域 1988.11
	副处长	苏海山 1988.11
		乌力吉图（达斡尔族）1988.11
		赵春成 1990.8
抗震办公室	主　任	王优龙 1988.11
基建工程局（1990.11—1996.11）		
处室名称	职务	姓名（任职年月）
副总工程师		骆忠志 1993.3
综合处	副处长	赵春成 1992.12
		乌力吉图 1992.12
		宋小丹（挂任）1996.8
设计管理处	处　长	李文绮 1992.12
重点工程处	处　长	杜建荣 1992.12
	副处长	苏海山 1992.12
		罗汉华（挂任）1996.8
石油基本建设工程质量监督中心		
副站长		王优龙（正处级）1997.3
		苏海山 1997.3

7. 钻井工程局（1988.8—1996.11）

<table>
<tr><th>处室名称</th><th>职务</th><th>姓名（任职年月）</th></tr>
<tr><td colspan="2" rowspan="4">副总工程师</td><td>徐辅深 1988.9</td></tr>
<tr><td>孙振纯 1988.9</td></tr>
<tr><td>徐同台（女）1988.9</td></tr>
<tr><td>王伟平 1992.12</td></tr>
<tr><td>办公室</td><td>主　任</td><td>李祖胜 1988.9</td></tr>
<tr><td rowspan="2">综合处</td><td>处　长</td><td>刘福麟 1992.12</td></tr>
<tr><td>副处长</td><td>宋志宪 1992.12</td></tr>
<tr><td>泥浆处</td><td>处　长</td><td>徐同台 1988.9</td></tr>
<tr><td rowspan="4">技术处</td><td>处　长</td><td>赵凯民 1992.12</td></tr>
<tr><td rowspan="2">副处长</td><td>张永明 1992.12</td></tr>
<tr><td>林建浩 1995.5</td></tr>
<tr><td>副处长</td><td>牛新明（挂任）1996.8</td></tr>
<tr><td rowspan="2">合作处</td><td>处　长</td><td>倪荣富 1992.12</td></tr>
<tr><td>副处长</td><td>芦宏伟（女）1994.2</td></tr>
<tr><td rowspan="4">生产管理处</td><td>处　长</td><td>刘福麟 1991.10</td></tr>
<tr><td rowspan="3">副处长</td><td>王伟平 1988.9</td></tr>
<tr><td>宋志宪 1988.9</td></tr>
<tr><td>芦宏伟 1991.10</td></tr>
<tr><td rowspan="3">装备发展处</td><td>处　长</td><td>焦克正 1991.10</td></tr>
<tr><td rowspan="2">副处长</td><td>焦克正 1988.9</td></tr>
<tr><td>张永明 1991.10</td></tr>
<tr><td rowspan="3">工艺处</td><td>处　长</td><td>赵凯民 1988.9</td></tr>
<tr><td rowspan="2">副处长</td><td>倪荣富 1988.9</td></tr>
<tr><td>刘福麟 1988.9</td></tr>
</table>

8. 炼油化工局（1990.3—1998.10）

处室名称	职务	姓名（任职年月）
副总工程师		杨震 1991.10
		魏澎 1994.4
		胡福元
		汤洪昌 1997.11
综合处（1991.6 设立）	处 长	方玉兰（女）1994.4
		魏澎 1991.10
	副处长	徐熙昌 1991.10
办公室	主 任	方玉兰 1992.7
	副主任	王广生 1997.11
基建工程处（1997.5 设立）	副处长	赵春成 1997.11
		锁海兵（回族）1997.11
	处级干部	杨建让
生产发展处（生产管理处，1997.5 更名）	处 长	周维勇 1997.11
	副处长	马安 1997.11
		刘福麟 1991.10
生产技术处（工程技术处）	处 长	汤洪昌 1995.7
	副处长	汤洪昌 1992.12
		戴鑑 1995.7
		郑辉（挂任）1996.8
生产经营处（1997.5 设立）	副处长	刘农基 1997.11
		王平（女）1997.11
规划处（1992.12—1997.5）	处 长	蔡淑志（女）1992.12
		周维勇 1995.7
	副处长	周维勇 1994.4
		马安 1995.7
技术处	副处长	蔡淑志 1991.10
生产处	副处长	汤洪昌 1991.10
炼油处（1997.5 设立）	处 长	戴鑑 1997.11
	副处长	黄永章 1997.11
		王珺 1997.11
化工处（1997.5 设立）	副处长	刘杰 1997.11
		丁立海 1997.11

9. 经营销售部—运销局（1988.8—1998.10）

经营销售部（1988.8—1990.11）		
处室名称	职务	姓名（任职年月）
副总经济师		赵德祯 1988.9
副总工程师		张庆成 1988.12
办公室	主 任	余帼英（女）1988.9
调度处	处 长	李彬 1988.9
	副处长	张振国 1988.9
		王祯祥 1988.9
经营处	处 长	曹光荣 1988.9
	副处长	李杨 1988.9
储运处	处 长	李海元 1988.9
	副处长	曹学忠 1988.9
综合计划处	处 长	张庆成 1988.9
	副处长	赵甘雨（女）1988.9
运销局（1990.11—1998.10）		
处室名称	职务	姓名（任职年月）
原油天然气经营处	处 长	武兴升 1992.8
综合计划处	处 长	陈耀华 1992.8
	副处长	胡胜利 1991.10

10. 装备部—装备局（1988.8—1992.7）

装备部（1988.8—1990.11）		
处室名称	职务	姓名（任职年月）
副总工程师		陈家巽 1988.8
		贺明华（女）1988.8
		刘天民 1990.11
办公室	副主任	束成明 1988.8
计划经营处	处 长	徐德兴 1988.8
	副处长	康明金 1998.8
		高学和 1998.8
技术管理处	处 长	杨士来 1988.8
	副处长	邢祖侗 1988.8
		许萍华（女） 1988.8
科研处	处 长	张有仁 1988.8
	副处长	孙祖臣 1988.8
		赵光理 1988.8
机动处	处 长	刘国钧 1988.8
	副处长	池桂明（女）1988.8
装备局（1990.11—1992.7）		
处室设置和领导职务未发生变化		

11. 多种经营局（1990.11—1998.10）

处室名称	职务	姓名（任职年月）
副总经济师		姚学民 1992.8
综合处	处　长	齐治欣 1994.5
	副处长	齐治欣 1992.12
		展儒牛 1992.12
		赵勇（挂任）1996.8
		何新勇 1998.1
		吕建中 1998.3
综合计划处	处　长	姚学民 1992.8
计划处	处　长	姚学民 1992.12
		冯万平（满族）1994.5
	副处长	冯万平（正处级）1993.5
		黄发生 1994.5
农林处	副处长	卢金河 1992.12
		项学萍（女）1994.5

12. 科技发展部—科技发展局（1988.8—1998.10）

科技发展部（1988.10—1990.11）		
处室名称	职　务	姓名（任职年月）
副总工程师		谢熙池 1988.9
		冈秦麟（女）1988.9
		张新慧（女）1988.9
		陈建新 1990.10
办公室	主　任	周美华（女）1988.9
规划计划处	副处长	张荫 1988.9
		沙白坚（女）1988.9
成果综合处	处　长	王才良 1988.9
	副处长	贾锦新 1988.9
		曹冬梅（女）1988.9
技术监督处	处　长	金志俊 1988.9
计算机办公室	主　任	王子江 1988.9
科技发展局（1990.11—1998.10）		
处室名称	职务	姓名（任职年月）
副总工程师		厉朝和 1992.12
		杨志勋 1993.7
		王秀明 1995.8
副总地质师		程希荣 1997.1
		关德范（满族）1997.1
综合处	处　长	王才良 1992.12
		贾锦新 1994.4
	副处长	周美华（正处级） 1992.12
		刘炳义 1995.8
规划（计划）处	处　长	贾锦新 1991.2
		程希荣 1992.12
		汤静（女）1997.1
	副处长	汤静 1991.2
		曹冬梅 1992.12
		潘国潮 1994.4
		乔立（女）1997.1
管理处	处　长	刘凤惠（女）1992.12
	副处长	汤静 1992.12
项目管理处	处　长	罗志斌 1997.1
	副处长	曹冬梅 1997.1
技术监督处	副处长	杨果 1992.8

续表

科技发展局（1990.11—1998.10）		
处室名称	职务	姓名（任职年月）
计算机办公室	主　任	王秀明 1997.1
	副主任	刘凤惠 1991.12
新技术服务公司（1988.8—1990.10）		
处室名称	职　务	姓名（任职年月）
经理部	副经理	王用起（正处级）1988.9
	副主任	李光明 1988.12
科技条件部	副主任	张宝文 1988.12
新技术推广总站（1990.10—1992.9）		
处室名称	职　务	姓名（任职年月）
新技术推广总站	主　任	王用起 1991.6
	副主任	李光明 1991.6
		孙平 1991.6
		张宝文 1991.6
新技术推广中心（1992.9—1998.10）		
处室名称	职　务	姓名（任职年月）
副主任		李光明 1997.3
		张宝文 1997.3
副总工程师		孙平 1992.9
		陈生官 1994.8
技术推广处	处　长	陈生官 1992.9
		张宝文 1994.8
	副处长	梁业勤 1992.9
技术开发处	处　长	李光明 1992.9
	副处长	张宝文 1992.9
		杨小勇 1993.3
综合管理处	处　长	桑珍萍（女）1993.7
	副处长	桑珍萍 1992.9
		杨小勇 1993.7
北京石油技术贸易中心	主　任	杨小勇 1997.3
	副主任	张志宏 1997.3
石油技术市场办公室	副主任	杨小勇 1994.8
		徐晓斌 1997.3
重大装备办公室（1997.3—1998.10）		
处室名称	职务	姓名（任职年月）
处级干部		贾宗仁
副处级干部		赵光理

13. 油气资源管理局（1988.10—1996.11）

处室名称	职　务	姓名（任职年月）
办公室	副主任	李俊英（女）1988.10
法制处	副处长	赵贻福（女）1988.10
		晓坤 1988.10
登记处	副处长	赵贻福 1992.12
监督处	处　长	晓坤 1995.7
	副处长	晓坤 1992.12
登记管理处	处　长	刘殿升 1996.10

14. 人事教育部—人事教育局（1988.6—1998.10）

人事教育部（1988.6—1990.11）

处室名称	职务	姓名（任职年月）
办公室	主　任	王孝先 1988.10
	副主任	郭光明（女）1988.10
综合规划处	处　长	郑虎 1988.10
		徐梦虹 1990.10
	副处长	谷成君 1988.10
院校教育处	处　长	田小雪 1988.10
	副处长	徐梦虹 1988.10
		周俭 1988.10
干部教育处	处　长	邱志远 1988.10
	副处长	范成中 1988.10
		吴永明 1988.10
企业干部处	处　长	孙万安 1988.10
	副处长	苏士峰 1988.10
		戴国富 1988.10
技术干部处	处　长	王海森 1988.10
	副处长	吴大鹏 1988.10
机关干部处	处　长	谈立平 1988.10
	副处长	段振兴 1988.10

人事教育局（1990.11—1998.10）

处室名称	职务	姓名（任职年月）
副总工程师		郭光明 1993.2
		范成中 1993.2
		周俭 1997.3
办公室（1990.11—1992.12）	主　任	郭光明 1992.1
综合处（1994.4—1998.10）	处　长	郭光明 1994.4
干部调配处（1991.12—1993.11）	处　长	吴大鹏 1992.1
干部教育处	处　长	范成中 1991.4
高等教育处	处　长	周俭 1993.2
	副处长	张云福 1993.2
		胡纪生 1997.3
		狄明信（挂任）1996.11
		赵业廷（正处级）1997.3
机关干部处	处　长	段振兴 1991.11
		覃国军 1994.4
	副处长	覃国军 1993.2
		曲德林 1994.3
		鲁发展 1994.4
		鲁发展（正处级）1997.3
		张耀芳（女）1997.3

续表

人事教育局（1990.11—1998.10）		
处室名称	职务	姓名（任职年月）
技术干部与培训处	处　长	金华 1997.3
	副处长	金华 1993.10
		法玉晓（回族）1997.3
企业干部处	处　长	苏士峰 1993.2
	副处长	樊胜利 1993.2
		单昆基 1993.10
	副处级	兰谊平（挂任）1996.8
企业干部一处	处　长	单昆基 1997.3
	副处长	王炳芳 1997.3
		许元科 1997.3
企业干部二处	处　长	樊胜利 1997.3
	副处长	周文祥 1997.3
		兰谊平 1997.3
企业教育处	处　长	范成中 1993.2
	副处长	肖远翔（女）1993.2
		王铁山 1993.2
人才资源开发处（1994.4—1997.3）	处　长	李华民 1994.4
院校处	副处长	肖远翔 1991.11
石油人才交流中心（留学服务中心）（1993.7 设立，副局级）	副主任	吴大鹏 1993.8
		谷成君 1993.8
		于逸新（女，回族，副处级）1994.3
		于逸新 1997.3
		金玉芬（女，副处级）1997.3
石油教育与人才研究所（1992.9—1998.7）		
副所长		胡纪生 1994.3
副所长（正处级）		王铁山 1997.3

15. 劳动工资部—劳动工资局（1988.8—1998.10）

劳动工资部（1988.8—1990.11）		
处室名称	职务	姓名（任职年月）
办公室	主　任	宋太明 1988.9
		孙祖岭 1988.11
	副主任	张建华（女）1988.9
劳动组织处	处　长	李文振 1988.9
	副处长	何坤豪 1988.9
工资处	处　长	张煌（女）1988.9
	副处长	郭利民（女）1988.9
技工培训处	处　长	林传礼 1988.9
	副处长	张文真（女）1988.9
劳动卫生处	副处长	陶才元 1988.9
劳动工资局（1990.11—1998.10）		
处室名称	职务	姓名（任职年月）
副总经济师		林传礼 1992.12
		李春伍 1993.10
		张建华 1997.1
综合处	处　长	孙祖岭 1992.12
		张建华 1994.3
		张建华 1997.1
	副处长	张建华 1992.12
		黄天华（女）1992.12
		向守源（土家族）1997.1
		单孝 1997.12
工资处	处　长	李春伍 1993.10
		郭利民 1997.1
	副处长	刘志华 1992.12
		上官建新 1997.1
劳动力处	处　长	何坤豪 1992.12
		孙祖岭 1994.3
	副处长	马汉英 1992.12
		卢丽平（女）1994.3
劳动组织处	处　长	孙金瑜 1997.1
	副处长	孙金瑜 1992.3（塔里木） 王永刚 1997.1
社会保险处（1994 年设立）	副处长	史殿华（挂任）1996.11
社会保险中心 （1996.11 成立，副局级）	副主任	刘志华 1997.1
		卢丽平 1997.1
卫生处	处　长	黄天华（女）1997.1
	副处长	刘春生 1997.1

16. 企业管理部—企业管理局（1988.8—1992.9）

企业管理部（1988.8—1990.11）		
处室名称	职　务	姓名（任职年月）
副总工程师		程宗明 1988.10
		张玉良 1988.10
		王育文 1988.10
办公室	副主任	王淑灏（女）1988.10
		李晓明（女）1989.3
节能处	处　长	程宗明 1988.10
	副处长	俞伯炎 1988.10
技术安全处	处　长	张玉良 1988.10
	副处长	么德清 1988.10
企业管理处	处　长	姚学民 1988.10
	副处长	刘义林 1990.8
环保处	副处长	洪雨田 1988.10
		吴振烈 1989.3
法律事务处	副处长	郭进平 1990.11
集体经济办公室	主　任	李法兰（女）1988.10
企业管理局（1990.11—1992.9）		
处室名称	职务	姓名（任职年月）
副总经济师		朱巩 1992.5
企业管理处	副处长	石文常 1992.5

17. 技术监督局—技术监督与安全环保局（1992.9—1998.10）

<table>
<tr><th colspan="3">技术监督局（1992.9—1995.3）</th></tr>
<tr><th>处室名称</th><th>职务</th><th>姓名（任职年月）</th></tr>
<tr><td colspan="2" rowspan="5">副总工程师</td><td>程宗明 1992.12</td></tr>
<tr><td>金志俊 1992.12</td></tr>
<tr><td>孙为群 1993.7</td></tr>
<tr><td>吴振烈 1994.2</td></tr>
<tr><td>董国永 1995.1</td></tr>
<tr><td rowspan="4">安全技术处</td><td rowspan="2">处　长</td><td>么德清 1992.12</td></tr>
<tr><td>董国永 1995.1</td></tr>
<tr><td rowspan="2">副处长</td><td>王淑灏（女）1992.12</td></tr>
<tr><td>赵启华（女）1992.12</td></tr>
<tr><td rowspan="3">环保技术处</td><td>处　长</td><td>吴振烈 1992.12</td></tr>
<tr><td rowspan="2">副处长</td><td>洪雨田 1992.12</td></tr>
<tr><td>彭力 1994.2</td></tr>
<tr><td>节能技术处</td><td>处　长</td><td>俞伯炎 1992.12</td></tr>
<tr><td rowspan="3">技术监督处</td><td>处　长</td><td>金志俊 1992.12</td></tr>
<tr><td rowspan="2">副处长</td><td>杨果 1992.12</td></tr>
<tr><td>石文常 1993.11</td></tr>
<tr><th colspan="3">技术监督与安全环保局（1995.3—1998.10）</th></tr>
<tr><th>处室名称</th><th>职务</th><th>姓名（任职年月）</th></tr>
<tr><td>综合处</td><td>副处长</td><td>佟铁墉</td></tr>
<tr><td rowspan="2">安全技术处</td><td rowspan="2">副处长</td><td>吴苏江 1996.6</td></tr>
<tr><td>肖书奎（挂任）1996.8</td></tr>
<tr><td>节能技术处</td><td>副处长</td><td>孙德刚 1995.7</td></tr>
<tr><td rowspan="3">质量监督处</td><td>处　长</td><td>石文常 1995.7</td></tr>
<tr><td rowspan="2">副处长</td><td>黄飞 1995.7</td></tr>
<tr><td>佟铁墉 1996.6</td></tr>
<tr><td rowspan="2">标准计量处</td><td>处　长</td><td>杨果 1995.7</td></tr>
<tr><td>副处长</td><td>万占翔 1996.6</td></tr>
</table>

18. 审计部—审计局（1988.8—1993.9；1996.11—1998.10）

审计部（1988.8—1990.11）		
处室名称	职务	姓名（任职年月）
副总会计师		陈维忠 1988.9
办公室	主　任	杨黎（女）1988.9
	副主任	赵守川 1990.8
一处	处　长	陈维忠 1988.9
二处	处　长	金启明 1988.9
	副处长	董桂芝（女）1990.8
副处级审计员		李祥毅 1988.9
审计局（1990.11—1993.9；1996.11—1998.10）		
处室名称	职务	姓名（任职年月）
副总审计师		赵守川 1997.1
综合处（1991.10 办公室更名）	处　长	赵守川 1991.12
		朱燕珍（女）1997.1
一处	副处长	陈桂儒 1991.12
		刘毅 1997.1
	正处审计员	李祥毅
二处	副处长	阎光（女）1997.1

19. 监察室—监察局—纪检组（监察局）（1988.8—1998.10）

<table>
<tr><td colspan="3">监察室（1988.8—1990.11）</td></tr>
<tr><td>单位名称</td><td>职务</td><td>姓名（任职年月）</td></tr>
<tr><td colspan="2" rowspan="2">处级监察员</td><td>安志忠 1988.10</td></tr>
<tr><td>赵卫生 1988.10</td></tr>
<tr><td colspan="2">副处级监察员</td><td>孙文珍（女）1988.10</td></tr>
<tr><td colspan="3">监察局（1990.11—1992.12）</td></tr>
<tr><td>单位名称</td><td>职务</td><td>姓名（任职年月）</td></tr>
<tr><td rowspan="4">办公室</td><td>主　任</td><td>安志忠 1991.4</td></tr>
<tr><td>副主任</td><td>孙文珍 1991.4</td></tr>
<tr><td rowspan="2">副处级监察员</td><td>马晓健（女）1991.4</td></tr>
<tr><td>刘晓莉（女）1992.6</td></tr>
<tr><td rowspan="2">一处</td><td>处　长</td><td>彭青山 1991.4</td></tr>
<tr><td>正处级监察员</td><td>吴斌善 1992.6</td></tr>
<tr><td>二处</td><td>处　长</td><td>赵卫生 1991.4</td></tr>
<tr><td colspan="3">党组纪检组（监察局）（1992.12—1998.10）</td></tr>
<tr><td>处室名称</td><td>职务</td><td>姓名（任职年月）</td></tr>
<tr><td rowspan="4">办公室</td><td>主　任</td><td>陈明 1993.1</td></tr>
<tr><td rowspan="3">副主任</td><td>陈明 1992.6</td></tr>
<tr><td>黄永祥 1993.9</td></tr>
<tr><td>黄永祥（正处级）1997.1</td></tr>
<tr><td rowspan="5">一室</td><td rowspan="2">主　任</td><td>彭青山 1993.1</td></tr>
<tr><td>陈桂儒 1997.1</td></tr>
<tr><td rowspan="2">副主任</td><td>赵旭东 1993.1</td></tr>
<tr><td>赵旭东（正处级）1997.1</td></tr>
<tr><td>副处级纪检（监察）员</td><td>曹金锋（挂任）1996.8</td></tr>
<tr><td rowspan="4">二室</td><td rowspan="2">主　任</td><td>赵卫生 1993.1</td></tr>
<tr><td>王戎 1997.1</td></tr>
<tr><td rowspan="2">副主任</td><td>刘晓莉 1993.1</td></tr>
<tr><td>刘晓莉（正处级）1997.1</td></tr>
<tr><td>检查室</td><td>检查员</td><td>赵旭东（副处级）1992.6</td></tr>
<tr><td colspan="2" rowspan="6">正处级纪检员、监察员</td><td>张忠让（回族）1993.1</td></tr>
<tr><td>马晓健 1997.1</td></tr>
<tr><td>赵旭东 1997.1</td></tr>
<tr><td>黄永祥 1997.1</td></tr>
<tr><td>刘晓莉 1997.1</td></tr>
<tr><td>叶东风 1997.1</td></tr>
<tr><td colspan="2" rowspan="5">副处级纪检员、监察员</td><td>马晓健 1993.1</td></tr>
<tr><td>苏琦（女）1993.1</td></tr>
<tr><td>曹陵 1993.1</td></tr>
<tr><td>芦文华 1997.1</td></tr>
<tr><td>杨侠 1997.1</td></tr>
</table>

20. 外事局（1988.8—1998.10）

处室名称	职务	姓名（任职年月）
副总工程师		韩大宇 1992.5
副总经济师		许成昌 1992.5
		曹冶（回族）1997.2
办公室	副主任	余炳松 1988.10
综合处	处　长	程希荣 1988.10
		李斌 1995.1
		赵学明（满族）1997.2
	副处长	沈雪琴（女） 1988.10
		赵学明 1992.12
		刘海洋（挂任）1996.8
		耿渝燕 1997.2
科技处	处　长	陆思恭 1988.10
	副处长	刘萍南（女）1988.10
技术引进处	处　长	谌锡才 1988.10
联络处	处　长	康明章 1992.5
		张玉珍（女）1997.2
	副处长	康明章 1988.10
		耿渝燕 1992.12
		裴颖（女）1997.2
国外事业处	处　长	章欣 1992.12
		谷成君 1997.2
	副处长	张玉珍 1995.7
		李应常 1997.2
	副处级	刘萍南
		邱伟法
财务处	处　长	徐蓉如（女）1988.10
	副处长	韩树举 1992.12
出国财务处	处　长	韩树举 1997.2
进出口处	副处长	章欣 1988.12
		张国庆 1992.5
总公司台湾工作办公室（1994.12 设立）		
主　任		耿渝燕（副处级）1997.2
石油对外服务公司（1993.4 设立）		
总经理		陆思恭（正处级）1993.5

21. 国际勘探开发合作局（1994.4—1998.10）

处室名称	职务	姓名（任职年月）
副总地质师		林如锦 1995.6
副总工程师		崔耀南（回族）1995.6
		康明章 1995.12
		韩大宇
办公室	主　任	李亚平 1995.6
海外部	经　理	周吉平 1995.6
合同条法部	经　理	王莎莉（女）1995.6
勘探开发部	经　理	王冰 1997.5
	副经理	王冰 1995.6
	项目经理	张湘宁（副处级）1997.5
法律事务部	经　理	毛泽锋 1997.5
	副经理	孙贤胜 1997.5
	项目经理	何付（副处级）1997.5
国外项目管理部	副经理	蒋奇 1997.5
	项目经理	冯亚平（副处级）1997.5
		王会祥（副处级）1997.5
国内项目管理部	副经理	彭朋 1997.5
	项目经理	刘国翔（副处级）1997.5
财务计划部	经　理	卢宏 1997.5
	项目经理	李欣（副处级）1997.5
		成城（副处级）1998.3
对外联络部	副经理	武晓芬（女）1997.5
人事培训部	副经理	王铁夫 1997.5

22. 政策研究室（1990.11—1997.3）

处室名称	职务	姓名（任职年月）
副总经济师		黄望平 1993.5
综合处	处　长	曹政言 1993.5
	副处长	王志刚 1995.11
调研处	副处长	苏志良 1993.5
法律事务处	处　长	郭进平 1993.5
处级干部		王一端 1995.5

23. 体制改革办公室（1988.9—1996.11）

处室名称	职务	姓名（任职年月）
副总经济师		韩世全 1988.9
		许宗荫 1988.9
正处级研究员		胡绎 1993.2
		李润生 1994.2
副处级研究员		蒋立新 1993.2
		张玉芬（女）1995.3

24. 政策法规局（1996.11—1998.1）

处室名称	职务	姓名（任职年月）
副总经济师		胡绎 1997.1
综合处	副处长	张玉芬（女）1997.1
企业管理处	副处长	刘学实 1997.1
		满锐（女，回族）1997.1
体制改革处	处　长	蒋立新 1997.1
法律处	处　长	晓坤 1997.1

25. 宣传思想工作办公室—思想政治工作办公室（1988.10—1996.11）

思想政治工作办公室（1990.11—1996.11）		
单位名称	职务	姓名（任职年月）
综合处	处　长	刘敏星 1991.2
	副处长	陈忠勇（正处级）1991.2
		王权汉 1992.12
理论教育处	处　长	王翔书 1991.2
	副处长	苏日娜（女，蒙古族）1991.2
基层政工处	处　长	季松花江 1991.2
	副处长	张忠让 1991.2
宣传处	处　长	季松花江 1992.12
		李伟（女）1994.1
	副处长	苏日娜 1992.12
		郑魁斌（挂任）1996.8

26. 党委工作部—直属机关党委、纪委（1988.10—1996.11）

党委工作部（1988.10—1990.11）		
单位名称	职务	姓名（任职年月）
办公室	主　任	王凤元（女）1988.11
	副主任	谢惠民 1988.11
组织处	处　长	李嘉珍（女）1988.11
	副处长	蒿成 1988.11
宣传处	处　长	张树义 1988.11
机关工会	主　席	张子函 1988.11
	副主席	王力英（女）1989.12
机关团委	书　记	王晓翔 1988.12
机关临时党委（1990.6—1991.6）		
处室名称	职务	姓名（任职年月）
组织部	副部长	贾光生 1991.5
机关临时纪委（1990.6—1991.12）		
职务		姓名（任职年月）
正处级纪检员		张福灵 1991.5
直属机关党委、纪委（1991.6—1996.11）		
处室名称	职务	姓名（任职年月）
办公室	主　任	李风山 1992.8
		张弛 1996.2
组织部	部　长	于秀珍（女）1994.1
	副部长	张弛 1994.8
		李炜（挂任）1996.11
宣传部	部　长	贾光生 1994.8
	副部长	张弛 1992.8.
		王珊珊（女）1994.8
统战群工部	副部长	王珊珊 1992.8
团委	书　记	周灏 1993.10
	副书记	李伟（女）1991.10
		艾南 1991.5
		周灏 1992.3
		张宏 1994.8
工会	副主席	朱元 1992.8
		王力英 1994.8

27. 政治思想工作部（直属机关党委）（1996.11—1998.10）

处室名称	职务	姓名（任职年月）
办公室	副主任	张弛（正处级）1997.1
直属工作部	副部长	贾光生 1997.1
直属党委组织部	部　长	贾光生 1997.1
直属机关工会	副主席	朱元（正处级）1997.1
	副处级	宋军 1996.8
直属机关纪检监察室	主　任	李风山 1997.1
	副主任	张福灵（正处级）1997.1
	副处级纪检员	杨侠 1997.1
党建工作部	副部长	王权汉 1997.1
	党员教育处处长	王权汉 1997.1
	组织建设处处长	王珊珊（女）1997.1
宣传工作部	副部长	梁树辉（女）1997.1
	新闻工作处处长	梁树辉（女）1997.1
	思想工作处处长	苏日娜（女，蒙古族）1997.1
	思想工作处副处长	张平 1998.3
	副处级	武以祥
		汪鉴定
		迟伟（女）
群众工作部	副部长	周灏 1997.1
	青年工作处处长	周灏 1997.1
	青年工作处副处长	张宏 1997.1
	职工处处长	王力英（女）1997.1
直属机关团委	书记	周灏 1997.1
	副书记	张宏 1997.1

28. 行政事务部—行政事务局（1988.10—1992.12）

行政事务部（1988.8—1990.11）		
处室名称	职务	姓名（任职年月）
办公室	主　任	伍本斌 1988.10
	副主任	齐治欣 1988.10
行政处	处　长	赵国权 1988.10
	副处长	杨益君 1988.10
		刘宪清 1989.4
财务处	副处长	李秀英（女）1988.11
生活处	处长	刘明山 1988.10
	副处长	刘少营 1988.10
房产处	处　长	王祚明 1988.10
	副处长	张志伟 1988.10
		王永江 1988.10
基建处	处　长	吴法宜 1988.10
	副处长	赵春城 1988.10
		吴鹤亭 1988.10
绿化人防办公室	主　任	刘家明 1988.10
	副主任	孙立丰 1988.10
		孟国卿 1988.10
接待处	处　长	刘广喜 1988.10
		王永纯 1988.10
	副处长	杨玉琴（女）1989.1
劳动服务公司	经　理	阎文兴 1988.10
	副经理	杨益君 1989.3
康世恩办公室	行政管理员	顾克勤（副处级）1989.3
工会	副主席	沈中山（副处级）1989.12
行政事务局（1990.11—1992.12）		
处室名称	职务	姓名（任职年月）
办公室	副主任	康宗国 1992.6
		王鲁宁 1992.6
党委办公室	副处级纪检员	张家棋 1991.10
接待处	副处长	曹文轩 1991.10
总公司机关门诊部	副主任	汪松年 1991.10
		王永江 1991.10
总公司机关幼儿园	园　长	赵希芳（女）1991.9

29. 老干部局—老干部局（离退休职工管理局）—离退休职工管理局（老干部局）（1988.8—1998.10）

处室名称	职务	姓名（任职年月）
党总支	专职副书记	汪立德（女，正处级） 1992.4
		张朝贵（正处级）1996.4
		郑福顺（女，正处级）1994.1
综合处	处　长	李向阳 1997.7
	副处长	郑福顺 1992.12
		李向阳 1994.8
		张立金（土族）1997.7
办公室	主任	汪立德 1988.10
	副主任	洪振江 1988.10
		程三元 1988.10
		郑福顺 1992.4
机关处	处　长	郝镜如 1988.10
		宋立仁 1992.12
	处级干部	童和鼎
	副处长	张朝贵（正处级）1995.5
		程三元 1992.12
		袁书章 1992.12
		李志刚 1994.8
企业处	处　长	李广发 1988.10
		孙慧敏（女）1994.1
	副处长	曾宗 1988.10
		孙慧敏 1992.12
		李向阳 1993.12
		吴小明 1997.7
机关离休干部处	处　长	宋立仁 1992.4
机关退休干部处	副处长	洪振江 1992.4
		袁书章 1992.4
企业管理处	副处长	孙慧敏 1992.4
华油技术经济开发公司	正处级干部	张晓光 1995.2

30. 其他

<table>
<tr><th colspan="3">石油学会</th></tr>
<tr><th>单位名称</th><th>职务</th><th>姓名（任职年月）</th></tr>
<tr><td colspan="2">副秘书长</td><td>金衍泰 1991.12</td></tr>
<tr><td rowspan="3">办公室</td><td rowspan="2">主　任</td><td>金衍泰 1991.12</td></tr>
<tr><td>何庆华 1998.6</td></tr>
<tr><td>副主任</td><td>何庆华 1992.12</td></tr>
<tr><td>编辑出版部</td><td>副主编</td><td>徐和坤（副处级）1992.12</td></tr>
<tr><td>学术交流部</td><td>主　任</td><td>金衍泰 1995.10</td></tr>
<tr><td>科技咨询科普教育部</td><td>副主任</td><td>李俊英 1995.10</td></tr>
<tr><th colspan="3">总公司教育指导委员会</th></tr>
<tr><th colspan="2">职务</th><th>姓名（任职年月）</th></tr>
<tr><td colspan="2">副秘书长</td><td>张云福（正处级）1997.3</td></tr>
<tr><th colspan="3">石油体协</th></tr>
<tr><th>单位名称</th><th>职务</th><th>姓名（任职年月）</th></tr>
<tr><td>办公室</td><td>主　任</td><td>刘建华（女，正处级）1997.9</td></tr>
<tr><th colspan="3">石油文联</th></tr>
<tr><th>单位名称</th><th>职务</th><th>姓名（任职年月）</th></tr>
<tr><td>办公室</td><td>主　任</td><td>陈忠勇（正处级）1991.2</td></tr>
<tr><th colspan="3">石油摄影协会</th></tr>
<tr><th>单位名称</th><th>职务</th><th>姓名（任职年月）</th></tr>
<tr><td rowspan="2">办公室</td><td>主　任</td><td>孙庚文（副处级）1994.4</td></tr>
<tr><td>副主任</td><td>赵长海 1991.2</td></tr>
<tr><th colspan="3">石油企业管理协会</th></tr>
<tr><th>单位名称</th><th>职务</th><th>姓名（任职年月）</th></tr>
<tr><td colspan="2">副秘书长</td><td>刘学实（副处级）1993.3</td></tr>
</table>

后　记

在中国石油天然气集团公司领导和历任石油工业老领导、老职工的关心和支持下，经过全体编纂人员的辛勤努力，由中国石油天然气集团公司人事部牵头，会同办公厅、石油工业出版社共同组织编纂的《中国石油组织史资料》(1949—2013)正式出版了。这套书对展现中国石油工业发展历程，总结组织建设发展规律和经验，传承历史，资政育人，将起到积极的作用。

编纂中国石油工业的组织史资料，是中国石油天然气集团公司领导一直思考的一项重要基础性工作，也是多年来许多石油战线老领导、老职工的共同愿望。2011年3月，根据集团公司基础管理建设要求，在综合考虑各方面情况后，时任人事部总经理单昆基主动提出，编纂工作由人事部牵头组织，并要求人事部综合处以中共中央组织部主编的《中国共产党组织史资料》(1949—1997)为蓝本进行顶层设计，具体工作交由白广田同志负责。2012年1月，经过10个多月的前期调研和准备工作，编纂初步方案经时任集团公司总经理助理李润生审阅后，呈送集团公司领导审定并获得批准。2月，人事部、办公厅、出版社相关负责人召开碰头会，对编纂方案进行研究、细化，并召集中共中央党建研究所、党史研究室、全国党建研究会和集团公司人事、档案、出版等方面的专家、老领导对方案进行研讨，广泛征求意见。3月中旬，集团公司正式批准人事部提交的《中国石油组织史资料编纂工作方案》和《中国石油组织史资料编纂技术规范》，并下发《关于全面启动中国石油组织史资料编纂工作的通知》(厅发〔2012〕11号)，全面启动《中国石油组织史资料》编纂工作。同时，成立编审委员会和编纂工作领导小组，在人事部综合处设立编纂办公室，并组织和抽调20多人组成总部卷编纂组。4月，编纂办公室分批对总部机关、专业分公司和企事业单位资料征集人员进行业务培训，并向已划出系统外的涉编石油高校和部分油田、管道单位发送资料征集函。从5月7日开始，集团公司编纂办公室组织专门人员耗时两个多月，每天前往中央档案馆查阅档案。5月15日，人事部下发《关于进一步做好中国石油组织史资料编纂工作的通知》(人事〔2012〕251号)。6月，分业务板块对各单位上报的总部卷征集资料进行第一次审核对接。7月5日，人事部下发《关于下发组织史总部卷上报材料最新规范要求的通知》（人事函〔2012〕183号）。8月，向中国石油化工集团公司、中国海洋石油总公司等所属部委时期40多家涉编单位征集相关资料。9月13日，人事部下发《关于企业卷组织史资料编纂工作有关问题的通知》（人事〔2012〕432号），全面启动企业卷、基层卷编纂工作。2013年1月9日，人事部组织召开编纂工作领导小组会议，对总部卷初稿的编纂凡例、框架结构、内容编排、具体收录范围界定、特殊问题处理等进行初审。4月2日，人事部下发《关于开展组织史资料总部卷审核对接暨企业卷培训的通知》（人事函〔2013〕56号），分两批对各单位上报的资料进行终审对接和企业卷培训，共有600多人参加培训。从6月中下旬开始，先后将总部卷各卷的征求意见稿送有关老领导、老专家进行审定，并在一定范围内征求意见。10月，1949年至2012年期间的总部卷组织史资料完成统稿。

2014年6月，集团公司编纂领导小组决定将总部卷编纂下限时间由2012年12月延至2013年12月，6月30日，人事部下发《关于补充核对总部卷组织史资料暨进一步做好企业卷编纂工作的通知》（人事函〔2014〕209号），全面启动2013年组织史资料的补充和征集工作。11月，总部卷全套图书定稿并交付石油工业出版社出版印刷。与此同时，所属各单位企业卷、基层卷编纂工作正在有条不紊地进行，随后将陆续出版。

编纂《中国石油组织史资料》（1949—2013）是集团公司组织人事和基础管理建设工作的一件大事，是一项政策性、业务性、技术性、规范性较强的业务工作，是一项艰巨浩繁的系统工程。本书涉编内容时间跨度长达六十五年，期间历经七个时期，组织机构分合变迁，错综复杂，人事更迭频繁，时过境迁，物易人非，欲追本寻源，首尾呼应，编纂完整、准确的资料，需要调研和查阅的档案工作量非常大。作为史料性著作，标准要求高，时间要求紧，其难度和倾注的精力之大，均非始料所及。在资料无先例可援、无前规可循的情况下，编纂人员积极探索，边干边学，发现问题，解决问题，不断研究，逐步完善。在编纂体例、编目结构的确定，收录范围的宽严、各时期和层级机构的详略，文字叙述的内容、层次、规范化，名录、图表的有机结合，干部任免时间的确定，组织人事工作特定内容的注释，历史背景的把握等方面，都形成了一系列可遵循、可操作的技术规范。

在编纂工作中，编纂人员始终坚持实事求是的原则和“广征、核准、精编、严审”的工作方针。完整、准确的原始基础资料是做好编纂工作的关键。编纂组在查阅中央档案馆和集团公司档案馆原始文件的基础上，向涉编的240多个系统内外单位和部门开展“普征、普查、普访”，做了大量艰巨细致的资料搜集与整理工作，从历史资料、文献档案、干部履历表、当事人回忆及群众中搜集了大量资料，尤其从老同志那里抢救了大批珍贵的“活资料”，并建立了资料依据、参考文献等方面的档案索引表。据不完全统计，总部卷编纂组直接整理档案条目16.6万余条，审核修改摘录查阅资料2亿多字。组织参与总部卷资料征集人员1500余人，参与企业卷、基层卷编纂人员1万余人。在广征资料的基础上，全体编纂人员始终坚持在核准环节上下大功夫。在档案原件与其他文献资料之间、档案资料文献与回忆资料之间、不同的个人回忆资料之间，以档案为主又不唯档案，分清主次，相互补充，综合考证。对有争议、有分歧的问题，不厌其烦，不辞辛苦，深入调查分析，力求核实无误。在广征、核准资料的基础上，编纂组按照总部卷编纂技术规范，采取实事求是、秉笔直书和由此及彼、由表及里的工作方法，撰写提炼各机构文字叙述，科学组合各部分内容，精心编纂书稿。这是编纂工作中最为艰苦、最耗时间精力、最需要文字功底的环节，也是出精品的关键。编纂组先后七次组织全书统稿，在尊重史实的基础上，做到突出重点，材料有取舍，突出主干，枝蔓有删减，确保结构体例合乎规范，观点鲜明正确，文字简明精炼，内容详略得当，前后相互照应。审查定稿是立准立好资料的最后保证。编纂组要求凡征集收录的资料，必须经涉编单位主要领导亲自审定，并严格按照自审、互审、会审和最后报审的“四审”制度，分级负责，层层把关，从而保证了资料的准确性、真实性和可靠性。

中国石油组织史资料的编纂，如实理清了中国石油工业从国家部委时期到中国石油天然气总公司时期再到中国石油天然气集团公司时期，65年来各级党政组织的成立、更名、发展、撤并，以及领导干部变动情况等内容，为企业存史、资政、育人、交流等提供了可信的依据。这套系统、完整的中国石油组织史资料，既丰富了石油企业的历史资料，又增添了国家的工业企业史资料，不仅为组织人事、史志研究、档案管理等部门的有关业务提供了诸多便利，而且为体制改革和机构调整提供了历史借鉴。

编纂《中国石油组织史资料》（1949—2013），得到了中国石油天然气集团公司领导和编纂工作领导小组以及各涉编单位的重视和指导。本书分别呈送王涛、马富才、陈耕、周吉平等离退休老领导和现任领导审阅，收集和采纳了他们许多宝贵的意见和建议。编纂工作之所以能够顺利完成，也是有关部门和单位共同协助的结果，人事部总经理单昆基、刘志华对编纂工作全过程给予了大力支持和具体指导，人事部各处都落实有专人配合，提供全力支持；办公厅在办公场所、档案查阅等方面给予了密切配合和帮助，石油工业出版社为该项工作专门成立了领导小组。各涉编单位不辞辛苦，为本书提供了包括文字叙述、领导名录、大事纪要、文件依据等大量基础性资料。在本丛书第一卷的档案查阅和资料征集过程中，还得到了中央档案馆和中国石油化工集团公司人事部、中国海洋石油总公司人力资源部等单位的大力支持和无私帮助。作为石油工业发展历史的见证者，许多长期从事和热爱组织人事、企业管理以及史志出版研究工作的老专家、老同志都非常关心和支持编纂工作，也积极主动为本书提供了大量素材和资料。总部卷编纂组人员在时间紧、任务重的情况下，怀着对历史、对后人负责的高度责任心和对石油事业的浓厚感情，按照编纂领导小组提出的精准、精编、精品的要求，加班加点，任劳任怨，一丝不苟，辛勤耕耘，按时、保质地完成了编纂任务。

本书由单昆基、刘志华任执行主编。编纂办公室由人事部张昌寰、出版社周家尧、办公厅尚真任主任，人事部白广田任常务副主任，具体负责统筹协调和编纂方案设计、技术规范制定及总部卷、企业卷、基层卷全套图书的编纂组织工作，出版社王昕负责编辑部的日常管理工作，出版社李廷璐负责全套图书的出版协调并担任责任编辑。本书编纂组由白广田负责总策划、总设计、总编纂、总统稿，以及各卷综述、前言、后记的总纂稿；由孙万安、齐治欣、郭光明、张建华牵头负责初纂组织和分卷统稿；由于晓飞、董凤霞、徐涛、王一端具体负责分卷编纂和文字统稿。本书第一卷分别由张建华（上册）、徐涛（中册）、齐治欣（下册）负责组织编纂，李廷璐、鲜于文晶、王海英、张洪国、王晓平、吴雁荣、石军、白丽任常务编辑，由李廷璐、王海英、鲜于文晶分别任责任编辑；第二卷由孙万安、郭光明负责组织编纂，于晓飞、周勇、刘浩、尚桂秋任常务编辑，由周勇任责任编辑；第三卷（上下册）由白广田、董凤霞负责组织编纂，于晓飞、马乾钧、李廷璐、武晓达、袁媛、李怀志、卢晓东任常务编辑，由李廷璐任责任编辑；附卷一和附卷二由孙万安、郭光明、张建华、王晓平、吴雁荣负责初纂，由鲜于文晶、王海英、周勇、武晓达负责编纂，由白广田、李廷璐、于晓飞、董凤霞负责总纂，由李廷璐任责任编辑。全书排版、图表制作、文书管理分别由常务编辑邢军、刘浩、杜昕负责。参与总部卷编辑编务工作的还有：于维海、候瑞华、宋艳钊、宗德、朱明、张丽东、郑岩、曾路、曹月、王子云、任宏伟、梁保伟、刘巍、何晓东、曲子洲、闫好强、刘晓芳、潘煜斌、张万莉、孙树红、朱晨喆、龚志康、职丽枫、何波、刘玉娟、王强、任洁江、绳德芳等。

为加强编纂统稿工作，后期还邀请了一批近年来刚从岗位上退下来、较为熟悉干部人事工作和石油工业发展情况的老同志对书稿进行了分卷统稿和征求意见，他们是（按姓氏笔画排序）：牛瑄、卢思忠、叶东风、兰谊平、许永发、许进军、李友弟、李希文、林传礼、曹政言、裴德海、樊胜利、魏宜清。负责出版和文字统稿的专业编辑有马新福、王金凤、刘文国、李玲、李梅、潘玉全、任洪林、孙喧等。负责提供口碑资料的有尤乃文、孙延祯、金衍泰、贾金会、高喜发、曹炳炎等离退休老同志。各涉编单位编纂组人员负责整理上报了本单位征集资料。中国石油化工集团公司戴锭、钟文标和中国海洋石油总公司唐代治、徐晓武分别组织协调提供了国家部委时期石化企业和海洋企业的资料。

为编纂好本套图书，在编写各卷卷首综述和卷末附录附表过程中参考了大量文献资料。如历年中国石油《年鉴》《年报》《社会责任报告》《石油工业统计年报》《人事劳资统计年报》和《中国工业五十年》《当代中国的石油工业》《百年石油》《中国石油工业经济若干问题回顾与思考》《中国石油通史》《中国油气田开发志》《中国海洋石油总公司志》《石油教育》《康世恩传》《李聚奎传》《余秋里传》和《世纪大庆》等。由于篇幅所限，不再一一列示。

值此《中国石油组织史资料》（1949—2013）出版之际，谨向对该套图书编纂工作给予支持和帮助的所有单位和人员表示衷心的感谢。

65年来，由于中国石油组织机构沿革错综复杂，人事更迭频繁，早期有些文献资料和人事档案保存不够完整，有些档案分散在全国各地查找非常困难，有些机构设置和干部任免手续也不尽完备，加之编纂者水平有限，虽经一再努力，书中内容难免有错漏之处，恳请读者批评指正。按照中共中央组织部关于“十三大以后的组织史资料要继续编下去，而且要把它作为组织部门的一项经常性业务”的要求和集团公司有关编纂文件规定，集团公司总部及各企事业单位今后每年都要进行企业组织史资料的征集，并每五年统一续编一次。届时，错漏之处一并修正。

《中国石油组织史资料》编纂办公室

2014年11月

《中国石油组织史资料》系列图书概况

为充分发挥组织史“资政、存史、育人、交流”的作用，2012 年 3 月，中国石油天然气集团公司全面启动《中国石油组织史资料》的编纂工作，并明确由集团公司人事部负责具体牵头组织。《中国石油组织史资料》系列图书分总部卷、企业卷、基层卷三个层次进行编纂出版。首次编纂出版以本单位成立时间作为编纂上限，以本单位编纂时统一规定的截止时间为编纂下限。

《中国石油组织史资料》总部卷由集团公司人事部负责组织编纂，石油工业出版社负责具体承办。总部卷（1949—2013）卷本分第一卷、第二卷、第三卷和附卷一、附卷二共五卷九册，于 2014 年 12 月出版。2016 年，对《中国石油组织史资料》（1949—2013）进行补充与勘误，并在此基础上将编纂时间下限延至 2018 年 12 月。《中国石油组织史资料》（1949—2020）卷本分第一卷、第二卷、第三卷、第四卷和附卷一、附卷二共六卷，第一卷、第二卷、第三卷、附卷二共四卷七册于 2020 年 12 月正式付梓。第四卷将于 2021 年付梓。此后，总部卷每五年续编出版一卷。

《中国石油组织史资料》企业卷系列图书，由各企事业单位人事部门负责牵头组织编纂，报集团公司人事部编纂办公室规范性审查后，由石油工业出版社统一出版。企业卷规范性审查由集团公司人事部编纂办公室白广田、于维海、宋艳钊、武晓达、傅骏雄负责组织，图书出版统筹由石油工业出版社组织史资料编辑部马海峰、李廷璐负责，由秦雯、鲁恒、熊寅铭具体负责。企业卷首次续编一般按“2014—2015”和“2014—2018”两种方案编纂出版，此后每五年续编出版一卷。

《中国石油组织史资料》基层卷由各企事业单位人事（史志）部门负责组织下属单位与企业卷同步编纂，并报集团公司人事部编纂办公室备案，由石油工业出版社组织史资料编辑部负责提供具体出版和技术支持。

企业卷统一出版代码：

CNPC-YT——油气田企业　　CNPC-LH——炼化企业
CNPC-XS——成品油销售企业　　CNPC-GD——天然气管道企业
CNPC-HW——海外企业　　CNPC-GC——工程技术企业
CNPC-JS——工程建设企业　　CNPC-ZB——装备制造企业
CNPC-KY——科研单位　　CNPC-QT——金融经营服务等企业

编纂《中国石油组织史资料》系列图书是集团公司组织人事和基础管理建设工作的大事，是一项政策性、业务性、技术性、规范性很强的业务工作，是一项艰巨浩繁的系统工程。该系列图书以企业的组织沿革为线索，收录了编纂时限内各级党政组织的成立、更名、发展、撤并，以及领导干部变动情况等内容，为企业资政、存史、育人、交流提供了可信的依据。这套系统、完整的中国石油组织史资料，既丰富了石油企业的历史资料，又增添了国家的工业企业史资料，不仅为组织人事、史志研究、档案管理等部门从事有关业务提供了诸多便利，而且为体制改革和机构调整提供了历史借鉴。在此，谨向对该套图书出版工作给予支持和帮助的所有单位和人员表示衷心的感谢！

由于掌握资料和编纂者水平有限，本套图书难免存有错漏，恳请读者批评指正。对总部卷的意见建议请联系集团公司人事部编纂办公室或石油工业出版社组织史资料编辑部；对各单位企业卷、基层卷的意见建议请联系各单位编纂组或组织史资料编辑部。对书中错漏之处我们将统一在下一卷续编时一并修改完善。

中国石油组织史资料编纂办公室联系方式

联系单位：中国石油天然气集团公司人事部综合处

通信地址：北京市东直门北大街 9 号石油大厦 C1103，100007

联系电话：010—59984913　59984721，传真：010—62095679

电子邮箱：rsbzhc@cnpc.com.cn

中国石油组织史资料编辑部联系方式

联系单位：石油工业出版社人力资源出版中心

通信地址：北京市朝阳区安华里三区 18 号楼 201，100011

联系电话：010—64523611　62067197

电子邮箱：cnpczzs@cnpc.com.cn

《中国石油组织史资料》系列图书目录

总部卷			
编号	书名	编号	书名
第一卷	国家部委时期（1949.10—1988.9）（上中下）	第四卷	中国石油天然气集团公司时期—中国石油天然气集团有限公司时期（2014—2020）
第二卷	中国石油天然气总公司时期（1988.9—1998.7）	附卷一	组织人事大事纪要（1949—2020）
第三卷	中国石油天然气集团公司时期（1998.7—2013.12）（上下）	附卷二	文献资料选编（1949—2018）

续表

企业卷			
编号	书名	编号	书名
油气田企业（16）			
CNPC-YT01	大庆油田组织史资料	CNPC-YT09	青海油田组织史资料
CNPC-YT02	辽河油田组织史资料	CNPC-YT10	华北油田组织史资料
CNPC-YT03	长庆油田组织史资料	CNPC-YT11	吐哈油田组织史资料
CNPC-YT04	塔里木油田组织史资料	CNPC-YT12	冀东油田组织史资料
CNPC-YT05	新疆油田组织史资料	CNPC-YT13	玉门油田组织史资料
CNPC-YT06	西南油气田组织史资料	CNPC-YT14	浙江油田组织史资料
CNPC-YT07	吉林油田组织史资料	CNPC-YT15	煤层气公司组织史资料
CNPC-YT08	大港油田组织史资料	CNPC-YT16	南方石油勘探开发公司组织史资料
炼油化工单位和海外企业（32）			
CNPC-LH01	大庆石化组织史资料	CNPC-LH17	华北石化组织史资料
CNPC-LH02	吉林石化组织史资料	CNPC-LH18	呼和浩特石化组织史资料
CNPC-LH03	抚顺石化组织史资料	CNPC-LH19	辽河石化组织史资料
CNPC-LH04	辽阳石化组织史资料	CNPC-LH20	长庆石化组织史资料
CNPC-LH05	兰州石化组织史资料	CNPC-LH21	克拉玛依石化组织史资料
CNPC-LH06	独山子石化组织史资料	CNPC-LH22	庆阳石化组织史资料
CNPC-LH07	乌鲁木齐石化组织史资料	CNPC-LH23	前郭石化组织史资料
CNPC-LH08	宁夏石化组织史资料	CNPC-LH24	东北化工销售组织史资料
CNPC-LH09	大连石化组织史资料	CNPC-LH25	西北化工销售组织史资料
CNPC-LH10	锦州石化组织史资料	CNPC-LH26	华东化工销售组织史资料
CNPC-LH11	锦西石化组织史资料	CNPC-LH27	华北化工销售组织史资料
CNPC-LH12	大庆炼化组织史资料	CNPC-LH28	华南化工销售组织史资料
CNPC-LH13	哈尔滨石化组织史资料	CNPC-LH29	西南化工销售组织史资料
CNPC-LH14	广西石化组织史资料	CNPC-LH30	大连西太组织史资料
CNPC-LH15	四川石化组织史资料	CNPC-LH31	广东石化组织史资料
CNPC-LH16	大港石化组织史资料	CNPC-HW01	中国石油海外业务卷
成品油销售企业（37）			
CNPC-XS01	东北销售组织史资料	CNPC-XS13	河北销售组织史资料
CNPC-XS02	西北销售组织史资料	CNPC-XS14	山西销售组织史资料
CNPC-XS03	华北销售暨北京销售组织史资料	CNPC-XS15	内蒙古销售组织史资料
CNPC-XS04	上海销售组织史资料	CNPC-XS16	陕西销售组织史资料
CNPC-XS05	湖北销售组织史资料	CNPC-XS17	甘肃销售组织史资料
CNPC-XS06	广东销售组织史资料	CNPC-XS18	青海销售组织史资料
CNPC-XS07	云南销售组织史资料	CNPC-XS19	宁夏销售组织史资料
CNPC-XS08	辽宁销售组织史资料	CNPC-XS20	新疆销售组织史资料
CNPC-XS09	吉林销售组织史资料	CNPC-XS21	重庆销售组织史资料
CNPC-XS10	黑龙江销售组织史资料	CNPC-XS22	四川销售组织史资料
CNPC-XS11	大连销售组织史资料	CNPC-XS23	贵州销售组织史资料
CNPC-XS12	天津销售组织史资料	CNPC-XS24	西藏销售组织史资料

续表

编号	书名	编号	书名
CNPC-XS25	江苏销售组织史资料	CNPC-XS32	湖南销售组织史资料
CNPC-XS26	浙江销售组织史资料	CNPC-XS33	广西销售组织史资料
CNPC-XS27	安徽销售组织史资料	CNPC-XS34	海南销售组织史资料
CNPC-XS28	福建销售组织史资料	CNPC-XS35	润滑油公司组织史资料
CNPC-XS29	江西销售组织史资料	CNPC-XS36	燃料油公司组织史资料
CNPC-XS30	山东销售组织史资料	CNPC-XS37	大连海运组织史资料
CNPC-XS31	河南销售组织史资料		
天然气管道企业（13）			
CNPC-GD01	北京油气调控中心组织史资料	CNPC-GD08	京唐液化天然气公司组织史资料
CNPC-GD02	管道建设项目经理部组织史资料	CNPC-GD09	大连液化天然气公司组织史资料
CNPC-GD03	管道公司组织史资料	CNPC-GD10	江苏液化天然气公司组织史资料
CNPC-GD04	西气东输管道公司组织史资料	CNPC-GD11	华北天然气销售公司组织史资料
CNPC-GD05	北京天然气管道公司组织史资料	CNPC-GD12	昆仑燃气公司组织史资料
CNPC-GD06	西部管道公司组织史资料	CNPC-GD13	昆仑能源公司组织史资料
CNPC-GD07	西南管道公司组织史资料		
工程技术企业（7）			
CNPC-GC01	西部钻探公司组织史资料	CNPC-GC05	东方物探公司组织史资料
CNPC-GC02	长城钻探公司组织史资料	CNPC-GC06	测井公司组织史资料
CNPC-GC03	渤海钻探公司组织史资料	CNPC-GC07	海洋工程公司组织史资料
CNPC-GC04	川庆钻探公司组织史资料		
工程建设企业（8）			
CNPC-JS01	管道局组织史资料	CNPC-JS05	中国昆仑工程公司组织史资料
CNPC-JS02	工程建设公司组织史资料	CNPC-JS06	东北炼化工程公司组织史资料
CNPC-JS03	工程设计公司组织史资料	CNPC-JS07	第一建设公司组织史资料
CNPC-JS04	中国寰球工程公司组织史资料	CNPC-JS08	第七建设公司组织史资料
装备制造和科研企业（12）			
CNPC-ZB01	技术开发公司组织史资料	CNPC-KY02	规划总院组织史资料
CNPC-ZB02	宝鸡石油机械公司组织史资料	CNPC-KY03	石油化工研究院组织史资料
CNPC-ZB03	宝鸡石油钢管公司组织史资料	CNPC-KY04	经济技术研究院组织史资料
CNPC-ZB04	济柴动力总厂组织史资料	CNPC-KY05	钻井工程技术研究院组织史资料
CNPC-ZB05	渤海石油装备公司组织史资料	CNPC-KY06	安全环保技术研究院组织史资料
CNPC-KY01	勘探开发研究院组织史资料	CNPC-KY07	石油管工程技术研究院组织史资料
金融经营服务及其他企业（14）			
CNPC-QT01	北京石油管理干部学院组织史资料	CNPC-QT08	运输公司组织史资料
CNPC-QT02	石油工业出版社组织史资料	CNPC-QT09	中国华油集团公司组织史资料
CNPC-QT03	中国石油报社组织史资料	CNPC-QT10	华油北京服务总公司组织史资料
CNPC-QT04	审计服务中心组织史资料	CNPC-QT11	昆仑信托 中油资产组织史资料
CNPC-QT05	广州培训中心组织史资料	CNPC-QT12	中油财务公司组织史资料
CNPC-QT06	国际事业公司组织史资料	CNPC-QT13	昆仑银行组织史资料
CNPC-QT07	物资公司组织史资料	CNPC-QT14	昆仑金融租赁公司组织史资料

中国石油
SHOP